집주완역
中庸 (하)

| 第20章 | 1절 | 533 |
| | 2절 | 535 |
| | 3절 | 539 |
| | 4절 | 542 |
| | 5절 | 549 |
| | 6절 | 558 |
| | 7절 | 567 |
| | 8절 | 574 |
| | 9절 | 584 |
| | 10절 | 593 |
| | 11절 | 596 |
| | 12절 | 604 |
| | 13절 | 612 |
| | 14절 | 626 |
| | 15절 | 629 |
| | 16절 | 634 |
| | 17절 | 643 |
| | 18절 | 656 |
| | 19절 | 661 |
| | 20절 | 667 |
| 第21章 | 1절 | 681 |
| 第22章 | 1절 | 690 |
| 第23章 | 1절 | 703 |
| 第24章 | 1절 | 716 |
| 第25章 | 1절 | 727 |
| | 2절 | 734 |
| | 3절 | 742 |
| 第26章 | 1절 | 753 |
| | 2절 | 758 |
| | 3절 | 760 |
| | 4절 | 765 |
| | 5절 | 771 |
| | 6절 | 774 |
| | 7절 | 779 |
| | 8절 | 782 |
| | 9절 | 784 |
| | 10절 | 791 |
| 第27章 | 1절 | 799 |
| | 2절 | 801 |
| | 3절 | 804 |
| | 4절 | 809 |
| | 5절 | 810 |
| | 6절 | 813 |
| | 7절 | 828 |
| 第28章 | 1절 | 834 |
| | 2절 | 838 |
| | 3절 | 842 |
| | 4절 | 845 |
| | 5절 | 847 |
| 第29章 | 1절 | 854 |
| | 2절 | 857 |
| | 3절 | 860 |
| | 4절 | 866 |
| | 5절 | 869 |
| | 6절 | 872 |
| 第30章 | 1절 | 878 |
| | 2절 | 886 |
| | 3절 | 889 |
| 第31章 | 1절 | 898 |
| | 2절 | 905 |
| | 3절 | 908 |
| | 4절 | 910 |
| 第32章 | 1절 | 914 |
| | 2절 | 925 |
| | 3절 | 930 |
| 第33章 | 1절 | 936 |
| | 2절 | 950 |
| | 3절 | 954 |
| | 4절 | 960 |
| | 5절 | 963 |
| | 6절 | 970 |

### 부록

- 자사에 대하여   987
- 주자에 대하여   995
- 인용선유성씨   999
- 도통계보도   1013
- 공자세계도   1014
- 인심도심도설   1015

集註完譯

中庸

上

## 간행위원회

위원장
    **최창규**  성균관장

위원(가나다순)
    **공영립**  경상대 교수(남명학 연구소장)
    **권일찬**  충북대 교수(행정학)
    **백인학**  선도 수련가(후원회원)
    **심상학**  서울시 사회체육협의회 사무처장
    **양명학**  울산대 교수(교육대학원장)
    **이기동**  성균관대 교수(동양철학)
    **윤창렬**  대전대 교수(한의대 원전의사학)
    **이광률**  경산대 교수(국학대학장)
    **이호도**  진주교대 교수(사회교육학과장)
    **최영주**  언론인(前중앙일보 편집위원)
    **홍원식**  경희대학교 교수(한의대 원전의사학)

---

집주완역총서 【2】 **中庸上** (2019 개정판)

- **초판발행** 2001년 7월 10일  **개정판 2쇄발행** 2019년 9월 12일
- **번역** 덕산 김수길  **편집** 대유연구소  **발행인** 윤상철
- **발행처** 대유학당  **출판등록** 1993년 8월 2일 제 1-1561호
- **주소** 서울 동대문구 휘경동 258 서신빌딩 402호  **전화** (02)2249-5630
- **대유학당 블로그** blog.naver.com/daeyoudang 대유학당

- 여러분이 지불하신 책값은 좋은 책을 만드는데 쓰입니다.
- ISBN 978-89-6369-100-8 03140
- 값 25,000원
- 이 도서의 국립중앙도서관 출판예정도서목록(CIP)은 서지정보유통지원시스템 홈페이지(http://seoji.nl.go.kr)와 국가자료종합목록 구축시스템(http://kolis-net.nl.go.kr)에서 이용하실 수 있습니다. (CIP제어번호 : CIP2019033912)

上

# 刊 行 辭

泮宮 明倫堂에서 성균관장

 聖人께서 繼天立極하시고 允執厥中하시려는 마음을 잇고자 하는 子思子의 마음이 지극하여『中庸』33장을 지으시고, 이를 받드는 두 程子선생님과 朱子선생님, 그리고 이분들의 뜻을 새겨 여러 각도로 풀이를 한 문인 여러분들의 뜻이『集註中庸』에 담겨 왔다. 그 보배롭고 한결같은 마음이 요즈음의 時文으로 되어있지 않다는 이유로, 외면당하는 것을 보아올 때 儒學斯文의 한 축을 맡은 사람으로서 답답하고 안타까운 심정을 금할 수 없었다. 이제 그 뜻을 오늘에 펼쳐보이려는 한 선비에 의해 깊고도 참된 뜻이 만천하에 드러나고 있으니, 一千萬 儒學徒는 물론 우리 민족의 큰 기쁨이 아닐 수 없다.
 西洋이 中心이 된 現代文明은 처음부터 하늘(天)을 잃었고 勝利를 喪失하였다. 그래서 그 文明은 지금 重病이 들어 死亡하여 가고 있기에, 오늘날의 우리 人間은 자신이 어디에서 태어나 어디로 가고 있는지는 물론, 무엇이 옳고 무엇이 그른가 자체도 인식하지 못하고, 精神的으로 散之而四方하고 있다. 이를 개탄하여 오던 중, 이처럼 유학의 心法이자 精髓인『중용』이 費顯의 큰 모습으로 다가온다는 사실 喜悅앞에 만사를 제쳐두고 간행의 大幹을 맡기로 하였다.
 孟子께서 하늘이 사람에게 큰 임무를 맡기시려면 "먼저 그 心志를 괴롭게 하고, 그 筋骨을 수고롭게 하며, 그 행하고자 하는 바를 拂亂시킨다"고 하셨으니, 兩極世界 唯一分斷國인 이 땅의 士民 백성들에게 장차 세계평화의 큰 일을 맡기시려고 이렇게 어려운 세상을 살게 하셨고, 한편 吾道斯文으로 하여금 그 앞장을 서게 하시려고 이렇듯 곤궁함을 겪게 하셨다고 생각한다.

新千年의 文化時代나 知識産業은 바로 이제껏 物質에 매달려 온 物理時代를 淸算하고 우리 人間의 率性之道를 통해 眞理를 밝히는 性理文化의 그 發明을 雄辯한다.

先聖께서 이같은 人性恢復 人間光復의 新文化를 예견하시고, 憂患後世하는 마음으로 大過의 시대를 없애고자 하셨으나, 그 뜻을 이어 받드는 자가 적었음은 周知의 사실이다. 그 결과로 이렇게 혼탁한 사회를 맞이하였고, 경전의 해석도 각자의 恣意대로 하여 오히려 가치관의 혼란을 가중시키고 있으니, 儒學을 공부한 자로서 그 아픔은 더욱 심한 바 있다. 그래서 先聖의 깊은 뜻이 담겨있는 經典의 바른 해석이 더욱 절실하고, 그래야만 그 바른 해석 위에 法古創新으로 溫故知新하는 새로움이 있지 않겠는가?

德山 金秀吉大雅는 공주에서 태어나 伯父슬하에서 글을 배우고 익혔다가, 오랜 세월을 사회에 이바지하며 경험을 쌓은 것을 바탕으로 이 중차대한 集註飜譯에 들어가니, 그 글이 더욱 힘차고 生光스럽다. 현직 세무사의 바쁜 업무중에서도 잠을 줄여가며 勞心焦思하는 그 모습에서 우리의 밝은 미래와 斯文의 면면히 이어지는 道統一脈을 보며, 어려운 세태속에서 어려운 과정을 겪어 되살아 나는 이 글에서, 새 世紀의 큰 使命을 맞아 廣業崇德의 초석이 다져지는 뿌듯한 감동을 느끼는 것이다.

이로써 衛道君子의 萬壽無彊과 東方君子國의 萬歲無窮을 아울러 祈願한다.

辛巳年 五月 스승의 날에

# 推薦辭

경희대학교 한의대교수 홍원식

『中庸』은 『子思』 23편에 실려있다가, 소대씨小戴氏에 의해 『대학』과 더불어 『禮記』에 같이 실리게 되었다는 것이 일반적으로 알려진 설입니다. 즉 『예기』 49편 중 31편에 속해 있었던 것입니다. 그러다가 『대학』과 마찬가지로 朱子에 의해 한 권의 독립된 책으로 만들어져 그 중요성을 더하게 되었습니다.

주자는 이에 그치지 않고 "『대학』 『논어』 『맹자』를 다 읽고 나서야 『중용』을 읽을 수 있다"고 하여, 『중용』에 학자들의 공부를 마무리 하는 큰 역할을 안겼고, 이 말은 다시 말해 현대의 지도자 지성인은 반드시 읽어야 하는 필독서라는 것을 강조한 것입니다. 또 공자께서는 "시퍼런 칼날은 밟을 수 있지만, 중용은 잘 할 수 없다"고 하여, 모자라지도 치우치지도 않는 가장 합리적이고 不偏不黨한 길을 걷는 것이 삶에 있어서 가장 소중하고도 어려운 일이라고 하였습니다.

가정을 다스림에 있어서도 너무 엄하면 친함이 없어지고, 너무 놓아두면 방종하여 잘못되기 마련입니다. 정치인도 너무 앞서가면 대중의 지지를 받지 못하고, 너무 쳐지면 구태의연하고 보수적이라고 하여 역시 지지를 받지 못합니다. 이렇게 보면 중용은 時空을 초월한 가장 합리적인 사상입니다. 서양에도 중용에 대한 언급이 있지만, 높은 윤리성과 도덕관을 전제로 한 것이 아니면 중용이라고 할 수 없습니다. 단순히 이것과 저것의 중간을 선택하는 것은 진정한 중용이 아니기 때문입니다.

『중용』은『대학』이 분리된 것보다 훨씬 전인 한나라 때부터『예기』에서 분리과정을 겪었던 것으로 생각됩니다.『漢書 藝文志』에 중용설 2편이 실러있고,『隋書 經籍志』에도 남북조시대의 송나라 사람 戴顒의『中庸傳』2권과 梁 武帝의『中庸講疏』1권이 수록되어있는 사실이 이를 뒷받침합니다. 이것은『대학』에 앞서『중용』의 중요성이 강조되었다는 증빙이 됩니다. 그러다가 송나라 때 性理學의 발달에 발맞추어 程子 형제분이 "『중용』은 孔門에 전수된 心法이다"라고 하여 더욱 중시되고, 주자에 이르러『中庸章句』와『中庸或問』으로 그 꽃을 피우게 된 것입니다.

청나라 고증학파의 집요한 비판에도 불구하고『중용』을 지은 사람은 子思로 알려져 있습니다. 그것은『사기』의 孔子世家에서 "자사가『중용』을 지었다"고 하였고, 당나라 공영달의『禮記正義』에서도 "한나라 정현의『三禮目錄』을 인용하여 '공자의 손자 자사가『중용』을 지어 성스러운 할아버지의 덕을 밝게 밝혔다'"고 하였으며,『수서 音樂志』에는 梁나라 沈約의 말을 인용하여 "『예기』가운데 中庸 表記 坊記 緇衣 등은 모두 자사에게서 취해온 것이다"고 하는 등 상당히 유력한 증빙이 뒷받침하고 있는 것입니다.

"天命之謂性 率性之謂道 修道之謂教"로 시작하는『중용』의 중요성은 새삼 강조할 필요도 없을 것입니다. 앞선 聖人과 뒤에 오는 聖人이 마음과 마음으로 전했다는 心法을 3, 568자 안에 모두 설명을 하고, "소리도 없고 냄새도 없다"라는 말로 끝을 맺어, 다만 세월의 흐름이 너무 오래 되어서 도가 끊길까 염려하여 기술한 것일 뿐이지, 사실 말이나 글로 기술할 수 있는 내용이 아니고 다만 마음으로 느끼는 것일 뿐이라는 것을 다시 강조하였습니다.

그렇습니다. 진정한 道는 마음에 있는 것이지, 말로 표현하고 글로 표현할 수 있는 것은 아닙니다. 『中庸』33장을 공부하다 보면 이러한 생각이 더욱 확신으로 다가옵니다.

쉬운 것 같으면서도 어렵고, 어려운 것 같으면서도 쉬운 이 道가 가장 함축되어 있는 글, 더욱이 **大儒學者 朱子**를 비롯한 석학들의 철학이 담겨있어서, 현대를 살아가는 지도자들이 반드시 읽고 연구해야할 이 글이, 지금처럼 철학적 가치관적으로 혼란할 때 알기 쉬운 한글로 해석하여 책으로 나온다니 얼마나 기쁜지 모르겠습니다. 지난 번 『대학』의 集註번역이 출간된 때 느낀 감회가 다시 떠오르면서, 四書에서 가장 난해하면서도 **心法**이 담긴 『중용』의 집주번역이 출간됨을 보는 기쁨이 더욱 배가됩니다. 또 『대학』의 전문은 1,753자요, 『중용』은 이의 두 배에 해당하는 3,568자라는 양에 걸맞게, 『집주완역대학』의 두 배나 되는 1,100여 쪽의 방대한 양을 볼 때, 그동안 번역하느라 밤잠을 설쳐가며 노심초사하신 **德山 金秀吉**님의 노고가 마음속 깊이 느껴집니다. 이 책이 보다 많은 사람들에게 좋은 양식이 되기를 바라며 추천사를 갈음합니다.

2001년 夏至에

洪 元 植

# 추 천 사

성균관 대학교 교수

『대학』이 유학사상의 입문서라고 한다면『중용』은 유학사상의 이론서 중에서 가장 심오한 이론서이다. 그래서 선인들은 전통적으로 중용을 四書 중에서 맨 나중에 읽었다. 중용은 학문이 완성되어야 인식할 수 있는 天命과 인간의 性 그리고 性을 통해 天과 합일할 수 있는 방법들을 치밀하게 설명하고 있다. 그러므로『중용』은 진리를 얻는데 가장 긴요한 책이지만 초심자에게는 어렵게 느껴질 수도 있는 책이다. 이런 이유 때문에 주자가 中庸章句를 편찬한 이래 많은 이론가들이『중용』에 대한 해설을 해 왔다.

그러나 이런 이론들이 워낙 광범위한 데다 모두 한문으로 쓰여져 있어 관심있는 독자들이 해독하기에 여간 어려운 일이 아니었다. 그러던 중 이번 대유학당에서 지난 번에 출간한『집주완역 대학』의 후속으로 다시『집주완역 중용』을 출간했다. 참고할 내용이 보다 많아지고 깊어져서, 보고 싶고 알고 싶은 독자들에게 좋은 기회를 제공한 것이다. 이러한 의미에서 볼 때『집주완역 대학』과 함께『집주완역 중용』은 斯界의 큰 업적이요 희소식이라 할 수 있을 것이다.

이 책은『집주완역 대학』을 번역했을 때와 마찬가지로, 김수길 님을 중심으로 4인의 편집인이 공동으로 작업하여 2년여에 걸쳐 이루어낸 역작이다. 더욱이 글자 하나하나를 다른 이본과 철저히 고증하고, 인용한 글귀는 일일이 원전을 찾아 주변의 정황을 알 수 있게 하였으며, 소주만으로 이해하기 어려운 곳은 편역자 주석을 다는 등, 저자의 의견 보다는 객관적인 입장에서 완벽한 주석작업을 한 점에서 특히 신뢰성이 간다.

　아무쪼록 이 책이 중용을 전문적으로 연구하는 사람은 물론, 일반적으로 공부하는 독자들에게도 많은 도움이 되리라 기대해 마지 않는다.

성균관대학교 유학 동양학부장 **李基東**

# 序 文

德山 金秀吉

　『중용中庸』과 『대학大學』은 유교의 주요경전인 사서四書의 하나로 세상에 널리 알려진 책입니다. 이 두 경전은 모두 『예기禮記』의 한 편으로 있던 것을 송宋나라 때에 이천伊川선생께서 유교의 핵심적인 내용이 담겨 있다고 해서, 처음으로 『예기』에서 떼어 내어 연구하고 문하생들에게 가르치셨으며, 주자(朱子, 朱熹)께서 장으로 나누고 주석을 달아서 책으로 발간했습니다. 이 때부터 『중용』과 『대학』이 선비들에게 애독되어 사서四書의 하나로 자리 매김했으며, 유교의 중요한 경전이 되었던 것입니다.

　두 글 중에서 『대학』이 유교의 학문적인 목표와 공부의 단계를 체계적으로 질서정연하게 기록한 책이라면, 『중용』은 유교이념의 시원始源과 도道의 실천 지표, 학문을 하는 방법 그리고 도를 행하는 궁극적인 목표를 종합적으로 말한 책으로 두 책은 유학을 공부하는 데에 있어 필수서적입니다.

　『중용』이 쓰여지게 된 동기는 공자孔子님의 손자이시고 증자曾子의 제자이신 자사子思께서 송나라 대부인 락삭樂朔에게 괴롭힘을 당하는 곤욕을 치르시고 나서, 유학의 전통이 끊길 것을 염려하시어 지으셨다고 합니다.

　이러한 『중용』의 개괄적인 내용을 살펴본다면 『중용』은 첫머리에 "하늘이 명령으로 부여받은 것을 성품이라 이르고, 성품을 따라가는 것을 도라 이르고, 도의 절차를 만들어 가르치는 것을 가르침이라 이른다(天命之謂性 率性之謂道 修道之謂教)"고 말해서, 하늘

(天)과 성품(性)과 도道와 가르침(敎)의 관계를 처음으로 명확히 하여 유교 사상이 어디서 발원했는가를 명쾌하게 밝혔고, 이어서 도의 실천지표로 중화中和와 중용中庸을 말하고 이것은 지극히 어려운 것이라고 했습니다. 여기서 '중'이라 함은 요堯임금과 순舜임금 우禹임금이 제위를 서로 주고받으실 때에 전수하신 말씀에서 비롯된 것으로, 이는 곧 하늘의 명령으로 부여받은 성품에서 나온 것이고, 인仁, 의義, 예禮, 지智가 모두 이 속에 내포된 것입니다. 순舜임금은 우禹임금에게 제위를 전하실 때에 "오직 정밀하게 하고 오직 한결같이 해야만 참으로 그 중中을 잡을 수 있다(惟精惟一 允執厥中)"고 말씀하셨으니, 이 '중中'이라는 것은 참으로 잡기가 어려운 것입니다. 이 '중'을 주자께서 장구에 "치우치지 않고 기울지 않고 지나치거나 미치지 못함이 없는 것의 명칭(不偏不倚 無過不及之名)"이라 했습니다. 중화中和의 화和라는 것은 중中이 어느 때 어느 장소나 맞지 않음이 없이 조화가 됨이고, 용庸이라는 것은 이것을 항시 사용해서 바꾸지 않음을 말한 것입니다.

또한 『중용』은 군자의 도가 광대하고 은미隱微한 것을 모두 포함하고 있음을 말하여, "군자의 도는 큰 것으로 말하면 천하가 실어낼 수 없고 작은 것으로 말하면 천하가 깨뜨릴 수 없다(君子語大 天下莫能載焉 語小 天下 莫能破焉)"고 하여 도가 있지 않는 곳이 없음을 말하고, "도는 사람에게서 멀리 있지 않다(道不遠人)"고 하고, "천하에 통용되는 도 다섯 가지에 실행하는 것은 세 가지니, 임금과 신하, 어버이와 자식, 남편과 아내, 형과 아우, 벗과 벗의 사귐 다섯 가지는 천하에 통하는 도고, 앎과 어질음과 용감함은 천하에 통하는 덕이라(天下之達道五 所以行之者 三 曰君臣也 父子也 夫婦也 昆弟也 朋友之交也 五者 天下之達道也 知仁勇三者 天下之達德也)"고 하여 사람과 사람의 관계를 중시하고, 앎(知) 어질음(仁) 용감함

(勇) 세 가지를 사람이 학문을 하는 데에 지침으로 삼도록 했고, "군자의 도는 먼 곳을 가려면 반드시 가까운 데로부터 시작하고, 높은 데를 오르려면 반드시 낮은 데로부터 오르는 것과 같다(譬如行遠必自近 登高必自卑)"고 말하여, 도는 일상생활의 가까운 곳으로부터 실행하고 먼저 자기의 몸으로부터 닦아나갈 것을 강조했습니다. 정치에도 언급하여 천하국가를 다스리는 데는 아홉 가지 법도가 있다고 말하여 "몸을 닦음(修身)과, 어진 이를 높임(尊賢)과, 어버이를 친애함(親親)과, 대신을 예로 대함(敬大臣)과, 여러 신하들을 자기 몸과 같이 돌봄(體群臣)과, 뭇 백성들을 아들같이 사랑함(子庶民)과, 여러 가지 기술자들을 돌아오게 함(來百工)과, 먼데에 나가 있는 사람들을 너그럽고 부드럽게 대함(柔遠人)과, 제후들을 포용함(懷諸侯)"을 들면서 제일 먼저 자기의 몸을 닦는 것을 말했고, 이것들을 "실행하는 것은 성실한 마음 하나 뿐이라(所以行之者一也)"고 말했고, 그 외에도 예법과 제사 귀신 등 많은 것을 언급했습니다.

학문을 하는 방법으로는 경건함과 성실함을 말하여 『중용』의 첫머리 장에 "그 보지 못하는 데를 경계하고 삼가며, 그 듣지 못하는 데를 무서워하고 두려워한다(戒愼乎其所不睹 恐懼乎其所不聞), 그 혼자인 데를 삼간다(愼其獨)"고 했고, 끝 부분에 "움직이지 않아도 공경하고 말하지 않아도 미덥게 한다(不動而敬 不言而信). 공손함을 돈독히 함에 천하가 화평해진다(篤恭而天下平)"고 하여 시종 경건함이 군자의 학문을 하는 태도임을 말했고, "천하에 다섯 가지 도와 세 가지 덕을 실행하는 것은 성실함 하나라(所以行之者一)"고 하여 성실함(誠)을 제기하고, 그 아래로 특히 성실함을 강조하여 "성실함은 하늘의 도이고 성실히 함은 사람의 도다(誠者 天之道 誠之者 人之道)", "성실하면 밝아지고 밝으면 성실하다(誠則明 明則誠)",

"지극히 성실함은 신과 같다(至誠如神)", "성실함은 사물의 마침과 시작이니 성실하지 않으면 사물이 없다(誠者物之終始 不誠無物)"고 하여 성실함이 곧 하늘과 사람을 연결하는 중요한 고리임을 밝혔습니다.

『중용』의 마지막 부분에는 군자의 도가 "하늘·땅에 세워도 어긋나지 않고 귀신에게 질정해도 의심이 없다(建諸天地而不悖質諸鬼神而不疑)"고 말하고, "넓고 넓은 그 하늘(浩浩其天)"이라고 말하여 성인의 도와 군자의 덕이 성숙하여 결국 하늘과 일치됨을 말해서, 유교의 목표가 최종적으로 하늘과 사람이 하나가 되는 천인합일天人合一에 있음을 말했습니다.

이와 같이 『중용』은 유교의 사상을 종합적으로 집대성한 책으로 『중용』을 보지 않고는 유교를 알았다고 하기 어려울 것입니다. 그래서 정자程子 주자朱子께서 『중용』을 『예기』에서 떼어내어 장구를 붙인 다음부터는 옛 선비들이 사서四書의 하나로 높여 공부를 했으며, 그 뒤에 많은 학자들의 주석이 나왔습니다. 그러나 사서의 주석 중에 『대학』과 『중용』만은 거의가 주자의 학설을 중심으로 이루어졌고, 현재에 읽혀지고 있는 책들도 거의 모두 주자의 장구章句를 근거로 한 것들입니다. 그래서 이번 『중용』 번역도 주자의 장구를 중심으로 주해한 책들을 기본으로 해서 약간의 학설을 곁들여 번역하게 되었습니다.

공자님의 말씀이 "옛것을 익혀 새것을 안다(溫故而知新)"고 하셨으니, 우리가 날로 변하는 세상에 살면서 새로운 지식을 터득한다면 필수적으로 우리의 옛 것을 알아야 함은 당연한 것입니다. 그뿐만 아니라 현재와 같이 맹목적으로 서양의 물질문명만을 따르다가 정신적인 도덕성과 주체성이 상실되어 여러 가지 문제가 발생하고 있는 상황에서는 더더욱 옛 성현의 말씀이 절실히 필요한 때입니다. 이러한 때를 당하여 성현의 말씀을 세상에 알리는 데에 조금이라도 도움이 되게 하겠다는 소박한 생각에서 외람되게 번역을 시작하게 된 것입니다. 그러나 미천한 실력으로 성현의 경전을 번역한다는 것이 글의 본 뜻을 해치지 않을까 염려되어 송구스러운 마음이 시종 떠나지 않았습니다. 그렇지만 하지 않는 것보다는 낫지 않을까? 하는 생각이 들어 일을 추진하게 되었고, 다행히도 간행위원을 비롯한 여러 선생님들의 절대적인 도움과, 밤낮을 가리지 않고 글의 번역과 주석작업을 도와주신 대유大有연구소의 윤상철 소장, 그리고 교정에 애를 쓴 풍전 이미실님 금전 이연실님 일선 김방현님 내산 이은호님 등 여러분의 헌신적인 도움으로 미흡하지만 번역이 완료되게 되었습니다. 이분들의 협조와 노고에 진심으로 감사드리며, 큰 영광으로 생각합니다. 앞으로 독자 여러 선생님들이 성현의 말씀을 이해하시는 데에 많은 도움이 되기를 마음속 깊이 빌며, 아울러 독자 여러분의 이 책에 대한 애정과 충고가 있으시기를 바랍니다.

# 사서대전에 대하여

　주자가 『대학』과 『중용』의 장구章句와 혹문或問을 짓고, 『논어』와 『맹자』의 집주를 지은 후로, 여러 학자들이 집주형태의 사서를 많이 지었다. 즉 진덕수眞德秀가 『주자어록』에서 사서에 관한 내용을 주자장구의 밑에 실어서 『사서집편四書集編』을 만든 이후로, 축수祝洙가 이를 모방하여 『사서부록四書附錄』을 지었고,
　이후로 채모蔡模의 『사서집소四書集疏』, 조순손趙順孫의 『사서찬소 四書纂疏』 오진자吳眞子의 『사서집성四書集成』까지 나오자 너무 번거롭지 않느냐는 학자들의 우려가 있었다.
　그러던 중 원나라 사람 예사의倪士毅가 그의 스승 진력陳櫟의 『사서발명四書發明』과 호병문胡炳文의 『사서통四書通』을 산정해서 『사서집석四書輯釋』을 만들어 호평을 받았는데, 명나라 영락제 13년에 한림학사 호광胡廣이 칙명을 받아 『사서집석』을 근본으로 약간의 가감을 하여 『사서대전四書大全』 36권을 만들었다. 이 책은 바로 이 『사서대전』을 완역한 것이다.

# 일러두기

❶ 선조의 명에 따라 교정청校正廳에서 간행한 『중용언해中庸諺解』를, 1631년 인조 9년에 다시 간행한 경진신간庚辰新刊 내각장판內閣藏板을 저본으로 하였고, 여기에 명나라 사람 퇴암退菴 등림鄧林이 강의한 내용(備旨)을 담은 『중용비지』 및 그의 문인 두기원杜起元의 보주를 부본으로 하여 강의 내용을 빠짐없이 실었으며, 추가로 王船山과 퇴계退溪 율곡栗谷 사계沙溪 우암尤庵 호산壺山 등의 주석을 일부 발췌하여 실었다.

❷ 원문은 언해본의 발음을 원칙으로 한글음을 달고, 달리 표기하였을 때에는 주석으로 표시하였다. 이렇게 함으로써 언해본과 반절음 그리고 현재 쓰이는 음과의 차이를 비교할 수 있게 하였다.

❸ 현토에 있어서 원문은 언해본의 토를 그대로 달았고, 주자장구와 소주는 김수길님의 의견을 따랐다. 또 경문과 전문 등 원문과 주자장구는 존중하여 직역을 원칙으로 하고, 소주의 내용은 이해를 높이기 위하여 약간의 의역을 한 곳도 있다.

❹ 또한 토에는 문장부호가 없는 것이 원칙이지만, 본 책에서는 가장 기본적인 세 가지 문장기호(. ? !)를 함께 사용하여, 원문만 가지고 해석할 때 도움을 주도록 하였다.

❺ 경문에는 원문 밑에 한글음을 달아 풀이에 맞는 바른 음을 제시하고, 아울러 읽기 쉽게 하였다.

❻ 소주는 『중용장구대전』에 배열된 순서에 따라 차례대로 번호를 붙였고,

왕선산과 퇴계 율곡 사계 우암 등의 주석은 해당되는 내용의 글 다음에 놓았으며, 비지 및 보주는 총괄적인 설명이므로 맨 뒷부분에 두었다.

❼ 책명에는 『    』을 사용하였다. 원 책의 주에는 ◆표시를 하고, 편집자 주에는 ❋를 하여 구분하였다. 비지와 보주에는 備旨 표시를 하였다.

❽ 문장마다 맨 끝에는 어려운 한자의 음과 훈을 달아 초보자들도 쉽게 읽을 수 있도록 하였다. 또 음과 훈이 여럿인 한자는 본 책에 쓰인 용도만을 적어서, 해석하는데 혼란이 가지 않도록 하였다.

❾ 원문번역에 있어서 [○○이 말씀하기를 "……."]의 형식으로 하여, 해석 뒤에 "라고 하였다"는 생략하였다.
또 공자 증자 정자 맹자 주자 등의 큰 선생님께는 "말씀하시기를"이라는 존칭을 사용하였다.

❿ 소주 등에서 다른 사람의 글을 인용할 때, 주석을 단 사람의 입장에서 인용한 사람과의 관계를 생각해서 존칭을 사용하였다. [○○이 말씀하기를 "……'주자께서 …라고 하셨으니'"]

⓫ 부록에는 『중용』을 기술한 자사와, 설명의 주를 이룬 주자의 약력을 따로 넣었으며, 그 외의 소주를 설명한 학자들은 인용선유성씨라는 제목으로 넣었다.

⓬ 부록 맨끝에는 율곡 이이선생이 쓰신 인심도심도를 넣어, 중용을 뜻을 심화시켰다.

⓭ 2001년 초판이 나온 이후 여러 독자들의 의견을 반영하여 상하 두 권으로 분권하고 작은 사이즈의 책으로 만들었다. 부록 말미에 있던 「심통성정도설」은 손에 잡히는 경전시리즈3의 『대학/중용』에 「성학십도」를 모두 게제하였으므로 이번 책에서는 넣지 않았다.

# 중용장구서

# 中庸章句序

○ 中庸은 何爲(去聲)而作也오? 子思子ㅣ 憂道學之失其傳而作也시니라.

『중용中庸』은 어째서 지었는가? 우리 자사子思선생께서 도학道學의 전함을 잃을까 염려하여 지으신 것이다.

- ◆ 爲(去聲) : '爲'자는 거성이다('위하여'의 뜻이다).
- ※ '子思子'에서 아래에 있는 '子'자는 자사子思께서 우리 유교의 종사宗師임을 나타낸 것이다.
- ※ 庸 : 떳떳할, 항상할, 평상, 보통, 법도, 쓸 용/ 爲 : 위할 위/ 憂 : 근심할 우.

① 朱子ㅣ 曰 曾子ㅣ 學於孔子而得其傳하시고 子思ㅣ 又學於曾子而得其所傳於孔子者하사 旣而懼夫傳之久遠而或失其眞也하사 於是에 作爲此書시니라.

주자께서 말씀하시기를 "증자께서 공자님에게 배우셔서 이 도학의 전함을 얻으셨고, 자사께서 또 증자님에게 배우셔서, 증자께서 공자님으로부터 전수 받으신 것을 얻으시고 나서, 성인의 전하신 것이 오래 되고 멀어져서 혹 그 참된 뜻을 잃을까 두려워하여 이 글을 지으신 것이다.

- ※ 懼 : 두려워할 구/ 久 : 오랠 구/ 遠 : 멀 원.

② 雲峯胡氏ㅣ 曰 唐虞三代之隆엔 斯道ㅣ 如日中天하니 中庸을 可無作也요 至孔子時하야 始曰攻乎異端이나 然이나 其說이 猶未敢盛行이러니 至子思時하얀 則有可憂者矣라 憂異端之得肆其說하시니 所以憂道學之不得其傳也니라.

운봉호씨가 말하기를 "당우唐虞와 삼대三代의 다스림이 융성할 때는 이 도가 마치 해가 중천에 뜬 것과 같았으니, 『중용』을 지을 필요가 없었다. 공자님 시대에 이르러서 처음으로 이단異端을 전공하는 이가 있을 것이라고 말씀하셨으나, 이단의 말들이 그래도 감히 성하게 유행되지는 못했었다. 그러나 자사子思의 시대에 이르게 되어 근심할만한 것이 있게 되었다. 그래서 이단의 말이 방자하게 유행됨을 염려했기 때문에, 도학道學이 전수되지 못할까 우려하신 것이다.

※ 당우(唐虞) : 陶唐氏와 有虞氏, 즉 요임금과 순임금이다.
※ 삼대三代 : 하나라 은나라 주나라의 세 왕조를 뜻한다.
※ 峯 : 봉우리 봉/ 胡 : 성 호, 턱 밑살 호/ 唐 : 당나라 당/ 虞 : 헤아릴 우/ 隆 : 클 융/ 斯 : 이 사/ 攻 : 칠 공/ 猶 : 오히려 유/ 敢 : 감히 감/ 肆 : 방자할 사.

**蓋自上古**로 **聖神**이 **繼天立極**하사 **而道統之傳**이 **有自來矣**라.

상고上古 시대로부터 신령스러운 성인들이 하늘의 뜻을 이어 표준을 세우시어서, 도통道統의 전함이 유래가 있게 되었다.

※ 蓋 : 대개 개/ 聖 : 성스러울 성/ 繼 : 이을 계/ 極 : 표준 극.

① 道統二字는 爲此序綱領이니 後面에 屢提掇照應이라.
'도통道統'이라는 두 글자는 이 서문의 강령綱領이 되는 것이니, 뒷면에 여러 번 이끌어 내어 비추고 대응시켰다.

※ 序 : 서문 서/ 綱 : 벼리 강/ 領 : 옷깃 령/ 屢 : 여러 루/ 提 : 이끌 제/ 掇 : 이끌 철/ 照 : 비출 조/ 應 : 응할 응.

**其見**(形甸反)**於經則允執厥中者**는 **堯之所以授舜也**요 **人心**은 **惟危**하고 **道心**은 **惟微**하니 **惟精惟一**이라사 **允執厥中者**는 **舜**

之所以授禹也니 堯之一言이 至矣盡矣언마는 而舜이 復(扶又反이니 又也라. 後에 凡遇此字하야 當釋爲又字之義者는 並同이라)益之以三言者는 則所以明夫堯之一言이 必如是而後에 可庶幾(平聲)也라.

그것이 경서經書에 나타난 것으로는, "진실하게 그 중中을 잡으라" 함은 요堯임금이 순舜에게 전수하신 말씀이다. "사람의 마음(人心)은 오직 위태하기만 하고 도의 마음(道心)은 오직 은미하기만 하니, 오직 정밀하게 하고 오직 한결같이 해야만 진실하게 그 중中을 잡을 것이다"라고 함은 순임금이 우禹에게 전수하신 말씀이다. 그러니 요임금의 한 말씀이 지극하고 다 갖추어져 있는 데도 순임금이 다시 세 마디의 말씀을 더하신 것은, 요임금의 한 말씀을 반드시 이와 같이 한 뒤라야 거의 실행할 수 있음을 밝힌 것이다.

- ◆ 見(形甸反) : '見'자는 '형'과 '전'의 반절음('헌→현'이라고 읽는다).
- ◆ 復(扶又反이니 又也라. 後에 凡遇此字하야 當釋爲又字之義者는 並同이라) : '부(復)'자의 음은 '부'와 '우'의 반절음이니 '또다시'라는 뜻이다. 뒤에 이 글자를 만나서 '또다시'라는 뜻으로 풀이해야 하는 글자는 모두 같게 발음한다.
- ◆ 夫(音은 扶니, 序中에 除夫子之夫如字外에 並同音이라.) : '부(夫)'자의 음은 '부(扶)'자와 같으니, 서문 가운데에서 '부자夫子'라는 '부(夫)'자 외에는 모두 같은 음이다.
- ◆ 幾(平聲) : '幾'자는 평성이다('거의'의 뜻이다).
- ※ 『논어』요왈편에 "堯ㅣ曰 咨爾舜아! 天之曆數ㅣ在爾躬하니 允執其中하라(요임금이 말씀하시기를 '아아! 너 순아! 하늘의 역수가 너의 몸에 있으니, 진실로 그 중을 잡도록 하라…')"
- ※ 『서경』우서편 대우모장에 "人心은 惟危하고 道心은 惟微하니 惟精惟一이라사 允執厥中하리라"
- ※ 見 : 나타날 현/ 甸 : 경기 전/ 反 : 반절(反切, 飜切) 반/ 允 : 진실로 윤/ 執 : 잡을 집/ 厥 : 그 궐/ 堯 : 요임금 요/ 舜 : 순임금 순/ 惟 : 오직 유/ 微 : 작을 미/ 精 : 정밀할 정/ 禹 : 우임금 우/ 至 : 지극할 지/ 盡 : 다할 진/ 復 : 다시 부/ 遇 : 만날 우/ 釋 : 풀 석/ 除 : 덜 제/ 庶 : 거의 서/ 聲 : 소리 성.

① 朱子ㅣ 曰 中은 只是箇恰好底道理요 允은 是眞箇執得이라. 堯告舜이 只一句는 舜이 已曉得하니 所以不復更說이요 舜告禹엔 又添三句는 這三句는 是允執厥中以前事니 是는 舜이 敎禹做工夫處며 便是怕禹尙未曉得이라. 故로 恁地說이라.

주자께서 말씀하시기를 "'중中'은 단지 하나의 사리事理에 꼭 맞는 좋은 도리일 뿐이고, '진실하게(允)'의 뜻은 곧 참으로 잡는다는 뜻이다. 요임금이 순舜에게 말씀하심이 단지 한 구절뿐인 것은, 순舜이 이미 깨달으셨으니 다시 더 말을 하지 않은 것이다. 순임금이 우禹에게 말씀하심에 다시 세 구절을 더한 것은, 이 세 구절이 곧 진실하게 그 중中을 잡기 이전의 일이다. 이것은 순임금이 우禹에게 공부할 곳을 가르치신 것이며, 이는 바로 우禹가 아직도 깨닫지 못할까 염려하심이다. 그러므로 이와 같이 말씀하신 것이다."

※ 只 : 다만 지/ 是箇(시개) : 이 한 개, 이 하나의/ 恰好 : 꼭 맞고 좋은/ 底 : 어조사 저(≒的)/ 允 : 진실로 윤/ 眞箇(진개) : 참으로/ 添 : 더할 첨/ 這 : 이 저/ 做 : 지을 주/ 便是(편시) : 바로/ 怕 : 두려워할 파/ 曉 : 깨달을 효/ 恁地(임지) : 이와 같이.


② 舜禹相傳은 只就這心上理會也로되 只在日用動靜之間求之요 不是去虛空中하야 討一箇物事來니라.

순임금과 우임금이 서로 전수하신 것은 단지 이 마음 위에서 이해를 해야 할 것이다. 그러나 단지 일상생활의 행동하고 그치는 사이에서 찾아야 할 뿐 이고, 허공 속에 가서 하나의 사물이나 일을 찾아오는 것은 아니다.

※ 就 : 나아갈 취/ 理會(리회) : 이해하다/ 去 : 갈 거/ 討 : 궁구할 토.


③ 只是一箇心이니 有道理底人心이 卽是道心이니라.

단지 하나의 마음일 뿐이니, 도리道理를 갖추고 있는 사람의 마음이 곧 도道의 마음이다.


④ 勿齋程氏ㅣ 曰 人生而靜이면 氣未用事하야 未有人與道之分하니 但謂之心而已나 感物而動이면 始有人心道心之分焉하니 精一執中은 皆是動時工夫니라.

물재정씨가 말하기를 "사람이 태어나서 고요히 있으면 기氣가 작용하지 않아서, 사람의 마음(人心)과 도의 마음(道心)의 구분이 없으니, 단지 마음이라고 이를 뿐이다. 그러나 사물에 감응하여 움직이게 되면 비로소 사람의 마음과 도의 마음이 나누어진다. 그러므로 '정밀하고 한결같이 하여 중中을 잡는다' 함은 모두가 움직일 때의 공부인 것이다."

※ 齋 : 집 재/ 但 : 다만 단/ 而已(이이) : ~뿐/ 皆是(개시) : 이 모두.


⑤ 雲峯胡氏ㅣ 曰 六經에 言道統之傳이 自虞書始로되 不有論語에 表出堯曰允執其中이면 則後世에 孰知舜之三言이 所以明堯之一言哉리오? 朱子ㅣ 於論語執中에 無明釋하고 至孟子湯執中하야 始曰守而不失이라하니 意可見矣라. 堯之執中은 不可以賢者之固執例論이나 自堯之心으로 推之면 則聖不自聖이니 愈見堯之所以爲聖爾요 況中無定體하니 儻不言執이면 人將視之如風如影하야 不可捕詰矣리오? 然이나 執之工夫는 只在精一上하니 堯授舜曰允執厥中은 如夫子語曾子以一貫이요 舜授禹에 必由精一而後執中은 是猶曾子告門人必由忠恕而達於一貫也라.

운봉호씨가 말하기를 "육경六經에 도통道統의 전수함을 말한 것이 『서경』의 우서虞書로부터 시작됐다. 그러나 『논어論語』에 '요임금이 진실하게 그 중中을 잡으라고 말씀했다'고 나타내어 말씀하시지 않았으면, 후세에 누가 순임금의 세 마디 말씀이 요임금의 한 마디 말씀을 밝히신 말인지 알겠는가? 주자朱子께서 『논어』에 '요임금의 중中을 잡는다'는 말씀은 밝게 풀이하지 않고, 『맹자孟子』의 '탕임금이 중中을 잡는다' 함에 이르러서야 처음으로 '지켜서 잃지 않는다'고 풀이했으니, 그 뜻을 알 만 하다.

'요임금의 중中을 잡음'은 어진 사람(賢者)의 '굳게 잡음'과 일례를 같이해서 말할 수는 없는 것이다. 그러나 요임금의 마음으로 미루어 본다면 성인이 스스로는 성인이라고 생각하지 않으신 것이니, 더욱 요임금이 성인이 되심을 알 수 있는 것이다. 하물며 '중中'은 정해진 본체가 없어서, 만일 '잡음(執)'을 말하지 않는다면 사람들이 장차 '중中'을 그림자나 바람과 같이 보아, '중中'을 잡아 연구하지 못하게 됨이겠는가?

그러나 잡는 공부는 단지 정밀하고 한결같이 하는 데에 있을 뿐이다. 그러므로 요임금이 순임금에게 전수하신 '진실하게 그 중中을 잡으라'는 말은 공자님이 증자曾子에게 '내 도道는 하나로 꿴다'고 말씀하신 것과 같다. 그리고 순임금이 우임금에게 전수하신 '반드시 정밀하고 한결같이 한 뒤에야 중中을 잡는다'는 말은 곧 증자께서 문인들에게 '반드시 충서忠恕로 말미암아야 하나로 꿰는 데에까지 이름'을 말씀하신 것과 같은 것이다."

※ 虞書 : 『서경』의 우서편을 말함
※ 『논어』의 요왈(堯曰)편에 출전."堯曰 咨! 爾舜아! 天之曆數在爾躬하니 允執其中하라. 四海困窮하면 天祿이 永終하리라. 舜亦以命禹하시니라."
※ 『맹자』의 이루離婁장 下 : "湯은 執中하시며 立賢無方이러시다."에 대한 章句 풀이에서 "執은 謂守而不失이라('집'은 지키고 잃지 않음을 이른다)"고 하였다.
※ 語曾子以一貫 : 『논어』이인편에 "子曰 參乎아! 吾道는 一以貫之니라(공자께서 말씀하시기를 '증삼아! 우리 도는 한 가지 이치가 만 가지 일을 꿰뚫고 있다'고 하였다)".
※ 告門人必由忠恕 : 『논어』이인편에 "曾子曰 夫子之道는 忠恕而已矣시니라(증자께서 답하시기를 '공자님의 도는 충과 서일 뿐이다'고 하셨다)"
※ 孰 : 누구 숙/ 明 : 밝힐 명/ 釋 : 풀 석/ 推 : 미룰 추/ 愈 : 더욱 유/ 況 : 하물며

황/ 儻 : 진실로 당, 혹 그러할 당/ 將 : 장차 장/ 影 : 그림자 영/ 捕 : 잡을 포/ 詰 : 다스릴 힐/ 猶 : 같을 유.

○ **蓋嘗論之**컨댄 **心之虛靈知覺**은 **一而已矣**로되

일반적으로 이에 대해 논해 본다면, 마음의 비고 영험함과 알고 깨달음(虛靈知覺)은 하나일 뿐이지만,

※ 嘗 : 일찌기 상/ 虛 : 빌 허/ 靈 : 신령 령/ 覺 : 깨달을 각.

① **勿齋程氏**ㅣ **曰 虛靈**은 **心之體**요 **知覺**은 **心之用**이라.
물재정씨가 말하기를 "비고 영험함은 마음의 본체이고, 알고 깨달음은 마음의 작용이다."

② **格庵趙氏**ㅣ **曰 知**는 **是識其所當然**이요 **覺**은 **是悟其所以然**이라.
격암조씨가 말하기를 "'앎(知)'은 곧 마땅히 그렇게 돼야 함을 아는 것이고, '깨달음(覺)'은 곧 그렇게 되는 까닭을 깨닫는 것이다."

※ 庵 : 암자 암/ 識 : 알 식/ 所當然(소당연) : 마땅히 그렇게 되어야 함/ 悟 : 깨달을 오/ 所以然(소이연) : 그렇게 되는 까닭.

**而以爲有人心道心之異者**는 **則以其或生於形氣之私**하며 **或原於性命之正**하야

사람의 마음(人心)과 도의 마음(道心)에 다름이 있다고 한 것은, 그것이 혹 형체(形)와 기운(氣)의 사사로움에서 나오고, 혹 성품(性)과 명命의 바른 것에서 근원해서,

※ 以爲(이위~) : ~라고 말하다/ 異 : 다를 이/ 生 : 날 생/ 原 : 근원 원.

① 問形氣는 是耳目鼻口四肢之屬이나 未可便謂之私欲이니이다. 朱子ㅣ 曰 但此數件事는 屬自家體段上하니 便是私有底物이요 不比道便公共이라. 故로 上面에 便有箇私底根本이며 如飢飽寒煥之類는 皆生於吾之血氣形體요 而他人無與焉이니 所謂私也로되 亦未便是不好요 但不可一向徇之耳라.

묻기를 "'형체와 기운'은 곧 귀 눈 입 코와 사지四肢에 속한 것이지만, 곧바로 사사로운 욕심이라고 말할 수는 없는 것이 아닙니까?" 주자께서 말씀하시기를 "다만 이 두어 건의 일은 자기의 몸에 속한 것이니, 사사로이 가지고 있는 사물인 것이고, 도道의 공공(公共)된 것과는 비교할 수 없다. 그러므로 그 위에 바로 사사로운 뿌리가 있는 것이다. 예를 들어 배고프면 배불리 먹고 추우면 따뜻하게 하는 종류와 같은 것들은, 모두가 나의 혈기와 형체에서 나오고 다른 사람과는 상관이 없는 것이니, 이른바 사사로운 것이다. 그러나 또한 이것이 바로 좋지 않음이 되는 것은 아니고, 단지 한쪽으로만 향해서 따라 갈 수 없을 뿐이다."

※ 鼻: 코 비/ 肢: 사지 지/ 屬: 부치 속/ 便: 곧 편/ 飢: 주릴 기/ 飽: 배부를 포/ 寒: 찰 한/ 煥: 따뜻할 욱/ 徇: 따를 순, 주창할 순/ 耳: 뿐 이(=而已).

② 形氣는 非皆不善이로되 只是靠不得이라. 蔡季通이 曰形氣之有善은 皆自道心出이니 由道心則形氣善이요 不由道心하고 一付於形氣則爲惡이라. 形氣는 猶船也요 道心은 猶柁也니 船無柁縱之行이면 有時入於波濤하고 有時入於安流하야 不可一定이니 惟有一柁以運之라야 則雖入波濤라도 無害라. 故로 曰天生烝民에 有物有則이라하니 物은 乃形氣요 則은 乃理也라.

'형체(形)와 기운(氣)'은 모두가 착하지 않은 것은 아니지만, 단지 형체와 기운에 의지할 수 없다는 것일 뿐이다. 채계통蔡季通이 말하기를 "형체와 기운 중에 착함이 있는 것은 모두가 도道의 마음으로부터 나온 것이니, 도의 마음을 따르면 형체와 기운이 착하고, 도의 마음을 따르지 않고 하나같이 형체와 기운에만 붙게 되면 악함이 된다. 형체와 기운은 배와 같고, 도의 마음은 배의 키와 같다. 배를 키없이 제멋대로 가도록 버려두면 때로는 파도 속으로 들어가고 때로는 평온한 물 위로 들어가서 일정하게 갈 수 없을 것이다. 오직 하나의 키가 있어 운전을 해야만 비록 파도 속으로 들어간다 하더라도 해가 없게 될 것이다. 그러므로 '하늘이 뭇 백성들을 내심에 사물이 있고 법칙이 있다'고 말한 것이니, 사물이라는 것은 바로 형체와 기운이고, 법칙이라는 것은 바로 이치다."

※ 蔡季通 : 蔡元定(1135~1198). 남송시대 建州사람으로 계통은 字이다. 西山선생이라고 불리운다. 주자에게 배웠으며 여러 방면에 두루 뛰어난 학문적 업적이 있었고, 특히 주역에 뛰어났다. 저서에 『律呂新書』, 『皇極經世解』, 『洪範解』 등이 있다.

※ 天生烝民에 有物有則 : 『시경』 대아편의 탕시(蕩詩), 대아편의 증민시(烝民詩)에 출전, 후에 『맹자』 고자장 상에서 인용.

※ 靠 : 기댈 고/ 付 : 붙을 부/ 惡 : 악할 악/ 柁 : 배의 키 타(=柂)/ 縱 : 버려둘 종/ 濤 : 큰 물결 도/ 烝 : 무리 증, 뭇 증(蒸)/ 則 : 법 칙.

③ 西山眞氏ㅣ 曰 私는 猶言我之所獨耳나 今人이 言私親私恩之類는 非惡也요 如六經中에 遂及我私는 言私其縱이니 此類는 以惡言之可乎인져!

서산진씨가 말하기를 "'사사롭다'는 것은 나 혼자만의 것이라는 말과 같다. 그러나 요새 사람들이 말하는 '사사로운 친함' '사사로운 은혜' 등과 같은 것은 악함이 아니고, 육경六經 가운데에서 '드디어 나의 사전私田에 까지 미치게 됐다'와 '사냥해서 작은 돼지는 내가 사사로이 갖는다' 함과 같은 것이니, 이와 같은 것들을 악하다고 말함이 옳을 것인가?"

※ "雨我公田이요 遂及我私로다(우리 공전에 비를 내리고, 드디어 우리 사전에 까지 미치도다)" 『시경』 소아편 대전大田시와 『맹자』 등문공滕文公 장에 출전.

※ "言私其豵이요 獻豜于公하나니라(사냥해서 작은 돼지는 내가 사사로이 갖고 큰 돼지는 공에게 바치느니라)" 『시경』 국풍편 칠월七月시에 출전.遂及我私 : 『맹자』 등문공滕文공장 출전.
※ 親 : 친할 친/ 遂 : 이룰 수/ 豵 : 작은 돼지 종(1년 된 돼지 또는 여섯 달 된 돼지)/ 言 : 발어사 언/ 豜 : 큰 돼지 견(세 살 난 돼지)/ 可 : 옳을 가.

④ 雲峯胡氏ㅣ 曰 生은 是氣已用事時方生이요 原은 是從大本上說來니 就氣之中하야 指出不雜乎氣者言之라.
　운봉호씨가 말하기를 "'나온다(生)'는 것은 기운이 이미 작용을 했을 때 나오게 되는 것이고, '근원한다(原)'는 것은 나오게 된 큰 근본을 따라 말한 것이니 기운 속에서 기운과 섞이지 않은 것을 가리켜서 말한 것이다."
※ 已 : 이미 이/ 指 : 가리킬 지/ 雜 : 섞일 잡.

⑤ 新安陳氏ㅣ 曰 有形氣之私라야 方有人心이라 故로 曰生이요 自賦命受性之初로 便有道心이라 故로 曰原이라.
　신안진씨가 말하기를 "형체와 기운의 사사로움이 있어야만 사람의 마음이 있기 때문에 '나온다(生)'고 말했고, 명命을 부여받고 성품을 받는 처음에서부터 바로 도의 마음이 있기 때문에 '근원한다(原)'고 말했다."
※ 賦 : 받을 부, 타고날 부/ 命 : 명할 명, 목숨 명.

⑥ 東陽許氏ㅣ 曰 人心은 發於氣하니 如耳目口鼻四肢之欲이 是也라. 然이나 此亦是人身之所必有요 但有發之正不正爾니 非全不善이라. 故로 但云危니 謂易流入於不善而沒其善也요 道心은 發於理하니 如惻隱羞惡辭遜是非之端이 是也나 亦存乎氣之中하야 爲人心之危者晦之라 故로 微而難見이라. 心은 只是一箇이나 心上에 加人字道字看이면 便見不同이니

若只順讀人心道心字면 却似有二心矣라. 謂之道則是天理之公이며 謂之人則是我身之私나 雖我身之私라도 亦非全是不善이요 因身之所欲者發而正이면 卽合乎道而爲道心之用矣니 大抵人心은 可善可惡이나 道心은 全善而無惡이라.

　동양허씨가 말하기를 "사람의 마음(人心)은 기운에서 발하니, 귀 눈 입 코와 사지에서 나오는 욕심과 같은 것이 이런 것이다. 그러나 이것은 또한 사람의 몸에 반드시 있어야 하는 것이고, 다만 발하는 것에 바르고 바르지 못함이 있을 뿐이니, 모두가 착하지 못한 것은 아니다. 그러므로 단지 '위태하다'고만 말한 것이니, 착하지 못한 곳으로 흘러 들어가 그 착함을 침몰시키기가 쉽다 함을 이른 것이다. 도의 마음(道心)은 이치에서 발하니, 측은히 여김과 부끄러워하고 미워함과 사양하고 공손함과 옳고 그름을 판단하는 마음의 발로와 같은 것이다. 그러나 도의 마음(道心)도 또한 기운 가운데에 있어서, 위태로운 사람의 마음(人心)에 의하여 어두워지기 때문에 미세해서 보기 어려운 것이다.

　마음은 단지 하나지만 마음 위에다가 '사람 인(人 : 人+心=人心)' 자나 '도(道 : 道+心=道心)'자를 더해놓고 보면 곧 같지 않음을 알 수 있다. 그러니 만일 단지 '사람의 마음(人心)·도의 마음(道心)'이라는 글자만을 따라 읽는다면 곧 두 개의 마음이 있는 것 같을 것이다. '도道'라고 하면 곧 하늘 이치의 공변된 것이고, '사람(人)'이라고 하면 곧 내 한 몸의 사사로운 것이다. 그러나 비록 내 한 몸의 사사로움이라 하더라도 또한 전부가 착하지 못한 것은 아니다. 몸이 하고 싶은 것을 따라서 발하더라도 그것이 바르면 곧 도에 합치되어, 도의 마음을 씀이 되는 것이다. 일반적으로 사람의 마음은 착할 수도 있고 악할 수도 있지만, 도의 마음은 전부가 착하고 악함은 없는 것이다."

※ 爾 : ~뿐 이(=耳, 而己)/ 危 : 위태할 위/ 易 : 쉬울 이/ 沒 : 없앨 몰/ 惻 : 불쌍히 여길 측/ 隱 : 숨길 은/ 羞 : 부끄러울 수/ 惡 : 미워할 오/ 辭 : 사양할 사/ 遜 : 겸손할 손/ 晦 : 어두울 회/ 微 : 은미할 미/ 見 : 볼 견/ 看 : 볼 간/ 却 : 곧

각/ 似 : 같을 사.

### 而所以爲知覺者ㅣ 不同이라.
그래서 알고 깨닫는 것이 같지 않기 때문이다.

① 朱子ㅣ 曰 只是這一箇心이나 知覺이 從耳目上去면 便是人心이요 知覺이 從義理上去면 便是道心이라.
　주자께서 말씀하시기를 "단지 이 하나의 마음일 뿐이다. 그러나 알고 깨달음이 귀와 눈을 따라가게 되면 이것이 바로 '사람의 마음'이고, 알고 깨달음이 의리義理를 따라가면 이것이 바로 '도의 마음'이다."

② 新安陳氏ㅣ 曰 前言虛靈知覺은 總心之體用而言이요 此에 單言所以爲知覺者는 專以心之用言也라. 體無不同이나 用始有不同이니 知覺이 從形氣之私而發者를 曰人心이요 知覺이 從性命之正而發者를 曰道心이라. 所以此에 只言知覺而不及虛靈이라.
　신안진씨가 말하기를 "앞에서 '비고 영험하며 알고 깨닫는다'고 말함은 마음의 본체와 작용을 총괄해서 말한 것이고, 여기에서 '알고 깨달음'만을 말한 것은 전적으로 마음의 작용으로써 말한 것이다.
　본체는 같지 않은 것이 없으나 작용에서 비로소 같지 않음이 있으니, 알고 깨달음이 형체와 기운의 사사로운 데를 따라 피어나오는 것을 '사람의 마음'이라고 말한다. 그리고 알고 깨달음이 성품과 명命을 따라 피어나오는 것을 '도의 마음'이라고 말한다. 여기에서는 단지 알고 깨닫는 것만을 말하고, 비고 영험한 데에까지는 미치지 않은 것이다."

※ 總 : 다 총/ 單 : 홑 단/ 專 : 오로지 전/ 不及(불급) : 미치지 못함.

是以로 或危殆而不安하고 或微妙而難見耳라.

이로 인해서 혹 위태해서 편안치 못하고, 혹 미묘해서 보기가 어렵다.

※ 是以(시이) : 이 때문에/ 殆 : 위태할 태/ 妙 : 묘할 묘.

① 朱子l 曰 危는 未便是不好요 只是危險이니 在欲墮未墮之間하야 易流於不好耳요 微者는 難明이니 有時發見些子하야 使自家見得이로되 有時又不見了라.

주자께서 말씀하시기를 "'위태함(危)'이 곧 '좋지 않음'이 된다는 것은 아니고 단지 위험할 뿐이니, '떨어지려 함'과 '아직 떨어지지 않음'의 사이에 있으면서 좋지 않은 데로 흐르기 쉬운 것일 뿐이다. '미세하다(微)' 함은 밝히기가 어려운 것이니, 때로는 작은 것이 발견되어 자기가 볼 수 있지만, 때로는 보이지 않는 것도 있는 것이다."

※ 墮 : 떨어질 타/ 些子(사자) : 작은 것(작을 사, 사물 자)/ 了 : 어조사 료, 마칠 료.

② 雲峯胡氏l 曰 朱子以前엔 多便指人心爲人欲하니 殊不知氣以成形을 是之謂人이요 理亦賦焉을 是之謂道라. 非人이면 無以載此道라 故로 言道心엔 必先言人心하고 非道則其爲人이 不過血氣之軀爾라 故로 言人心엔 必言道心이니 如飮食男女는 人心也나 飮食男女之得其正은 道心也라. 人心之發이 危而不安하고 而發之正者는 又微而難見이니 實非有兩心也라.

운봉호씨가 말하기를 "주자 이전에는 사람의 마음(人心)을 가리켜 사람의 욕심人欲이라고 하는 사람이 많다. 이는 기운으로 형체를 이룬 것을 사람이라 말하고, 여기에 또 이치가 부여된 것을 도라 말하는 것임을 모른 것이다.

사람이 아니면 이 도를 실을 수 없기 때문에, '도의 마음(道心)'을 말할 때는 반드시 먼저 '사람의 마음(人心)'을 말한다. 그리고 도가 아니면 그 사람됨이 혈기(血氣)의 몸에 지나지 않기 때문에, '사람의 마음'을 말할 때는 반드시 '도의 마음'을 말한 것이다. 예를 들면 마시고 먹고 남녀관계를 맺는 것은 '사람의 마음'이나, 마시고 먹고 남녀관계를 맺음이 바름을 얻으면 '도의 마음'인 것과 같다. 사람 마음이 피어나는 것은 위태해서 편안하지 못하고, 사람 마음이 피어난 것 중에 바른 것은 또한 은미해서 보기가 어려운 것이니, 실상 두 가지 마음이 있는 것은 아니다."

※ 殊 : 짐짓 수, 자못 수/ 載 : 실을 재/ 軀 : 몸 구.


**然**이나 **人莫不有是形**이라 **故**로 **雖上智**라도 **不能無人心**이요 **亦莫不有是性**이라 **故**로 **雖下愚**라도 **不能無道心**이니

그러나 사람은 이 형체를 가지고 있지 않은 사람이 없으므로, 비록 상지(上智)의 사람이라도 '사람의 마음(人心)'이 없을 수 없고, 또한 이 성품이 있지 않은 사람은 없으므로, 비록 하우(下愚)라도 '도의 마음(道心)'이 없을 수 없는 것이니,

※ 상지(上智) : 최고로 지혜로워서 성인이 되는 사람.
※ 하우(下愚) : 제일 어리석어서 도를 깨치기 힘든 사람.
※ 莫不有(막불유) : 가지고 있지 않음이 없다. 雖 : 비록 수.


① **朱子**l 曰 **道心**은 **是義理上發出來底**요 **人心**은 **是人身上發出來底**라. **雖聖人**이라도 **不能無人心**은 **如飢食渴飲之類**요

雖小人이라도 不能無道心은 如惻隱之心이 是라.
  주자께서 말씀하시기를 "'도의 마음(道心)'은 곧 의리를 따라 피어나온 것이고, '사람의 마음(人心)'은 곧 사람의 몸을 따라 피어나온 것이다. '비록 성인이라도 사람의 마음이 없을 수 없다' 함은, 배고프면 밥먹고 목마르면 물마시는 것과 같은 것들이고, '비록 소인이라도 도의 마음이 없을 수 없다' 함은, 측은한 마음(惻隱之心)과 같은 것이 이런 것이다."
※ 食 : 먹을 식 / 渴 : 목마를 갈 / 飮 : 마실 음.

② 栗谷이 曰 聖人은 人心이 卽是道心이라.
  율곡이 말씀하기를 "성인은 사람의 마음(人心)이 곧 도의 마음이다."

③ 南塘이 曰非謂道心이 卽是性也요 蓋言此心은 原於性而純善也라.
  남당이 말씀하기를 "도의 마음이 곧 성품이라 함이 아니고, 대체적으로 이 마음은 성품에서 근원해서 순수하게 착하다 함을 말한 것이다."

## 二者ㅣ 雜於方寸之間而不知所以治之면

두 가지가 마음속에 섞여서 다스릴 바를 모르면,

① 陳氏ㅣ 曰 人心道心二者는 無日無時不發見呈露나 非是判然不相交涉이니 只在人別識之라.
  진씨가 말하기를 "'사람의 마음(人心)'과 '도의 마음(道心)' 두 가

지는 발현되고 드러나지 않는 날과 때가 없으나, 확연하게 구분되어 서로간에 관계를 맺지 않는 것이 아니니, 단지 사람이 구별하고 아는 데에 있을 뿐이다."

※ 見 : 나타날 현/ 呈 : 나타날 정/ 露 : 나타날 로/ 判然(판연) : 확실하게/ 交涉(교섭) : 사귀어 관계함.

② 新安陳氏ㅣ 曰 不知所以治之者는 不知以精一之理로 治之也라.

　신안진씨가 말하기를 "'다스릴 바를 모른다' 함은, 정밀하게 하고(精) 한결같이 하는(一) 이치로써 다스릴 줄을 모름이다."

## 則危者ㅣ 愈危하고 微者ㅣ 愈微

　곧 위태한 것이 더욱 위태해지고 미세한 것이 더욱 미세해져서,

① 危愈危는 流於惡이요 微愈微는 幾於無라.

　'위태한 것이 더욱 위태해짐'은 악으로 흘러가는 것이고, '미세한 것이 더욱 미세해짐'은 거의 없게 되는 것이다.

## 而天理之公이 卒無以勝夫人欲之私矣리라.

　하늘 이치의 공변됨이 마침내 사람의 사사로운 욕심을 이기지 못할 것이다.

① 朱子ㅣ 曰 人心之危者는 人欲之萌也요 道心之微者는 天理之奧也라

　주자께서 말씀하시기를 "'사람 마음(人心)'이 위태한 것은 사람

의 욕심이 싹트는 것이고, '도의 마음(道心)'이 미세한 것은 하늘의 이치가 깊숙한 것이다."

※ 萌 : 싹틀 맹/ 奧 : 깊숙할 오.

② 雲峯胡氏ㅣ 曰 人心이 未便是人欲이나 到不知所以治之면 方說得人欲이니 上文엔 形氣之私를 與性命之正으로 對言이나 私字未爲不好로되 此에 云ㅣ 人欲之私하야 與天理之公으로 對言하니 私字ㅣ 方是不好耳라.

　운봉호씨가 말하기를 "'사람의 마음(人心)'이 바로 사람의 욕심은 아니나, 다스릴 바를 모르는 데에 이르게 되면 사람의 욕심人欲이라고 말하는 것이다. 윗 글에는 형체와 기운의 사사로움을 성품과 명命의 바른 것과 대립해서 말을 했지만, 사사롭다는 '사私'자가 좋지 못한 것은 되지 않는다. 그러나 여기에서는 인욕의 사사로움을 말해서 하늘 이치(天理)의 공변됨과 대립하여 말했으니, 사사롭다는 '사私'자가 바로 좋지 못함이 되는 것이다."

○ 精則察夫二者之間而不雜也오 一則守其本心之正而不離(去聲)也니

　정밀하면 두 가지의 사이를 살펴서 섞이지 않을 것이고, 한결같으면 자기의 본심의 바름을 지켜서 떠나지 않을 것이니,

◆ 離(去聲) : '離'자는 거성이다('떠난다'는 뜻이다).
※ 離(떠날 리)/ 間斷(간단 : 사이사이가 끊어짐).

① 朱子ㅣ 曰 精은 是精察分明이요 一은 是要守得不離라.
　주자께서 말씀하시기를 "'정밀함'은 정밀하게 살펴서 분명히 하는 것이고, '한결같음'은 지켜서 떠나지 않음이다."

② 陳氏ㅣ 曰 要分別二者界分分明하야 不相混雜하고 專守道心之正而無以人心二之라.

진씨가 말하기를 "요컨대 두 가지의 경계를 분명하게 구별해서 서로 섞이지 않게 하고, 오로지 도의 마음의 바름을 지켜서 사람의 마음 사이에 끼게 함이 없게 하는 것이다."

③ 雲峯胡氏ㅣ 曰 孟子ㅣ 曰 利與善之間이라하시니 所謂間者는 猶易剖析이어니와 此所謂二者之間은 方雜於方寸이니 非精以察之면 不可也라. 本心之正은 卽上文所謂原於性命之正者라. 蓋其本也ㅣ 眞而靜하고 其未發也ㅣ 五性具焉하니 此所謂性命之正이며 卽吾心之正也라. 形旣生矣에 外物觸其形而動於中이면 於其發也에 始有人心道心之異하니 必能專一於道心이라야 是卽守其本心之正而不離也니라.

운봉호씨가 말하기를 "맹자께서 말씀하시기를 '이익과 착함의 사이'라고 하셨으니, 여기서 말씀하신 '사이'라는 것은 그래도 쪼개어 분석하기 쉽지만, 이 글에서 말한 '두 가지의 사이'는 마음 속에 섞인 것이니, 정밀하게 살피지 않으면 할 수 없는 것이다.

'본심의 바름(本心之正)'이라는 것은 곧 윗 글에서 말한 '성품과 명의 바른 것에서 근원한 것'이다. 대체적으로 그 근본은 참되고 고요하며, 그것이 피어나지 않았을 때에 다섯 가지 성품이 갖추어졌다. 이것이 이른바 '성품과 명의 바름(性命之正)'이며, 곧 내 마음의 바름이다. 형체가 이미 생겨남에 바깥의 사물이 그 형체를 촉발시켜서 가운데가 움직이게 되면, 그것이 피어날 때에 비로소 '사람의 마음(人心)'과 '도의 마음(道心)'의 다름이 있게 되는 것이다. 그러므로 반드시 능히 도의 마음을 오로지 하고 한결같이 할 수 있어야만, 이것이 바로 '그 본심의 바름을 지켜서 떠나지 않음'이 된다."

※ 利 : 이로울 리/ 善 : 착할 선/ 剖 : 쪼갤 부/ 析 : 쪼갤 석/ 察 : 살필 찰/ 具 : 갖

출 구/ 觸 : 닿아 느낄 촉/ 始 : 비로소 시.

從事於斯(斯는 指精一이라)하야
　여기에 종사해서
- 斯(斯는 指精一이라) : '여기'라는 것은 정밀하고 한결같음을 가리킨 것이다.

無少間(去聲)斷(徒玩反)하야　必使道心으로　常爲一身之主하고
而人心이　每聽命焉이면
　조금도 사이에 끊김이 없게 해서, 반드시 도의 마음(道心)이 항상 한 몸의 주인이 되도록 하고, 사람의 마음(人心)이 항상 명령을 듣게 하면,
- 間(去聲) : '間'자는 거성이다('사이'라는 뜻이다).
- 斷(徒玩反) : '斷'자는 '도'와 '완'의 반절음('돤→단'이라고 읽는다).

① 問人心을 可以無否니잇가? 朱子ㅣ 曰 如何無得이리오? 但以道心으로 爲主하고 而人心이 每聽道心之區處라야 方可니라.
　묻기를 "사람의 마음(人心)은 없어야 되는 것 아닙니까?" 주자께서 말씀하시기를 "어떻게 없겠는가? 단지 도의 마음(道心)으로 주인을 삼고, 사람의 마음이 항상 도의 마음의 지휘를 받게 해야 옳을 뿐이다."
※ 否 : 아닐 부/ 每 : 매양 매/ 聽 : 좇을 청/ 區處(구처) : 사물을 분별하여 처리함.

② 有道心而人心이 爲所節制면 人心이 皆道心也라.
　도의 마음(道心)이 있어서 사람의 마음(人心)이 절제를 받게 되면, 사람의 마음이 모두 도의 마음이다.

③ 人心은 是此身有知覺嗜欲者니 豈能無리오마는 但爲物誘하야 而至於陷溺則爲害爾라. 故로 聖人이 以爲此人心은 有知覺嗜欲이나 然이나 無所主宰則流而忘反하니 不可據以爲安이라 故로 曰危요 道心은 則是義理之心이니 可以爲人心之主宰而人心據以爲準者也라. 然이나 道心이 却雜出於人心之間하야 微而難見이라. 故로 必須精之一之而後에 中可執이라. 然이나 此又非有兩心也요 只是義理與人欲之辨爾라.

'사람의 마음(人心)'은 바로 이 몸이 지각하고 즐기고 욕심냄이 있으니 어찌 없게 하겠는가만은, 단지 사물의 꾀임을 받아 빠지는 데에까지 이르게 되면 해가 되는 것일 뿐이다. 그러므로 성인이 생각하시기를 '이 사람의 마음(人心)이라는 것은 지각하고 즐기고 욕심냄이 있는 것이다. 그러나 주재하는 것이 없으면 욕심을 따라 흘러가서 돌아올 줄을 모르니, 사람 마음에 의지하여 편안히 할 수는 없는 것이다.'라 해서 '위태하다'고 말씀하신 것이다.

또한 도의 마음(道心)은 곧 의리의 마음이니, 사람 마음의 주재자가 되고, 사람의 마음이 의지해서 법으로 삼을 수 있는 것이다. 그러나 도의 마음이 사람의 마음 사이에서 섞여 나와서, 미세하여 보기가 어렵기 때문에, 반드시 정밀하게 하고 한결같이 한 뒤에야 '중中'을 잡을 수 있는 것이다. 그러나 이것 또한 두 개의 마음이 있는 것이 아니고, 단지 의리義理와 사람 욕심人欲의 구분이 있을 뿐이다.

※ 知覺(지각) : 알고 깨달음/ 嗜 : 즐길 기/ 豈 : 어찌 기/ 誘 : 꾈 유/ 陷 : 빠질 함/ 溺 : 빠질 닉/ 主宰(주재) : 주인이 되어 이끌고 다스림/ 忘 : 잊을 망/ 反 : 돌이킬 반/ 據 : 의거할 거/ 準 : 법 준/ 辨 : 나눌 변.

則危者ㅣ 安하고 微者ㅣ 著而動靜云爲ㅣ 自無過不及之差矣리라.

위태한 것이 편안하고 미세한 것이 드러나서, 움직일 때나 고요할 때나, 말을 할 때나 일을 할 때나, 자연히 지나치거나 미치지 못하는 어긋남이 없게 될 것이다.

※ 著 : 드러날 저/ 云爲(운위) : 말하고 행동함/ 不及(불급) : 미치지 못함/ 差 : 어긋날 차.

① 朱子ㅣ 曰 不待擇於無過不及之間이라도 自然無不中矣라.
주자께서 말씀하시기를 "지나치지 않음과 미치지 못함의 중간을 선택하지 않더라도 자연히 맞지 않음이 없는 것이다."

※ 待 : 기다릴 대/ 擇 : 가릴 택/ 過不及(과불급) : 지나치거나 미치지 못함.

② 陳氏ㅣ 曰 如此則日用之間에 無往非中하야 凡聲之所發은 便合律하고 身之所行은 便合度하리니 凡由人心而出者ㅣ 莫非道心之流行이리라.
진씨가 말하기를 "이와 같이 하면, 일상생활에 오는 것이 '중(中)' 아님이 없게 되어서, 소리로 내는 것은 모두 음률에 합치되고 몸으로 행동하는 것은 바로 법도에 합치될 것이니, '사람의 마음(人心)'을 따라 나오는 것이 '도의 마음(道心)'의 흘러감이 아닌 것이 없을 것이다."

※ 如此(여차) : 이와같으면/ 往 : 갈 왕/ 聲 : 소리 성/ 律 : 가락 률/ 度 : 법도 도.

③ 雲峯胡氏ㅣ 曰 人心은 本危나 能收斂入來하면 則危者ㅣ 安하고 道心은 本微나 能充拓出去면 則微者著라. 中을 如何執고? 只精一이 便是執之之工夫니 所以朱子ㅣ 於此에 不復釋執字라. 然이나 上文에 曰守其本心之正而不離라하야 下一守字하니 便見得執中之功은 先在惟精이나 而重在惟一이라.
운봉호씨가 말하기를 "'사람의 마음'은 본래 위태하나 능히 수렴해서 들일 수 있으면 위태한 것이 편안해지고, '도의 마음(道心)'

은 본래 미세한 것이나 확충하고 개척해 나갈 수 있으면 미세한 것이 드러나게 될 것이다. '중中'은 어떻게 잡는 것일까? 단지 정밀하고 한결같이 함이 곧 '중中'을 잡는 공부일 뿐이다. 그러므로 주자께서 여기에 '잡는다(執)'는 글자를 다시 풀이하지 않으셨다. 그러나 윗글에서 '그 본심의 바름을 지켜서 떠나지 않는다'고 말하여 '지킬 수(守)'자 한 자를 넣었으니, 곧 '중中'을 잡는 공부에서 먼저 할 것은 '오직 정밀히 함(惟精)'에 있을 뿐이지만, 그 중점은 '오직 한결같이 함(惟一)'에 있음을 알 수 있다."

※ 收斂(수렴) : 걷어 들임/ 充 : 채울 충/ 拓 : 개척할 척/ 下 : 넣을 하, 머무를 하/ 惟 : 오직 유.

④ 新安陳氏ㅣ 曰 朱子ㅣ 引禹謨四句하야 以見中庸之宗祖하고 以標道統之淵源하시니 可謂考諸三王而不謬하고 百世以俟聖人而不惑者矣라.

　신안진씨가 말하기를 "주자께서 『서경』우서편 대우모大禹謨장의 네 구절을 인용하시어 『중용』의 조종祖宗을 나타내고 도통道統의 연원淵源을 표시하셨으니, 요·순·우의 세 임금을 상고해 봐도 어긋나지 않고, 백 대 뒤의 성인을 기다려 살펴보아도 의심할 것이 없다.'고 말할 수 있다."

※ 禹謨의 네 구절 : 『書經』 대우모장의 "人心은 惟危하고 道心은 惟微하니…"(사람의 마음은 위태할 뿐이고, 도의 마음은 미세할 뿐이니…)
※ 조종(祖宗) : 시조/ 淵源(연원) : 물의 근원이 되는 발원지/ 謬 : 그릇될 류/ 俟 : 기다릴 사/ 惑 : 의심할 혹.

● 夫堯·舜·禹는 天下之大聖也시며 以天下相傳은 天下之大事也로되 以天下之大聖으로 行天下之大事하사되 而其授受之際에 丁寧告戒ㅣ 不過如此하시니 則天下之理ㅣ 豈有以

加於此哉리오?

요임금 순임금 우임금은 천하의 큰 성인이시며, 천하를 서로 전하심은 천하의 큰 일이지만, 천하의 큰 성인으로 천하의 큰 일을 시행하시면서도, 그것을 주고받으실 때에 간곡히 훈계하신 말씀이 이것에 지나지 않으셨으니, 천하의 이치가 어찌 이보다 더한 것이 있겠는가?

※ 授受(수수) : 주고 받음/ 際 : 즈음 제/ 丁寧(정녕) : 재삼 친절하게 함/ 戒 : 타이를 계/ 加 : 더할 가.

① 雲峯胡氏ㅣ 曰 天下之理ㅣ 豈有以加於此者리오? 中之一字는 聖聖相傳之道니 莫加於此也요 精一二字는 聖聖相傳之學이니 莫加於此也라.

운봉호씨가 말하기를 "천하의 이치가 어찌 이보다 더한 것이 있겠는가? '중中'이라는 한 글자는 성인과 성인이 서로 전수하신 도道니 이보다 더할 것이 없고, '정밀하고 한결같다(精一)'는 두 글자는 성인과 성인이 서로 전수하신 학문이니 이보다 더할 것이 없다."

自是以來로 聖聖相承하시니 若成湯·文·武之爲君과 臯陶·伊·傅·周·召(音邵)之爲臣이 旣皆以此而接夫道統之傳하시고

이 때로부터 내려오면서 성인과 성인이 서로 이으셨으니, 성탕왕成湯王과 문왕文王 무왕武王 같으신 임금과 고요皐陶 이윤伊尹 부열傅說 주공周公 소공召公과 같은 신하가 이미 이것으로써 도통道統의 전수함을 이으셨고,

◆ 召(音邵) : '召'는 '소'라고 발음한다.

※ 도통계보도는 하권의 984쪽을 보세요.

① 新安陳氏ㅣ 曰 若孟子末章所標ㅣ 列聖之君과 聖賢之臣은 見而知之하고 聞而知之者니 不過只是知此耳라. 以此之此는 指三聖相授受之說이요 道統二字는 再提出하야 與前相照應이라.

신안진씨가 말하기를 "『맹자』의 끝장에서 열거한 여러 성인 임금들과 성현 신하들은, 봐서 알고 들어서 아는 사람들이니, 단지 이것을 알기만 하면 될 뿐이다. '이것으로써'의 '이 차(此)'자는 세 성인이 서로 주고받으신 말씀을 가리킨 것이고, '도통道統'이라는 두 글자는 두 번씩이나 끌어내서 앞의 것과 서로 비추고 대응시킨 것이다.

※ 孟子末章 : 『맹자』의 盡心章을 말한다.
※ 此 : 세 성인이 서로 주고받으신 말씀을 가리킴.
※ 若 : 같을 약/ 標 : 나타낼 표/ 列 : 벌일 렬/ 聞 : 들을 문/ 提出(제출) : 끌어 냄/ 照 : 비출 조/ 應 : 응할 응.

**若吾夫子則雖不得其位나 而所以繼往聖開來學은 其功이 反有賢於堯·舜者라.**

우리 공자님께서는 비록 그 지위는 얻지 못하셨다. 그러나 선대의 성인을 이어 받으시고 후세의 배우는 사람을 계도하심은, 그 공이 도리어 요임금 순임금보다도 훌륭하신 점이 있으시다.

① 雲峯胡氏ㅣ 曰 未論六經之功이 有賢於堯舜이라도 只如此執中一語를 夫子ㅣ 不於論語之終에 發之면 孰知其爲堯之言이며 不於堯曰執中之後에 而繼之湯武誓師之意와 與其施於政事者면 又孰知夫堯舜之授受者ㅣ 此中而湯武之征

伐者ㅣ 亦此中也哉아? 姑卽此一節言之니 其功이 賢於堯舜을 可知矣라.

운봉호씨가 말하기를 "공자님의 육경六經에 대한 공적이 요임금 순임금보다 훌륭하심을 논하지 않더라도, 단지 이와 같이 '중을 잡는다(執中)'는 한 마디를 공자님께서 『논어』의 끝에 밝히지 않으셨다면, 누가 그것이 요임금이 하신 말씀인지를 알 것이며, '요임금이 중中을 잡아라'고 말씀한 뒤에 탕임금과 무왕이 군사에게 맹세하신 뜻과 그분들이 정사에 베푸신 것을 이어서 말씀하지 않으셨다면, 또한 누가 요임금과 순임금이 주고받으신 것이 이 '중中'이며, 탕임금과 무왕이 정벌하신 것이 또한 이 '중中'이라는 것을 알겠는가? 그래서 주자께서 이 한 절을 일부러 말씀하신 것이니, 공자님의 공적이 요임금 순임금보다 훌륭하다는 것을 알 수 있다."

※ 終 : 마칠 종/ 繼 : 이을 계/ 湯 : 탕임금 탕/ 誓 : 맹세할 서/ 征伐(정벌) : 쳐서 바로잡음/ 姑 : 일부러 고.

● 然이나 當是時하야 見而知之者는 惟顔氏·曾氏之傳이 得其宗하시고

그러나 이때를 당해서 보고 안 사람은, 오직 안자顔子와 증자曾子의 전수 받으심만이 그 종통宗統을 얻으셨고,

① 雲峯胡氏ㅣ 曰 夫子以前엔 傳道統者ㅣ 皆得君師之位而斯道以行하고 夫子以後엔 傳道統者ㅣ 不得君師之位나 而斯道以明이라. 故로 明堯舜禹湯文武之道者는 夫子六經之功이요 而明夫子之道者는 曾子大學과 子思中庸之功也라.

운봉호씨가 말하기를 "공자님 이전에는 도통을 전수받은 사람이 모두 임금과 스승의 지위를 아울러 얻어서 이 도가 행해졌고,

공자님 이후에는 도통을 전수받은 사람이 임금과 스승의 지위를 아울러 얻지 못했으나 이 도가 밝혀졌다. 그러므로 요堯 순舜 우禹 탕湯 문왕文王 무왕武王의 도를 밝힌 것은 공자님의 육경六經의 공적이고, 공자님의 도를 밝힌 것은 증자曾子의 『대학』과 자사子思의 『중용』의 공적이다.

※ 斯 : 이 사/ 功 : 공로 공/ 曾 : 성씨 증, 일찌기 증.

② 新安陳氏ㅣ 曰 顔子博文은 精也요 約禮는 一也며 曾子格致는 精也요 誠正은 一也라.

　신안진씨가 말하기를 "'안자顔子의 넓게 글을 배움(博文)'은 '정밀함(精)'이고, '예로 간략히 함(約禮)'은 '한결같음(一)'이며, 증자曾子의 '사물의 이치를 궁구해서 앎을 지극히 함(格致)'은 '정밀함(精)'이고, '뜻을 성실히 하고 마음을 바르게 함(誠正)'은 '한결같음(一)'이다."

※ 『논어』의 자한편에 "顔淵이 喟然歎曰 … 夫子循循然善誘人하사 博我以文하시고 約我以禮하시니라(안연이 크게 탄식하며 '선생님께서 차근차근 사람을 잘 이끄시어, 문으로써 나의 지식을 넓혀주시고, 예로써 나의 행동을 요약해주셨다.…')"
※ 증자曾子의… : 『대학』 경1장에 출전.
※ 博 : 넓을 박/ 約 : 간략할 약/ 致 : 이룰 치/ 誠 : 정성 성.


及曾氏之再傳하야 而復得夫子之孫子思하는 則去聖이 遠而異端이 起矣라. 子思ㅣ 懼夫愈久而愈失其眞也(發首二句意)하사 於是에 推本堯·舜以來相傳之意하시고 質以平日所聞父師之言하야 更(平聲)互演(以淺反)繹(音亦)하야 作爲此書하사 以詔後之學者하시니 蓋其憂之也ㅣ 深故로 其言之也ㅣ 切하고 其慮之也ㅣ 遠故로 其說之也ㅣ 詳하니 其曰 天命率性은 則

### 道心之謂也요

증자曾子의 두 번째 전수함에 미쳐서 다시 공자님의 손자 자사子思를 얻게 됐을 때에는, 성인의 시대와 거리가 멀어서 이단(異端)이 일어나게 됐다. 그래서 자사께서 더 오래 되면 더욱 그 참된 뜻을 잃을까 두려워하시어, 이에 요임금 순임금 이래로 서로 전수하신 뜻을 미루어 근본으로 삼으셨다. 그리고 평소에 아버지와 스승에게 들은 말씀으로 질정質正하시어, 다시 서로 그 뜻을 넓히고 풀어 밝히시어, 이 글을 지어 후세의 배우는 이들을 가르치셨다. 대체적으로 그 걱정하심이 깊었기 때문에 그 말씀이 절실했고, 그 멀리까지 염려하셨기에 그 말씀이 자세하셨으니, 『중용』에서 말한 '하늘의 명령(天命), 성품을 따른다(率性)' 함은 '도의 마음(道心)'을 이른 것이다.

- ◆ 發首二句意 : 서문 첫머리 두 구절(中庸은 何爲而作也오. 子思子ㅣ憂道學之失其傳而作也시니라)의 뜻을 밝힌 것이다.
- ◆ 更(平聲) : '更'은 평성이다.('다시'라는 뜻)
- ◆ 演(以淺反) : '演'자는 '이'자와 '천'자의 반절음.(언→연)
- ◆ 繹(音亦) : '繹'자는 '역'이라고 발음한다.
- ※ 復 : 다시 부/ 遠 : 멀 원/ 異端(이단) : 바름이 아닌 길/ 起 : 일어날 기/ 懼 : 두려울 구/ 推 : 미룰 추/ 質 : 질정할 질/ 更 : 다시 갱/ 演 : 멀리 흐를 연/ 繹 : 풀어낼 역/ 詔 : 가르칠 조/ 深 : 깊을 심/ 切 : 간절할 절/ 慮 : 생각할 려/ 詳 : 상세할 상.

① 雲峯胡氏ㅣ曰 性은 是心未發時에 此理ㅣ具於心이요 道는 是心已發時에 此心이 合乎理라.

운봉호씨가 말하기를 "'성품(性)'은 이 마음이 발현되지 않았을 때에 이 이치가 마음에 갖추어 있는 것이고, '도의 마음(道心)'은 이 마음이 이미 발현됐을 때에 이 마음이 이치에 합치되는 것이다."

② 新安陳氏ㅣ 曰 上文에 云ㅣ 道心이 原於性命之正이라하니 可見天命謂性率性謂道ㅣ 卽是道心之謂라.
　신안진씨가 말하기를 "윗글에서 '도의 마음(道心)이 성품과 명령의 바른 것에서 근원했다'고 말했으니, '하늘이 명령한 것을 성품이라고 이른다' 함과 '성품을 따르는 것을 도라고 이른다' 함이 곧 '도의 마음(道心)'을 말한 것임을 알 수 있다."

③ 東陽許氏ㅣ 曰 切은 言深要요 詳은 言周備라. 憂深은 爲道之不明也니 故로 言之深而要요 慮遠은 恐久而復失也니 故로 說之周而備라.
　동양허씨가 말하기를 "'간절하다' 함은 깊고 중요함을 말하고, '자세하다' 함은 두루 갖춘 것을 말한다. '걱정이 깊으신 것'은 도가 밝혀지지 않기 때문이니, 그래서 말을 깊고 중요하게 하신 것이고, '염려를 멀리까지 하신 것'은 오래 되면 다시 잃을까 두려워하심이니, 그래서 말씀을 두루 갖추어 하신 것이다."
※ 周 : 두루 주/ 備 : 갖출 비/ 恐 : 두려울 공/ 復 : 다시 부.

## 其曰 擇善固執은 則精一之謂也요

『중용』에서 말한 '착한 것을 가려서 굳게 잡으라'는 것은 곧 '정밀하고 한결같음(精一)'을 말한 것이며,
※ 擇善固執 : 『중용』 20장.
※ 擇 : 가릴 택/ 善 : 착할 선/ 固 : 굳을 고/ 執 : 잡을 집.

① 朱子ㅣ 曰 擇善은 卽惟精이요 固執은 卽惟一이라.
　주자께서 말씀하시기를 "'착함을 가림'은 곧 '오직 정밀하게 함'이고, '굳게 잡음'은 곧 '오직 한결같이 함'이다."

### 其曰 君子時中은 則執中之謂也니

『중용』에서 말한 '군자는 때에 맞게 중中을 행한다' 함은 곧 중中을 잡음을 말한 것이니,

※ 君子時中 : 『중용』 2장 2절.

① 朱子ㅣ 曰 時中은 是無過不及底中이니 執中도 亦然이라.
주자께서 말씀하시기를 "때에 맞게 중中을 행함(時中)'은 곧 지나치거나 미치지 못함이 없는 중中이니, '중을 잡음(執中)'도 또한 그런 것이다."

② 雲峯胡氏ㅣ 曰 執中二字는 堯言之하시고 時中二字는 夫子始言之하시니 道不合乎中이면 異端之道니 非堯舜之道요 中不合乎時면 子莫之執中이니 非堯舜之執中이라
운봉호씨가 말하기를 "중을 잡는다(執中)'는 두 글자는 요임금이 말씀하셨고, '때에 따라 중을 행한다(時中)'는 두 글자는 공자님이 처음 말씀하셨다. 그러므로 도道가 중中에 합치되지 않으면 이단(異端)의 도이니 요임금 순임금의 도가 아니고, 중中이 때에 합치되지 않으면 자막子莫의 '중中'을 잡음이니, 요임금 순임금의 '중中'을 잡음이 아니다."

※ 자막집중(子莫執中) : 중국 전국시대(戰國時代) 노나라 사람인 자막子莫이 양주(楊朱)와 묵적(墨翟)이 중도를 잃은 것을 보고 그 중간을 취하였다. 『孟子』盡心章편(下)에 "子莫은 執中하니 執中이 爲近之나 執中無權이 猶執一也니라(자막은 중간을 잡았으니, 중간을 잡은 것이 도에 가깝기는 하나, 중간을 집고 저울질하지 않는다면 한 쪽만을 잡는 것과 다르지 않다."

### 世之相後ㅣ 千有餘年이로되 而其言之不異ㅣ 如合符節이라. 歷選前聖之書하야 所以提挈(苦結反)綱維하며 開示蘊(委粉於問

二反)奧ㅣ 未有若是之明且盡者也라. 自是而又再傳以得孟氏하야 爲能推明是書하야 以承先聖之統(此統字는 又指道統言之라)하시고

시대의 서로 떨어짐이 천 여 년이지만, 그 말의 다르지 않음이 부절(符節)을 합함과 같다. 앞 성인들의 글을 차례로 가려서 벼리와 같은 큰 뜻을 끌어내시고 깊은 내용을 열어 보여주심이, 이와 같이 분명하고 또 완비된 것이 없었다. 이로부터 또 두 번 전수하시어 맹자님을 얻어서, 능히 이 글을 미루어 밝힐 수 있어서, 앞서의 성인들의 도통을 이으시고,

- ◆ 挈(苦結反) : '挈'자는 '고'자와 '결'자의 반절음('결→설'이라고 읽는다).
- ◆ 蘊(委粉於問二反) : '蘊'자는 '위'자와 '분'자의 반절음, 또는 '어'자와 '문'자의 반절음('운→온'이라고 읽는다).
- ◆ 統(此統字는 又指道統言之라) : 여기의 '통(統)'자는 또한 '도통道統'을 가리켜서 말한 것이다.
- ※ "奧ㅣ 未有若是之明且盡者也"가 "奧ㅣ 未有若是其明且盡者也"로 되어있는 판본도 있다.
- ※ 『孟子』에는 '중용中庸'이라는 글자가 없다. 그래서 '밝힌다(명)'고 바로 말하지 않고 '미루어 밝힌다(推明)'고 하였다.
- ※ 餘 : 남을 여/ 符節(부절 : 대나무에 글자를 쓰고 이것을 두 조각내어 양자가 제각기 그 하나를 가지고 있다가 후일 이것을 맞추어 증거로 삼는 것)/ 歷選(역선) : 차례차례로 보아 가림/ 提 : 끌 제/ 挈 : 끌 설/ 綱 : 벼리 강/ 維 : 벼리 유/ 蘊奧(온오 : 학문이나 지식이 쌓이고 깊음)/ 承 : 이을 승.

① 格庵趙氏ㅣ 曰 中庸深處ㅣ 多見於孟子하니 如道性善은 原於天命之性也요 存心收放心은 致中也요 擴充其仁義之心은 致和也요 誠者는 天之道요 思誠者는 人之道一章은 其義ㅣ 悉本於中庸이니 尤足以見淵源之所自라.

격암조씨가 말하기를 "『중용』의 깊숙한 곳을 『맹자』에서 많이 볼 수 있다. 『맹자』의 등문공장 등에 '성품이 착하다'고 말씀한 것

과 같은 것은 『중용』의 '하늘이 명령한 성품'이라는 것에 근원했다. 그리고 이루장 하와 고자장 상에 '마음을 보존하고, 흩어진 마음을 걷어들인다' 함은 『중용』의 '중中을 지극히 이룬다' 함이다. 그리고 '인의仁義의 마음을 확충한다는 것'은 『중용』의 '조화和를 지극히 이룬다' 함이고, '정성스러움은 하늘의 도고 정성스럽게 할 것을 생각함은 사람의 도'라고 하는 한 장(이루장 상)은 그 뜻이 모두 『중용』에 근본했으니, 더욱 연원淵源의 출처를 족히 알 수 있다."

※ 『맹자』등문공장 상에 "孟子 道性善하사되 言必稱堯舜이러시다(맹자께서 성품의 착함을 말씀하시되, 말씀마다 반드시 요순을 일컬으셨다)."
※ 『맹자』이루장 하에 "孟子ㅣ曰 君子所以異於人者는 以其存心也니 君子는 以仁存心하며 以禮存心이니라(맹자께서 말씀하시되 '군자가 일반사람과 다른 것은 그 마음을 보존하기 때문이니, 인으로써 마음을 보존하고, 예로써 마음을 보존하니라)."
※ 『맹자』고자장 상에 "孟子ㅣ曰 仁은 人心也요 義는 人路也니라. 舍其路而弗由하며 放其心而不知求하나니, 哀哉라! 人有雞犬이 放則知求之호되 有放心而不知求하나니, 學問之道는 無他라. 求其放心而已矣니라(맹자께서 말씀하시되 '인은 사람의 마음이고 의는 사람의 길이니라. 그 길을 버리고 따르지 않으며, 그 마음을 잃고 찾을 줄 모르니, 애처롭! 사람이 닭과 개를 잃어버리면 찾을 줄을 알되, 마음을 잃으면 찾을 줄을 모르니, 학문의 도는 다른 것이 없다. 잃어버린 마음을 찾는데 있을 뿐이다')."
※ 誠者는 天之道 思誠者는 人之道 :『맹자』이루離婁장 출전. "是故로 誠者는 天之道也요 思誠者는 人之道也니라."
※ 放 : 놓을 방/ 擴充확충 : 넓히고 채움/ 悉 : 다 실/ 尤 : 더욱 우.

② 壺山이 曰 孟子七篇中에 未有論中庸二字라 故로 只以推明言之라.
호산이 말씀하기를 『맹자』일곱 편 가운데 '중용中庸'을 논한 것이 없기 때문에 단지 '미루어 밝혔다'고만 말한 것이다.

○ **及其沒而遂失其傳焉**하니

맹자님이 돌아가심에 미쳐서 그 전수함을 잃으니,

① 新安陳氏ㅣ 曰 惟精以審擇하고 惟一以固守는 此는 自堯舜以來所傳으로 未有他議論時에 先有此言이니 聖人心法이 無以易此요 後來에 孔門敎人先後次第ㅣ 皆宗之하니 中庸에 博學至明辨은 皆惟精也며 篤行은 惟一也요 明善은 精也요 誠身은 一也요 顔子ㅣ 擇中庸은 便是精이요 得一善服膺은 便是一이요 大學에 格物致知는 非惟精不可能이요 誠意는 則惟一矣라 學은 只是學此니 孟子以後에 失其傳도 亦只是失此라.

　신안진씨가 말하기를 "'오직 정밀히 함으로써 살펴 가리고, 오직 한결같이 함으로써 굳게 지킴'은, 요임금 순임금 이래로부터 전수된 것으로 다른 의논이 있기 전에 먼저 이 말이 있는 것이니, 성인의 마음법칙이 이것을 바꿀 것은 없다. 뒤에 공자님 문하에서 사람을 가르치는 먼저하고 뒤에 하는 차례가 모두 이것을 숭상했으니, 『중용』에 '넓게 배운다'는 것으로부터 '밝게 분별한다'는 데에까지는 모두 '오직 정밀하게 함(唯精)'이고, '독실히 행함'은 '오직 한결같이 함(唯一)'이며, '착함을 밝힘'은 '정밀함'이고, '몸을 성실히 함'은 '한결같음'이며, 안자顔子의 '중용을 가림'은 곧 '정밀하게 함'이고, '한 가지 착한 일을 얻으면 가슴에 새김'은 곧 '한결같이 함'이며, 『대학』에 '사물의 이치를 궁구해서 앎을 지극하게 이룸'은 '오직 정밀히 함'이 아니면 능히 할 수 없는 것이고, '뜻을 성실히 함'은 곧 '오직 한결같이 함'일 뿐이다. 배운다는 것은 곧 이것을 배우는 것이니, 맹자님 이후에 그 전수함을 잃은 것도 또한 단지 이것을 잃은 것일 뿐이다."

※ 審 : 살필 심/ 易 : 바꿀 역/ 次第(차제) : 차례/ 篤 : 도타울 독/ 服膺(복응) : 가

슴에 간직하여 잠시도 잊지 않음.

**則吾道之所寄ㅣ 不越乎言語文字之間하고 而異端之說이 日新月盛하야 以至於老·佛之徒出하얀 則彌近理而大亂眞矣라.**

우리 도道의 붙어 있는 곳이 말과 글자 사이에 지나지 않게 되었다. 반면에 이단異端의 말은 날로 새로워지고 달마다 성해져서, 노자와 부처의 무리가 나옴에 이르러서는 더욱 이치에 가까웠지만 크게 참된 것을 어지럽혔다.

※ 吾 : 나(우리) 오/ 寄 : 붙을 기/ 越 : 넘을 월/ 新 : 새로울 신/ 盛 : 성할 성/ 彌 : 더욱 미/ 近 : 가까울 근/ 亂 : 어지러울 란.

① **朱子ㅣ 曰 便是他那道理ㅣ 也有相似處나 只是說得來別이니 須是看得他那彌近理而大亂眞處라야 始得이라.**

주자께서 말씀하시기를 "저 사람들의 도리가 우리의 도와 서로 비슷한 곳이 있으나, 이는 단지 유교와는 다른 것을 말한 것일 뿐이다. 그러므로 저들의 도리가 다른 이단보다는 이치에 더욱 가깝기는 하지만, 반드시 참된 것을 크게 어지럽히는 곳을 터득해서 알아야만 비로소 될 것이다."

※ 他那(타나) : 저들/ 相似(상사) : 서로 비슷함/ 須 : 모름지기 수.

② **陳氏ㅣ 曰 彌近理而大亂眞은 甚相似而絶不同也라. 然이나 非物格知至理明義精者면 不足以識破라.**

진씨가 말하기를 "'더욱 이치에 가깝지만 크게 참된 것을 어지럽힌다' 함은, 매우 서로 비슷하지만 절대로 같지 않은 것이다. 그러나 사물의 이치를 궁구해서 앎이 지극해지고 이치에 밝고 의리에 정밀한 사람이 아니면 족히 알아낼 수가 없는 것이다."

※ 甚 : 매우 심/ 識破(식파) : 알아냄.

● 然而尙幸此書之不泯(音閔)이라. 故로 程夫子兄弟者ㅣ 出하사 得有所考하야 以續夫千載(上聲)不傳之緖(音은 序니 緖는 卽斯道之統緖라)하시고

그러나 다행히 아직 이 글이 없어지지는 않았다. 그래서 정程씨 선생님 형제분께서 나셔서, 살펴보신 바가 있으시어 천 년 동안 전해지지 못한 도통의 실마리를 이으시고,

- ◆ 泯(音閔) : '泯'자는 '민'이라고 발음한다.
- ◆ 載(上聲) : '載'자는 상성이다(歲, 年과 같은 뜻이다).
- ◆ 緖(音은 序니 緖는 卽斯道之統緖라) : '실마리 서(緖)'자의 음은 '서'니, '실마리'라 함은 곧 이 도통의 실마리다.
- ※ 尙 : 아직 상/ 幸 : 다행 행/ 泯 : 망할 민/ 考 : 상고할 고/ 續 : 이을 속/ 載 : 해 재/ 緖 : 실마리 서.

得有所據하야 以斥夫二家似是之非(老佛二家는 彌近理故로 似是나 大亂眞이니 本全非也라)하시니

근거하신 바가 있으시어 두 이단(도가 • 불가)의 옳은 듯한 그름을 배척하셨으니,

- ◆ 老佛二家는 彌近理故로 似是나 大亂眞이니 本全非也라 : 노불老佛의 두 집은 더욱 이치에 가깝기 때문에, 옳은 듯하지만 참된 것을 크게 어지럽히니, 본래 전부가 그른 것이다.
- ※ 斥 : 물리칠 척/ 家 : 학파, 종파 가.

蓋子思之功이 於是爲大나 而微程夫子면 則亦莫能因其

語而得其心也리라. 惜乎라 其所以爲說者ㅣ 不傳하고

대체적으로 자사의 공이 『중용』을 지으심으로 크게 됐으나, 정선생(程夫子)이 아니면 또한 능히 『중용』의 말씀으로 인하여 공문孔門의 심법心法을 얻지 못했을 것이다. 애석하구나! 정선생이 말씀하신 것이 전해지지 못하고,

① 朱子ㅣ 曰 明道는 不及爲書하고 伊川은 雖言中庸已成書나 自以不滿其意而火之矣라.

주자께서 말씀하시기를 "명도明道선생은 미처 글을 만들지 못하셨고, 이천伊川선생은 비록 이미 『중용』의 글을 만드셨다는 말이 있으나, 스스로 자기의 뜻에 차지 않아서 불태웠다고 한다.

○ 而凡石氏之所輯(音集)錄(卽石子重集解라)이

무릇 석씨가 수집해서 기록한 것들이

- ◆ 輯(音集) : '輯'자는 '집'이라고 발음한다.
- ◆ 卽石子重集解라 : 곧 석자중의 집해(集解)다.
- ※ 輯錄(집록) : 여러 서책에서 모아 기록함. 또는 그 기록.

僅出於其門人之所記하니 是以로 大義雖明이나 而微言이 未析하고 至其門人所自爲說하야는 則雖頗詳盡而多所發明이나 然이나 倍(音佩)其師說而淫於老•佛者ㅣ 亦有之矣라. 熹自蚤(與早通)歲로 卽嘗受讀而竊疑之하야 沈(俗作沉非)潛反復(芳服反亦作覆)이 蓋亦有年이러니 一旦에 恍然似有得其要領者라.

겨우 그 문하생들이 기록한 것에서 나왔을 뿐이다. 그래서 큰 뜻

은 비록 밝혀졌으나 미세한 말들이 분석되지 못했다. 그리고 그 문인들이 각자 말을 써놓은 것에 이르게 되면 비록 자세하게 다 설명하여 밝힌 것이 많으나, 그 스승의 말씀을 저버리고 노불(老佛)에 물들은 것들도 또한 있었다.

내가 어렸을 때부터 일찍이 받아서 읽고 깊은 의심을 품어서, 깊숙하게 잠기어 이리저리 연구하기를 아마도 또한 여러 해를 했었다. 그러던 어느날 어슴푸레하게 그 요령을 얻은 듯함이 있었다.

- ◆ 倍(音佩) : '倍'는 '패'라고 발음한다.
- ◆ 蚤(與早通) : '蚤'는 '일찍 조(早)'자와 서로 통용한다.
- ◆ 沈(俗作沉非) : '沈'자는 '沉'이라고들 하나 그르다.
- ◆ 復(芳服反亦作覆) : '復'자는 '방'자와 '복'자의 반절음('복'이라고 읽는다)이니, 또한 '覆'이라고도 한다.

※ 僅 : 겨우 근/ 析 : 나누어 밝힐 석/ 頗 : 자못 파/ 盡 : 다할 진/ 倍 : 배반할 배(패) 佩 : 찰 패/ 淫 : 적실 음/ 熹 : 주자의 이름(희)/ 蚤 : 일찍 조/ 竊 : 깊을 절/ 沈 : 잠길 심/ 潛 : 잠길 잠/ 므 : 아침 조(단 : 조선 태조의 이름이 므이어서, '조'라고 발음한다)/ 恍然(황연) : 어슴푸레하여 확실하지 않음/ 要領(요령) : 경험에서 얻은 묘한 이치, 사물의 가장 요긴한 곳(허리와 목, 허리띠와 옷깃)/

① 東陽許氏ㅣ 曰 裳之要衣之領은 皆是總會處라.

동양허씨가 말하기를 "치마의 허리띠(要)와 옷의 깃(領)은 바로 모두가 모여드는 곳이다."

※ 裳 : 치마 상/ 要 : 허리띠 요/ 領 : 옷깃 령/ 會 : 모일 회.

② 壺山이 曰 名은 墩이요 字는 子重이니 會稽人이며 與朱子同時라.

호산이 말씀하기를 (석씨의) 이름은 돈墩이고 자는 자중子重이니 회계 땅 사람이고 주자朱子와 동시대의 사람이다.

※ 墩 : 돈대 돈.

③ 尤菴이 曰 程子門人이라.
　우암이 말씀하기를 "'僅出於其門人之所記'의 '문인'은 정자程子의 문인이다.

● 然後에 乃敢會衆說而折其衷하야 旣爲(去聲)定著章句一篇하야 以俟後之君子러니 而一二同志ㅣ 復取石氏書하야 刪其繁亂하야 名以輯略하고 且記所嘗論辨取舍(上聲)之意하야 別爲或問하야 以附其後하니 然後에 此書之旨ㅣ 支分節解하고 脈絡이 貫通하며 詳略이 相因하고 巨細畢擧하야 而凡諸說之同異得失이 亦得以曲暢旁通而各極其趣하니

　그래서 그 뒤에 감히 모든 학설들을 모아 절충해서, 이미 장구章句 한 권을 확정해 만들어 뒤의 군자들을 기다렸더니, 한 두 동지들이 다시 석씨의 글을 취해서, 그 번잡하고 어지러운 곳을 삭제하여 「집략(輯略)」이라고 이름 짓고, 또한 일찍이 취사선택한 뜻을 변론한 것들을 기록해서, 따로 「혹문或問」을 만들어 그 뒤에 붙였다. 그랬더니 그 뒤에 이 글의 뜻이 가지와 마디가 나뉘어지고 풀리며, 맥과 경락이 뚫리어 통하며, 자세하고 간략함이 서로 이어지며, 크고 작은 것이 모두 거론되어서, 모든 학설들의 같고 틀림과 잘되고 잘못됨이 또한 굽이굽이 트이고 사방으로 통해서, 각각 그 취지를 다하니

◆ 爲(去聲) : '爲'자는 거성이다(만들다, 짓다의 뜻이다).
◆ 舍(上聲) : '舍'자는 상성이다(버린다는 뜻이다).
※ 敢 : 감히 감/ 折衷(절충 : 어느 편으로 치우치지 않고 이것과 저것을 취사하여 알맞게 함) 著 : 지을 저/ 俟 : 기다릴 사/ 刪 : 깎을 산 繁 : 번거로울 번/ 輯略(집략) : 모으고 요약함/ 取舍(취사) : 취하고 버림/ 附 : 붙일 부/ 旨 : 뜻 지/ 脈絡(맥락) : 혈맥과 경락/ 貫通(관통) : 꿰어져 통함/ 巨細(거세) : 큼과 세밀함/ 畢 : 모두 필/ 擧 : 들 거/ 曲 : 굽을 곡/ 暢 : 펼 창/ 旁 : 두루 방, 곁 방/ 趣 : 달릴 취.

① 東陽許氏┃ 曰 章句輯略或問三書┃ 旣備然後에 中庸之書┃ 如支體之分과 骨節之解하야 而脈絡이 却相貫穿通透라.

　동양허씨가 말하기를 "장구章句 집략(輯略) 혹문或問의 세 글이 이미 갖추어진 뒤에야, 『중용』의 글이 몸통과 사지가 나누어지고 골절이 풀리는 것 같아서, 맥과 경락이 서로 꿰뚫리고 훤하게 통하게 되었다."

※ 却 : 발어사 각/ 穿 : 뚫을 천/ 通 : 통할 통/ 透 : 통할 투.

雖於道統之傳엔 不敢妄議(雖謙言不敢與道統之傳이나 實有不容辭其責者라.)나 然이나 初學之士┃ 或有取焉이면 則亦庶乎行遠升高之一助云爾라.

　비록 도통의 전수함에는 감히 망령되이 논할 수는 없으나, 처음 배우는 선비가 혹 취할 것이 있다면, 또한 먼 길을 가고 높은 곳을 오르는 데에 한 가지 도움은 될 수 있을 것이다.

◆ 雖謙言不敢與道統之傳이나 實有不容辭其責者라 : 비록 겸손하게 '감히 도통의 전함에 참여할 수 없다'고 말했으나, 실상 그 책임을 사양할 수 없는 점이 있다.

※ 妄 : 망령될 망/ 議 : 의논할 의/ 謙 : 겸손할 겸/ 容 : 용납할 용/ 責 : 책임 책/ 庶 : 거의 서/ 升 : 오를 승.

① 行遠自邇하고 升高自卑는 引中庸語하야 以結中庸序니 尤切이라.

　'먼 데를 가려면 가까운 데에서부터 하고, 높은 데를 오르려면 낮은 데에서부터 한다' 함은 『중용』의 말을 인용해서 『중용』의 서문을 끝맺은 것이니, 더욱 절실한 말이다.

※ 『중용』 15장 1절에 "君子之道는 辟如行遠必自邇하며 辟如登高必自卑니라(군자의 도는, 비유한다면 먼 데를 가려면 반드시 가까운 데로부터 함과 같으며, 비유한다면 높은 데를 오르려면 반드시 낮은 데로부터 함과 같으니라)"

② 雲峯胡氏ㅣ 曰 大學中에 不出性字故로 朱子ㅣ 於序에 言性詳焉하고 中庸中에 不出心字故로 此序에 言心詳焉이라.

운봉호씨가 말하기를 『대학』 속에는 '성품 성性'자가 나오지 않기 때문에 주자가 서문에 성품을 자세히 말씀하셨고, 『중용』 속에는 '마음 심心'자가 나오지 않기 때문에 이 서문에 마음을 자세히 말씀하셨다."

○ 淳熙 己酉(公의 時年이 六十이라)春三月 戊申에 新安-朱熹는 序하노라.

순희 기유년 봄 삼월 무신일에 신안의 주희는 서문을 썼다.

- ◆ 公의 時年이 六十이라 : 주자의 이 때 나이가 60세였다.
- ※ 淳熙 己酉(순희 기유) : 남송(南宋)의 효종(孝宗)말년인 서기 1189년.

# 독중용법

# 讀中庸法

독중용법

**1** 朱子ㅣ 曰 中庸一篇은 某ㅣ 妄以己意로 分其章句하니 是書를 豈可以章句求哉리오? 然이나 學者之於經에 未有不得於辭而能通其意者니라.

주자께서 말씀하시기를 "『중용』한 권을 내가 망령되이 나의 뜻대로 장과 구절을 나누었으니, 이 글의 뜻을 어찌 장과 구절로써 찾을 수 있겠는가? 그러나 배우는 사람이 경經의 말도 알지 못하면서 능히 그 뜻을 통하는 사람은 없을 것이다."

※ 某 : 자기의 겸칭, 아무개 모/ 章句(장구) : 글의 장과 구절/ 辭 : 글 사.

① 南軒張氏ㅣ 曰 中庸一書는 聖學之淵源也니 體用隱顯과 成己成物이 備矣라. 雖然이나 學者ㅣ 欲從事乎此인댄 必知所從入而後에 可以馴致焉이니 其所從入은 奈何오? 子思ㅣ 以不睹不聞之訓으로 著于篇首하시고 又於篇終에 發明尙絅之義하시고 且曰君子之所不可及者는 其惟人之所不見乎인저 하사 而推極夫篤恭之效하시니 其示來世ㅣ 可謂深切著明矣라.

남헌장씨가 말하기를 "『중용』의 글은 성인의 학문에 대한 연원이니, 본체와 작용의 숨겨지고 드러남과 자기를 성취시키고 사물을 성취시키는 것이 모두 갖추어져 있다. 비록 그러나 배우는 사람이 여기에 종사하려 한다면, 반드시 따라 들어갈 데를 안 뒤에야 점차 길들여 지극하게 이룰 수가 있을 것이다. 그러면 그 따라 들어감은 어떻게 하는가? 자사께서 '보지 않고 듣지 않는 데를 삼가고 두려워하라'는 훈계를 『중용』책의 첫머리에 쓰셨다. 또한 책의 끝에 '비단옷을 입고 홑옷을 덧입는다'는 뜻을 밝히셨으며, 또한 '군자에게 미칠 수 없는 것은 오직 사람이 보지 못하는 곳이라'고 말씀하시어, 공손함을 돈독히 한 효험을 지극하게 미루어서 말씀하셨으니, 자사께서 후세에 훈시하심이 깊고 절실하며 밝게 드러나도록 하셨다고 말할 수 있다."

※ 不睹不聞 : 1장 2절에 "是故로 君子는 戒愼乎其所不睹하며 恐懼乎其所不聞이니라(이렇기 때문에 군자는 그 보지 못하는 바에도 경계하고 삼가며, 그 듣지 못하는 바에도 두려워하고 무서워하느니라)"

※ 尙絅之義 : 33장 1절에 "詩曰 衣錦尙絅이라하니 惡其文之著也ㅣ라(『시경』에 이르기를 '비단옷을 입고 홑옷을 덧입는다')"

※ 君子之所不可及者는 其惟人之所不見乎 : 33장 2절에 "君子之所不可及者는 其唯人之所不見乎인져!(군자에게 미칠 수 없는 점은 아마도 오직 사람들이 보지 못하는 곳에 있을 것인져!)"

※ 隱 : 숨길 은/ 顯 : 나타날 현/ 馴致(순치) : 길들여 지극하게 이룸/ 睹 : 볼 도/ 聞 : 들을 문/ 絅 : 홑옷 경/ 篤 : 도타울 독/ 恭 : 공손할 공.

② 勉齋黃氏ㅣ曰 中庸之書는 章句或問에 言之悉矣니 學者ㅣ未有不曉其文而能通其義者也라. 然이나 此書之作이 脈絡이 相通하고 首尾ㅣ相應하야 子思子之所述은 非若語孟問答之言이 章殊而指異也니 苟徒章分句析하고 而不得一篇之大旨면 則亦無以得子思著書之意矣리라. 程子以爲ㅣ始言一理하고 中散爲萬事하며 末復合爲一理라하시고 朱子ㅣ以誠之一字로 爲此篇之樞紐하시니 示人切矣라.

면재황씨가 말하기를 "『중용』의 글 내용은 주자의 장구章句와 혹문或問에 모두 설명했으니, 배우는 사람이 그 글을 알지 못하면서 능히 『중용』의 뜻을 통할 수 있는 사람은 없다. 그러나 이 글의 지음이 맥과 경락이 서로 통하고 머리와 꼬리가 서로 대응하여, 자사께서 기술하신 것은 『논어』와 『맹자』에 문답한 말들이 장에 따라 뜻을 달리하는 것과는 같지 않으니, 한갓 장이나 나누고 구절이나 분석하면서 책 전체의 큰 뜻을 모른다면, 또한 자사가 글을 쓰신 뜻을 알 수 없을 것이다. 정자께서 말씀하시기를 '처음에는 하나의 이치를 말하고, 가운데는 흩어져 만 가지 일이 되며, 끝에 다시 하나의 이치로 합쳐진다'고 하셨고, 주자께서는 '정성 성誠'자 한 자로써 이 책의 문(門)지도리나 인장끈같이 중요한 요점으로 삼으셨으니, 배우는 사람들에게 훈시하심이 간절하시다."

※ 悉 : 다 실/ 曉 : 깨달을 효/ 尾 : 꼬리 미/ 述 : 지을 술/ 殊 : 다를 수/ 苟 : 다만 구/ 徒 : 한갓 도/ 末 : 끝 말/ 樞 : 지도리 추/ 紐 : 끈 뉴.

③ 西山眞氏ㅣ 曰 中庸에 始言天命之性하고 終言無聲無臭하니 宜若高妙矣라. 然이나 曰戒愼 曰恐懼 曰謹獨 曰篤恭則 皆示人以用力之方이라. 蓋必戒懼謹獨而後에 能全天性之善이요 必篤恭而後에 能造無聲無臭之境이니 未嘗使人馳心窈冥而不踐其實也니라.

　서산진씨가 말하기를 "『중용』은 처음(1장)에는 하늘이 명령한 성품을 말하고 끝(33장)에 가서는 소리도 없고 냄새도 없다고 말했으니, 당연히 높고 오묘한 것 같이 생각하게 될 것이다. 그러나 '경계하고 삼가라(戒愼 : 1장)'고 말하고 '무서워하고 두려워하라(恐懼 : 1장)'고 말하며 '혼자인 데를 삼가라(謹獨 : 1장)'고 말하고 '공손함을 독실히 하라(篤恭 : 33장)'고 말했으니, 모두 사람들에게 힘쓰는 방법을 보여주신 것이다.

　대체로 반드시 경계하고 두려워하고 혼자인 데를 삼간 뒤에야, 능히 하늘이 준 성품의 착함을 온전히 할 수 있고, 반드시 공손함을 돈독히 한 뒤에야 능히 소리도 없고 냄새도 없는 경지에 이를 수 있으니, 사람들이 그윽하고 현묘한 데로만 마음을 쓰고 그 실천은 하지 않도록 한 것이 아니다."

※ 臭 : 냄새 취/ 愼 : 삼가할 신/ 謹 : 삼가할 근/ 境 : 지경 경/ 馳 : 쫓을 치/ 窈 : 그윽할 요/ 冥 : 어두울 명/ 踐 : 실천할 천.

**2** 又曰 中庸은 初學者ㅣ 未當理會니라.

또 말씀하시기를 "처음 배우는 사람에게 『중용』은 이해하기가 마땅치 않으니라."

※ 理會(이회) : 깨달아 앎.(=理解)

**3** 中庸之書는 難看이니 中間에 說鬼說神은 都無理會라. 學者ㅣ 須是見得箇道理了라야 方可看此書하야 將來印證이니라.

『중용』의 글은 보기가 어려우니, 중간에 귀신을 말한 것(16장)은 도무지 이해할 수가 없다. 배우는 사람은 반드시 하나의 도리를 터득하여야만 이 글을 보고 그 도리를 가져와서 증명할 수 있을 것이다.

※ 都 : 모두 도/ 須 : 모름지기 수/ 箇 : 낱 개/ 證 : 증거 증.

**4** 讀書之序는 須是且著力去看大學하고 又著力去看論語하며 又著力去看孟子니라. 看得三書了면 這中庸은 半截都了니 不用問人하고 只略略恁看過며 不可掉了易底하야 却先去攻那難底니라. 中庸은 多說無形影하야 說下學處少하고 說上達處多하니 若且理會文義면 則可矣니라.

글을 읽는 차례는, 반드시 우선 힘을 들여 먼저 『대학』을 보고, 또 힘을 들여 『논어』를 보며, 또 힘을 들여 『맹자』를 봐야 할 것이다. 이 세 가지 글을 봐서 터득하게 되면 이 『중용』은 반절을 모두 마친 것이니, 『중용』을 읽을 때에 사람들에게 묻지 말고 단지 대략대략 보면서 지나야 할 것이고, 쉬운 것에 마음이 움직여서 바로 어려운 곳을 먼저 공부해서는 안 될 것이다.

『중용』은 형체와 그림자도 없는 것을 말한 것이 많아서, 아래로 일상생활의 일(下學)을 말한 곳은 적고 위로 통하는(上達 : 하늘의 이치와 통함) 곳을 말한 곳이 많으니, 우선 글의 뜻이나 이해할 것 같으면 옳을 것이다.

※ 著力(착력) : 힘을 들임/ 去看(거간) : 보며 감/ 這 : 이 저/ 半截(반절) : 반, 중간/ 都 : 모두 도/ 略 : 대략 략/ 掉 : 흔들릴 도/ 易 : 쉬울 이/ 影 : 그림자 영/ 下學上達(하학상달) : 아래로는 인간의 事理를 배우고 위로는 하늘의 道理에 통함.

5 讀書는 先須看大綱하고 又看幾多間架니 如天命之謂性과 率性之謂道와 修道之謂敎는 此是大綱이요 夫婦所知所能과 與聖人不知不能處는 此類是間架니 譬人看屋에 先看他大綱하고 次看幾多間과 間內에 又有小間이니 然後에 方得貫通이니라.

글을 읽는 것은 먼저 큰 줄거리를 보고, 또한 얼마나 많은 중간 칸막이가 있는지를 봐야하는 것이니, 예를 들어 '하늘이 명령한 것을 성품이라 이른다'와 '성품을 따르는 것을 도道라 이른다'와 '도道를 마름질한 것을 가르침이라 이른다' 등은 이것이 바로 큰 줄거리이다. '부부도 능히 알 수 있고 할 수 있다'와 '성인도 알지 못하고 능히 할 수 없다' 등은 바로 중간 칸막이다. 비유한다면 사람이 집을 보는 것과 같아서, 먼저 집의 대체적인 윤곽을 보고, 다음에 방이 몇 칸인가를 보며 칸 안에 또한 작은 칸이 있음을 보는 것과 같은 것이니, 그렇게 한 뒤라야 전체를 꿰뚫어 통함을 얻게 될 것이다.

※ 綱 : 벼리 강/ 幾 : 몇 기/ 間架(간가) : 칸막이/ 譬 : 비유할 비/ 屋 : 집 옥/ 次 : 버금 차.

① 勉齋黃氏ㅣ 曰 中庸은 自是難看이며 石氏所集諸家說은 尤亂雜하야 未易曉니 須是胸中에 有權衡尺度라야 方始看得分明이니라. 今驟取而讀之면 精神이 已先爲所亂이리니 却不若子細將章句硏究하야 令十分通曉하고 俟首尾該貫後에 却取而觀之ㅣ 可也니라.

면재황씨가 말하기를 "『중용』은 자체가 보기 어려운 것이고, 석씨(石氏 : 石子重)가 여러 학자들의 학설을 모아놓은 것은 더욱 어지럽게 섞여 있어 알기가 쉽지 않다. 그러므로 반드시 마음 속에 달고 잴 수 있는 저울이나 자가 있어야만 비로소 분명하게 알 수 있을 것이다.

지금 갑자기 『중용』을 가져다가 읽게 되면 정신이 이미 먼저 어지러워지게 될 것이니, 먼저 장구를 가지고 자세히 연구해서 전체를 완전히 통하고 깨닫도록 하고, 장구의 처음과 끝을 모두 통달했을 때를 기다린 뒤에 『중용』 본문을 취해서 보는 것이 옳을 것이다."

※ 諸 : 여러 제/ 胸中(흉중) : 가슴 속/ 權 : 저울추 권/ 衡 : 저울대 형/ 尺 : 자 척/ 驟 : 갑작스러울 취/ 子細(자세) : 주위가 세밀함(=仔細, 詳細)/ 將 : 가질 장/ 硏 : 궁구할 연/ 究 : 궁구할 구/ 俟 : 기다릴 사/ 該貫(해관) : 모두 꿰뚫어 통함/ 觀 : 볼 관.

② 中庸은 與他書로 不同하니 如論語는 是一章이 說一事요 大學도 亦然이로되 中庸 則大片段이니 須是袞讀이라야 方知首尾요 然後에 逐段解釋이면 則理通矣리라. 今莫若且以中庸으로 袞讀하고 以章句로 子細니 一一玩味면 然後에야 首尾貫通이리라.

『중용』은 다른 글과 같지 않다. 『논어』는 곧 한 장이 한 가지 일을 말한 것이고 『대학』도 또한 그러하다. 그러나 『중용』은 곧 하나의 큰 덩어리이니, 반드시 전체를 이어서 읽어야만 머리와 꼬리를 알 수 있을 것이고, 그런 다음에 단락을 따라서 풀이하면 곧 이치가 통하게 될 것이다.

    지금 우선 『중용』의 본문 전체를 연이어 통독하고 장구로써 자세히 함만 같은 것이 없으니, 하나 하나를 감상하고 맛을 본 뒤라야 머리와 꼬리가 관통하게 될 것이다.

※ 與 : 더불 여/ 片段(편단) : 덩어리/ 袞讀(곤독) : 하나의 띠처럼 이어서 읽음/ 逐 : 따를 축/ 莫若(막약)~ : ~만 같지 못하다/ 玩味(완미) : 익숙해지도록 맛봄.

6 又曰 中庸은 自首章以下로 多對說하야 將來直是整齊라. 某ㅣ 舊讀中庸에 以爲子思做러니 又時復有箇子曰字라. 讀得熟後에 方見得是子思參夫子之說하야 著爲此書로라. 自是로 沈潛反覆하야 遂漸得其旨趣라. 定得今章句하야 擺布得來直恁麽細密이로라.

    또 말씀하시기를 『중용』은 첫 장부터 댓구로 말한 것이 많아서, 말을 한 것이 정돈되고 가지런하다. 내가 옛날에 『중용』을 읽을 때에 자사께서 지으신 책으로만 생각을 했는데, 살펴보니 또한 이따금씩 '자왈子曰'이라는 글자가 있었다. 그래서 읽기를 익숙하게 한 뒤에야, 이것이 자사께서 공자님의 말씀을 참고하시어 이 글을 쓰셨다는 것을 알게 되었다. 그 이후로 깊숙이 글 속에 잠기어 이리저리 연구해서, 드디어 점차로 그 뜻을 얻게 되었다. 그래서 지금의 장구를 만들어서 바로 이와 같이 세밀하게 펴놓을 수 있었다.

※ 對 : 짝 대/ 整齊(정제) : 정돈하여 가지런히 함/ 舊 : 옛 구/ 做 : 지을 주/ 熟 : 익을 숙/ 參 : 참고할 참/ 著 : 지을 저/ 沈潛(침잠) : 깊숙히 잠김/ 反覆(반복) : 어러번 되풀이 함/ 遂 : 드디어 수/ 漸 : 점점 점/ 旨趣(지취) : 뜻, 생각(=旨意, 趣旨)/ 定 : 바로잡아 정리할 정/ 擺 : 벌릴 파/ 布 : 벌릴 포/ 恁麽(임마) : 이와 같은(≒恁地)

7 近看中庸하야 於章句文義間에 窺見聖賢述作傳授之

意ㅣ 極有條理하야 如繩貫棊局之不可亂이로라.

　근래에 『중용』을 봐서, 장과 구절의 글 뜻 사이에 성현聖賢의 전수하신 뜻을 저술하고 지으심이 지극히 조리가 있어서, 마치 노뭉치와 바둑판의 어지럽힐 수 없음과 같음을 엿보았다.

> ※ 窺見(규견) : 엿봄(=窺看)/ 述作(술작 : 前人의 說을 논술하는 일과 새로운 일을 창작하는 일) 繩 : 노, 먹줄 승/ 貫 : 뭉치 관/ 棊局(기국) : 바둑판.

**8** 中庸은 當作六大節看이라. 首章이 是一節이니 說中和요 自君子中庸以下十章이 是一節이니 說中庸君子之道요 費而隱以下八章이 是一節이니 說費隱이요 哀公問政以下七章이 是一節이니 說誠이요 大哉聖人之道以下六章이 是一節이니 說大德小德이요 末章이 是一節이니 復申首章之義니라.

　『중용』은 마땅히 여섯 개의 큰 절로 만들어서 봐야 할 것이다. 머릿장이 바로 한 절이니 중화中和를 말한 것이고, '군자중용君子中庸'이라고 한 이하의 열 장이 바로 한 절이니 중용과 군자의 도를 말한 것이다. '비이은費而隱'이라고 한 이하의 여덟 장이 바로 한 절이니 비은費隱을 말한 것이고, '애공문정哀公問政'이라고 한 이하의 일곱 장이 바로 한 절이니 '성誠'을 말한 것이다. '대재성인지도大哉聖人之道'라고 한 이하의 여섯 장이 바로 한 절이니 큰 덕과 작은 덕을 말한 것이고, 끝 장이 바로 한 절이니 다시 머릿장의 뜻을 거듭 말한 것이다.

> ※ 費 : 넓고 클 비/ 隱 : 은미할 은/ 哉 : 어조사 재/ 申 : 말할 신.

| 절 | 장 | 내 용 |
|---|---|---|
| 1절 | 1장 | 中和 |
| 2절 | 2장 ~ 11장 | 중용, 군자의 도 |
| 3절 | 12장 ~ 19장 | 費隱 |
| 4절 | 20장 ~ 26장 | 誠 |
| 5절 | 27장 ~ 32장 | 큰 덕, 작은 덕 |
| 6절 | 33장 | 1장의 중화를 거듭 설명 |

① 三山陳氏ㅣ 曰 中庸三十三章은 其血脈貫通之處를 朱子ㅣ 旣爲之章句하고 又提其宏網하니 如言某章은 是援引先聖之言이요 某章은 是子思發明之說이니 具有次序라.

　삼산진씨가 말하기를 "『중용』 33장은, 그 혈맥이 관통되는 곳을 주자께서 이미 장章과 구절句을 만드시고, 또한 그 큰 강령을 이끌어 내셨다. 예를 들어 '아무 장은 옛 성인의 말을 인용한 것이고, 아무 장은 자사께서 밝히신 말씀이라' 함과 같은 것이니, 모두가 차례와 질서가 있다."

※ 提 : 이끌 제/ 宏 : 클 굉/ 某 : 아무 모/ 援 : 이끌 원/ 引 : 이끌 인.


② 王氏ㅣ 曰 是篇은 分爲四大支하니 第一支는 首章에 子思ㅣ 立言을 下十一章에 引夫子之言하야 以終此章之義요 第二支는 十二章에 子思之言을 下八章에 引夫子之言하야 以明之요 第三支는 二十一章에 子思ㅣ 承上章夫子天道人道하야 以立言하시고 下十二章에 子思ㅣ 推明此章之義요 第四支는 三十三章에 子思ㅣ 引前章極致之言하야 反求其本하시고 復自下學立心之始로 推言戒懼愼獨之事하야 以馴致其極이라.

　왕씨가 말하기를 "이 책은 네 개의 큰 가지로 나눠진다. 첫 번째 가지는 머릿장의 자사의 말씀을, 그 아래 열한 장에 공자님의 말씀을 인용하시어 이 머릿장의 뜻을 끝마친 것이다. 두 번째 가지는 열두 번째 장에 자사의 말씀을, 그 아래 여덟 장에 공자님의 말씀을 인용해서 밝힌 것이다. 세 번째 가지는 스물한 번째 장에 자사께서 윗 장의 공자님 말씀인 '하늘의 도, 사람의 도'라는 것을 이어서 말씀을 하시고, 그 아래 열두 장에 자사께서 이 장의 뜻을 미루어 밝히신 것이다. 네 번째 가지는 서른세 번째 장에 자사께서 앞장의 덕이 지극하게 이루어짐을 말한 것을 인용하시어, 돌이켜 그 근본을 찾으시고, 다시 일상생활의 일들을 배우는 사람(下學)들의 마음을 처음 세울 때부터 '경계하고 삼가고(戒懼), 홀로인 데를 삼가(愼獨)는 일들'을 미루어 말씀하시어, 점차로 길들여 그 지극함을 이루도록 한 것이다."

※ 支 : 가지 지/ 復 : 다시 부/ 下學(하학) : 인간의 일과 이치를 배움(쉬운 것을 배움).

| 四支 | 장 |
|---|---|
| 1지 | 1장(자사) ~ 11장(공자의 글을 인용하여 증명) |
| 2지 | 12장(자사) ~ 20장(공자의 글을 인용하여 증명) |
| 3지 | 21장(자사) ~ 32장(자사께서 스스로 증명) |
| 4지 | 33장(자사) |

9 問中庸大學之別한대 曰如讀中庸하야 求義理는 只是致知功夫요 如謹獨修省은 亦只是誠意니라. 問只是中庸은 直說到聖而不可知處니잇고? 曰如大學裏也에 有如前王不忘은 便是篤恭而天下平底事니라.

어떤 이가 『중용』과 『대학』의 다른 점을 물으니, 말씀하시기를 "예를 들어 『중용』을 읽어서 의리義理를 찾음과 같은 것은 단지 『대학』의 '앎을 지극히 하는(致知)' 공부일 뿐이고, 혼자인 데를 삼가며(謹獨) 몸을 닦고 살핌(修省)과 같은 것은 또한 단지 『대학』의 '뜻을 성실히 함(誠意)'일 뿐이니라."

묻기를 "그렇다면 『중용』은 단지 성인의 경지에 이르러 알 수 없는 곳을 말한 것일 뿐입니까? 말씀하시기를 "『대학』 속에서도 '앞의 임금을 잊지 못한다' 함과 같은 것은 바로 『중용』의 '공손함을 돈독히 해서 천하가 화평해지는 일과 같은 뜻이니라.'"

※ 別 : 다를 별/ 省 : 살필 성/ 直 : 곧바로 직/ 到 : 이를 도/ 裏 : 속 리/ 便 : 곧 변/ 篤恭(독공) : 인정이 두텁고 공손함.

① 雙峯饒氏丨曰 大學은 是說學이요 中庸은 是說道理니 會得大學透徹이면 則學不差요 理會得中庸透徹이면 則道不差니라.

쌍봉요씨가 말하기를 "『대학』은 바로 학문을 말한 것이고, 『중용』은 바로 도와 이치를 말한 것이니, 『대학』을 투철하게 터득하면 곧 학문이 어긋나지 않을 것이고, 『중용』을 투철하게 터득하면 곧 도가 어긋나지 않을 것이다."

※ 是 : 바로 시/ 會得(회득) : 이해해서 앎/ 透徹(투철) : 철저하게 통함/ 差 : 어긋날 차.

② 東陽許氏丨曰 中庸大學二書는 規模不同하니 大學은 綱目이 相維하고 經傳이 明整하야 猶可尋求어니와 中庸은 贊道之極하야 有就天言者하고 有就聖人言者하고 有就學者言者하며 廣大精微하고 開闔變化하야 高下兼包하고 巨細畢擧라 故로 尤不易窮究니라.

동양허씨가 말하기를 "『중용』과 『대학』 두 글은 규모면에서 같지 않다. 『대학』은 강령綱領과 조목條目이 서로 얽혀 있고 경經과 전傳이 밝게 정리되어서, 그래도 찾으면 얻을 수 있지만, 『중용』

은 도道의 지극함을 찬양해서, 하늘에 나아가 말한 것이 있고, 성인에 나아가 말한 것이 있고, 배우는 사람에 나아가 말한 것이 있다. 넓고 크면서도 정밀하고 미세하며, 열렸다 닫혔다하면서 변화해서, 높고 낮은 것이 모두 포함되어 있고, 크고 작은 것이 모두 열거되어 있다. 그러므로 더욱 쉽게 연구할 수가 없는 것이다."

※ 維 : 묶을 유/ 經傳(경전) : 경문과 전문(대학은 경1장과 전10장으로 되어있음)/ 整 : 가지런할 정/ 尋 : 찾을 심/ 贊 : 찬미할 찬/ 就 : 나아갈 취/ 開闔(개합) : 열림과 닫힘/ 兼 : 아우를 겸/ 包 : 쌀 포.

# 중용집주 장구대전

# 中庸集註章句大全

## ● 中者는 不偏不倚無過不及之名이요

'중中'은 치우치거나 기울지 않고, 지나치거나 미치지 못함이 없는 것의 명칭이고,

※ 偏 : 치우칠 편/ 倚 : 치우칠, 기울 의/ 過 : 지나칠 과/ 不及(불급) : 미치지 못함/ 庸 : 평상, 항상할 용.

① 朱子ㅣ 曰 名篇은 本是取時中之中이나 然이나 所以能時中者는 蓋有那未發之中在니 所以先說未發之中然後에 說君子之時中이라.

주자께서 말씀하시기를 "책 이름에 '중中'자를 쓴 것은 본래 '때에 맞추어 중中을 행한다(時中)'의 '중中'자를 취한 것이다. 그러나 능히 때에 맞추어 중中을 행할 수 있는 것은, 발현되지 않은 중中이 있기 때문일 것이다. 그러므로 『중용』에서 먼저 발현되지 않은 중中을 말하고, 그 뒤에 군자의 때에 맞추어 중中을 행함을 말한 것이다."

※ 那 : 어조사 내, 무엇 나.

② 北溪陳氏ㅣ 曰 中和之中은 是專主未發而言이요 中庸之中은 却是含二義니 有在心之中하고 有在事物之中이라. 所以文公이 必合內外而言하야 謂不偏不倚無過不及이니 可謂確而盡矣라.

북계진씨가 말하기를 "'중화中和'의 '중中'은 곧 전적으로 발현되지 않은 것을 주로 말한 것이고, '중용'의 '중中'은 또한 두 가지

뜻을 포함한 것이니, 마음 속에 있는 '중(中)'이 있고 사물 속에 있는 '중(中)'이 있는 것이다. 그래서 문공(文公 : 주자)께서 반드시 안과 밖을 포괄적으로 말씀하시어, '치우치거나 기울지 않고, 지나치거나 미치지 못함이 없는 것'이라고 하신 것이니, 확실하고 모든 것을 다 포함한 말이라 이를 수 있다."

※ 含 : 머금을 함/ 文公(문공) : 주자의 시호/ 確 : 확실할 확.

③ 雲峯胡氏ㅣ 曰 朱子於語孟에 釋中字호되 但曰無過不及은 蓋以用言이요 中庸은 有所謂未發之中과 與時中이라 故로 添不偏不倚四字니 兼體用言하야 以釋名篇之義라.

운봉호씨가 말하기를 "주자께서 『논어』와 『맹자』에 '중(中)'자를 풀이하되, 단지 '지나치거나 미치지 못함이 없음'이라고만 말씀하신 것은 대체로 작용으로써 말씀하신 것이고, 『중용』에는 발현되지 않은 '중(中)'과 때에 맞추어 행하는 '중(中)'이 있기 때문에 '치우치거나 기울지 않는다(不偏不倚)'는 네 글자를 더한 것이니, 본체와 작용을 아울러 말씀하심으로써 책이름을 '중용'이라고 지은 뜻을 풀이하신 것이다."

※ 語孟 : 『논어』와 『맹자』/ 蓋 : 대개 개/ 添 : 더할 첨.

④ 新安陳氏ㅣ 曰 不偏不倚는 未發之中이며 以心論者也니 中之體也요 無過不及은 時中之中이며 以事論者也니 中之用也라.

신안진씨가 말하기를 "'치우치거나 기울지 않음'은 발현되지 않은 '중(中)'이고, 마음으로써 논한 것이니 '중(中)'의 본체이고, '지나치거나 미치지 못함이 없음'은 때에 맞게 '중(中)'을 행하는 '중(中)'이고, 일로써 논한 것이니 '중(中)'의 작용이다."

庸은 平常也라.

'용庸'은 평상스러움이다.

※ 庸 : 평상 용, 보통 용, 항상할 용, 법도 용.

① 朱子ㅣ 曰 庸은 是依本分하야 不爲怪異之事니 堯舜孔子는 只是庸이요 夷齊所爲는 都不是庸了라.

주자께서 말씀하시기를 "'용庸'은 곧 본분을 따라서 괴이한 일을 하지 않음이니, 요임금 순임금과 공자님은 단지 평상스러운 일을 하셨을 뿐이고, 백이伯夷 숙제叔齊가 한 일은 모두가 평상스러운 일이 아니다."

※ 依 : 의지할 의/ 怪 : 기이할 괴/ 異 : 기이할 이.

② 北溪陳氏ㅣ 曰 文公이 解庸爲平常하니 非於中之外에 復有所謂庸이요 只是這中底ㅣ 便是日用平常道理라. 平常은 與怪異字로 相對하니 平常은 是人所常用底요 怪異는 是人所不曾見이며 忽然見之하야 便怪異라. 如父子之親과 君臣之義와 夫婦之別과 長幼之序와 朋友之信은 皆日用事며 便是平常底道理니 都無奇特底事요 如五穀之食과 布帛之衣는 可食可服而不可厭者니 無他요 是平常耳라.

북계진씨가 말하기를 "주문공朱文公께서 '용庸'자를 평상스러운 것으로 풀이했으니, '중中'의 바깥에 다시 '용庸'이라는 것이 있음이 아니고, 단지 이 '중中'이 바로 날마다 쓰는 평상스러운 도리일 뿐이다.

'평상스럽다'는 것은 '괴이하다'는 글자와 서로 반대가 되니, 평상스러운 것은 바로 사람들이 항상 쓰는 것이고, 괴이한 것은 사람이 전에 보지 못하던 것이며 홀연히 나타나 보이는 것으로, 곧 괴이한 것이다.

예를 들어 부자간의 친함과, 임금과 신하의 의리와, 부부의 분별과, 어른과 어린이의 차례와, 벗과 벗 사이의 신의信義 같은 것은 모두가 날마다 쓰는 일들이며, 이것이 바로 평상스러운 도리니, 도무지 기이하고 특별할 것이 없는 일들이고, 오곡밥을 먹는 것과 베와 비단옷을 입는 것 같은 것도 먹을 수 있고 입을 수 있어서 싫어할 수 없는 것들이니 특이할 것이 없고, 바로 평상스러운 것들이다."

※ 復 : 다시 부/ 忽然(홀연) : 갑자기/ 穀 : 곡식 곡(=穀)/ 厭 : 싫을 염

子程子ㅣ 曰 不偏之謂中이요 不易之謂庸이니 中者는 天下之正道요 庸者는 天下之定理니라.

우리 정자程子께서 말씀하시기를 "치우치지 않음을 '중中'이라 이르고, 바뀌지 않음을 '용庸'이라 이르니, '중中'은 천하의 바른 '도道'이고, '용庸'은 천하의 정해진 이치(理)이다."

※ 子 : 스승 자. 특히 성씨 앞의 '子'자는 글 쓴 사람(여기서는 朱子)이 이전의 선비를 숭상하고 같은 학파의 스승으로 삼아 존경한다는 뜻이 있다.
※ 『중용장구상설(中庸章句詳說)』에 의하면 "'不偏之謂中이요'부터 '故로 筆之於書하야 以授孟子하시니'까지는 이천선생의 말씀이고, '其書ㅣ 始言一理하고'부터 '卷之則退藏於密하야'까지는 명도선생의 말씀이며, '其味無窮하니'부터 '有不能盡者矣리라'까지는 이천 선생의 말씀이라고 하였다.

① 問正道定理라하니 恐道는 是總括之名이요 理는 是道裏面有許多條目이니잇고? 朱子ㅣ 曰 緊要在正字定字上하니 中은 只是箇恰好道理나 爲不見得是亘古今不可變易底라. 故로 更著箇庸字니라.

묻기를 "바른 도와 정해진 이치라고 말씀하셨으니, '도道'는 전체를 총괄해서 말한 이름이고 '이치(理)'는 바로 도道 속에 있는 많은 도리의 조목條目들이 아닙니까?" 주자께서 말씀하시기를 "긴

요한 것이 '바를 정正'자와 '정할 정定'자에 있다. '중中'은 단지 하나의 꼭 맞고 좋은 도리일 뿐이나, 고금古今을 통하여 변하거나 바뀔 수 없는 것임을 알지 못할까 염려됐기 때문에 다시 하나의 '용庸'자를 붙인 것이다."

※ 恐 : 아마 공/ 總括(총괄) : 모두 포함함/ 裏面(이면) : 속/ 許多(허다) : 많음/ 緊要(긴요) : 긴밀하게 중요함/ 恰好(흡호) : 꼭 맞고 좋음/ 亘 : 걸칠 긍.

② 東陽許氏┃曰 程子┃謂不偏之謂中은 固兼擧動靜이요 朱子不偏不倚는 則專指未發者라.

동양허씨가 말하기를 "정자께서 '치우치지 않음이 중中이라'고 말씀하심은 본래 움직일 때와 고요할 때를 겸해서 말씀하신 것이고, 주자의 '치우치거나 기울지 않음'은 전적으로 발현되지 않은 것만을 가리키신 것이다."

※ 固 : 본래 고/ 專 : 오로지 전.

## 此篇은 乃孔門傳授心法이니

이 책은 바로 공자님 문하에서 전수하는 마음의 법이니,

① 北溪陳氏┃曰 卑不失之汚賤하고 高不溺於空虛하니 眞孔門傳授心法也라.

북계진씨가 말하기를 "낮으면서도 더럽고 천하게 되지 않고, 높으면서도 공허한 곳으로 빠지지 않으니, 참으로 공자님 문하에서 전수하는 마음의 법이다."

※ 卑 : 낮을 비/ 汚 : 더러울 오/ 賤 : 천할 천/ 溺 : 빠질 닉.

## 子思┃恐其久而差也라 故로 筆之於書하야 以授孟子하시니

자사께서 그것이 오래 되어 어긋나는 것이 있을까 두려우셨다. 그래서 글(中庸)로 써서 맹자에게 주셨으니,

① 新安陳氏ㅣ 曰 於七篇中에 觀其議論淵源所自면 則可知其以此授孟子矣라.
　신안진씨가 말하기를 "『맹자』 일곱 편 가운데에서 도道의 연원이 나온 데를 논한 것을 보면, 곧 자사께서 이것(中庸)으로써 맹자님에게 주셨다는 것을 알 수 있다."

其書ㅣ 始言一理하고 中散爲萬事하며 末復合爲一理하야 放之則彌六合하고 卷之則退藏於密하야 其味無窮하니 皆實學也라. 善讀者ㅣ 玩索而有得焉이면 則終身用之라도 有不能盡者矣리라.
　그 글이 처음에는 하나의 이치를 말하고, 중간에는 흩어져서 만가지 일이 되고, 끝에는 다시 합해 하나의 이치가 되어서, 펴놓으면 육합六合에 가득하고, 걷어 들이면 물러가 은밀한 데에 숨겨서 그 맛이 끝이 없으니, 모두가 진실한 학문들이다. 잘 읽는 사람이 글을 감상하고 이치를 찾아 얻음이 있으면, 평생을 쓰더라도 능히 다 쓸 수 없는 것이 있을 것이다.

※ 散 : 흩어질 산/ 放 : 놓을 방/ 彌 : 가득찰 미/ 六合(육합) : 천지와 사방/ 卷 : 말아 걷어들일 권/ 退藏(퇴장) : 물러나 숨음/ 密 : 빽빽할 밀/ 窮 : 끝, 다할 궁/ 玩索(완색) : 글의 깊은 뜻을 곰곰이 생각하여 봄/

① 朱子ㅣ 曰 始言一理는 指天命謂性이요 末復合爲一理는 指上天之載라. 始合而開하니 其開也ㅣ 有漸이요 末開而合하니 其合也亦有漸이라.

주자께서 말씀하시기를 "'처음에 하나의 이치를 말했다' 함은 '하늘이 명령한 것을 성품이라 이른다(1장)' 함을 가리킨 것이고, '끝에 다시 합해서 하나의 이치가 됐다' 함은 '하늘의 일이 소리도 없고 냄새도 없다(33장)' 함을 가리킨 것이다. 처음에는 합했다가 열리니 그 열림이 점차적으로 열려짐이 있고, 끝에는 열렸다가 합쳐지니 그 합쳐짐이 또한 점차적으로 합쳐짐이 있는 것이다."

※ 指 : 가리킬 지/ 載 : 실을 재(33장에 "上天之載ㅣ 無聲無臭아 至矣니라")


② 中散爲萬事는 便是中庸所說許多事며 如知仁勇許多爲學底道理와 與爲天下國家有九經과 及祭祀鬼神ㅣ 許多事니 中間에 無些子罅隙하야 句句是實이라.

'중간에는 흩어져서 만 가지 일이 됨'은 바로 『중용』에 말한 많은 일들이다. 예를 들면 지知, 인仁, 용勇과 기타 많은 학문을 하는 도리와 천하와 국가를 다스림에 구경九經이 있음과 귀신에 제사 지냄과 같은 많은 일들이니, 중간에 조그마한 빈틈도 없어서 구절구절이 바로 진실한 것들이다.

※ 些子(사자) : 작은 것/ 罅 : 빈틈 하, 갈라터질 하/ 隙 : 틈 극.


③ 雲峯胡氏ㅣ 曰 中庸은 全體大用之書니 首言一理하고 中散爲萬事는 是由體之一而達於用之殊요 末復合爲一理는 是由用之殊而歸於體之一이요 放之則彌六合은 感而遂通天下之故니 心之用也요 卷之則退藏於密은 寂然不動이니 心之體也라. 此乃孔門傳授心法이라 故로 於心之體用에 備焉이라.

운봉호씨가 말하기를 "『중용』은 도道의 전체와 큰 작용을 모두 포함한 글이다. '첫머리에 하나의 이치를 말하고, 가운데에 흩어져서 만 가지 일이 됨'은 바로 본체인 하나에서 시작해서 각기 다른 작용에까지 뻗어나감이고, '끝에 다시 합해서 하나의 이치가 됨'은 바로 각기 다른 작용으로부터 본체인 하나로 돌아옴이다. '펼쳐놓으면 육합六合에 가득 참'은 '느끼어 천하 사물의 소이연(所以然)을 통달한다' 함이니 마음의 작용이고, '거둬들이면 물러가서 은밀한 데에 숨긴다' 함은 '고요해서 움직이지 않는다' 함이니 마음의 본체이다. 이것이 곧 공자님 문하에서 전수하는 마음의 법이기 때문에 마음의 본체와 작용을 모두 갖추고 있다."

※ 感而遂通天下之故 :『주역』계사전 상 10장에 "寂然不動이라가 感而遂通天下之故하나니(고요해서 움직이지 않다가 느껴서 천하의 연고를 통한다)"

**備旨補註** 中庸一書ㅣ 首章은 總冒요 末章은 總結이며 中間은 分三大支라. 自次章으로 至索隱章이 爲第一支하니 從君子小人辨起하야 隨以舜淵子路三達德으로 爲入道之門而以孔子弗爲弗已로 折衷之요 自費隱章으로 至問政章이 爲第二支하니 本道不可離하야 言道之費하고 歷敍群聖 而以孔子論政으로 繼之요 自誠明章으로 至經綸章이 爲第三支하니 本誠身以言誠하야 反覆天道人道 而歸其統於仲尼니 因以至聖至誠으로 極贊之요

『중용』의 첫머리 장은 전체를 포괄적으로 말한 것이고, 끝 장은 전체를 끝맺은 것이며, 중간은 세 개의 큰 가지로 나누어졌다. 두 번째 장(2장)으로부터 색은장(索隱 : 11장)까지가 첫 번째 가지가 되니, 군자와 소인의 구별로부터 말을 일으켜, 순임금과 안연顔淵 자로子路 세 분의 천하에 통하는 덕으로써 도에 들어가는 문호로 삼고, 공자님의 '하지 않고 그치지 않으신다'는 것으로 절충했다.

비은장(費隱 : 12장)으로부터 문정장(問政 : 20장)까지가 두 번째 가지가 되니, '도를 떠날 수 없다' 함을 근본으로 하여 도의 광대함을 말하고, 여러 성인들을 두루 서술하여 공자님의 정사를 논하신 것으로 이었다.

성명장(誠明 : 21장)으로부터 경륜장(經綸 : 32장)까지가 세 번째

가지가 되니, 몸을 성실히 함을 근본으로 성실함을 말하여 하늘의 도와 사람의 도를 반복해서 그 도통이 중니仲尼에게로 귀착되니 지극히 성스럽고 지극히 성실하다 함으로써 극찬한 것이다.

※ 冒 : 덮을 모/ 辨 : 분별한 변.

末章에 復申首章之旨하니 首章은 從天說到人하고 末章은 從人說到天하야 互相發明이라. 要之컨덴 以性爲宗하고 以誠爲要하며 以知行合一로 爲工夫하고 以天人同歸로 爲究竟 而統全一天命之性이니 程子ㅣ 所謂始言一理하고 末復合爲一理ㅣ 是也라.

끝(33)장은 다시 첫머리(1) 장의 뜻을 거듭 밝힌 것이다. 첫장은 하늘로부터 말하여 사람에까지 이른 것이고, 끝장은 사람으로부터 말하여 하늘에까지 이르러 두 가지를 서로 밝힌 것이다. 요컨대 성품으로써 종마루를 삼고, 성실함으로써 요점을 삼으며, 알고 행함이 하나에 합치됨으로써 공부를 삼고, 하늘과 사람이 함께 돌아가는 것으로 귀결점을 삼아서, 온전하고 한결같은 하늘이 명령한 성품에 통합됨이니, 정자께서 이르신 "처음은 하나의 이치를 말하고, 끝에는 다시 합하여 하나의 이치가 됐다"고 함이 이것이다.

※ 從 : 부터 종/ 到 : 이를 도/ 互相(호상) : 서로(相互)/ 究竟(구경) : 마침

| 다섯가지 | 내 용 |
|---|---|
| 1장 | 전체를 포괄적으로 설명함. |
| 2~11장 | 군자와 소인의 구별로부터 말을 일으켜서, 순임금과 안연顔淵 자로子路 세 분의 천하에 통하는 덕으로써 도에 들어가는 문호로 삼고, 공자님의 '하지 않고 그치지 않으신다'는 것으로 절충함. |
| 12~20장 | '도를 떠날 수 없다' 함을 근본으로 해서 도의 광대함을 말하고, 여러 성인들을 두루 서술해서 공자님의 정사를 논함. |
| 21~32장 | 성실함을 말해서 하늘의 도와 사람의 도를 반복하여 말하고, 그 도통을 중니仲尼에게 돌려서 지극히 성스럽고 지극히 성실하다 함으로써 지극하게 칭찬함. |
| 33장 | 첫머리 장(1장)의 뜻을 거듭 밝힘. |

장구대전

# 第1章

> **1** 天命之謂性이요 率性之謂道요 修道之謂敎니라.
> 　　천 명 지 위 성　　솔 성 지 위 도　　수 도 지 위 교
>
> 하늘이 명령하신 것을 성품(性)이라 이르고, 성품을 따르는 것을 도道라 이르고, 도의 절차를 마름질한 것을 가르침(敎)이라 이르느니라.

◉ 命은 猶令也요

'명命'이라는 것은 명령(令)과 같고,

　※ 命 : 명령 명/ 猶 : 같을 유/ 令 : 명령 령.

① 朱子| 曰 命은 如朝廷差除라. 又曰命은 猶誥勅이라.
　　주자께서 말씀하시기를 "'명령(命)'은 조정에서 관리를 부리고 임명하는 명령과 같은 것이다." 또 말씀하시기를 "'명령(命)'은 직첩과 조서와 같은 것이다."

　※ 朝廷(조정) : 임금이 나라의 정사를 의논하는 곳/ 差 : 부릴 차, 등급을 매길 차/ 除 : 벼슬줄 제/ 誥 : 직첩 고(송나라 때 1품에서 5품사이의 관원을 임명할 때 주는 사령장/ 勅 : 조서 칙.

② 北溪陳氏| 曰 命은 如分付命令他一般이라.
　　북계진씨가 말하기를 "'명령(命)'은 상대에게 분부하고 명령하는 것과 같은 것이다."

性은 卽理也니

## 성품은 곧 이치니

① 朱子ㅣ 曰 有是性이면 便有許多道理總在裏許하니 在心喚做性이요 在事喚做理니라.

　주자께서 말씀하시기를 "이 성품이 있으면 바로 많은 도리가 모두 그 속에 있는 것이니, 마음에 있는 것을 성품이라고 부르고, 일에 있는 것을 이치라고 부르는 것이다."

※ 喚做(환주) : 부르다.

② 北溪陳氏ㅣ 曰 性卽理也어늘 何以不謂之理而謂之性고? 蓋理는 是泛言天地間人物公共之理요 性은 是在我之理니 只這道理ㅣ 受於天而爲我所有라. 故로 謂之性이라.

　북계진씨가 말하기를 "성품은 곧 이치인데 어째서 이치라고 이르지 않고 성품이라고 이르는 것일까? 일반적으로 '이치'라 함은 곧 하늘과 땅 사이에 있는 사람과 사물들이 공변되게 함께 가지고 있는 이치를 넓게 말한 것이고, '성품(性)'이라 함은 바로 나에게 있는 이치니 단지 이 도리를 하늘에서 받아 나의 소유로 삼은 것일 뿐이다. 그러므로 성품이라고 이른 것이다."

※ 性 : 성품 성/ 理 : 이치 리/ 謂 : 이를 위/ 泛 : 넓을 범.

天以陰陽五行으로 化生萬物에 氣以成形 而理亦賦焉하니 猶命令也요 於是에 人物之生이 因各得其所賦之理하야 以爲健順五常之德하니 所謂性也라.

　하늘이 음양과 오행으로 만물을 만들어낼 때에, 기氣로 형체를 이루고 이치를 또 부여하니, 명령을 함과 같다. 이렇게 되어 사람과 사물의 생겨남이, 각기 그 부여한 이치를 얻음에 따라 굳건하고 유순한 오상五常의 덕으로 삼으니, 이것이 이른바 '성품(性)'이다.

※ 化 : 될 화/ 賦 : 부여할 부/ 健 : 굳건할 건/ 順 : 도리를 따를 순.


① 朱子ㅣ 曰 伊川이 云ㅣ 天所賦爲命이요 物所受爲性이라하니 理는 一也나 自天所賦予萬物로 言之면 謂之命이요 以人物所稟受於天으로 言之면 謂之性이라.

　주자께서 말씀하시기를 "이천선생이 말씀하시기를 '하늘이 부여하는 것이 명령(命)이 되고, 만물이 받은 것이 성품이 된다'고 하셨으니, 이치는 하나지만 하늘이 만물에게 부여하는 측면으로부터 말하면 '명령(命)'이라 이르고, 만물이 하늘에서 받은 측면으로 말하면 '성품(性)'이라 이르는 것이다."

※ 賦予(부여) : 줌, 부여(=賦與)/ 稟 : 줄 품.


② 天命與氣質은 亦相袞同이니 纔有天命이면 便有氣質하야 不能相離라. 若闕一이면 便生物不得하리니 旣有天命이면 須是有此氣라야 方能承當得此理라. 若無此氣면 則此理如何頓放이리오? 天命之性은 本未嘗偏이로되 但氣質所稟이 却有偏處라.

　하늘의 명령과 기질은 또한 서로가 함께 이어져 있는 것이니, 겨우 하늘의 명령이 있게 되면 곧바로 기질이 있어서 서로 떠날 수 없는 것이다. 만약 하늘의 명령과 기질이 하나라도 빠지면 곧 사물을 낳지 못할 것이니, 이미 하늘의 명령이 있으면 반드시 이 '기운(氣)'이 있어야만 이 이치를 받들 수 있는 것이다. 만약 이 '기운'이 없다면 이 이치가 어떻게 순간적으로 방출되겠는가? 하늘이 명령한 성품은 본래 처음부터 치우친 것이 아니지만, 단지 타고난 기운과 형질氣質이 치우친 곳이 있을 뿐이다.

※ 袞同(곤동) : 하나로 이어짐/ 纔 : 겨우 재/ 便 : 곧 편/ 闕 : 빠질 궐/ 頓放(돈방) : 갑자기 방출됨/ 偏 : 치우칠 편.

③ 天命謂性은 是就人身中하야 指出這箇成天命之性하고 不雜氣稟而言이니 是專言理라. 若云兼言氣면 便說率性之道 不去니 如太極이 不離乎陰陽而亦不雜乎陰陽也라.
　'하늘이 명령한 것이 성품이라'는 것은 바로 사람의 몸 속에서 하늘의 명령을 이루는 성품을 지적해 낸 것이고, 타고난 기운을 섞어 말한 것이 아니니, 이것은 전적으로 이치만을 말한 것이다. 만약 기운을 겸해서 말했다면 바로 '성품을 따르는 것이 도'라고 말을 하지 못할 것이니, 마치 태극이 음양을 떠나지 않지만, 또한 음양에 섞이지도 않음과 같은 것이다.

④ 天命之謂性은 此只是從原頭說이니 萬物이 皆只同這一箇原頭라. 聖人이 所以盡己之性이면 則能盡人之性은 由其同一原故也라.
　'하늘이 명령한 것이 성품이라' 함은 단지 근원과 머리를 따라 말한 것일 뿐이니, 만물이 모두가 단지 이 하나의 근원과 머리를 함께 했을 뿐이다. 성인이 자기의 성품을 다하면 능히 사람들의 성품도 다할 수 있는 까닭은, 그것들이 모두 근원을 함께 했기 때문이다.

⑤ 若論本原이면 卽有理然後에 有氣로되 若論稟賦이면 則有是氣而後에 理隨以具라. 故로 有是氣면 則有是理하고 無是氣면 則無是理라.
　만약 근본 원천을 논한다면 이치가 있은 뒤에 기운이 있는 것이지만, 만약 부여하고 받음으로 논한다면 이 기운이 있은 뒤에 이치가 기운을 따라 갖추어지게 된다. 그러므로 이 기운이 있으면 곧 이 이치가 있고, 이 기운이 없으면 곧 이 이치가 없는 것이다.
※ 原 : 근원 원/ 隨 : 따를 수.

⑥ 問五常之德에 何故로 添却健順二字니잇고? 曰五行이 乃五常也요 健順은 乃陰陽二字니 旣有陰陽이면 須添此二字라야 始得이니라.

　묻기를 "오상五常의 덕에 어째서 '굳건하고(健) 순하다(順)'는 두 글자를 더했습니까?" 말씀하시기를 "오행五行이 곧 오상五常이고, 굳건하고 순함은 곧 음양陰陽 두 글자니, 이미 음양이 있으면 반드시 이 두 글자(健順)를 첨가해야만 비로소 될 것이다."

⑦ 健順之體는 卽性也라. 合而言之則 曰健順이요 分而言之則 曰仁義禮智니 仁禮는 健이오 而義智는 順也라.

　굳건하고 순함의 본체는 곧 성품(性)이다. 합하여 말하면 '굳건하고 순함'이라고 말하고, 나누어서 말하면 '인仁, 의義, 예禮, 지智'라고 말하니, '인仁'과 '예禮'는 굳건함이고, '의義'와 '지智'는 순함이다.

⑧ 北溪陳氏ㅣ 曰 天은 固是上天之天이니 要之컨덴 卽理是也라. 然이나 天如何而命於人가? 蓋籍陰陽五行之氣流行變化하야 以生萬物하고 理不外乎氣하야 氣以成形이면 理亦賦焉하니 便是上天命令之也라.

　북계진씨가 말하기를 "하늘은 바로 '위에 계신 하느님(上天)'이라는 하늘이니, 요약해서 말한다면 바로 이치다. 그러나 하늘이 어떻게 사람에게 명령을 하는 것일까? 일반적으로 음양오행의 기운이 흘러가고 변화함에 힘입어 만물을 낳고, 이치는 기운에서 벗어나지 않아서, 기운이 형체를 이루면 이치 또한 부여되니, 이것이 바로 위에 계신 하느님이 명령하심이다."

⑨ 西山眞氏ㅣ 曰 自昔言性者ㅣ 曰 五常而已로되 朱子ㅣ 乃

益之以健順하니 蓋陽之性은 健하야 木火屬焉하며 在人엔 爲仁禮요 陰之性은 順하야 金水屬焉하며 在人爲義智요 土는 則二氣之沖和니 信亦兼乎健順이라. 陰陽이 不在五行外니 健順이 豈在五常外乎아?

　서산진씨가 말하기를 "예로부터 성품을 말한 사람들이 오상五常만을 말했을 뿐이었는데, 주자께서 '굳건하고(健) 순(順)하다'는 것으로써 덧붙이셨다. 일반적으로 양陽의 성질은 굳세어서 목木과 화火가 여기에 속하며, 사람에 있어서는 인仁과 예禮가 된다. 음陰의 성질은 순하여 금金과 수水가 여기에 속하며, 사람에 있어서는 의義와 지智가 되는 것이다. 토土는 두 기운(氣)이 섞여서 부드럽게 조화됨이니, 신信이 또한 굳건하고 순함을 겸했다. 그러므로 음양이 오행의 밖에 있지 않는 것이니, 굳건하고 순함이 어찌 오상의 밖에 있겠는가?

※ 昔 : 옛 석/ 益 : 더할 익/ 屬 : 속할 속/ 沖和(충화) : 부드럽게 화함.

⑩ 東窓李氏ㅣ 曰 仁之油然生意不可遏과 禮之粲然明盛不可亂은 健之爲也요 義不拂乎可否之宜와 知不外乎是非之別은 順之爲也며 若夫信則體是理而不易者ㅣ 健也요 循是理而無違者順也라.

　동창이씨가 말하기를 "'인仁'의 감정이 저절로 일어나서 생生하려는 뜻을 막을 수 없음과 '예禮'의 찬란하게 빛나서 밝고 성함을 어지럽힐 수 없음은 굳건함(健)의 작용이고, '의義'의 옳고 그름의 마땅함을 어기지 않음과 '지知'의 옳고 그름의 분별을 어긋나지 않게 함은 순한 것(順)의 작용이며, '신信'에 있어서는 이 이치를 몸소 실행해서 바꾸지 않음은 굳건함(健)이고, 이 이치를 따라서 어기지 않음은 순함(順)이다."

※ 油然(유연) : 감정이 저절로 일어남(구름과 같이 성하게 피어오르는 모양)/ 遏 : 막을 알/ 粲然(찬연) : 선명하고 분명한 모양/ 拂 : 어길 불/ 宜 : 마땅할 의

/ 違 : 어길 위.

⑪ 雲峯胡氏ㅣ 曰 孟子性善之論은 自子思此首一句來나 然이나 須看開端一天字니 程子ㅣ 曰 中庸에 始言一理하고 末復合爲一理라하시니 所謂一理者는 卽此一天字요 又曰萬物各具一理하고 萬理同出一原이라하시니 所謂一原者도 卽此一天字라. 按朱子ㅣ 曰 穀梁에 言天하고 不以地對하니 所謂天者는 理而已요 成湯이 所謂上帝降衷과 子思ㅣ 所謂天命之性이 是也라하시니 是爲陰陽之本이요 而其兩端循環不已者ㅣ 爲之化焉이라.

운봉호씨가 말하기를 "맹자의 '성품이 착하다'는 이론은 자사의 『중용』 첫머리 구절로부터 나온 것이다. 그러나 반드시 『중용』의 첫 마디를 여는 '하늘 천天'자 한 자를 살펴봐야 할 것이다. 정자께서 말씀하시기를 '『중용』은 처음에는 하나의 이치를 말하고, 끝에 가서 다시 합하여 하나의 이치가 된다'고 하셨으니, 이른바 '하나의 이치'라는 것은 곧 여기 있는 '하늘 천天'자 하나인 것이다. 또 말씀하시기를 '만물이 각각 하나의 이치를 갖추고, 만 가지 이치는 한 근원에서 나왔다'고 하셨으니, 이른바 '한 근원'이라는 것도 곧 여기의 '하늘 천天'자 하나다.

살펴보건대 주자께서 말씀하시기를 '『춘추 곡량전』에서 하늘만 말하고 땅으로 짝하여 말하지 않았으니, 이른바 「하늘」이라 함은 이치를 말한 것일 뿐이다. 성탕成湯이 말씀한 「하느님이 인의예지仁義禮智의 이치를 고루 갖춘 중中을 내리셨다」 함과 자사가 말씀하신 「하늘이 명령한 것이 성품이라」 하심이 이것이다.'라고 하셨으니, 이것이 음양의 근본이 되고, 순환하여 그치지 않는 그 두 끝이 조화를 만들어내는 것이다."

※ 『서경』 상서편 탕고장에 "惟皇上帝ㅣ 降衷于下民하사 若有恒性하니 克綏厥猷사 惟后니라(오직 크신 상제께서 충심을 아랫 백성에게 내리시어 순하여 떳떳한

성품을 두시니, 능히 도에 편안하게 할 사람이라야 임금이니라)."

※ 端 : 실마리 단/ 按 : 살필 안/ 穀梁(곡량) : 『춘추곡량전』/ 降 : 내릴 강/ 衷 : 참마음 충/ 循環(순환) : 고리같이 돌아감/


⑫ 東陽許氏 │ 曰 人物之生이 雖皆出於天理나 而氣有通塞之不同하니 則有人物之異하야 氣通者는 爲人而得人之理하고 氣塞者는 爲物하야 亦得物之理라. 雖曰有理然後에 有氣나 然이나 生物之時엔 其氣至而後에 理有所寓하니 氣는 是載理之具也라. 故로 章句에 先言氣以成形하고 後言理亦賦焉하니라.

동양허씨가 말하기를 "사람과 사물의 생겨남이 비록 모두 하늘의 이치에서 나왔지만, 기운에는 통하고 막힘의 같지 않은 점이 있으니, 사람과 사물의 다름이 있게 되는 것이어서, 기운이 통한 것은 사람이 되어 사람의 이치를 얻고, 기운이 막힌 것은 사물이 되어 또한 사물의 이치를 얻는 것이다.

비록 '이치가 있은 뒤에 기운이 있는 것이다'고 말하지만, 사물을 생산할 때는 그 기운이 온 뒤에야 이치의 붙을 데가 있게 되니, 기운은 곧 이치를 싣는 도구다. 그러므로 장구에서 먼저 '기운으로 형체를 이룬다'고 말하고 그 뒤에 '이치가 또한 부여된다'고 말한 것이다."

※ 通 : 통할 통/ 塞 : 막힐 색/ 寓 : 붙을 우/ 載 : 실을 재.


⑬ 健順은 本上文陰陽而言也니 五常은 固已具健順之理라. 分而言之면 仁禮는 爲陽爲健하며 義智는 爲陰爲順하고 信則沖和而兼健順也요 錯而言之則五常에 各有健順하니 義斷智明은 非健乎아? 仁不忍而用主於愛와 禮分定而節不可踰는 非順乎아?

'굳건하고(健) 순함(順)'은 윗글에 있는 음양을 근본으로 해서 말한 것이니, 오상은 본래부터 굳건하고 순한 이치를 갖추고 있는 것이다. 나누어서 말하면 인仁과 예禮는 양陽이 되고 굳건함(健)이 되며, 의義와 지智는 음陰이 되고 순함(順)이 되며, 신信은 음양이 섞여서 부드럽게 조화를 이룬 것이어서 굳건하고 순함을 겸한 것이다.

섞여 있는 측면으로 말하면 오상에 각기 굳건하고 순함이 있으니, 의義의 결단함과 지智의 밝음은 굳건함이 아니겠는가? 인仁의 차마하지 못하고 사랑함을 주로 씀과, 예禮의 분수가 정해 있어 절차를 넘을 수 없음은 순함이 아니겠는가?

※ 錯 : 섞일 착/ 斷 : 결단할 단/ 忍 : 참을 인/ 踰 : 넘을 유.
※ 健順과 五行 및 五常

| 健順 | 健 | | 順 | |
|---|---|---|---|---|
| 五行 | 木 | 火 | 土 | 金 | 水 |
| 五常 | 仁 | 禮 | 信 | 義 | 智 |

⑭ 退溪ㅣ 曰 學者ㅣ 用工은 莫切於身心이라 故로 大學엔 言心하고 敎者論道는 莫先於性理라 故로 中庸엔 言性이라.

퇴계가 말씀하기를 "배우는 사람이 공부를 해야 할 곳은 몸과 마음보다 더 절실한 것이 없기 때문에 『대학』에는 마음을 말했고, 가르치는 사람이 도를 논하는 것은 성품과 이치보다 먼저인 것이 없기 때문에 『중용』에는 성품을 말한 것이다."

⑮ 尤菴이 曰 此註는 一用太極圖說하니 所謂天者는 亦理而已라.

우암이 말씀하기를 "이곳의 장구 주석은 하나같이 태극도설太極圖說을 썼으니, 이른바 '하늘(天)'이라함은 또한 이치일 뿐이다."

⑯ 又曰 天下萬物이 無不配屬於五行者하니 謂五行之理ㅣ 賦於人而爲五性則可也어니와 因以爲凡配五行者皆有仁義禮智信之性은 則不可라. 今味之甘者皆屬土라하야 遂以蜜로 爲具信之性이 可乎아?

　또 말씀하기를 '천하의 만물이 오행五行에 배속되지 않은 것이 없으니, 오행의 이치가 사람에게 부여되어 다섯 가지 성품이 됐다'고 하면 옳겠지만, 그렇다고 해서 '모든 오행에 배속된 것이 다 인의예지신仁義禮智信의 성품이 있다'함은 옳지 않다. 다만 맛이 단것이 모두 토土에 속한다고 해서 꿀이 신信의 성품을 갖추었다고 하면 옳겠는가?

⑰ 農巖이 曰 人物이 雖同得一理以生이나 然이나 不能無偏全之殊하야 氣有通塞而理隨而偏全耳라. 故로 朱子ㅣ 於孟子에 論之曰以理言之則仁義禮智之稟을 豈物之所得以全哉아하니 卽此一語면 剖判甚明이라. 此所云은 非謂萬物之性이 與人要無差別也라.

　농암이 말씀하기를 "사람과 사물이 비록 함께 하나의 이치를 얻어 태어났지만, 치우치고 온전함의 차이가 없을 수 없어서, 기운에 통하고 막힘이 있고, 이치가 기운의 통하고 막힘에 따라서 치우치고 온전함이 있는 것이다. 그러므로 주자께서 『맹자』고자告子장 상에서 논설하시기를 '이치로 말한다면 인의예지仁義禮智의 부여받음을 어찌 사물들이 얻어서 온전히 할 바이겠는가?'라고 하셨으니, 한 말로 보면 매우 밝게 판별이 되는 것이다. 여기에 말한 바는 만물의 성품이 사람과 차별이 없다함이 아니다."

⑱ 巍巖이 曰 天命五常과 太極本然은 初非有彼此本末偏全大小之異也니 五常이 若是氣而論於異體則此當無說이어니

와 若是理則天地萬物同此一原矣라. 論其氣質이면 則非惟犬之性이 非牛之性也요 坧之性도 非舜之性也며 語其本然이면 則不惟坧之性이 卽舜之性也요 物之性卽人之性也라.

위암이 말씀하기를 "하늘이 명령한 오상五常과 태극의 본연本然한 것은, 처음부터 이것과 저것 근본과 끝의 치우치고 온전함이라든가 크고 작음의 차이가 없는 것이다. 오상이 만약 기운이고 몸체가 서로 다르다는 측면에서 논한다면 말할 것이 없겠지만, 만약 이것이 이치라면 하늘땅과 만물이 모두 이 하나의 근원을 함께하는 것이다.

그 기질로 논한다면 개의 성품이 소의 성품이 아닐 뿐 아니라 도척의 성품이 순임금의 성품이 아니며, 그 본연本然한 것으로 논한다면 도척의 성품이 곧 순임금의 성품일 뿐 아니라 만물의 성품이 곧 사람의 성품인 것이다."

⑲ 南塘이 曰 性은 有三層之異하니 太極은 超形器而稱之며 此는 人與物皆同之性也니 第二十二章章句에 人物之性이 亦我之性이 是也요 五常은 因氣質而各之며 此는 人與物不同而人則皆同之性也니 孟子註에 仁義禮智之稟을 豈物之所得而全이 是也요 善惡은 雜氣質而言之며 此는 人人皆不同之性也니 論語에 性相近이 是也라.

남당이 말씀하기를 "성품은 세 가지의 다른 것이 있으니, 태극은 형체와 틀을 초월한 이름이며, 이는 사람과 만물이 모두 함께하는 성품이니, 22장 장구에 '사람과 사물의 성품이 또한 나의 성품'이라는 것이 이것이고, 오상五常은 기질에 따라 각각이며 이는 사람과 만물은 서로 같지 않지만 사람끼리는 다 같은 성품이니, 『맹자』 고자장 주석에 '인의예지仁義禮智의 부여받음을 어찌 사물이 얻어서 온전히 할 바이겠는가?'라고 함이 이것이고, 착하고 악하다 함은 기질을 섞어서 말한 것이며 이는 사람사람이 모두 같지 않은 성품이니 『논어』에 '성품은 서로 가까우나 습성은 서로 멀다'함이 이것이다."

⑳ 壺山이 曰 按此天字는 純以理言이니 是는 理天也요 陽字는 以天之氣言이니 是는 氣天也라.

  호산이 말씀하기를 살펴보건대 여기의 '하늘 천天'자는 순수하게 이치로 말한 것이니 이는 이치의 하늘이고, '양陽'자는 하늘의 기운으로 말한 것이니 곧 기운의 하늘이다.

㉑ 壺山이 曰 按五行乃五常者는 謂在氣爲五行하고 在理爲五常也요 健順乃陰陽者는 謂在氣爲陰陽하고 在理爲健順也라.

  호산이 말씀하기를 살펴보건대 오행五行이 곧 오상五常이라는 것은, 기운에 있어서는 오행이 되고 이치에 있어서는 오상이 됨을 이르고, 굳건하고 순함(健順)이 곧 음양陰陽이라는 것은, 기운에 있어서는 음양이 되고 이치에 있어서는 굳건함과 순함이 됨을 이름이다.

㉒ 壺山이 曰 按書首之天字는 可異當太極之性이니 蓋此는 只當謂之理而不當謂之性이나 然이나 古人이 或有以性言者故로 今亦從而謂之性이라. 凡古人이 論人物性同處는 皆當以太極之性看也라.

  호산이 말씀하기를 살펴보건대 『중용』첫머리의 '하늘 천天'자는 태극의 성품에 해당하는 것이니, 이것은 단지 이치라고 말해야 할 것이고 성품이라고 말함은 옳지 않은 것이다. 그러나 옛 사람들이 혹 성품으로 말하는 이가 있기 때문에 지금 또한 따라서 성품이라고 말한 것이다. 옛사람들이 '사람과 사물의 성품이 같다'고 논

> 설한 것은 모두 마땅히 태극의 성품으로 봐야 할 것이다.

## 率은 循也요

'솔率'자의 뜻은 따라감이고,

※ 循 : 좇을 순, 따를 순.

① 北溪陳氏ㅣ 曰 循은 猶隨也라.
북계진씨가 말하기를 "순循자의 뜻은 '따름(隨)'과 같다."

## 道는 猶路也니

'도道'는 길과 같은 것이니,

① 孟子ㅣ 曰 夫道는 若大路然이라하시니 本此하야 以釋道字하니라.
맹자께서 말씀하시기를 '도道는 큰 길과 같다'고 하셨으니, 여기에 근거해서 '도道'자를 풀이한 것이다.

## 人物이 各循其性之自然이면 則其日用事物之間에 莫不各有當行之路하니 是則所謂道也라.

사람과 사물이 각기 그 성품의 자연스러움을 따르면, 곧 날마다 쓰는 일과 사물들 사이에서 각각 마땅히 가야 할 길이 없는 것이 없으니, 이것이 이른바 도道이다.

① 朱子ㅣ 曰 率性은 非人率之也요 率은 只訓循이며 循萬物

自然之性之謂道니 此率字는 不是用力字라. 伊川이 謂便是仁者는 人也니 合而言之면 道也라하니 循字도 非就行道人說이요 只是循吾本然之性이면 便自有許多道理라. 或이 以率性으로 爲循性命之理면 則爲道라하나 如此면 却是道因人方有也라.

　주자께서 말씀하시기를 "'솔성率性'의 뜻은 사람이 성품을 거느린다는 것이 아니다. '솔率'자의 뜻은 단지 따른다는 뜻으로만 풀이하며, 만물의 자연스러운 성품을 따르는 것을 '도道'라 이르는 것이다. 여기의 '솔率'자는 힘을 쓰라는 글자가 아니다. 이천선생이 말씀하시기를 '이것이 곧 인仁은 사람(人)이라는 것이니, 합하여 말하면 도道이다.'라고 하셨으니, 따른다는 '순循'자도 도道를 행하는 사람을 기준으로 말한 것이 아니고, 단지 나의 본성을 따르다 보면 곧 자연히 많은 도리道理가 있는 것일 뿐이다. 어떤 이는 '성품을 따른다(率性)'는 것을 성품과 명령(命)의 이치를 따르면 곧 도가 되는 것이라고 말하나, 이와 같다면 도가 사람으로 인하여 있게 되는 것이 된다."

※ 訓 : 뜻 훈/ 循 : 따를 순/ 用力(용력) : 힘을 씀.


② 道之得名은 正以人生日用當然之理니 猶四海九州百千萬人當行之路爾라.

　'도道'라는 이름을 얻게 된 것은, 바로 사람이 일상생활에서 쓰는 당연한 이치이기 때문이니, 사해四海와 구주九州의 수백천만의 사람들이 마땅히 가야 하는 길과 같은 것이다.


③ 道는 卽理也니 以人所共由而言이면 則謂之道요 以其各有條理而言이면 則謂之理나 其目은 則不出乎君臣父子兄弟夫婦朋友之間하니 而其實은 無二物也라.

'도道'는 곧 이치니, 사람이 함께 가는 것으로 말하면 '도道'라 이르고, 그것이 각각 조리가 있음으로 말하면 '이치(理)'라고 이른다. 그러나 그 세목은 임금과 신하, 어버이와 자식, 형과 아우, 남편과 아내, 벗과 벗 사이에서 벗어나지 않는 것이니, 도와 이치는 실상 두 가지 사물이 아니다.

④ 性은 是箇渾淪底物이니 循性之所有면 其許多分派條理니 卽道也라. 性字는 通人物而言이나 但人物은 氣稟이 有異니 不可道物無此理요 只爲氣稟遮蔽라 故로 所通이 有偏正不同이라. 然이나 隨他性之所通이면 道亦無所不在也니라.

'성품'은 하나에 모든 것이 섞여 있어 구분되지 않은 사물이니, 성품에 있는 것을 따르면, 그 속에서 수많은 갈래의 조리條理가 있는 것이 곧 도道. '성품 성性'자는 사람과 사물을 통틀어서 말한 것이나, 단지 사람과 사물의 타고난 기운에 다름이 있을 뿐이니, 사물이라고 해서 이 이치가 없다고 말할 수 없는 것이다. 다만 타고난 기운에 막히고 가려진 바가 되기 때문에 통하는 것의 치우치고 바름이 사람과 다름이 있을 뿐이다. 그러나 그들의 성품(性)이 통하는 곳을 따라가면 또한 도道가 있지 않는 곳이 없는 것이다.

※ 혼륜(渾淪) : 분리되지 않은 모양/ 遮蔽(차폐) : 막히고 가림.

⑤ 人與物之性이 皆同하야 循人之性則爲人之道하고 循牛馬之性則爲牛馬之道라. 若不循其性하야 使馬耕牛馳면 則失其性이니 非牛馬之道矣라.

사람과 사물의 성품이 모두 같아서, 사람의 성품을 따르면 사람의 도가 되고, 소와 말의 성품을 따르면 소와 말의 도가 된다. 만약 그것들의 성품을 따르지 않아서, 말로 밭을 갈고 소로 길을 달리게 한다면 그 성품을 잃은 것이니, 소와 말의 도가 아니다.
※ 牛馬(우마) : 소와 말/ 使 : 하야금 사/ 耕 : 밭갈 경/ 馳 : 달릴 치.


⑥ 陳氏ㅣ 曰 天命謂性은 是說渾淪一大本底요 率性謂道는 是就渾淪大本裏하야 分別簡條貫脈絡處하야 隨人物所得之性이니 皆從大本中流出이라. 如天이 油然作雲하고 沛然下雨는 此皆大化流行處니 隨他溪澗科坎小大淺深하야 所得之雨ㅣ 便有許多脈絡之不齊나 皆是此雨水也라.
　진씨가 말하기를 "'하늘이 명령한 것을 성품이라 이른다' 함은 분리되지 않고 섞여 있는 하나의 큰 근본을 말한 것이고, '성품을 따름을 도道라고 이른다' 함은 바로 분리되지 않고 섞여있는 큰 근본 속에서 조리와 맥락이 되는 곳을 분별해서, 사람과 사물들의 얻은 성품을 따르는 것이니, 모두 큰 근본의 속을 따라 흘러나온 것들이다. 예를 들어 하늘이 시커멓게 구름을 일으키고 세차게 비를 내림은 이 모두가 하늘의 큰 조화가 흘러 행해지는 곳이니, 저 계곡과 산간의 작은 도랑과 큰 냇물, 크고 작고 얕고 깊은 웅덩이에 따라 얻는 빗물들의 고르지 못한 많은 줄기가 있을 것이나, 이 모두가 빗물인 것과 같은 것이다."
※ 조관(條貫) : 일을 해가는 도리, 조리, 일의 경로/ 油 : 구름성할 유/ 沛 : 비 몹시 올 패/ 溪 : 시내 계/ 澗 : 계곡 간/ 科 : 웅덩이 과/ 坎 : 구덩이 감/ 淺 : 얕을 천/ 深 : 깊을 심/ 齊 : 가지런할 제.


⑦ 如隨物之性이면 則牛可耕ㅣ 馬可乘ㅣ 鷄可司晨ㅣ 犬可司夜니 其所發이 皆有自然之理요 如隨草木之性이면 則桑麻可衣ㅣ 穀粟可食이며 春宜耕夏宜耘 秋宜穫이니 凡物이 皆有自然之理라.
　만일 사물의 성품을 따른다면, 소는 밭을 갈 수 있고, 말은 탈 수 있고, 닭은 새벽을 맡을 수 있고, 개는 밤을 맡을 수 있으니,

그 발현됨에 모두 자연스러운 이치가 있는 것이다. 만일 풀과 나무의 성품을 따르면, 뽕과 삼은 옷을 만들 수 있고, 곡식과 조는 먹을 수 있으며, 봄에는 밭가는 것이 마땅하고, 여름에는 김매는 것이 마땅하며, 가을에는 거둬들이는 것이 마땅하니, 모든 사물에는 자연스러운 이치가 있는 것이다.

※ 乘 : 탈 승/ 鷄 : 닭 계/ 司 : 맡을 사/ 晨 : 새벽 신/ 桑 : 뽕나무 상/ 麻 : 삼 마/ 穀 : 곡식 곡/ 粟 : 조 속, 찧지 아니한 곡식 속/ 耘 : 김맬 운/ 穫 : 곡식 거둘 확, 벼 벨 확.

⑧ 潛室陳氏│曰 率性은 不要作工夫看이요 人率循其人之性하고 物率循其物之性이니 此卽人物各各當行道理라. 故로 謂之道라.

잠실진씨가 말하기를 "'성품을 따른다' 함은 따르는 공부가 필요한 것으로 볼 것은 없고, 사람은 사람의 성품을 따르고 사물은 사물의 성품을 따를 뿐이니, 이것이 곧 사람과 사물이 각기 마땅히 가야 할 도리이다. 그러므로 '도道'라고 이른 것이다."

⑨ 西山眞氏│曰 朱子│於告子生之謂性章에 深言人物之異하고 而於此章에 乃兼人物而言하니 生之謂性은 以氣言者也요 天命之謂性은 以理言者也니 以氣言之則人物所禀之不同이나 以理言之則天之所命은 一而已矣라. 然則虎狼之搏噬와 馬牛之踶觸이 非道耶잇가? 曰子思之所謂率性云者는 循其天命之性也니 若有搏噬踶觸은 則氣禀之所爲而非天命之本然矣라. 豈獨物爲然이리오? 凡人之爲善者는 皆循天命之性也요 其爲不善은 則發乎氣禀之性矣니 以是而觀이면 則此章이 兼人物而言을 尙何疑哉리오?

서산진씨가 말하기를 "주자께서 『맹자』의 '고자告子의 생生(知覺하고 運動하는 것)을 성품이라 이른다'는 장(告子章 上)에 사람과 사물의 다름을 깊게 말씀하시고, 이 장에서는 사람과 사물을 겸해서 말씀했으니, '생生을 성품이라 이른다'는 것은 기운으로 말한 것이고, '하늘이 명령한 것을 성품이라 이른다'는 것은 이치로 말한 것이다. 기운으로 말하면 사람과 사물의 타고난 것이 같지 않지만, 이치로 말하면 하늘이 명령한 것은 하나일 뿐이다."

"그렇다면 호랑이와 이리의 치고 물어뜯음과, 말과 소의 차고 받음이 도가 아니겠습니까?" 말하기를 "자사께서 성품을 따른다고 말씀하신 것은 그들에게 있는 하늘이 명령한 성품을 따르는 것이니, 치고 물고 차고 받음과 같은 것은 곧 타고난 기운이 하는 것이고, 하늘이 명령한 본연의 이치가 하는 것이 아니다. 어찌 사물만 그렇겠는가? 착한 일을 하는 사람은 모두가 하늘이 명령한 성품을 따른 것이고, 착하지 못한 일을 하는 사람은 그들이 타고난 기운의 성질에서 일어난 것이니, 이것으로 본다면 이 장이 사람과 사물을 겸해서 말한 것을 아직까지도 의심할 것이 무엇이 있겠는가?"

※ 『맹자』 고자장 상(上)의 장구에 풀이하기를 "愚按 性者는 人之所得於天之理也요 生者는 人之所得於天之氣也니 性은 形而上者也요 氣는 形而下者也라…(내가 살펴보건대, 性이란 사람이 하늘에서 얻은 이치이고, 生이란 사람이 하늘에서 얻은 기이니, 성은 상의 위에 있는 것이고 생은 상의 아래에 있는 것이다…)"

※ 虎 : 범 호/ 狼 : 이리 랑/ 搏 : 칠 박/ 噬 : 씹을 서/ 踶 : 찰 체/ 觸 : 받을 촉/ 尙 : 아직 상.


⑩ 雙峯饒氏ㅣ 曰 子思率性之謂道一語는 專爲訓道名義라. 蓋世之言道者ㅣ 高則入於荒唐하고 卑則滯於形氣하야 入於荒唐則以爲無端倪之可測識이라하니 老莊之論이 是也요 滯於形氣則以爲是人力之所安排라하니 告荀之見이 是也라. 是以로 子思ㅣ 於此首에 指其名義以示人하사 言道者는 非他요 乃循性之謂也라.

쌍봉요씨가 말하기를 "자사의 '성품을 따름을 도라 이른다'고 하신 말씀은 전적으로 도의 이름과 뜻을 가르치기 위한 것이다. 대체로 세상에서 도를 말하는 사람들이 경지가 높으면 황당한 데로 들어가고, 경지가 낮으면 형체와 기에 걸리게 된다. 그래서 황당한 데로 들어가게 되면 '헤아리고 식별할 수 있는 일의 시작과 끝은 없는 것이라'고 말하니, 노자老子 장자莊子의 의론이 이런 것이다. 형체와 기에 걸리게 되면 '이것들은 사람의 힘으로 안배한 것이라'고 말하니 고자告子와 순자荀子의 견해가 이런 것이다.

그래서 자사께서 『중용』 첫머리에 도의 이름과 뜻을 가리켜 사람들에게 보이셔서, '도라는 것은 다른 것이 아니고, 바로 성품을 따름을 말한 것이라'고 말씀하신 것이다."

※ 荒唐(황당) : 엉터리 없는 일/ 滯 : 막힐 체/ 端倪(단예) : 일의 처음과 끝/ 測 : 헤아릴 측/ 識 : 알 식/ 安排(안배) : 인위적인 배치.


⑪ 雲峯胡氏ㅣ 曰 易에 曰一陰一陽之謂道니 繼之者善也요 成之者性也라하니 子思之論이 蓋本於此로되 但易은 先言道而後言性하니 此道字는 是統體一太極이요 子思는 先言性而後言道하니 此道字는 是各具一太極也라.

운봉호씨가 말하기를 "『주역』에 말하기를 '한번 음陰하고 한번 양陽하는 것을 도道라고 이르니, 이 도를 잇는 것이 선善이고 이루는 것이 성품이라'고 했으니, 자사의 이론이 아마도 여기에 근본했을 것이다. 그러나 다만 『주역』은 먼저 도를 말하고 뒤에 성품을 말했으니, 『주역』의 '도道'자는 곧 전체를 통괄하는 하나의 태극을 말한 것이다. 자사는 먼저 성품을 말하고 뒤에 도를 말했으니, 여기에 '도道'자는 곧 사물이 각기 갖추고 있는 하나의 태극을 말했을 뿐이다."

※ 『주역』 계사전(繫辭傳) 상(上) 5장에 출전.

**修는 品節之也니**

'수修'자의 뜻은 차등을 두어 절차를 매김이니,

① 三山潘氏ㅣ 曰 品節之者는 如親親之殺와 尊賢之等을 隨其厚薄輕重而爲之制하야 以矯其過不及之偏者也니 雖若出於人爲나 而實原於命性이며 道之自然本有者라.

삼산반씨가 말하기를 "'차등을 두어 절차를 매긴다'는 것은, 예를 들어 친척간에 친애하는 예절의 차등과 어진이를 예우하는 등급과 같은 것들을, 그 두텁고 엷고 가볍고 무거움에 따라 제도를 만들어서 지나치거나 미치지 못하는 치우침을 바로잡는 것이니, 비록 사람이 만들어낸 것 같으나 실상은 하늘이 명령한 성품에 근원한 것이며, 도道에 자연스럽게 본래부터 있던 것들이다."

※ 殺 : 차이 쇄, 다를 쇄

② 雙峯饒氏ㅣ 曰 修는 裁制之也니 聖人이 因人所當行者而裁制之하야 以爲品節也라.

쌍봉요씨가 말하기를 "'수修'는 마름질하여 만듦이니, 성인께서 사람이 마땅히 행해야 할 것들을 따라 마름질해서 차등과 절차를 만드신 것이다."

**性道雖同이나 而氣稟이 或異라 故로 不能無過不及之差일새 聖人이 因人物之所當行者而品節之하야 以爲法於天下하시니 則謂之敎요 若禮樂刑政之屬이 是也라.**

성품(性)과 도道가 비록 같으나 타고난 기운이 혹 다르기 때문에, 지나치거나 미치지 못하는 어긋남이 없을 수가 없다. 그래서 성인이 사람과 사물들이 마땅히 가야할 길을 따라 차등을 두어 절차를 매겨서 천하에 법을 삼으셨으니, 이것이 곧 '가르침(敎)'이라 이르는 것이고, 예禮와 음악(樂) 형벌(刑)과 정사(政)와 같은 부류가 이것이다.

❊ 氣稟(기품) : 타고난 성품. 천부의 기질／ 屬 : 무리 속

① 問明道云ㅣ 道는 卽性也니 若道外尋性하고 性外尋道면 便不是라하시니 如此면 卽性是自然之理니 不容加工이라. 揚雄이 言學者는 所以修性이라. 故로 伊川이 謂揚雄이 爲不識性이라하야늘 中庸에 却言修道之謂敎는 如何니잇고? 朱子ㅣ 曰性不容修니 修是揠苗요 道亦是自然之理나 聖人이 於中에 爲之品節하야 以敎人耳니라.

묻기를 "명도明道선생이 말씀하기를 '도道는 곧 성품이니, 만약 도道 밖에서 성품을 찾고 성품 밖에서 도道를 찾는다면 곧 옳지 않은 것이다'고 하셨으니, 이와 같다면 성품은 바로 자연스러운 이치니, 인위적인 가공을 용납하지 않는 것입니다. 양웅揚雄이 '배우는 것은 성품을 닦는 것이라'고 말했기 때문에 이천伊川선생이 '양웅이 성품을 모른다'고 이르신 것인데, 『중용』에서 '도道를 마름질한 것을 가르침(敎)이라 이른다'고 말한 것은 어째서입니까?" 주자께서 말씀하시기를 "성품은 닦는 것을 용납하지 않으니, 닦는다면 바로 곡식의 싹을 잡아뽑는 것과 같은 것이다. 도道 또한 자연스러운 이치이지만, 성인이 그 가운데에서 차등을 두고 절차를 만들어서 사람을 가르치신 것일 뿐이다."

❊ 尋 : 찾을 심/ 容 : 용납할 용/ 揠 : 뽑을 알/ 苗 : 묘 묘.

② 修道謂敎는 專就人事上言이나 就物上이면 亦有品節하니 先王이 所以使鳥獸魚鼈咸若하며 周禮에 掌獸掌山澤이 各有官하며 周公이 驅虎豹犀象하고 草木零落然後에 入山林하며 昆蟲이 未蟄이면 不以火田之類ㅣ 各有箇品節하야 使萬物

로 各得其所니 亦所謂敎也라. 所以謂之盡物之性이나 但於人엔 較詳하고 於物엔 較略하며 於人엔 較多하고 於物엔 較少라.

　'도道를 마름질한 것을 가르침이라고 이른다' 함은 전적으로 사람의 일에 나아가 말한 것이다. 그러나 사물에도 또한 차등과 절차가 있으니, 그래서 옛날의 임금들이 새와 짐승과 고기와 자라에게까지도 모두 같게 했으며, 『주례周禮』에 '짐승을 관장하고 산과 못을 관장함에 모두 관리가 있었으며, 주공周公이 호랑이와 표범, 무소와 코끼리 떼를 몰아내고, 풀과 나무가 떨어지고 마른 뒤에야 산림山林에 들어가며, 곤충이 칩거하지 않았으면 밭에 불을 놓지 않는 것'과 같은 것들이, 각기 하나의 차등과 절차가 있어서, 만물이 각각 그 처소를 얻도록 함이니, 이 또한 '가르침'이라고 이르는 것이다. 그래서 '사물의 성품을 다한다(盡物之性)'고 말한 것이다. 그러나 단지 사람에게는 비교적 상세하고 사물에는 비교적 소략하며, 사람에게는 비교적 많고 사물에게는 비교적 적을 뿐이다.

※ 獸 : 짐승 수/ 鱉 : 자라 별/ 咸 : 다 함/ 若 : 같을 약/ 掌 : 맡을 장/ 驅 : 몰 구/ 豹 : 표범 표/ 犀 : 무소 서/ 零落(영락) : 초목이 시들어 떨어짐/ 昆蟲(곤충) : 벌레 곤, 벌레 충/ 蟄 : 숨을 칩/ 較 : 비교할 교.


③ 黃氏ㅣ 曰 修道二字는 須就道上及人氣稟上하야 兼看이니 道는 是大綱之名이라. 如孝는 是事父之道나 然이나 孝中에 有多少曲折하고 人이 氣稟이 不同하야 柔者는 過於和하고 剛者는 過於嚴하니 則於孝道之曲折에 必有不中節者라. 此ㅣ 所以著爲品節하야 使之盡其道也라.

　황씨가 말하기를 "'도를 마름질한다(修道)'는 두 글자는 반드시 도와 사람의 타고난 기운과의 관계를 같이 살펴봐야 할 것이니, 도는 큰 벼리가 되는 것의 이름이다. 예를 들어 효도는 바로 아버지를 섬기는 도지만, 효도 가운데에는 많고 작은 여러 가지 세부적인 일들이 있고, 사람의 타고난 기氣가 같지 않아서, 부드러운 사람은 온화한 데에 지나치고, 강한 사람은 엄한 데에 치우치게 된다. 그러므로 효도 속에 있는 여러 가지 세부적인 일들이 반드시 절도에 맞지 않는 것이 있게 되는 것이다. 이것이 효도의 차등과 절차를 만들어 붙여서 그 도를 다하게 하도록 하는 이유다."

※ 曲折(곡절) : 굽을 곡, 꺾을 절/ 嚴 : 엄할 엄/ 著 : 붙일 착.

④ 新安陳氏ㅣ 曰 禮樂은 正是中和之敎요 刑은 所以弼敎며 政亦敎之寓라.

 신안진씨가 말하기를 "예와 악(禮樂)은 바로 '중中'과 '화和'의 교육이고, 형벌은 교육을 돕는 것이며, 정사라는 것도 또한 교육에 의탁하여 이루어지는 것이다."

※ 刑 : 형벌 형/ 弼 : 도울 필/ 寓 : 의탁할 우.

⑤ 此章에 命性道敎는 皆當兼人物而言이요 而必以人爲主나 然이나 苟不兼及於物이면 則道理便該不盡이니 只以此篇後章으로 證之면 盡己之性 盡人之性에 必說到盡物之性하니 則可見矣라.

 이 장에 있는 '명령(命), 성품(性), 도道, 가르침(敎)'은 모두가 마땅히 사람과 사물을 겸해서 말한 것이고, 반드시 사람으로써 주를 삼아야 할 것이다. 그러나 사물들에게까지 겸해서 미치지 못한다면 도리가 곧 다 포함되지 못한 것이다. 단지 이 책의 뒷장만을 가지고 증명해 본다면, '나의 성품을 다하고, 사람들의 성품을 다한다' 함에 반드시 사물의 성품을 다한다는 데에까지 말해 갔으니, 여기서 곧 이것을 알 수 있는 것이다.

※ 盡己之性 盡人之性 : 『중용』 22장 1절.
※ 苟 : 진실로 구/ 該 : 갖출 해/ 證 : 증거할 증.

蓋人이 知己之有性而不知其出於天하며(就性上하야 移上一級하야 說己性原於天命이라) 知事之有道而不知其由於性하며(又就道上하야 移上一級하야 說道由於己之性이라) 知聖人之有敎而不知其因吾之所固有者하야 裁之也라(又就敎上하야 移歸一步하야 說因吾之所固有之道而裁之라). 故로 子思ㅣ 於此에 首發明之요 而董子ㅣ 所謂 道之大原이 出於天이 亦此意也니라.(漢董仲舒策中에 此語大意ㅣ 亦可謂知道之原者라 故로 引以爲證이라)

일반적으로 사람들이 자기의 성품(性)이 있음을 알기는 하지만, 그것이 하늘에서 나온 것인 줄은 모르며, 사물에 도道가 있다는 것을 알기는 하지만, 그것이 성품에서 유래했다는 것을 모르며, 성인의 가르침이 있음은 알기는 하지만, 가르침이 나의 고유한 것을 따라 마름질한 것임을 알지 못한다. 그러므로 자사께서 여기서 첫 번째로 밝히셨고, 동자董子(한나라 동중서)가 이른바 '도의 큰 근원이 하늘에서 나왔다' 함이 또한 이 뜻이다.

- ◆ 就性上하야 移上一級하야 說己性原於天命이라 : 성품(性)에서 위로 한 등급을 옮겨가서, 나의 성품이 하늘의 명령(命)에서 근원했음을 말한 것이다.
- ◆ 又就道上하야 移上一級하야 說道由於己之性이라 : 또한 도道에서 위로 한 등급 옮겨가서, 도道가 나의 성품에서 유래했음을 말한 것이다/
- ◆ 又就敎上하야 移歸一步하야 說因吾之所固有之道而裁之라 : 또한 가르침에서 뒤로 한 걸음 옮겨가서, 나의 고유한 도道를 따라 마름질하는 것임을 말한 것이다.
- ◆ 漢董仲舒策中에 此語大意ㅣ 亦可謂知道之原者라 故로 引以爲證이라 : 한漢나라 동중서董仲舒 상소문 가운데에 있는 이 말의 전체적인 뜻으로 볼 때에, 또한 도道의 근원을 알았다고 할 수 있기 때문에, 인용하여 증명한 것이다.
- ※ 移 : 옮길 이/ 級 : 등급 급/ 裁 : 마름질할 재/ 董 : 성씨 동/ 子 : 스승 자/ 策 : 책문 책(임금이 정치상 문제를 묻는 策問에 대답하는 對策을 이름)

① 朱子ㅣ 曰 子思此三句는 乃天地萬物之大本大根이며 萬

化皆從此出이라. 人若能體察이면 方見聖賢所說道理ㅣ 皆從自己胸中流出이리니 不假他求니라.

　주자께서 말씀하시기를 "자사의 이 세 구절은 곧 하늘·땅 만물의 큰 근본이며, 만 가지 조화가 모두 이곳을 따라 나오는 것이다. 사람이 만약 능히 몸소 체득하고 살필 수 있다면, 성현의 말씀하신 도리가 모두 자기의 마음 속을 따라 흘러나오는 것임을 알게 될 것이니, 다른 데에서 찾을 필요가 없는 것이다."

※ 體 : 체득할 체/ 察 : 살필 찰/ 胸 : 가슴 흉/ 假 : 빌릴 가.

② 三山陳氏ㅣ 曰 此章은 乃中庸之綱領이요 此三句는 又一章之綱領也라. 聖賢이 敎人에 必先使之知道所自來而後有用力之地하니 此三句는 蓋與孟子道性善으로 同意라.

　삼산진씨가 말하기를 "이 장은 곧 『중용』의 강령綱領이고, 이 세 구절은 또한 이 한 장의 강령이다. 성현께서 사람을 가르치실 때에 반드시 먼저 도道의 온 곳을 알게 해서 뒤에 힘쓸 곳이 있도록 하셨으니, 이 세 구절은 대체로 맹자님의 성품이 착하다고 말씀하신 것과 뜻이 같다."

③ 王氏ㅣ 曰 此書는 皆言道之體用이니 第一句에 天은 是體며 性은 是用이요 第二句에 性은 是體며 道는 是用이요 第三句에 道는 是體며 敎는 是用이라.

　왕씨가 말하기를 "이 글은 모두 도道의 본체와 작용을 말한 것이다. 첫 번째 구절에는 하늘(天)은 본체이고 성품(性)은 작용이며, 두 번째 구절에 성품(性)은 본체이고 도道는 작용이며, 세 번째 구절에 도道는 본체이고 가르침(敎)은 작용을 말한 것이다."

④ 雙峯饒氏ㅣ 曰 性道敎는 道字ㅣ 重하니 中庸一書는 大抵

說道性이 原於天而流行於事物則謂之道요 修此道以敎人
則謂之敎라. 所以下文에 便說道也者하며 如君子之道費而
隱과 大哉聖人之道에 皆提起道字說하니 以此로 見重在道
字라.

　쌍봉요씨가 말하기를 "성품(性) 도道 가르침(敎) 중에서는 도道
자가 중요하니, 『중용』이라는 글은 대체로 도와 성품이 하늘에서
근원하여 사물에 흘러서 행하게 되면 도라 이르고, 이 도를 마음
질해서 사람을 가르치면 가르침이라고 이름을 말한 것이다. 그러
므로 아랫 글(2절)에 바로 '도라는 것은(道也者)'이라고 말했으며,
'군자의 도는 광대하지만 은미하다(君子之道 費而隱)' 함과, '크구나!
성인의 도(大哉聖人之道)'라고 한 것과 같은 것에 모두 '도道'자를
제기해서 말했으니, 이것으로써 중점이 '도道'자에 있다는 것을 알
수 있다."

※ 道費而隱 :『중용』12장 1절.
※ 大哉聖人之道 :『중용』27장 1절.

⑤ 雲峯胡氏｜ 曰 開端에 雖不露出中字나 天命謂性은 卽未
發之中이요 因率性之道而品節之는 卽時中之中也라.

　운봉호씨가 말하기를 "『중용』의 첫머리를 시작할 때에 비록 '중
中'자를 드러내어 말하지는 않았으나, '하늘이 명령한 것을 성품이
라 이른다'고 한 것은 곧 발현되지 않은 '중中'이고, '성품을 따르
는 도에 의하여 등급을 매기고 절차를 정함'은 곧 때에 맞게 중(時
中)을 행함의 '중中'이다."

⑥ 番易李氏｜ 曰 大學은 入德之書니 學者事也라 故로 首曰
大學之道而敎在其中이요 中庸은 明道之書니 敎者事也라
故로 首曰修道之謂敎而學在其中이니 中庸一書는 性道敎
三言｜ 爲一篇之綱領하고 而道之一字｜ 爲三言之綱領이라.

道由性而出하니 言道而不言性이면 則人不知道之本原而或索之於淺近이요 道由敎而明하니 言道而不言敎면 則人不知道之功用而或索之於高虛릴새 言性於道之先하고 言敎於道之後하야 而下에 卽繼之日道也者는 不可須臾離也라하니 子思子l 立言之旨를 可得而識矣라.

번역이씨가 말하기를 "『대학』은 덕德에 들어가는 글이니 배우는 사람의 일이다. 그러므로 첫머리에 '『대학』의 도(大學之道)'라고 말을 했으나 가르침이 그 가운데에 있고, 『중용』은 도를 밝히는 글이니 가르치는 사람의 일이다. 그러므로 첫머리에 '도를 마름질한 것을 가르침이라고 이른다'고 말한 것이나 배움이 그 가운데에 있는 것이니, 『중용』은 성품(性)과 도道와 가르침(敎)이라는 세 말이 한 권의 강령綱領이 되고, '도道'라는 한 글자가 또한 세 말(性, 道, 敎)의 강령이 되는 것이다.

도는 성품으로 말미암아 나오니, 도를 말하고 성품을 말하지 않으면 사람들이 도의 근원을 몰라 혹 얕고 가까운 데서 찾게 될 것이고, 도는 가르침으로 말미암아 밝아지니, 도를 말하고 가르침을 말하지 않으면 사람들이 도의 공용功用을 몰라 혹 높고 허황된 데에서 찾게 될 것이다. 그래서 성품을 도보다 먼저 말하고 가르침을 도의 뒤에 말해서, 아래(2절)에 곧바로 이어 '도道라는 것은 잠시도 떠날 수 없는 것이라'고 말씀을 하셨으니, 자사께서 말씀하신 뜻을 알 수 있을 것이다."

※ 虛 : 헛될 허 / 須臾(수유) : 잠시, 잠깐, 눈깜짝할 사이(=刹那).

⑦ 新安陳氏l 曰 道字는 上包性字하고 下包敎字하니 推其本原이면 必歸之天命이라.

신안진씨가 말하기를 "'도道'자는 위로는 '성품 성性'자를 포괄하고 아래로는 '가르칠 교(敎)'자를 포괄하니, 그 근본을 미루어보면 반드시 '하늘의 명령'에 귀결된다."

⑧ 朱子此總斷之語는 元本에 云ㅣ 蓋人之所以爲人과 道之所以爲道와 聖人之所以爲敎는 原其所自컨덴 無一不本於天而備於我니 學者ㅣ 知之則其於學에 知所用力하야 而自不能已矣라. 故로 子思ㅣ 於此에 首發明之하시니 讀者ㅣ 所宜深體而黙識也라하니 今以後來本으로 校之면 踈密淺深이 大有間矣나 然이나 無一不本於天而備於我此語는 亦包括要切이며 或問所謂ㅣ 其本이 皆出乎天而實不外乎我는 與此語로 無異하니 是仍存之於或問中矣라.

　주자의 여기 있는 글 전체를 결론지은 말은 〈「원본元本」〉에 이르기를 '일반적으로 사람이 사람이 되는 까닭과 도가 도가 되는 까닭과 성인이 가르침을 하신 까닭은, 그 유래를 따라가 보면, 하나도 하늘에 근본해서 나에게 갖추어진 것이 아닌 것이 없으니, 배우는 사람이 알면 배움에 힘쓸 바를 알게 되어, 스스로 능히 그치지 못할 것이다. 그러므로 자사께서 여기서 첫 번째로 밝히신 것이니, 읽는 이는 마땅히 깊이 체득하고 묵묵히 알아야 할 것이다') 고 했으니, 지금 뒤에 나온 책과 비교해 보면 글의 성글고 조밀함과 뜻의 얕고 깊음이 크게 차이가 난다. 그러나 '하나도 하늘에 근본해서 나에게 갖추어진 것이 아닌 것이 없다'는 이 말은 또한 긴요하고 절실한 것을 포괄한 것이다. 「혹문或問」에 이른바 '그 근본이 모두 하늘에서 나온 것이며, 실상 나에게서 벗어나지 않는다'고 한 말은 이 말과 다름이 없으니, 이는 곧 이 말을 「혹문」속에 남겨 둔 것이다.

※ 黙 : 묵묵할 묵/ 校 : 교정할 교/ 踈 : 성길 소(=疎)/ 間 : 틈 간(=閒)/ 包括(포괄) : 쌀 포, 묶을 괄/ 仍 : 인할 잉/


他本은 多依元本이로되 惟祝氏附錄이 從定本耳라. 蓋嘗論之컨덴 前聖에 如舜은 首言道言敎나 而未言命性하고 至商湯君臣하야 始言天之明命하고 又曰上帝降衷于民하사 若有恒

性하야 克綏厥猷라하야 雖包涵命性道敎之意나 未始別白融貫言之요 至孔子傳易하야 曰各正性命이라하고 一陰一陽之謂道니 繼善成性이라하고 習敎事라하며 敎思無窮이나 然이나 言命自命性自性이며 道敎亦然이요 至子思子하야 始言性本於命하고 道率乎性하고 敎修乎道하니 發前聖未發之蘊하야 以開示後世學者於無窮이라. 朱子ㅣ 於此三言에 旣逐字逐句하야 剖析於先하고 復融貫會通於後하시니 元本은 含蓄未盡이나 至定本하야는 則盡發子思之意하야 無復餘蘊이라 故로 今一遵定本云이라.

다른 책들은 「원본元本」을 많이 따랐으되 오직 『축씨부록祝氏附錄』만이 「정본定本」을 따랐다.

이에 대해 대체적으로 논해보면, 앞의 성인들 중에 순임금 같은 분은 첫 번째로 '도道'를 말씀하시고 '가르침(敎)'을 말씀하셨으나, '명命'과 '성품性'은 말씀하지 않으셨다. 상나라 탕임금의 군신간에 이르러서야 처음으로 하늘의 '밝은 명命'을 말씀하셨고, 또한 '상제上帝께서 인의예지仁義禮智의 이치를 고루 갖추고 있는 중中을 백성들에게 내리시어, 순히 따라 항상한 성품을 두시니, 능히 그 도를 편안히 할 수 있어야'라고 해서, 비록 '성품(性), 명命, 도道, 가르침(敎)'의 뜻을 포함하기는 했으나, 처음부터 명백하게 구별되고 통합(統合) 관철(貫徹)되는 말은 하지 않으셨다.

공자님의 『주역』역전易傳에 이르러서 '각각 성품(性)과 명령(命)을 바르게 받는다(各正性命), 한 번 음하고 한 번 양하는 것을 도道라고 이르니, 잇는 것이 선이고 이루는 것이 성품이다(一陰一陽之謂道 繼善成性), 가르치는 일을 계속한다(習敎事), 가르치는 생각이 끝이 없다(敎思無窮)'고 말씀하셨으나, '명령(命)'은 '명령(命)'내로 말씀하시고 '성품(性)'은 '성품(性)'대로 말씀하셨으며, '도道'와 '가르침(敎)'도 또한 그러하셨다. 자사子思에 이르러서야 비로소 『중용』에 '성품(性)은 명령(命)에 근본하고, 도道는 성품(性)을 따르고,

가르침(敎)은 도道를 마름질한 것이라'고 밝히셨으니, 앞 성인들이 밝히지 않으신 내용을 밝히어 끝없이 후세의 배우는 이들에게 열어서 보여주신 것이다.

 주자께서 이 세 구절의 말에 이미 앞에서 글자마다 구절마다 따라가면서 분석하셨고, 뒤에 다시 통합해서 서로 모이고 통하도록 하셨으니, 「원본」의 글에는 함축된 뜻이 미진한 점이 있었으나, 「정본」 글에 이르게 되면 곧 자사의 뜻이 모두 밝혀져서, 다시는 더 남겨진 뜻이 없다. 그러므로 지금 하나 같이 「정본」을 따른 것이다."

※ 祝氏附錄축씨부록 : 주자의 외손주로, 이름은 수(洙)이다. 『주자어록』에서 사서에 관한 내용을 주자의 『사서집주』에 더해서 『사서부록四書附錄』을 출간했다.
※ 『서경』 상서편 탕고장에 "惟皇上帝ㅣ 降衷于下民하사 若有恒性하니 克綏厥猷사 惟后니라(오직 크신 상제께서 충심을 아랫 백성에게 내리시어 순하여 떳떳한 성품을 두시니, 능히 도에 편안하게 할 사람이라야 임금이니라)."
※ 『주역』 건괘乾卦 단전에 "乾道ㅣ 變化에 各正性命하나니…(건의 도가 변화함에 따라 각기 자기의 성명을 바르게 받으니…)"
※ 『주역』 계사전 상 5장에 "一陰一陽之謂道니 繼之者ㅣ 善也요 成之者ㅣ 性也라(한번 음하고 한번 양하는 것을 도道라고 이르니, 잇는 것이 선이고 이루는 것이 성품이다)"
※ 『주역』 감괘坎卦 대상전에 "水ㅣ 洊至 習坎이니, 君子ㅣ 以하야 常德行하며 習敎事하나니라(물이 거듭 이르는 것이 감괘이니, 군자가 이러한 괘상을 본받아서 덕행을 항상하게 하고, 가르치는 일을 계속하느니라)"
※ 『주역』 임괘(臨卦) 대상전에 "澤上有地ㅣ 臨이니, 君子ㅣ 以하야 敎思ㅣ 無窮하며 容保民이 无疆하나니라(못 위에 땅이 있는 것이 임괘니, 군자가 이러한 괘상을 본받아서 가르치려는 생각이 끝이 없으며, 백성을 포용해서 보호함이 지경이 없느니라)"
※ 融貫(융관) : 융합하고 꿰뚫음/ 習 : 되풀이 해 행할 습/ 窮 : 끝 궁/ 蘊 : 간직할 온/ 逐 : 따를 축/ 剖析(부석) : 쪼개고 나눔/ 含蓄(함축) : 머금어 축적함/ 遵 : 따를 준.

⑨ 栗谷이 曰 理氣는 元不相離니 卽氣而理在其中이로되 此는

承陰陽化生之言이라 故로 曰氣以成形理亦賦焉이요 非謂有氣而後有理也니 不以辭害意可也라.

　율곡이 말씀하기를 "이치와 기운은 원래 서로 떨어질 수 없는 것이니, 기운에는 이치가 그 속에 들어있는 것이다. 그러나 여기서는 음양이 화해서 만물이 생겨나는 측면을 이어 말한 것이기 때문에 '기운으로써 형체를 이루고 이치가 또한 부여됐다'고 한 것이고, 기운이 있은 뒤에 이치가 있다는 말이 아니니 말로써 뜻을 해쳐서는 안된다."

⑩ 壺山이 曰 按非惟次節에 摘出道字再言而已라 下節에 又特言達道하고 至二十章하야 又提修道二字하니 蓋此三者之中에 其下手用力處ㅣ 在乎修道故로 爲之歸其重이니 此ㅣ 子思喫緊爲人之意라.

　호산이 말씀하기를 살펴보건대 다음절(2절)에서 '도道'자를 끄집어내어서 두 번 말했을 뿐 아니라, 아래 절(4절)에서 또한 특별히 '천하에 통하는 도(達道)'라고 말하고, 20장에 이르러서 또 '도를 닦는다(修道)'는 두 글자를 제기했으니, 아마도 이 세 가지 중에서 손을 대고 힘을 써야 할 곳이 도를 닦음(修道)에 있기 때문에 그 중점을 돌린 것일 것이다. 이것은 자사子思께서 매우 긴요하게 사람을 위하신 뜻이다.

備旨 子思子ㅣ 憂道學之失傳이라. 故로 述所傳之意하사 以立言曰天下之人이 莫不知己之有性하며 事之有道하며 聖人之有敎矣나 亦知性道敎所由名乎아? 自天以陰陽五行之理로 錫予於人하야 而人이 得之爲健順五常之德하니 是之謂性이요 自人이 各率其性之自然하야 以爲日用當行之路하니 是之謂道요 自聖人이 因人所當行之道而品節之하야 使過者

俯而就하고 不及者仰而企하니 是之謂敎라. 夫天命謂性이면 則外鑠者는 非性矣요 率性謂道면 則强爲者는 非道矣요 修道謂敎면 則過不及乎道者는 非敎矣라.

 자사께서 도학道學의 전함을 잃을까 염려하셨기 때문에, 전수해야 할 뜻을 기술하시어 후세에 훈계하시기를 "천하의 사람들이 자기에게는 성품이 있고, 일에는 도가 있으며, 성인에게는 가르침이 있다는 것을 모르는 사람이 없으나, 또한 '성품'과 '도'와 '가르침'이 어디에서부터 이름(名)이 있게 됐는지를 알고 있는가?

 하늘이 음양오행의 이치로 사람에게 주어서, 사람이 얻어 굳세고 순한 오상五常의 덕으로 삼았으니 이것을 '성품'이라고 이르고, 사람이 각각 자기의 성품의 자연스러운 것을 따라서 일상생활의 마땅히 행해야 하는 길로 삼았으니 이것을 '도'라고 이르며, 성인이 사람이 마땅히 행해야 하는 도를 따라 등급을 매기고 절차를 만들어서, 지나친 사람은 구부려 나아가게 하고 미치지 못한 사람은 우러러 바라보게 했으니 이것을 '가르침'이라고 이른다.

 하늘이 명령한 것을 성품이라고 이른다면 겉만 아름다운 것은 성품이 아니며, 성품을 따르는 것이 도라 이른다면 억지로 하는 것은 도가 아니며, 도를 마름질 한 것을 가르침이라 이른다면 도에 지나치거나 미치지 못하는 것은 가르침이 아닌 것이다.

※ 錫 : 줄 석/ 予 : 줄 여(=與)/ 俯 : 구부릴 부/ 仰 : 우러를 앙/ 鑠 : 아름다울 삭, 빛날 삭.

**備旨補註 天命章旨**  此章은 子思ㅣ 述夫子所傳之意以立言이니 首節은 著斯道之本原이요 下는 是詳體道之功效라. 細分之면 首節은 言性道敎니 是는 原道之所以爲道요 中二節은 言存養省察이니 是는 體道之功이요 末二節은 是推道所以當體之故하야 而及其效也니 通章이 以道字로 爲主라. 言道必言性而道始有原하고 言道必言敎而道始可法이니 此性

道敎所由並提也라.

　천명(天命)장의 뜻 : 이 장은 자사께서 공자님의 전하신 뜻을 전술하여 말씀하신 것이니, 첫 번째 절은 이 도의 근본 원천을 나타낸 것이고, 나머지는 도를 몸소 실천하는 공부와 효험을 자세히 말씀한 것이다.

　자세하게 나누어 살펴보면, 첫 번째 절은 성품(性)과 도道와 가르침(敎)을 말한 것이니, 이는 도가 도 되는 근본 까닭을 말한 것이다. 가운데의 두 절(2, 3절)은 마음과 성품을 보존하여 기르고 자기를 반성하고 살피는 법을 말한 것이니, 이는 도를 몸소 실천하는 공부이다. 끝의 두 절(4, 5절)은 도를 마땅히 몸소 실천해야 하는 이유를 미루어 말하여 그 효험에까지 미친 것이니, 1장 전체가 '도道'라는 글자로 주를 삼은 것이다. 도를 말함에 반드시 성품을 말하여 도가 비로소 근원이 있게 되었고, 도를 말함에 반드시 가르침을 말하여 도가 비로소 법받을 수 있게 되었으니, 이것이 '성품(性)'과 '도道'와 '가르침(敎)'을 함께 제기한 까닭이다.

❉ 著 : 나타낼 저/ 斯 : 이 사/ 提 : 제기할 제.

　|備旨補註 天命節旨| 三句는 是釋性道敎之名義하야 欲人知其出於天而切於人也니 重道字上이라. 性者는 道之所自出이요 敎者는 道之所由成이라 故로 下文에 只說道라. 命은 如誥勅有責成意요 性은 就人身上하야 指出不離乎氣亦不雜乎氣者라. 故로 註에 以理言이요 性中이 渾渾穆穆하야 率而由之면 條分脈絡이 有如路然하니 註에 循其性之自然을 謂道니 最妙라.

　천명절(天命節 : 1절)의 뜻 : 세 구절은 '성품(性), 도道, 가르침(敎)'의 이름과 뜻을 풀이하여, 사람들에게 그것이 하늘에서 나온 것이고 사람에게는 절실한 것임을 알게끔 하려는 것이니, 중점이 '도道'자에 있다. '성품(性)'은 '도道'가 근본해서 나온 곳이고, '가르침'

은 도가 말미암아 이루어지는 곳이다. 그러므로 아랫 글에는 단지 도만을 말했다. 명령(命)은 꾸짖고 경계하여 성공을 책망하는 뜻이 있는 것이며, 성품이라는 것은 사람의 몸 가운데 기운(氣)에서 떠나지 않고 또한 기에 섞이지도 않은 것을 가리키는 것이므로 장구에서 '이치(理)'라고 말한 것이다. 성품 속이 물이 어울려 흐르듯이 아름답고 온화하게 흘러서 따라가게 되면, 맥과 경락이 나누어지는 것이 도로道路와 같은 점이 있기 때문에 장구에서 '성품의 자연스러움을 따르는 것을 도라고 이른다'고 말한 것이니, 가장 오묘하게 표현한 것이다.

※ 重 : 중요할 중/ 渾 : 물흐를 혼/ 穆 : 화목할 목/ 條 : 가지 조.

率性謂道는 是理之同이요 修道謂敎는 是氣之異니 註에 聖人은 兼作君作師라하니 禮樂은 是化民之敎요 刑政은 是防民之敎라. 三句는 皆兼人物言이나 而以人爲主라.

　'성품을 따르는 것을 도라고 이른다' 함은 바로 이치가 같음이고 '도를 닦는 것을 가르침이라 이른다' 함은 바로 기운(氣)이 다름이다. 장구에 '성인은 임금도 되고 스승도 되는 것'이라하니, 예禮와 음악(樂)은 바로 백성을 교화시키는 가르침이고, 형벌(刑)과 정사(政)는 백성의 가르침을 담보하는 것이다. 경문의 세 구절은 모두가 사람과 사물을 겸해서 말한 것이나, 사람으로 주를 삼은 것이다.'

**2** 道也者는 不可須臾離也니 可離면 非道也라.
　　도야자　　불가수유리야　　 가리　　비도야

是故로 君子는 戒愼乎其所不睹하며
시고　　군자　　계신호기소부도

恐懼乎其所不聞이니라. (離去聲)
공구호기소불문

도道라는 것은 잠시도 떠날 수 없는 것이니, 떠날 수 있으면 도道가 아니다. 이렇기 때문에 군자는 그 보지 못한 바에도 경계하고 삼가며, 그 듣지 못한 바에도 두려워하고 무서워하느니라.

- ◆ 離去聲 : '리離'자는 거성이다('떠난다'는 뜻이다).
- ※ 須臾(수유) : 잠시 동안/ 戒愼(계신) : 경계하여 삼감/ 조심함/ 睹 : 볼 도/ 恐懼(공구) : 몹시 두려워 함.

○ 道者는 日用事物當行之理니 皆性之德이요 而具於心하야 (上句는 言道之用하고 下句는 言道之體라) 無物不有하고 (言道之大니 橫說이라) 無時不然하니 (言道之久니 直說이라) 無時不然하니 所以不可須臾離也라. 若其可離면 則豈率性之謂哉리오?

도라는 것은 일상생활의 사물에서 마땅히 행해야 하는 이치이니, 모두가 성품의 덕이고 마음에 갖추어져서, 사물마다 있지 않은 것이 없고 때마다 그렇지 않은 때가 없으니, 잠시도 떠날 수 없는 것이다. 만약 그것이 떠날 수 있다면, 어찌 성품을 따른다고 말하겠는가?

- ◆ 上句는 言道之用하고 下句는 言道之體라 : 위에 있는 구절은 도道의 작용을 말한 것이고, 아래의 구절은 도道의 본체를 말한 것이다.
- ◆ 言道之大니 橫說이라 : 도道의 큼을 말한 것이니, 공간적(횡적)으로 말한 것이다.
- ◆ 言道之久니 直說이라 : 도道의 항구함을 말한 것이니, 시간적(수직적)으로 말한 것이다.

① 新安陳氏ㅣ 曰 元本에 作則爲外物而非道矣兩句하니 宜兼存之라. 云若其可離則爲外物而非道矣니 豈率性之謂哉리오니 如此면 尤爲明備라.

　신안진씨가 말하기를 "「원본元本」에는 '곧 바깥 사물이 되어 도道가 아니다(則爲外物而非道矣)'는 두 구절이 더 있으니, 마땅히 두 구절을 다 보존시켜야 할 것이다. '만약 그것이 떠날 수 있다면 곧 바깥에 있는 사물이 되고 도가 아니니, 어찌 성품을 따른다고 말할 수 있느냐?'라고 말함과 같은 것이니, 이와 같이 하면 더욱 뜻이 명백하고 갖추어지게 될 것이다."

② 壺山이 曰 此可字는 主人而言이라.

　호산이 말씀하기를 '所以不可須臾離也'의 '가(可)'자는 사람을 위주로 말한 것이다.

③ 壺山이 曰 此可字는 主道而言이니 尤當深味之라. 蓋跖蹻雖惡이나 其性善之理則常不離其身하니 雖欲頃刻離之라도 而不可得矣라.

　호산이 말씀하기를 '若其可離則豈率性之謂哉'의 '가(可)'자는 도道를 위주로 말한 것이니, 더욱 마땅히 깊게 음미해야 할 것이다. 도척盜跖과 장교莊蹻가 비록 악하나 그 성품의 착한 이치는 항상 그 몸을 떠나지 않으니, 비록 잠시 동안을 떠나려한다 하더라도 할 수가 없는 것이다.

**是以**로 **君子之心**이 **常存敬畏**하야(敬은 謂戒愼이요 畏는 謂恐懼라) **雖不見聞**이라도 **亦不敢忽**이니 **所以存天理之本然**하야

　이 때문에 군자의 마음이 항상 경건하고 두려움을 보존해서, 비록

보고 듣지 못하는 데라도 또한 감히 소홀히 하지 못하는 것이니, 이렇게 함으로써 하늘 이치의 본연한 것을 보존시켜서,

- ◆ 敬은 謂戒愼이요 畏는 謂恐懼라 : '경건하다(敬)'함은 '경계하고 삼감'을 이르고, '두려움(畏)'은 '두려워하고 무서워함(恐懼)'을 이른다.
- ※ 敬 : 경건할 경/ 畏 : 두려울 외/ 忽 : 소홀히 할 홀.

① 北溪陳氏ㅣ 曰 未感物時엔 渾是天理라.
　북계진씨가 말하기를 "사물에 느끼지 않았을 때는, 혼연(渾然)해서 모든 것이 분화되지 않고 섞여 있는 하늘의 이치일 뿐이다.

## 而不使離於須臾之頃也시니라.

잠시 사이라도 떠나지 않게 하는 것이다.

① 朱子ㅣ 曰 此道는 無時無之나 然이나 體之則合하고 背之則離也니 一有離之則當此之時하얀 失此之道矣라. 故로 曰不可須臾離니 君子所以戒愼不睹하고 恐懼不聞은 則不敢以須臾離也라.
　주자께서 말씀하시기를 "이 도는 없는 때가 없다. 그러나 몸소 실행하면 합치되고 등지면 떠나게 되니, 한 번이라도 떠남이 있으면 그 때는 이 도를 잃게 된다. 그러므로 '잠시라도 떠날 수 없는 것이라'고 말한 것이니, 군자가 보지 못하는 데에도 경계하고 삼가며, 듣지 못하는 데에도 두려워하고 무서워하는 까닭은 감히 도를 잠시 사이도 떠나지 못하기 때문이다."

② 可離與不可離와 道與非道를 各相對待而言하니 離了仁이면 便不仁이요 離了義면 便不義며 公私善利도 皆然이니라.

떠날 수 있고 떠날 수 없음과 도道와 도가 아닌 것을 각각 서로 대대對待하여 말했으니, 인仁을 떠나면 곧 인이 아니고, 의義를 떠나면 곧 의가 아닌 것이며, 공公과 사私, 착함(善)과 이로움(利)도 모두 그러한 것이다.


③ 戒愼恐懼는 不須說得太重이요 此는 只是略略收拾來하야 便在這裏라. 伊川이 所謂道箇敬字也니 不大段用得力이요 孟子ㅣ 曰 操則存에 操字도 亦不是著力把持라. 所不睹不聞은 不是閉耳合眼時요 只是萬事皆未萌芽로되 自家便先恁地戒愼恐懼라. 不睹不聞之時는 便是喜怒哀樂未發處로되 常要提起此心在這裏하야 防於未然이니 所謂不見是圖也라.

'경계하고 삼가며 두려워하고 무서워함'은 너무 무겁게 말할 필요는 없는 것이고, 이는 단지 대략 대략 마음을 수습해서 이 가운데에 있게 하는 것이다. 이천伊川선생이 이르신 바 '하나의 공경 경敬자를 이른 것이다' 함이니, 대단히 힘을 써서 하는 것이 아닌 것이고, 맹자께서 공자님의 말씀을 인용하신 '잡으면 보존된다' 함의 '잡는다는 조(操)'자도 또한 힘을 들여서 잡음이 아니다.

'보지 못하고 듣지 못하는 바'라는 것은 귀를 막고 눈을 감는 때가 아니고, 단지 만 가지 일이 모두 싹트지 않았을 때일 뿐이지만, 자기는 바로 이러한 데서 먼저 경계하고 삼가며 두려워하고 무서워함일 뿐이다. 보지 못하고 듣지 못하는 때는 곧 기쁘고 성내고 슬프고 즐거움이 일어나지 않은 상태이지만, 항상 이 마음을 들어 올려 이 속(삼가고 두려워함)에 있도록 해서 미연에 방지를 하려 함이니, 이른바 '보지 않은 데서 도모한다'고 하는 것이다.

※ 『맹자』고자장 상에 맹자께서 공자님의 말씀을 인용하여 "孔子ㅣ 曰 操則存하고 舍則亡하며 出入無時하며 莫知其鄕은 惟心之謂與인져 하시니라(공자께서 말씀하시기를 '잡으면 보존되고 놓으면 잃어서, 나가고 들어옴에 정한 때가 없으며, 그 향하는 바를 알 수 없는 것은 오직 사람의 마음을 두고 한 말이다'고 하셨다.)"

※ 須 : 필요로 할 수/ 收拾(수습) : 거두어 챙김/ 操 : 잡을 조/ 把 : 잡을 파/ 持 : 가질 지/ 眼 : 눈 안/ 萌芽(맹아) : 싹이 틈/ 圖 : 도모할 도.

④ 戒愼恐懼는 是未發이나 然이나 只做未發也不得일새 便是所以養其未發이니 只是聳然提起在這裏라. 這箇未發底便常在면 何曾發이리오? 或이 問恐懼는 是已思否아? 曰思又別이니라. 思는 是思索了요 戒愼恐懼는 正是防閑其未發이니라. 曰卽是持敬否아? 曰亦是라.

　'경계하고 삼가며 두려워하고 무서워함'은 이는 마음이 일어나지 않았을 때지만, 단지 일어나지 않았다고만 할 수 없다. 그래서 바로 그 일어나지 않은 곳을 기르는 것이니, 단지 삼가고 두려워하는 마음을 용연聳然히 들어 올려 이 속에 있게 함일 뿐이다. 이 일어나지 않은 상태가 항상 그대로만 있다면 어떻게 삿된 생각이 일어나겠는가?

　어떤 사람이 묻기를 '두려워하고 무서워함'은 이미 생각하는 것이 아닙니까?' 대답하시기를 "생각하는 것과는 또 다르다. 생각은 곧 생각하여 찾는 것이고, 경계하고 삼가며 두려워하고 무서워함은 바로 생각이 일어나지 않았을 때에 예방하는 것이다." 묻기를 "이것이 곧 '경건하게 마음을 가진다(持敬)'는 것이 아닙니까?" 대답하시기를 "그렇다."

※ 做 : 지을 주/ 聳然(용연) : 삼가고 두려워하는 모양/ 索 : 찾을 색.

⑤ 北溪陳氏ㅣ 曰 道는 是日用事物所當行之路니 卽率性之謂요 而得於天之所命者며 而其總會於吾心이니 大而父子君臣夫婦長幼朋友와 微而起居飮食에 蓋無物不有하며 自古及今으로 流行天地之間이 蓋無時不然이라. 戒謹恐懼는 只是主敬이며 是提撕警覺이니 使常惺惺이면 則天命之本體ㅣ 常存在此요 若不戒懼면 則易至於離道遠也리라.

북계진씨가 말하기를 "도는 곧 일상에 쓰는 가운데에서 사물이 마땅히 가야하는 길이니, 곧 '성품을 따름'을 말하고, 하늘이 명령한 것에서 얻은 것이며, 그것이 모두 내 마음에 모인 것이다. 그러므로 크게는 어버이와 자식·임금과 신하·남편과 아내·어른과 아이·벗과 벗 사이와 작게는 기거하고 음식을 먹을 때에도 사물마다 마땅히 가야 할 길이 없는 것이 없고, 예로부터 지금까지 하늘과 땅 사이에 유행하는 것이 일반적으로 그렇지 않은 때가 없다.

  '경계하고 삼가며 두려워하고 무서워함'은 단지 경건함을 주로 함일 뿐이며, 바로 마음을 진작시키고 경계하고 각성시킴이니, 항상 마음이 맑게 깨어 있게 한다면 하늘이 명령한 본체가 항상 여기에 있을 것이고, 만약 경계하고 두려워하지 않는다면 곧 도道를 떠나 멀리 가기가 쉬울 것이다."

※ 提撕(제시) : 떨쳐 일으킴, 진작함, 후진을 가르침/ 幼 : 어릴 유/ 微 : 작을 미/ 警 : 경계할 경/ 惺 : 깰 성.


⑥ 潛室陳氏ㅣ 曰 道는 只是當行底理니 天下事事物物과 與自家一身의 凡日用常行이 那件不各有當行底道理며 那曾一歇走離得이리오? 纔離得이면 便物非物 事非事며 吾身日用常行者ㅣ 皆非是矣라. 故로 道는 卽路之謂也요 之燕之越이 無非是路니 纔無路면 便是荊棘草莽이라. 聖人之道는 只是眼前當然底니 一時走離不得이니라.

  잠실진씨가 말하기를 "도는 단지 마땅히 행해야 할 이치일 뿐이니, 천하의 모든 사물과 자기 한 몸의 날마다 쓰는 평상시 모든 행동에 어느 것이 각각 마땅히 행해야 할 도리가 있지 않을 것이며, 어느 때가 한번이라도 도를 벗어나 쉬거나 잠시라도 떠날 수 있겠는가? 겨우 떠나게 되는 순간 바로 사물은 사물이 아니고 일은 일이 아니며, 내 몸의 날마다 쓰는 평상시의 행동도 모두가 옳은 것이 아닐 것이다.

　그러므로 도라는 것은 곧 길(路)을 말한 것이오, 연나라로 가고 월나라로 가는 것이 이 길이 아닌 것이 없는 것이니, 길이 없어지게 되는 순간 바로 가시덤풀과 수풀 속일 것이다. 성인의 도는 단지 눈앞의 당연한 일들일 뿐이니, 한 때도 달아나거나 떠날 수 없는 것이다."

※ 歇 : 쉴 헐/ 纔 : 겨우 재/ 燕 : 연나라 연/ 越 : 월나라 월/ 荊棘(형극) : 가시 덤풀/ 草莽(초망) : 수풀.

⑦ 問當不睹不聞而戒懼는 愚謂如鑑之照物하야 當不照時하야도 光自常存하야 不可欺以妍醜니 上蔡惺惺法者ㅣ 豈謂此乎리오? 曰若如此說이면 則是他自常存이니 何用戒愼恐懼리오? 道理는 固自常在로되 但人이 須用提撕照管이니 不可謂目無睹耳無聞하야 一齊都放下오 須當此時하얀 常自惺惺地也니라.

　묻기를 "어리석은 소견으로는 '보지 못하고 듣지 못하는 데를 당해서 경계하고 두려워함'은 거울이 사물을 비추는 것과 같아서, 비추지 않았을 때에도 빛이 스스로 항상 존재하여 예쁘고 추한 것을 속일 수 없음과 같음이니, 상채사씨上蔡謝氏의 영리하게 깨어 있으라는 방법(惺惺法)이 어찌 이것을 말함이겠습니까?'"

　대답하기를 "만약 이와 같이 말한다면 곧 밝은 거울이 스스로 항상 있음이니, 경계하고 삼가며 두려워하고 무서워함을 쓸 이유가 무엇이 있겠는가? 도리道理는 본래 스스로 항상 있는 것이지만, 단지 사람이 반드시 마음을 진작시키고 보살피고 관리해야 하는 것이니, 눈으로 보지도 말고 귀로 듣지도 말아서 일제히 내려놓으라고 말할 수는 없는 것이고, 반드시 이 때를 당해서는 항상 스스로 영리하게 깨어 있어야 할 것이다."

※ 상채사씨 : 사량좌謝良佐(1050~1103)를 말함. 북송의 정주학자程朱學者. 자는

현도顯道이고, 상채는 호이다. 유작 양시 여대림과 더불어 정자문하의 4대제자로 불리운다. 저서에 『논어설論語說, 상채어록上蔡語錄』이 있다.

⑧ 問大學엔 不要先有恐懼어늘 中庸엔 却要恐懼는 何也잇고? 西山眞氏ㅣ曰 大學之恐懼는 與中庸之恐懼로 不同하니 中庸에 戒愼乎其所不睹하며 恐懼乎其所不聞은 只是事物未形之時에 常常持敬하야 令人不昏昧而已요 大學之恐懼는 只是俗語所謂怖畏之意니 自與中庸으로 有異니라.

묻기를 "『대학』에는 두려워하고 무서워함을 먼저 두지 말 것을 요구했는데, 『중용』에서는 두려워하고 무서워하라고 한 것은 어째서입니까?" 서산진씨가 말하기를 "『대학』의 두려워하고 무서워함은 『중용』의 두려워하고 무서워함과 같지 않다. 『중용』의 '그 보지 못하는 바에도 경계하고 삼가며 그 듣지 못하는 바에도 두려워하고 무서워함'은 단지 사물이 형성되지 않았을 때에 항상 경건함을 유지하여 사람이 흐리고 어둡지 않도록 할 뿐이고, 『대학』의 두려워하고 무서워함은 단지 세속말에 이른바 공포의 뜻이니, 자체가 『중용』과는 다름이 있는 것이다.

⑨ 雙峯饒氏ㅣ曰 君子는 常存敬畏하야 雖當事物旣往하고 思慮未萌하야 目無所睹하고 耳無所聞이라도 暫焉之頃을 亦不敢忽이니 事物旣往은 是指前面底說이요 思慮未萌은 是指後面底說이며 不睹不聞은 正在此二者之間이라. 看上文컨덴 道不可須臾離는 則是自所睹所聞으로 以至於所不睹不聞히 皆當戒懼나 而此不睹不聞은 在事物旣往之後요 看下文컨덴 喜怒哀樂未發은 則此不睹不聞이나 又在思慮未萌之前이라. 故로 須看此二句라야 方說得上下文意貫串이요 緊要在須臾之頃四字니 於此에 見得子思ㅣ所以發須臾兩字之意라.

쌍봉요씨가 말하기를 "군자는 항상 경건하고 두려움을 두어서,

비록 사물이 이미 지나가고 생각이 싹트지 않아서, 눈에는 보이는 것이 없고 귀에는 들리는 것이 없는 때를 당했다 하더라도, 잠시 동안을 또한 감히 소홀히 하지 못하는 것이니, '사물이 이미 지나갔다' 함은 곧 과거를 가리켜 말한 것이고, '생각이 싹트지 않았다' 함은 곧 미래를 가리켜서 말한 것이며, '보지 못하고 듣지 못한다' 함은 바로 이 둘의 사이에 있는 것이다.

윗 글을 보면 '도를 잠시도 떠날 수 없다' 함은 곧 보고 들음으로부터 보지 못하고 듣지 못하는 데에 이르기까지 모두를 마땅히 경계하고 두려워해야 함이나, 여기에 보지 못하고 듣지 못함은 사물이 이미 지나간 뒤에 해당되며, 아랫 글을 살펴보면 '기쁘고 성내고 슬프고 즐거움이 일어나지 않았다 함'은 곧 여기의 보지 못하고 듣지 못함이나, 또한 생각이 싹트지 않은 그 이전을 말한 것이다.

그러므로 반드시 이 두 구절(不睹不聞, 喜怒哀樂之未發)을 봐야만 위아래의 글 뜻이 서로 관철되었다는 것을 말할 수 있고, 긴요한 것이 장구의 '잠시사이(須臾之頃)'라는 네 글자에 있는 것이니, 여기서 자사께서 '잠시(須臾)'라는 두 글자의 뜻을 밝히신 까닭을 알 수 있다."

※ 萌 : 싹틀 맹/ 暫 : 잠시 잠/ 頃 : 잠깐 경/ 貫 : 꿸 관/ 串 : 꿸 천(≒穿).

備旨 道旣原於天而率於性이면 則是道也者는 散見於日用事物하고 而具於方寸之間하야 無物不有하고 無時不然이니 不可少有須臾離也라. 若其可離면 則是ㅣ 身外之物이요 而非道矣라. 是故로 由敎入道之君子는 知道之不可離하야 而戒愼之心을 常存乎其所不睹之時니 則有睹者를 可知矣요 恐懼之心을 常存乎其所不聞之時니 則有聞者를 可知矣라. 此는 平時存養之功也라.

도道가 이미 하늘에 근원을 두고 성품을 따른다면, 이 도라는 것은 날마다 쓰는 사물에 흩어져서 나타나고 마음 속에 갖추어 있어서, 사물마다 없는 것이 없고 때마다 그렇지 않은 것이 없을 것이니, 잠시 동안이라도 떠남이 있어서는 안되는 것이다. 만약 그것이 떠날 수 있다면 이는 곧 몸 밖의 사물이고 도가 아니다. 따라서 가르침을 따라 도에 들어가는 군자는 도가 떠날 수 없다는 것을 알아서, 보지 못하는 때에도 경계하고 삼가는 마음을 항상 가지고 있는 것이니, 볼 수 있는 것들에 대해서는 어떻게 하리라는 것을 알 수 있을 것이고, 또 무서워하고 두려워하는 마음을 듣지 못하는 때에도 항상 가지고 있는 것이니, 들을 수 있는 것들은 어떻게 하리라는 것을 알 수 있을 것이다. 이것은 평상시에 마음을 보존하고 기르는 공부이다.

※ 方寸(방촌) : 마음(사방 1촌의 작은 공간이라는 뜻인데, 마음은 바로 방촌밖에 안되는 가슴속에 있으므로 마음이라는 뜻으로도 쓰인다).

**備旨補註 道也節旨** 道也者三句는 是決言道不可離於須臾니 總冒下二段이요 戒愼二句는 是君子盡存養之功하야 以不離道於靜也라. 不睹聞에 貼靜은 乃己所不睹不聞이니 此際에 一念不生이라. 故로 須戒懼며 註에 存天理之本然句를 須味라. 蓋睹聞時戒懼는 自不待言이어니와 至雖不睹聞之須臾하야도 早已無不戒懼니 是는 無時無處而不存養也라 視는 自內出이라. 故로 曰戒愼이요 聽은 是外來라 故로 曰恐懼라.

도야(道也)절의 뜻 : '도야자(道也者)'의 세 구절은 바로 도를 잠시도 떠날 수 없음을 결정적으로 말한 것이니, 아래에 있는 두 단락을 총괄한 말이다.

'경계하고 삼간다'는 두 구절은 바로 군자가 마음을 보존하고 기르는 공부를 다해서 고요히 있을 때에 도를 떠나지 않는 것이다. 보지도 못하고 듣지도 못하는 때에 '고요하다(靜)'고 함을 붙인 것은 곧 자기가 듣지 못한 바니, 이때는 한 생각도 나지 않기 때문에 경계하고 두려워해야 하는 것이며, 장구章句에 '하늘 이치의 본연한 것을 보존한다'는 구절을 반드시 음미해야 할 것이다. 일반적으로 보고 들을 때에 경계하고 두려워함은 본래 말할 것도 없는 것이지만, 비록 보고 듣지 못하는 잠깐동안이라 하더라도 일찍부터 이미 경계하고 두려워하지 않음이 없음이니, 이는 어느 때 어느 곳 할 것 없이 하늘의 이치를 보존하고 기르지 않음이 없는 것이다.

보는 것은 안으로부터 나오기 때문에 '경계하고 삼간다(戒愼)'고 말했고, 듣는 것은 바깥으로부터 오는 것이기 때문에 '무서워하고 두려워한다(恐懼)'고 말한 것이다.

※ 貼 : 붙을 첩/ 須 : 마땅히 수/

> 3 莫見乎隱이며 莫顯乎微니
> 　막현호은　　　막현호미
>
> 故로 君子는 愼其獨也니라.(見의 音은 現이라)
> 고　군자　　신기독야
>
> 어두운 곳보다 잘 드러나는 것은 없으며, 작은 일보다 잘 나타나는 것은 없다. 그러므로 군자는 반드시 그 혼자인 데를 삼가느니라.
>
> ◆ 見의 音은 現이라 : '見'자의 음은 '현'이라고 읽는다.
> ※ 莫 : 없을 막/ 見 : 드러날 현/ 乎 : ~보다 호/ 顯 : 나타날 현.

● 隱은 暗處也요 微는 細事也요 獨者는 人所不知而己所獨知之地也라.

'은隱'자의 뜻은 어두운 곳이고, '미微'는 작은 일이며, '독獨'은 남들은 모르지만 자기 혼자만이 아는 곳이다.

※ 幽暗(유암) : 깊숙하고 어두침침함.

① 問謹獨은 莫只是十目所視十手所指處也니 與那暗室不欺時로 一般否니잇가? 朱子ㅣ 曰 這獨也는 不只是獨自時요 如與衆人對坐하야 自心中發念이 或正或不正이면 此亦是獨處니 如一片止水ㅣ 中間에 有一點動處라. 此最緊要著工夫處니라.

묻기를 "'혼자인 데를 삼감(謹獨)'은 단지 열 눈이 보고 열 손가락이 가리키는 곳 뿐만이 아니니, 저 '어두운 집에서도 마음을 속이지 않는 때'라 함과 한 가지가 아닙니까?"

주자께서 말씀하시기를 "이 '혼자인데(獨)'라는 것은 단지 혼자 있을 때만이 아니고, 만일 여러 사람들과 함께 마주보고 앉아서 자기 마음속에 일어나는 생각이 혹 바르기도 하고 혹 바르지 못하기도 하다면, 이것이 또한 혼자인 곳이니, 마치 한 조각의 그쳐 있는 물 가운데에 한 점의 움직이는 곳이 있음과 같은 것이다. 이것이 가장 긴요하게 공부를 해야 할 곳이다."

※ 十目所視十手所指: 『대학』 전 6장 3절 "曾子ㅣ曰 十目所視며 十手所指니 其嚴乎인져(증자께서 말씀하시기를 '열 사람의 눈이 보는 바며, 열 사람의 손가락이 가리키는 바니, 그 엄한 것인져')."
※ 謹: 삼갈 근/ 指: 가리킬, 손가락 지/ 暗: 어두울 암/ 欺: 속일 기/ 著: 붙일 착.

言幽暗之中 細微之事는 跡雖未形이나 而幾(平聲)則已動하고 人雖不知나 而己獨知之니 則是天下之事ㅣ 無有著見明顯而過於此者라.

깊숙하고 어두운 속과 미세한 일은 자취는 비록 형성되지 않았지만 기틀은 이미 움직였고, 남들은 비록 알지 못하지만 나는 홀로 아니, 이는 곧 천하의 일 중에서 드러나 보이고 밝게 나타남이 이보다 더한 것이 없다 함을 말한 것이다.

① 朱子ㅣ 曰 事之是與非를 衆人이 皆未見得이로되 自家는 自是先見得分明이라.
　주자께서 말씀하시기를 "일의 옳고 그름을 뭇 사람들이 모두 알지 못하지만, 자기는 스스로 먼저 분명하게 아는 것이다."

② 三山陳氏ㅣ 曰 曰隱曰微는 則此念已萌矣로되 特人所未知니 隱而未見하고 微而未顯耳라. 然이나 人雖未知라도 而我已知之니 則固已甚見而甚顯矣라. 此正善惡之幾也니라.
　삼산진씨가 말하기를 "'어둡다, 미세하다'고 말함은 곧 이 생각은 이미 싹텄으되 단지 남들만 알지 못함이니, 어두워서 드러나지

않고 미세해서 나타나지 않은 것일 뿐이다. 그러나 남들이 비록 알지 못한다 하더라도 내가 이미 알고 있는 것이니, 본래부터 이미 매우 드러나고 매우 나타난 것이다. 이것이 바로 착하고 악함의 기틀인 것이다."

③ 三山潘氏ㅣ 曰 幽暗之中細微之事라도 其是非善惡은 皆不能逃乎此心之靈이라. 所以當此之時하야 尤爲昭灼顯著也요 若其發之旣遠하고 爲之旣力이면 則在他人十目所視十手所指니 雖甚昭灼이로되 而在我者ㅣ 心意方注於事爲하고 精神이 方運於酬酢하야 其是非得失을 反有不自覺者矣리라.

　삼산반씨가 말하기를 "깊숙하고 어두운 속과 미세한 일이라 하더라도, 그 옳고 그름과 착하고 악함은 모두 능히 내 마음의 영험함에서 벗어날 수 없는 것이다. 그러므로 이 때를 당해서 더욱 밝게 빛나 드러나고 나타나게 되는 것이다.

　만약 그 일이 일어난지가 이미 오래 되고, 이미 힘들여 실행을 했다면 곧 다른 사람들이 열 눈으로 보고 열 손으로 가리킴 속에 있을 것이니, 비록 매우 밝게 비춰지는 것이겠지만, 자신의 마음과 뜻을 그 일을 하는 데에 몰두하고 정신은 그것을 주고받는 데에 운용되어 있어서, 도리어 그 옳고 그름과 얻고 잃음을 스스로 깨닫지 못함이 있게 될 것이다."

※ 幽 : 그윽할 유/ 逃 : 달아날 조/ 昭 : 밝을 소/ 灼 : 밝을 작/ 甚 : 심할 심/ 酬酢 (수작) : 주고 받음.

④ 雙峯饒氏ㅣ 曰 此는 又對上文而言이라. 隱暗之地는 雖人之所不睹며 微密之事는 雖人之所不聞이나 然이나 其幾旣動하니 則必將呈露於外而不可掩이요 昭晳於中而不可欺니 是는 道固不可須臾離요 而其形見明顯이 尤莫有甚於此者라.

　쌍봉요씨가 말하기를 "이것은 또한 윗 글에 대해 말한 것이다.

깊숙하고 어두운 곳은 비록 남들이 보지 못하는 곳이고, 미세하고 은밀한 일은 비록 남들이 듣지 못하는 것이다. 그러나 그 기틀은 이미 움직였으니, 반드시 밖으로 드러나서 가릴 수가 없게 되고, 속에서 밝게 빛나서 속일 수가 없을 것이다. 이는 '도道'가 본래 잠시도 떠날 수 없음이고, 그 형체가 드러나 밝게 나타남이 이보다 더 심함이 없는 것이다."

※ 睹: 볼 도/ 將: 장차 장/ 呈: 나타날 정/ 露: 드러날 로/ 掩: 가릴 엄/ 晳: 밝을 석(=晰).

⑤ 子思ㅣ 云道也者하야 提起道字하니 見得下面莫見乎隱莫顯乎微의 見與顯이 皆是此道라.

자사께서 '도라는 것은(道也者)'이라고 말씀하시어 '도道'자를 이끌어내셨으니, 아랫 면에 '어두운 곳보다 드러나는 것은 없고, 미세한 것보다 나타나는 것은 없다' 함의 '드러남, 나타남'이 모두 이 도道의 드러나고 나타남임을 알 수 있다.

是以로 君子ㅣ 旣常戒懼(指上文一節이라)而於此에 尤加謹焉(指此一節이라)이니 所以遏人欲於將萌하야

그러므로 군자가 이미 항상 경계하고 두려워했지만, 여기서 더욱 삼가는 것이니, 사람의 욕심을 장차 싹트려 할 때에 막아서,

- ◆ 指上文一節이라 : 윗글 1절(제2절)을 가리킨다.
- ◆ 指此一節이라 : 여기의 1절(제3절)을 가리킨다.

① 新安陳氏ㅣ 曰 未發之前엔 私欲不萌하니 只是存天理而已요 幾動之初엔 天理人欲由此而分하니 此處를 加謹則人欲將萌動을 便從而遏絶之矣리라.

신안진씨가 말하기를 "마음이 일어나지 않았을 때에는 사사로

운 욕심이 싹트지 않았으니, 단지 하늘의 이치를 보존할 뿐이고, 기틀이 움직이기 시작할 처음에는 하늘의 이치와 사람의 욕심이 여기서부터 나누어지니, 이 곳을 더욱더 삼가면 사람의 욕심이 싹 트려 하는 것을 바로 따라 막고 끊게 될 것이다."

※ 遏 : 막을 알. 絶 : 끊을 절.

### 而不使其潛滋暗長(上聲)於隱微之中하야(元本에 只云滋長이나 定本에 加潛暗二字하니라.) 以至離道之遠也니라.

그것이 어둡고 미세한 가운데에서 남 모르게 불어나고 가만히 자라서, 도道를 멀리 떠나는 데에까지 이르지 않도록 해야 할 것이다.

- ◆ '長'자는 상성이다('자란다'는 뜻이다).
- ◆ 元本에 只云滋長이나 定本에 加潛暗二字하니라 : 「원본」에는 단지 '불어나고 자란다(滋長)'고만 쓰여 있으나, 「정본」에는 '남모르게 가만히(潛暗)'라는 두 글자가 더 있다.
  「원본」: 而不使其滋長於隱微之中. 「정본」: 而不使其潛滋暗長於隱微之中
- ※ 潛 : 감출 잠/ 滋 : 불어날 자/ 只 : 다만 지/ 加 : 더할 가.

① 朱子ㅣ 曰 道不可須臾離는 是言道之至廣至大者요 莫見乎隱莫顯乎微는 是言道之至精至密者라. 道不可離는 是說不可不存養이니 是故以下는 是敎人戒懼하야 做存養工夫요 莫見莫顯은 是說不可不省察이니 故君子以下는 是敎人謹獨하야 察私意起處防之라. 只看兩故字면 可見이리라.

주자께서 말씀하시기를 "'도道를 잠시도 떠날 수 없다' 함은 도가 지극히 넓고 지극히 큰 것을 말한 것이고, '어두운 곳보다 더 드러나는 곳은 없고 미세한 것보다 더 나타나는 것은 없다' 함은 도가 지극히 정밀함을 말한 것이다.

'도道를 떠날 수 없다' 함은 곧 마음을 보존하고 기르지 않을 수 없음을 말한 것이니, '이렇기 때문에(是故)'라고 한 이하는 바로 사람들에게 경계하고 두려워해서 마음을 보존하고 기르는 공부를 하도록 가르친 것이다. 그리고 '어두운 곳보다 더 드러나는 것은 없고 미세한 것보다 더 나타남은 없다(莫見莫顯)' 함은 곧 반성하고 살피지 않을 수 없음을 말한 것이니, '그러므로 군자(故君子)'라고 한 이하는 바로 사람들에게 혼자인 데를 삼가서 사사로운 뜻이 일어나는 곳을 살펴 막도록 가르친 것이다. 단지 두 개의 '그러므로 고(故)'자를 살펴보면 알 수 있을 것이다."

② 旣言道不可離하니 只是精粗隱微之間을 皆不可離라. 故로 言戒懼不睹不聞하야 以該之니 若曰自其思慮未起之時로 早已戒懼요 非謂不戒懼乎所睹所聞而只戒懼乎不睹不聞也라. 此兩句는 是結上文不可須臾離也之意요 下文은 又提起說無不戒懼之中에 隱微之間念慮之萌을 尤不可忽이라. 故로 又欲於其獨而謹之하야 又結上文隱微意니 此는 分明是兩節事라.

　이미 도道를 떠날 수 없음을 말했으니, 이것은 단지 정밀한 곳과 거친 곳 그리고 어둡고 미세한 사이를 모두 떠날 수 없는 것이다. 그러므로 '보지 못하고 듣지 못하는 데에도 경계하고 두려워하라'고 말해서 포괄한 것이니, '그 생각이 싹트지 않았을 때로부터 일찍부터 이미 경계하고 두려워하라'고 말함과 같은 것이고, 보이고 들리는 데는 경계하고 두려워하지 않고 단지 보지 못하고 듣지 못하는 데만 경계하고 두려워하라고 한 것은 아니다. 이 두 구절(戒愼乎其所不睹, 恐懼乎其所不聞)은 바로 윗글의 '잠시도 떠날 수 없다'는 뜻을 끝맺은 것이고, 아랫 글은 다시 경계하고 두려워하지 않음이 없는 가운데에서, 어둡고 은미한 사이에 생각의 싹틈을 더욱 소홀히 할 수 없음을 제기하여 말한 것이다. 그러므로 또한 혼자인 데를 삼가도록(謹獨)하려해서, 또 윗글의 '어둡고 미세하다'는 뜻을 끝맺은 것이니, 이것은 분명히 두 단락의 일이다.

前段에 有是故字하고 後段에 有故字하며 且兩提起君子字하니 若作一段說이면 亦成是何文字리오? 問如此分兩節工夫면 則致中致和工夫ㅣ 方各有著落而天地位萬物育이 亦各有歸著이니잇고? 曰是라.

앞 단락에 '이렇기 때문에(是故)'라는 글자가 있고 뒷 단락에 '그러므로(故)' 자가 있으며, 또한 두 번이나 '군자君子'라는 글자를 제기했으니, 만약 한 단락으로 말한 것이라면 또한 무엇하려고 이렇게 글을 썼겠는가?

묻기를 "이와 같이 두 절의 공부로 나눈다면 '중中'을 지극히 이루고 '화和'를 지극히 이루는 공부가 각각 귀착될 곳이 있게 되고, '하늘과 땅이 제대로 자리하고 만물이 길러진다' 함이 또한 귀착지가 있게 되는 것입니까?" 대답하시기를 "옳은 말이다."

※ 著: 붙을 착/ 落: 귀착할 락/ 歸: 돌아갈 귀.

③ 問戒懼는 是體統에 做工夫요 謹獨은 是又於其中緊切處에 加工夫니잇고? 曰然하다.

묻기를 "'경계하고 두려워함(戒懼)'은 곧 본체와 계통이 되는 것을 공부하는 것이고, '혼자인 데를 삼감(謹獨)'은 또한 그 가운데에서 긴요한 곳을 더 공부하는 것입니까?" 대답하시기를 "그렇다."

④ 戒懼는 是防之於未然하야 以全其體요 謹獨은 是察之於將然하야 以審其幾니라.

'경계하고 두려워함(戒懼)'은 곧 미연에 방지해서 그 본체를 온전히 하는 것이고, '혼자인 데를 삼감(謹獨)'은 곧 장차 그렇게 될 것을 살펴서 그 기미를 살피는 것이다.

⑤ 問戒懼者는 所以涵養於喜怒哀樂未發之前이니 當此之時하얀 寂然不動하니 只下得涵養工夫요 謹獨者는 所以省察於喜怒哀樂已發之時니 當此之時하얀 一毫放過면 則流於欲矣요 判別義利ㅣ 全在此時라. 不知是如此否아 曰此說이 甚善이니라.

묻기를 "'경계하고 두려워한다(戒懼)' 함은 희로애락喜怒哀樂이 일어나기 전을 함양涵養하는 것이니, 이 때를 당해서는 고요해서 움직이지 않았으므로, 단지 함양하는 공부를 할 수 있을 뿐입니다. '혼자인 데를 삼간다(謹獨)'는 것은 희로애락喜怒哀樂이 이미 일어난 때를 반성하고 살피는 것이니, 이 때를 당해서는 털끝 하나라도 놓치고 지나가면 욕심에 흐르게 될 것이고, 의義와 이利를 판별함은 전적으로 이 때에 있는 것입니다. 이것이 이와 같은 것인지 아닌지를 모르겠습니다!" 대답하시기를 "이 말이 매우 좋다."

※ 함양涵養 : 덕이 몸에 배고 무르익게 기르는 것을 말함/ 毫 : 가는 털 호.

⑥ 問涵養工夫는 實貫初終이나 而未發之前은 只須涵養이요 纔發處엔 便須用省察工夫로되 至於涵養愈熟이면 則省察愈精矣니잇고? 曰是라. 又問未發時엔 當以義理涵養이니잇고? 曰未發時엔 著義理不得이니 纔知有義理면 便是已發이라. 當此時하얀 有義理之源하고 未有義理條件하니 只一箇主宰嚴肅이 便有涵養工夫니라.

묻기를 "함양하는 공부는 실상 처음과 끝을 관통하는 것이나, 마음이 일어나지 않았을 때는 단지 함양만이 필요할 뿐이고, 일어나기 시작한 곳에서는 바로 반성하고 살피는 공부를 써야 할 것이지만, 함양함이 더욱 익숙해지는 데에 이르게 되면 반성하고 살핌이 더욱 정밀하게 되는 것입니까?" 대답하시기를 "옳은 말이다."

또 묻기를 "마음이 일어나지 않았을 때는 마땅히 의리로 함양을 해야 합니까?" 대답하시기를 "일어나지 않았을 때는 의리도 나타날 수 없는 것이니, 의리가 있음을 이미 알았다면 마음이 이미 일어난 것이다. 이 때(일어나지 않았을 때)를 당해서는 의리의 근원만 있고 의리의 조건은 없으니, 단지 하나의 엄숙하게 주재하는 가운데 함양하는 공부가 있는 것이다."

⑦ 存養은 是靜工夫요 省察은 是動工夫라.
　보존해서 기름은 바로 고요할 때의 공부고, 반성하고 살핌은 바로 움직일 때의 공부이다.

⑧ 陳氏ㅣ 曰 雖是平時에 已常戒懼나 至此하야 又當十分加謹이면 則所發이 便都是善이요 不加謹이면 則所發이 便流於惡이리라.
　진씨가 말하기를 "비록 평상시에 이미 항상 경계하고 두려워했지만, 여기에 이르러서 또한 십분 더 삼간다면 일어나는 것이 모두 착함일 것이고, 더욱 삼가지 않으면 일어나는 것이 곧 악으로 흐르게 될 것이다."

⑨ 潛室陳氏ㅣ 曰 戒愼恐懼與謹獨은 是兩項地頭니 戒愼恐懼는 是自家不睹不聞之時요 謹獨은 是衆人不睹不聞之際니라.
　잠실진씨가 말하기를 "'경계하고 삼가며 두려워하고 무서워 함(戒愼恐懼)'과 '혼자인 데를 삼감(謹獨)'은 바로 두 개의 장소니, '경계하고 삼가며 두려워하고 무서워 함(戒愼恐懼)'은 곧 자기가 보지 못하고 듣지 못하는 때이고, '혼자인 데를 삼감(謹獨)'은 곧 뭇 사람이 보지 못하고 듣지 못하는 곳이다."

⑩ 蛟峯方氏ㅣ 曰 戒懼는 是保守天理요 愼獨은 是檢防人欲

이라.

　교봉방씨가 말하기를 "'경계하고 두려워함(戒懼)'은 바로 하늘의 이치를 보존하고 지키는 것이고, '혼자인 데를 삼감(愼獨)'은 바로 사람의 욕심을 검사하고 막는 것이다."


⑪ 雙峯饒氏ㅣ 曰 戒愼恐懼는 便是愼獨之愼이니 詳言之則 曰戒愼恐懼요 約言之면 只是愼之一字라. 道者는 率性之謂니 其體用이 具在吾身이요 敬者는 所以存養其體하고 省察其用이니 乃體道之要也라. 戒懼는 存養之事요 愼獨은 省察之事니 中庸에 始言戒懼愼獨하고 而終之以篤恭은 皆敬也라. 中庸이 以誠爲一篇之體要하니 惟其敬이라 故로 能誠이라.

　쌍봉요씨가 말하기를 "'경계하고 삼가며 두려워하고 무서워 함(戒愼恐懼)'은 바로 '혼자인 데를 삼간다(愼獨)'의 삼감(愼)이니, 자세하게 말을 하면 '경계하고 삼가고 두려워하고 무서워 함(戒愼恐懼)'이며, 간략하게 말하면 단지 '삼갈 신(愼)'자 한 자일 뿐이다.

　'도道'는 성품을 따름을 말하니, 그 본체와 작용이 내 몸에 갖추어 있는 것이고, '경건함(敬)'은 도의 본체를 보존하여 기르고 그 쓰임을 반성하고 살피는 것이니, 곧 도를 몸소 실행하는 요체이다. '경계하고 삼감(戒懼)'은 보존하고 기르는(存養) 일이고, '혼자인 데를 삼감(愼獨)'은 반성하고 살피는(省察) 일이니,『중용』에서 처음에는 '경계하고 두려워함(戒懼)'과 '홀로인 데를 삼감(愼獨)'을 말하고 '공손함을 돈독히 함(篤恭)'으로 마침은 모두가 경건함(敬)이다.『중용』이 성실함으로써 책 한 권의 요체를 삼았으니, 오직 그 경건함 때문에 능히 성실할 수 있는 것이다."


⑫ 大學에 只言愼獨하고 不言戒懼하니 初學之士는 且令於動處做工夫라.

『대학』에는 단지 '혼자인 데를 삼감(愼獨)'을 말하고 '경계하고 두려워함(戒懼)'을 말하지 않았으니, 처음 배우는 사람은 우선 움직이는 곳에서 공부를 하게 해야 할 것이다.

⑬ 勿軒熊氏│曰 按大學컨댄 誠意章에 言愼獨하니 子思傳授│ 蓋本於此라.
물헌웅씨가 말하기를 "『대학』을 살펴보면 성의誠意장에 '혼자인 데를 삼감(愼獨)'을 말했으니, 자사의 전수하심이 아마도 이것에 근본했을 것이다."

⑭ 雲峯胡氏│曰 首三句는 重在一道者하니 天命謂性은 是道之體요 修道謂敎는 是道之用이니 所以於此에 獨提起道也者三字하고 下文에 却分爲兩節言之라. 道也者는 不可須臾離라 所以君子│ 必戒愼所不睹하며 恐懼所不聞이라하니 不睹不聞四字는 正是釋須臾二字라. 人有目하니 豈不睹며 有耳하니 豈不聞이리오? 不睹不聞은 特須臾之頃爾라.
운봉호씨가 말하기를 "첫머리 세 구절은 중점이 '도道'자 하나에 있으니, '하늘이 명령한 것을 성품이라 이른다' 함은 곧 도의 본체이고, '도道를 마름질 한 것을 가르침이라 이른다' 함은 곧 도의 작용이다. 그래서 여기에서 유독 '도라는 것은(道也者)'이라는 세 글자를 제기한 것이고, 아랫 글에서 곧 두 절로 나누어서 말했다.
'도道라는 것은 잠시도 떠날 수가 없다. 그래서 군자는 반드시 보지 못하는 데에도 경계하고 삼가며, 듣지 못하는 데에도 무서워하고 두려하는 것이라'고 하니, '보지 못하고 듣지 못한다(不睹不聞)'는 네 글자는 바로 '잠시(須臾)'라는 두 글자를 해석한 것이다. 사람이 눈이 있는데 어찌 보지 못하며, 귀가 있는데 어찌 듣지 못하겠는가? '보지 못하고 듣지 못하는 데'라는 것은 잠깐 사이를 특별히 말한 것일 뿐이다.

道也者는 莫見乎隱이며 莫顯乎微라 所以君子ㅣ 必愼其獨이라하니 此一獨字는 正是說隱微二字니 隱微는 却是人之所不睹不聞而我所獨睹獨聞之時之處也라. 章句ㅣ 於大學에 曰審其幾라하고 此에 曰幾則已動이라하니 一幾字ㅣ 是喫緊爲人處요 上文에 曰君子之心은 常存敬畏라하니 一敬字ㅣ 是敎人用工夫處라.

'도道라는 것은 어두운 곳보다 더 드러나는 것은 없으며, 미세한 것보다 더 나타나는 것은 없다. 그래서 군자는 반드시 그 혼자인 데를 삼가는 것이다'라고 하니, 여기 있는 하나의 '홀로 독(獨)'자는 바로 '어둡고 은미하다(隱微)'는 두 글자를 말한 것이다. '어둡고 은미한 것'은 바로 남들은 보지 못하고 듣지 못하는 것이지만 나만은 홀로 듣는 때와 장소이다.

장구章句가 『대학』에서는 '그 기틀을 살피라(審其幾)'고 했고, 여기서는 '기틀이 이미 움직였다(幾則已動)'고 말했으니, 하나의 '기틀 기幾'자는 바로 긴요하게 사람을 위한 곳이고, 윗 글에서 '군자의 마음은 항상 경건하고 두려워함을 보존한다'고 말했으니, 하나의 '공경할 경敬'자는 바로 사람들에게 공부해야 할 곳을 가르치신 것이다.

※ 幾 : 기미 기, 기틀 기/ 喫緊(끽긴) : 매우 긴요함.

戒懼不睹不聞은 是幾未動而敬이요 愼獨은 則幾已動而敬也니 曰常存敬畏하야 雖不見聞이라도 亦不敢忽이라하니 當看常字與亦字며 曰君子ㅣ 旣常戒懼나 而於此에 尤加謹焉이라하니 當看常字與尤字며 曰存天理之本然하고 遏人欲於將萌

이라하니 當看存字與遏字라. 然이나 皆不離乎敬而已니 大抵君子之心은 常存此敬하야 不睹不聞時에 亦敬하고 獨時에 尤敬이라. 所以未發時엔 渾是本然之天理로되 此敬足以存之요 纔發時엔 便有將然之人欲이로되 此敬足以遏之也라.

　'보지 못하고 듣지 못하는 데에 경계하고 두려워함'은 바로 기틀이 움직이지 않은 때의 경건함이고, '혼자인 데를 삼감'은 기틀이 이미 움직인 때의 경건함이니, 장구에서 '항상 경건하고 두려움을 보존해서, 비록 보고 듣지 못하는 곳이라도 또한 감히 소홀히 못하는 것이라'고 말했으니, 여기서는 마땅히 '항상 상常'자와 '또 역亦'자를 살펴봐야 할 것이다. '군자가 이미 항상 경계를 하고 두려워하나, 이 곳에서 더욱더 삼가는 것이라'고 말했으니, 여기서는 마땅히 '항상 상常'자와 '더욱 우尤'자를 살펴봐야 할 것이다. '하늘 이치의 본연한 것을 보존시키고, 사람의 욕심을 장차 싹트려는 곳에서 막는 것이라'고 말했으니, 여기서는 마땅히 '보존할 존存'자와 '막을 알遏'자를 봐야 할 것이다.

　그러나 모두 '경건함'에서 떠나지 않을 뿐이니, 대체적으로 군자의 마음은 항상 이 경건함을 보존시켜서, 보지 못하고 듣지 못하는 것에도 또한 경건히 하고, 혼자인 데도 더욱 경건하게 하는 것이다. 그러므로 마음이 일어나지 않았을 때는 모든 것을 포함한 본래 그러한 하늘의 이치일 뿐이지만, 이 경건함으로 족히 보존시킬 수 있고, 마음이 일어나기 시작했을 때는 곧 장차 그렇게 될 사람의 욕심이 있지만 이 경건함으로 족히 막을 수가 있는 것이다.


朱子敬齋箴이 與此無不合하니 戒懼는 是靜而敬이며 愼獨은 是動而敬이니 戒懼는 是惟恐須臾之有間이며 愼獨은 是惟恐毫釐之有差니라.

　주자의 「경재잠敬齋箴」이 이것과 부합되지 않는 것이 없다. '경계하고 삼가함(戒懼)'은 바로 고요할 때의 경건함이며, '혼자인 데를 삼감'은 바로 움직일 때의 경건함이니, '경계하고 두려워함(戒懼)'은 잠시도 사이가 있을까 두려워함이며, '혼자인 데를 삼감(愼獨)'은 털끝만큼이라도 어긋남이 있을까 두려워함이다."

❉ 齋 : 공손할 재/ 箴 : 경계의 뜻을 펴는 글이름 잠/ 毫釐(호리) : 극히 적은 양.

⑮ 栗谷이 曰 幽暗之中細微之事는 有邪有正하니 烏可謂之皆是道耶아? 退溪丨 曰 觀朱子及諸說컨댄 皆以善惡之幾言하니 饒說은 果爲未安이라. 蓋子思朱子意는 本謂道無不在하야 而隱微之見顯을 不可掩也라 故로 愼其獨은 所以存其道云爾이요 非謂見顯是道也라.

율곡이 말씀하기를 "어두운 속이나 미세한 일은 간사한 것도 있고 바른 것도 있는데, 어떻게 모두 도라고 이를 수 있겠습니까?"

퇴계가 말씀하기를 "주자와 모든 학자들의 학설을 살펴보면 모두 착하고 악함의 기미로써 말했으니, 쌍봉요씨의 학설은 과연 온당하지 못하다. 아마도 자사와 주자의 뜻은, 본래 도가 있지 않은 곳이 없어서 어둡고 미세한 것의 나타내고 드러남을 감출 수 없기 때문에, 혼자인 데를 삼가는 것은 그 도를 보존하는 것이라는 말이고, 나타내고 드러나는 것이 바로 도라고 이름은 아닐 것이다."

❉ 邪 : 간사할 사/ 烏 : 어찌 오/ 耶 : 어조사 야/ 饒 : 성씨 요(饒魯 : 쌍봉요씨).

⑯ 沙溪丨 曰 戒愼恐懼는 通靜說하고 愼獨專就動處說이니 以本註常存敬畏하야 雖不見聞이라도 亦不敢忽等語로 觀之則大煞分明이어늘 而讀者丨 不察하고 以戒懼로 爲專指靜處說하니 非是라.

사계가 말씀하기를 "경계하고 삼가고 두려워하고 무서워함은 동적인 면과 정적인 면을 통틀어 말한 것이고, 혼자인 데를 삼감은 전적으로 동적인 곳을 말한 것이니, 장구의 '항상 경건하고 두려움을 보존하여, 비록 보고 듣지 못하더라도 또한 감히 소홀히 하지 못한다'는 말로 살펴보면 크게 분명한데, 독자들이 살피지 않고 경계하고 두려워함은 전적으로 정적인 측면을 가리켜 말한 것이라고 하니 옳지 않다."

❈ 靜 : 고요할 정/ 煞 : 빠를 쇄.

⑰ 尤菴이 曰專言則戒懼包愼獨이라. 偏言則戒懼는 屬靜하고 而愼獨은 屬動이라. 朱子所謂常存戒懼는 全體戒懼니 是專言者也라. 所謂自戒懼而約之하고 自謹獨而精之者는 分動靜而言也요 退溪所謂戒懼는 專在未發이며 沙溪所謂兼動靜은 各是一說也라.

　우암이 말씀하기를 "전체적으로 말하면 '경계하고 두려워함(戒懼)'은 '혼자인데서 삼감(愼獨)'을 포함한 것이다. 한 쪽 면만을 말하면, '경계하고 두려워함(戒懼)'은 고요함(靜)에 속하고, '혼자인데를 삼감'은 움직임(動)에 속한다. 주자께서 말씀하신 '항상 경계하고 두려워함을 보존하라'함은 전체를 경계하고 두려워함이니 이것은 전체적으로 말한 것이다. '경계하고 두려워함으로부터 간략히 하고 혼자인 데를 삼감으로부터 정밀히 한다'함은 움직이고 고요함을 겸해서 말한 것이다. 또한 퇴계退溪가 말씀한 '경계하고 두려워함(戒懼)'은 전적으로 발현되지 않은 곳에 있는 것이고, 사계沙溪가 말씀한 '움직이고 고요함을 겸했다'함은 또한 각기 하나의 학설이다.

備旨 夫功旣密於存養이라도 而幾尤貴於省察이라. 一心之萌은 地雖至隱이나 然이나 至隱之中은 吾心所覺이니 是는 天

下之至見이며 莫有見於隱者요 一念之動은 事雖至微나 然이나 至微之內에 吾心自呈하니 是는 天下之至顯이며 莫有顯於微者라. 夫曰隱曰微는 卽所謂獨也라. 故로 君子ㅣ 旣常戒懼로되 而於此獨知之地에 尤加謹焉하야 以爲之防이니 此는 發念時省察之功也라.

　마음을 보존하고 기르는 공부가 이미 정밀했다 하더라도, 기미는 더욱 살핌이 귀중한 것이다. 한 마음의 싹틈은 경지가 비록 지극히 은밀하나, 지극히 은밀한 속은 내 마음이 깨닫는 바이니, 이는 천하의 지극히 드러난 곳이며, '어두운 곳보다 드러나는 것이 없다'함이다. 한 생각의 움직임은 일이 비록 지극히 미세하나, 지극히 미세한 속에서 내 마음은 스스로 드러나니, 이는 천하의 지극히 나타난 것이며, '미세한 것보다 나타나는 것이 없다' 함이다. '어둡다(隱), 미세하다(微)' 말함은 곧 이른바 '혼자인 데(獨)'라는 것이다. 그러므로 군자가 이미 항상 경계하고 두려워했지만, 혼자만이 아는 이 곳에서 더욱더 삼가고 방비를 하는 것이니, 이것은 생각이 일어날 때에 반성하고 살피는 공부이다.

※ 尤 : 더욱 우/ 呈 : 깨달을 정/ 防 : 막을 방.


備旨補註 莫見節旨 　此는 是君子ㅣ 盡省察之功하야 以不離道於動也니 亦頂不可離來요 主由靜而之動說이니 兩節은 宜相承이라 隱微貼動은 乃一念初起니 人所不睹不聞이나 而己所獨知者라. 故로 謂之獨이라. 然이나 其是非善惡은 不能逃此心之靈이며 莫見莫顯이니 何可不愼이리오? 註에 遏人欲於將萌句를 須味라. 蓋是天理를 便擴充去하고 是人欲을 便遏絶了니 最爲緊要工夫라. 此는 與上節로 因論率性之道하야 以明由敎而入者ㅣ 其始用功을 當如此라.

　막현(莫見)절의 뜻 : 이것은 군자가 반성하고 살피는 공부를 다해서 움직일 때에 도를 떠나지 않음이니, 또한 잠시도 떠날 수 없다 함을 기본으로 해서 나온 것이고, 고요히 있다가 움직이게 되었을 경우를 주로 해서 말한 것이니, 두 절(1절과 2절)은 마땅히 서로 이어지고 대응되는 것으로 봐야 할 것이다. 어둡고 미세한 것이 막 움직인다는 것은 곧 한 생각이 처음 일어나는 것이니, 사람들은 보지 못하고 듣지 못할 것이지만 자기는 홀로 알게 되는 것이다. 그러므로 혼자인 데라고 말한 것이다. 그러나 옳고 그름과 착하고 악함은 이 마음의 영험함에서 도망할 수 없는 것이며, 숨은 것보다 드러나는 것이 없고 미세한 것보다 나타나는 것이 없으니, 어찌 삼가지 않을 수 있겠는가? 장구章句에 '사람의 욕심이 장차 싹트려하는 것을 막는다'는 구절을 반드시 음미해야 할 것이다. 일반적으로 이 하늘의 이치를 바로 확충해 가고 사람의 욕심을 곧바로 막고 끊음이니, 가장 긴요한 공부가 되는 것이다. 이것은 윗 절과 더불어 성품을 따르는 도를 논함으로 인해서, 가르침을 따라 도에 들어가는 사람이 처음으로 공부하기를 마땅히 이와 같이 해야 함을 밝힌 것이다.

※ 盡 : 다할 진/ 省察(성찰) : 반성하고 살핌/ 頂 : 소중히 받들 정/ 逃 : 달아날 도 / 遏 : 막을 알.

**4** 喜怒哀樂之未發을 謂之中이요
　　희 노 애 락 지 미 발　　위 지 중

發而皆中節을 謂之和니
발 이 개 중 절　　위 지 화

中也者는 天下之大本也요
중 야 자　　천 하 지 대 본 야

和也者는 天下之達道也니라.
화 야 자　　천 하 지 달 도 야

(樂은 音洛이요 中節之中은 去聲이라)
　기쁘고 성내고 슬프고 즐거움이 일어나지 않은 것을 '중中'이라 이르고, 일어나서 모두 절도에 맞는 것을 '화和'라 이르니, '중中'이라는 것은 천하의 큰 근본이고, '화和'라는 것은 천하의 통하는 도道다.

◆ '樂'은 '락'이라 발음하고, '中節'의 '中'자는 거성이다('맞는다'는 뜻이다).

○ 喜怒哀樂은 情也나 其未發則性也니 無所偏倚라 故로 謂之中이요 發皆中節은 情之正也니 無所乖戾라 故로 謂之和라. 大本者는 天命之性이며(推本於天命之謂性一句라.) 天下之理ㅣ 皆由此出하니 道之體也요 達道者는 循性之謂며(推本於率性之謂道一句라.) 天下古今之所共由니 道之用也라. 此는 言性情之德하야(中爲性之德이요 和爲情之德이라.) 以明道不可離之意하니라.

　'기쁘고, 성내고, 슬프고, 즐거움'은 정情이나, 그것이 일어나지 않은 것은 성품(性)이니, 치우치고 기울어짐이 없는 까닭에 '중中'이라 이른 것이다. '일어나서 모두 절도에 맞음'은 정情의 바른 것이니, 어긋나는 것이 없는 까닭에 '화和'라 이른 것이다. '큰 근본'이라는 것은 하늘이 명령한 성품(性)이며, 천하의 이치가 모두 여기서부터 나오니 도의 본체이고, '통하는 도(達道)'라는 것은 성품을 따름을 이름이며, 천하의 예와 이제가 함께 따르는 것이니, 도의 작용이다. 이 글은 성품(性)과 정情의 덕德을 말해서, 도를 떠날 수 없다는 뜻을 밝혔다.

- ◆ 推本於天命之謂性一句라 : '하늘이 명령한 것을 성품이라 이른다'는 한 구절을 미루어 근본으로 삼은 것이다.
- ◆ 推本於率性之謂道一句라 : '성품을 따르는 것을 도라 이른다'는 한 구절을 미루어 근본으로 삼은 것이다.
- ◆ 中爲性之德이요 和爲情之德이라 : '중中'은 성품(性)의 덕德이 되고, '화和'는 정情의 덕德이 된다.
- ※ 偏倚(편의) : 한쪽으로 치우쳐 있음/ 乖戾(괴려) : 사리에 어그러져 온당하지 아니함/ 循 : 따를 순.

① 延平李氏ㅣ 曰 方其未發은 是所謂中也니 性也요 及其發而中節也하얀 則謂之和니 其不中節也는 則有不和矣라. 和不和之異는 皆旣發焉而後에 見之하니 是는 情也요 非性也라. 孟子ㅣ 故로 曰性善이라하시고 又曰情可以爲善이라하시니 其說이 蓋出於子思라.

연평이씨가 말하기를 "마음이 일어나지 않은 것은 바로 '중中'이라 이르는 것이니 성품(性)이고, 마음이 일어나 절도節度에 맞으면 곧 '화和'라고 이르니, 절도에 맞지 않는 것은 '화和'가 되지 못한 것이 있음이다. '화和'하고 '화和'하지 못함의 차이는 모두가 마음이 이미 일어난 뒤에 나타나는 것이니, 이는 정情이고 성품(性)이 아니다. 그러므로 맹자께서 '성품(性)이 착하다'고 말씀하시고, 또한 '정情은 착함이 될 수도 있다'고 말씀하셨으니, 그 학설이 아마도 자사에서 나왔을 것이다."

② 朱子ㅣ 曰 喜怒哀樂이 渾然在中하야 未感於物이면 未有倚著一偏之患하고 亦未有過與不及之差라 故로 特以中名之하고 而又以爲天下之大本이라. 程子ㅣ 所謂中者는 在中之義와

所謂只喜怒哀樂未發이 便是中은 皆謂此也요 林擇之l 謂
在中之義는 是裏面底道理라하니 看得極仔細니라.

　주자께서 말씀하시기를 "희로애락喜怒哀樂이 혼연히 마음 속에
있어서 사물에 느껴지지 않으면, 한 쪽으로 기울거나 붙는 근심이
없고, 또한 지나치거나 미치지 못하는 어긋남도 없다. 그러므로
특히 '중中'이라 이름하고, 또한 천하의 큰 근본으로 삼은 것이다.
정자께서 이른바 '중中이라는 것은 가운데에 있다는 뜻이라' 하심
과 '희로애락喜怒哀樂이 일어나지 않은 것이 바로 중일 뿐이라'고
하심은 모두 이것을 이른 것이고, 임택지林擇之가 이르기를 '가운
데에 있다는 뜻(在中之義)이라고 함은 곧 속에 있는 도리이다'라고
말했으니, 지극히 세밀하게 살펴본 것이다."


③ 喜怒哀樂未發은 如處室中하야 東西南北에 未有定向이니
不偏於一方하고 只在中間이 所謂中也요 及其旣發하야 如已
出門하야 東者는 不復西하고 南者는 不復北이나 然이나 各行
所當然하야 無所乖逆이 所謂和也니라.

　희로애락喜怒哀樂이 일어나지 않음은 방의 한 가운데에 앉는 것
과 같아서 동서남북에 정해진 방향이 없는 것이니, 한 방위에 치
우치지 않고 단지 중간에 있는 것이 이른바 '중中'이고, 그것이 이
미 일어남에 미치게 되면 이미 문을 나간 것과 같아서, 동쪽으로
간 것은 다시 서쪽으로 못가고, 남쪽으로 간 것은 다시 북쪽으로
오지 못한다. 그러나 각각 당연한 곳으로 가서, 어긋나고 거스름
이 없는 것이 이른바 '화和'이다.


④ 中和는 是承上兩節說이니 中은 所以狀性之德而形道之
體요 和는 所以語情之正而顯道之用이니 子思l 欲學者於此
에 識得心也니라. 心也者는 妙性情之德也니 所以致中和立

大本而行達道者也요 天理之主宰也라.

　'중中'과 '화和'는 곧 위에 있는 두 절을 이어 말한 것이다. '중中'은 성품(性)의 덕德을 묘사하고 도의 본체를 형용한 것이고, '화和'는 정情의 바름을 말하고 도의 작용을 나타낸 것이니, 자사께서 배우는 사람에게 여기서 '마음'을 알게 하려하신 것이다. '마음'이라는 것은 성품(性)의 덕과 정情의 덕德을 오묘하게 하는 것이니, '중中'과 '화和'를 지극히 이루고 큰 근본을 세워서 천하에 통하는 도(達道)를 실행하는 것이고, 하늘 이치의 주재자이다.

⑤ 心包性情하야 性是體요 情是用이니 心字는 是一箇字母라 故로 性情이 皆從心이라.

　마음은 성품(性)과 정情을 포괄해서 성품(性)은 본체고 정情은 작용이니, 마음 심心자는 바로 하나의 자모字母다. 그러므로 '성性'자와 '정情'자가 모두 '마음 심心'자 변에 있다.

※ 性=忄+生, 情=忄+靑

⑥ 問中和者는 性情之德也요 寂感者는 此心之體用也니 此心存則寂然時엔 皆未發之中이며 感通時엔 皆中節之和요 心有不存則寂然엔 木石而已니 大本이 有所不立也며 感通엔 馳鶩而已니 達道│ 有所不行也라. 故로 動靜을 一主於敬하야 戒謹恐懼而謹之於獨이면 則此心이 存而寂感이 無非性情之德也니잇고? 曰是라.

　묻기를 "'중中'과 '화和'는 성품(性)과 정情의 덕德이고, '고요함(寂)'과 '느낌(感)'은 이 마음의 본체와 작용입니다. 그러므로 이 마음이 보존되게 되면 고요할 때는 모두 일어나지 않은 '중中'이고, 느껴서 통할 때는 모두가 절도에 맞는 '화和'일 것이며, 마음이 보존되지 못하면 고요할 때는 나무와 돌 같을 뿐이니 큰 근본이 서지 못할 것이고, 느껴 통할 때는 달리고 달아날 뿐이니 '천하에 통하는 도(達道)'가 행해지지 못할 것입니다.

그러므로 움직일 때나 고요할 때나 하나같이 경건함을 위주로 해서, '경계하고 삼가며 두려워하고 무서워하여(戒愼恐懼) 혼자인 데를 삼가하면(謹獨)' 이 마음이 보존되어, 고요할 때나 느낄 때나 성품(性)과 정情의 덕德이 아닌 것이 없는 것입니까?" 대답하시기를 "옳은 말이다."

※ 寂 : 고요할 적/ 馳 : 달릴 치/ 騖 : 달릴 무.


⑦ 問惻隱羞惡喜怒哀樂은 固是心之發이니 曉然易見處요 如未惻隱羞惡喜怒哀樂之前은 便是寂然而靜時나 然이나 豈得皆塊然如槁木이리오? 其耳目에 亦必有自然之聞見하고 其手足에 亦必有自然之擧動이니 不審此時를 喚作如何니잇고? 曰喜怒哀樂未發은 只是這心未發耳요 其手足運動은 自是形體如此니라.

묻기를 "가여워하고 불쌍히 여김과 부끄러워하고 미워함과 기뻐하고 성냄과 슬퍼하고 즐거워함은, 본래 마음이 일어난 것들이니 밝아서 보기 쉬운 곳이며, 가여워하고 불쌍히 여김과 부끄러워하고 미워함과 기뻐하고 성냄과 슬퍼하고 즐거워함이 있기 이전과 같은 것은, 곧 쓸쓸하고 고요한 때입니다. 그러나 그 때라고 해서 사람이 어찌 흙덩이와 같고 마른나무와 같을 수 있겠습니까? 그 귀와 눈에 또한 반드시 자연히 보고 들음이 있을 것이고, 그 손과 발에 또한 자연히 거동함이 있을 것이니, 이럴 때를 무엇이라고 불러야 하는지 모르겠습니다."

대답하시기를 "기쁘고 성내고 슬퍼하고 즐거워함이 일어나지 않음은 단지 마음이 일어나지 않은 것일 뿐이고, 그 손과 발이 움직이는 것은 형체가 스스로 이와 같이 함이다."

※ 曉 : 밝을 효/ 塊 : 흙덩이 괴/ 槁 : 마를 고(=槀)/ 喚 : 부를 환.

⑧ 靜而無不該者는 性之所以爲中也니 寂然不動者也요 動而無不中者는 情之發而得其正也니 感而遂通者也라. 靜而常覺하고 動而常止者는 心之妙也니 寂而感하고 感而寂者也라.

고요하면서도 포함하지 않음이 없음은 성품이 '중中'이 되는 이유니, 『주역』의 '고요해서 움직이지 않는다(寂然不動)' 함이고, 움직여서 '중中'이 아님이 없다는 것은 정情이 일어나서 그 바름을 얻은 것이니, '느껴서 드디어 통한다(感而遂通)' 함이다. 고요하게 있으면서도 항상 깨닫고 움직이면서도 항상 그치는 것은 마음의 오묘함이니, 고요하면서 느끼고 느끼면서 고요해지는 것이다.

※ 『주역』 계사전 상 10장에 "易은 无思也하며 无爲也하야 寂然不動이라가 感而遂通天下之故하나니, 非天下之至神이면 其孰能與於此리오?(역은 생각함도 없으며 하는 것도 없어서, 고요해서 움직이지 않다가 느껴서 천하의 연고를 통한다. 천하의 지극히 신령스러운 것이 아니면 그 누가 여기에 참여하리오?)"

⑨ 北溪陳氏ㅣ 曰 節者는 限制也니 其人情之準的乎인저! 只是得其當然之理하야 無些過不及이니 與是理로 不相咈戾라. 故로 曰和라.

북계진씨가 말하기를 "절도라는 것은 제한하는 것이니, 아마도 인정(人情)의 준칙과 표적일 것이다. 이는 단지 사물의 당연한 이치를 얻어서 조금도 지나치거나 미치지 못함이 없게 함일 뿐이니, 이 이치와는 서로 어긋나지 않는 것이다. 그러므로 '화和'라고 말한 것이다.

※ 限 : 한계 한/ 些 : 적을 사/ 咈 : 어그러질 불/ 戾 : 어그러질 려.

⑩ 情之中節은 是從本性發來요 其不中節은 是感物欲而動이니 須有戒懼工夫라야 方存得未發之中이요 須有謹獨工夫라야 方有已發之和라.

정情이 절도에 맞는 것은 바로 본성을 따라 일어난 것이고, 절도에 맞지 않는 것은 바로 물욕에 느껴서 움직인 것이니, 반드시 경계하고 두려워하는 공부가 있어야만 일어나지 않았을 때(未發)의 '중中'을 보존시킬 수 있고, 반드시 혼자인 데를 삼가는(謹獨) 공부가 있어야만 이미 일어났을 때(已發)의 '화和'가 있게 될 것이다.

⑪ 問發時에 有中節不中節之分이면 未發時도 還有分別否아? 潛室陳氏ㅣ 曰 旣是未發이면 更有何物可分이리오? 但有渾然之理在中하야 不曾倚著耳니라.

묻기를 "일어났을 때에 절도에 맞고 절도에 맞지 않음의 구분이 있다면, 일어나지 않았을 때도 도리어 그와 같은 분별이 있는 것이 아닙니까?"

잠실진씨가 말하기를 "이미 일어나지 않았다면 다시 어떤 사물을 나눌 수 있겠는가? 단지 모든 것을 포함한 혼연한 이치가 가운데에 있을 뿐이어서, 본래부터 한 쪽으로 기울거나 붙지 않을 뿐이니라."

⑫ 蒙齋袁氏ㅣ 曰 喜怒哀樂이 未發則渾然在中이로되 及發則有中節不中節하야 而惟中節者ㅣ 爲和니라.

몽재원씨가 말하기를 "기뻐하고 성내고 슬퍼하고 즐거워함이 일어나지 않으면 혼연히 가운데에 있을 뿐이지만, 일어날 때에 미치게 되면 절도에 맞고 절도에 맞지 않는 것이 있어서, 오직 절도에 맞는 것만이 '화和'가 되는 것이다."

⑬ 雙峯饒氏ㅣ 曰 四者ㅣ 皆中節이라야 方謂之和니 譬之四時컨덴 三時得宜하고 一時失宜면 亦不得謂之和矣라.

쌍봉요씨가 말하기를 "네 가지가 모두 절도에 맞아야만 '화和'라고 말할 수 있으니, 사시四時에 비유한다면 세 계절이 마땅함을 얻고 한 계절이 마땅함을 잃었다면 또한 '화和'라고 말할 수 없다."

⑭ 雲峯胡氏ㅣ 曰 上文은 說君子主敬之功하야 見人心之於道에 不可離요 此는 說在人性情之德하야 又見道之在人心에 本不可離也라. 發而中節之和는 卽是無過不及之中이라. 故로 周子ㅣ 曰 中也者는 和也며 中節也며 天下之達道也니 達道는 卽率性之道라. 前言率性之道에 必自天命上說來하고 此言達道에 必自大本說來는 體用一源이니 非知道者면 孰能識之리오?

　운봉호씨가 말하기를 "윗 글은 군자가 경건함을 주로 하는 공부를 말해서, 사람의 마음이 도에서 떠날 수 없음을 보여준 것이고, 이 글은 사람에게 있는 성품(性)과 정情의 덕德을 말해서, 또한 도가 사람의 마음에 있어서 본래 떠날 수 없음을 보여준 것이다. 일어나서 모두 절도에 맞는 '화和'는 곧 지나치고 미치지 못함이 없는 '중中'이다.

　그러므로 주자周子가 말씀하기를 '중中이라는 것은 화和며, 절도에 맞음이며, 천하의 통하는 도道이다'라고 하신 것이니, '통하는 도(達道)'라는 것은 곧 성품을 따르는 도이다. 앞에서는 장구章句에 성품을 따르는 도를 말함에 반드시 '하늘의 명령함'으로부터 말을 해갔고, 여기서는 '통하는 도(達道)'를 말함에 반드시 '큰 근본'으로부터 말을 해간 것은, 본체와 작용은 근원이 하나이기 때문이니, 도를 아는 사람이 아니면 누가 알 수 있겠는가?"

⑮ 尤菴이 與朴景初書에 曰來諭ㅣ 謂中也者는 理氣純粹而

寂然不動之謂也라하니 竊謂於中엔 不必下理氣二字라. 中者는 狀性之德也니 性雖非舍氣獨立之物이나 然이나 聖賢이 言性엔 每於氣中拈出理一邊而言이로되 今儒는 以氣幷言하니 恐未安이라. 又曰來諭所謂未發者ㅣ 雜糅면 則所發者ㅣ 不和라하니 此說은 大誤라. 未發之時에 何嘗有雜糅者乎아? 故로 程子ㅣ 曰 未發時에 何嘗有不善이리오하시고 朱子ㅣ 於 趙致道天命之性이 亦甚汙雜之說에 以爲得之라하시고 栗谷이 以牛溪所謂未發亦有不善之苗脈者로 爲千萬不是라하니 此眞可謂不易之定論矣라.

우암이 박경초朴景初에게 준 글에 말씀하기를 "보내오신 말씀에 '중中은 이치와 기운이 순수하고 고요하여 움직이지 않은 것을 말함이다'고 했으니, 나의 생각으로는 중中에는 이치와 기운이라는 두 글자를 놓을 필요가 없다고 봅니다. 중中은 성품의 덕을 묘사한 것이니, 성품이 비록 기운을 놓아두고 홀로 서있는 사물은 아니지만, 성현들이 성품을 말씀하실 때는 항상 기운 속에서 이치의 한 부분만을 집어내어 말씀했습니다. 그런데 요즘의 선비들은 기운을 합해서 말을 하니, 아마도 타당하지 않을 것입니다."

또 말씀하기를 "보내오신 말씀에 '발현되지 않은 것이 뒤섞이게 되면 발현된 것이 조화롭지 못하다'고 하니, 이 말은 크게 잘못된 것입니다. 발현되지 않았을 때에 어찌 뒤섞임이 있었겠습니까?

그러므로 정자께서 말씀하시기를 '발현되지 않았을 때에 어찌 착하지 않음이 있을 수 있겠느냐?'고 하시고, 주자께서도 조치도(趙致道)의 '하늘이 명령한 성품에 또한 무슨 더럽고 섞임이 있을 수 있겠느냐?'는 학설에 '옳다'고 하시고, 율곡栗谷이 우계牛溪가 말한 '발현되지 않은 것도 또한 착하지 않음의 싹과 줄기가 있다'고 한말에 '천만 옳지 않은 것이라'고 했으니 이것은 참으로 바꿀 수 없는 정해진 의논입니다."

⑯ 壺山이 曰 按尤翁此書는 以善惡之大體論之요 下段朱子說은 以性情之大分斷之니 語各有當이로되 而朱子說이 尤精矣라. 至若朴說中雜糅二字하야는 果誤니 尤翁駁之ㅣ 是矣라.

  호산이 말씀하기를 살펴보건대 우암의 이 글은 착하고 악함의 큰 틀을 논한 것이고, 아래 단락의 주자 말씀은 성품과 정이 크게 나누어짐을 결론지은 것이니, 말이 각기 합당한 점이 있다. 그러나 주자의 말씀이 더욱 정밀하다. 박경초의 말 가운데 '뒤섞였다(雜糅)'는 두 글자는 과연 잘못된 것이니, 우암의 논박이 옳다.

⑰ 巍巖이 曰 未發時엔 氣不用事하니 所謂淸濁粹駁者ㅣ 無情意無造作하야 湛然純一善而已矣라. 此處는 正好單指其本然之理니 何必兼指氣而爲言乎리오?

  위암이 말씀하기를 "발현되지 않았을 때는 기운이 일을 하지 않으니, 이른바 '맑고 흐리고 순수하고 섞였다'하는 것의 정과 뜻이 없고 하는 일도 없어서, 말갛게 순수한 하나의 착함일 뿐이다. 이곳은 바로 그 본연本然의 이치만을 지적하기 좋으니, 어찌 기운을 겸해서 지적할 필요가 있겠는가?"

⑱ 南塘이 曰 雖則湛然虛明이나 其氣稟本色之淸濁美惡則未嘗無也라.

  남당이 말씀하기를 "비록 말갛게 비어있고 밝다고는 하지만, 그 부여받은 기운의 본색의 맑고 흐리고 아름답고 미움은 본래 없는 것이 아니다."

⑲ 朱子ㅣ 曰 喜怒哀樂未發時엔 只是渾然이니 所謂氣質之性이 亦在其中이요 至於喜怒哀樂하얀 却只是情也라.

  주자께서 말씀하시기를 "희로애락이 발하지 않았을 때에는 단지 혼연渾然함 뿐이니, 이른바 기질의 성품이 또한 그 속에 있는 것이고, 희로애락을 발하게 되면 단지 이 정情 뿐이다."

⑳ 壺山이 曰 按朱子之意는 蓋以爲已發則非復性而乃是情也니 於此一語에 有可以斷未發氣質之案矣로되 而以此註言之면 則氣質之性四字는 當屬諸性也下也요 不當屬諸情也下也라. 若曰 氣質之性이 卽情也云爾則程張이 又何爲舍情字而必創說出氣質之性乎아? 性之爲物은 果是已發之名耶아? 蓋人於未發時에 非忽爲枯木苑灰則不可謂氣遂無也며 只可曰氣不用事矣요.

호산이 말씀하기를 살펴보건대 주자의 뜻은 아마도 이미 발현되면 다시는 성품이 아니고 곧 정이라 함이니, 이 한 말에서 발현되지 않은 기질의 문제를 판단할 수 있다. 그러나 이 주석으로 본다면 '기질지성氣質之性'의 네 글자는 마땅히 장구의 '성야性也'라고 한 밑에 붙여야 할 것이고, '정야情也'의 밑에 붙여서는 마땅치 않다.

만약 기질의 성품이 곧 정이라고 이른다면, 정자와 장자가 또한 어찌 정情자를 놓아두고 반드시 기질의 성품이란 말을 창출했겠는가? 그렇다면 성품이라는 사물은 과연 이미 발현된 것의 이름인가? 사람의 마음이 발현되지 않았을 때에 홀연히 마른나무가 불 꺼진 재가 되지 않는다면 기운이 없다고 말할 수 없는 것이며, 단지 기운이 일을 하지 않는다고 말해야 할 뿐이다.

又不可謂九竅四肢百體之氣ㅣ 皆不用事也요 只可曰心之氣不用事矣니 彼不用事之氣는 獨非氣乎아? 且未發時에 心之氣ㅣ 雖不用事나 而亦可著涵養二字하니 涵養은 是係理邊事乎아? 抑是氣邊事乎아? 朱子ㅣ 嘗曰至靜之時엔 但有能知覺者而未有所知覺也라 故로 程子ㅣ 以爲靜中有物則可라하

시니 能字與物字는 是係理邊事乎아? 抑是氣邊事乎아?

　또한 몸의 아홉 구멍과 사지와 전신의 기운이 모두 일을 하지 않는다고 말할 수는 없는 것이고, 단지 '마음의 기운이 일을 하지 않는다'고 말해야 할 것이니, 저 일을 하지 않는 기운은 유독 기운이 아니라는 말인가? 또한 발현되지 않았을 때에 마음의 기운이 비록 일을 하지 않으나, 또한 함양涵養한다는 두 글자를 붙일 수 있으니, 함양함은 이것이 이치의 측면에 속한 일인가? 그렇지 않으면 기운의 측면의 일인가?

　주자께서 일찍이 말씀하시기를 "지극히 고요한 때에는 단지 알고 깨달을 수 있는 주체만 있고 알고 깨달음은 없다. 그러므로 정자께서 '고요한 가운데 사물이 있게 하면 옳을 것이다'라고 했다."고 하셨으니, '할수 있다(能)'는 자와 '사물(物)'이라는 글자는 이것이 이치의 편에 달려있는 것인가? 아니면 기운의 편에 달린 것인가?


且單指兼指는 無時不可하니 故로 雖矢石酣戰之中이라도 亦可單指理曰本然之性이요 非必於未發之時라야 始可單指也며 雖泥塑靜坐之中이라도 亦可兼指氣曰氣質之性이요 非可於已發之時에 始乃兼指也라.

　또한 이치 하나만 가리키거나 이치와 기운의 둘을 다 가리킴은, 할 수 없는 때가 없는 것이다. 그러므로 비록 화살이 나르고 돌이 날아 정신없이 싸우는 속에서도 또한 이치만을 가리켜 '본연의 성품'이라고 말할 수 있고, 반드시 발현되지 않았을 때라야만 이치만을 가리킬 수 있는 것은 아니며, 비록 흙으로 빚은 토우와 같이 고요히 앉아 있는 속이라도 또한 기운을 겸해서 가리켜 '기질의 성품'이라고 말할 수 있고, 이미 발현된 때라야만 비로소 이치와 기운을 겸해서 가리킬 수 있는 것은 아니다.

**備旨** 夫道之所以不可離者는 匪獨君子於道에 有不可離之功이요 而道之在人性情間者ㅣ 亦自有不可離之實也라. 彼喜怒哀樂은 人之情也나 方其未發엔 渾然在中하니 何有偏倚리오? 斯謂之中이며 及其已發而無過不及하야 皆中節焉이면 粹然至正하야 不相乖戾하니 斯謂之和라. 是中也者는 卽天命之性이며 萬理備具하야 千變萬化ㅣ 皆由此出하니 乃天下之大本而爲道之體也요 是和也者는 卽率性之謂며 四達不悖하야 天下古今이 共由乎此하니 乃天下之達道요 而爲道之用也라. 夫道之體用이 不外吾心之性情이 如此하니 而謂道其可須臾離哉아!

도道를 떠날 수 없는 이유는 유독 군자가 도를 떠날 수 없는 공부가 있어서만이 아니라, 사람의 성품(性)과 정情 사이에 있는 도가 또한 스스로 떠날 수 없는 실체가 있는 것이다. 저 희로애락喜怒哀樂은 사람의 정情이지만, 일어나지 않았을 때는 모든 것을 포함하여 혼연히 그 속에 있으니, 어찌 치우치고 기울어짐이 있겠는가? 이것을 '중中'이라 이른다. 그것이 이미 일어나서 지나치거나 미치지 못함이 없어 모두 절도에 맞게 되면, 순수하고 지극히 바르게 되어서 '중中'과 서로 어긋나지 않으니, 이것을 '화和'라고 이른다.

이 '중中'이라는 것은 곧 하늘이 명령한 성품(性)이며, 만 가지 이치가 모두 갖추어져서 천 만가지의 변화가 모두 이것으로부터 나오니, 곧 천하의 큰 근본이고 도의 본체가 되는 것이다. 이 '화和'라는 것은 곧 성품을 따르는 것을 이르며, 사방으로 통하고 거스르지 않아서, 천하의 예와 이제의 사람이 함께 이것을 따르니, 곧 천하에 통하는 도(達道)이고, 도의 작용이 되는 것이다. 도의 본체와 작용이 내 마음의 성품(性)과 정情에서 벗어나지 않음이 이와 같으니, 도를 잠시라도 떠날 수 있다고 말할 수 있겠는가?

※ 匪 : 아닐 비/ 斯 : 이 사/ 粹 : 순수할 수/ 乖 : 어긋날 괴/ 悖 : 거스를 패.

備旨補註 喜怒節旨　上은 言君子主敬之功하야 見人心之
於道에 不可離하고 此는 言人心性情之德하야 又見道之本不
可離也니 不以惻隱羞惡等言情而日喜怒哀樂者는 蓋欲透
出中和二字하야 以起下位育耳라.

　희노喜怒절의 뜻 : 위에는 군자의 경건함을 위주로 하는 공부를
말해서 사람의 마음이 도에서 떠날 수 없음을 나타내었고, 여기서
는 사람의 성품과 정의 덕을 말해서 또한 본래 도를 떠날 수 없는
것임을 나타낸 것이니, 측은히 여기고 부끄러워하고 미워하는 것
들로 정을 말하지 않고, 기뻐하고 성내고 슬퍼하고 즐거워하는 것
으로 정情을 말한 것은, 아마도 '중中'과 '화和'의 두 글자를 드러내
어서 아래의 '제자리하고(位) 길러진다(育)' 함을 일으킴일 것이다.
※ 透 : 통해서 볼 투/ 位 : 제자리 할 위/ 育 : 기를 육.


中和大本達道는 是說性情之德의 其本然道理ㅣ 如此니 方
留住致字요 謂之는 與之謂로 不同이니 首節三之謂는 有是
名稱而實之也요 此兩謂之는 據其地位而目之也라. 無爲는
乃有爲之原이라 故曰大本이요 一人之情은 即千萬人之情이
라 故曰達道니 上天下는 以理言이요 下天下는 以人言이라.

　'중中, 화和, 큰 근본(大本), 천하에 통하는 도(達道)'는 바로 성품
과 정의 덕에 있는 그 본연한 도라가 이와 같음을 말한 것이니,
바야흐로 '지극히 한다는 치(致)'자를 놓은 것이고, '…을…라 이른
다(謂之)' 함은 '…하는 것을…라 이른다(之謂)'와는 같지 않은 것이
니, 첫머리 절의 세 번의 '…하는 것을…라 이른다(之謂)'는 이러한
명칭이 있어서 실제로 명칭을 정한 것이고, 여기에 있는 두 개의
'…을…라 이른다(謂之)'는 것은 그 지위에 의거하여 지목해서 말한
것이다.

　'함이 없음(無爲)'은 곧 '함이 있음(有爲)'의 근원이기 때문에 '큰
근본(大本)'이라고 말했고, 한 사람의 정은 곧 천만 사람의 정이기

때문에 '천하에 통하는 도(達道)'라고 말한 것이니, 위에 있는 '천하天下'는 이치로써 말한 것이고, 아래에 있는 '천하天下'는 사람으로써 말한 것이다.

※ 據 : 의거할 거/ 目 : 지목할 목/ 達 : 통달할 달.

**5** 致中和면 天地ㅣ 位焉하며 萬物이 育焉이니라.
　　치 중 화　천 지　위 언　　만 물　육 언

'중中'과 '화和'를 지극히 이루면, 하늘과 땅이 제자리를 잡고 만물이 제대로 길러질 것이다.

○ 致는 推而極之也요 位者는 安其所也요 育者는 遂其生也라. 自戒懼而約之하야 以至於至靜之中에 無所偏倚而其守ㅣ 不失이면 則極其中而天地位矣요 自謹獨而精之하야 以至於應物之處ㅣ 無少差謬(靡幼反)而無適不然이면 則極其和而萬物이 育矣리라.

'지극히 이룬다(致)'는 것은 미루어서 끝에까지 감이고, '제자리를 잡는다(位)'는 것은 있는 곳을 편안히 함이고, '제대로 길러진다(育)'는 것은 각자의 삶을 이룸이다.

경계하고 두려워함(戒懼)으로부터 요약하여, 지극히 고요한 속에서도 치우치거나 기울어지는 바가 없고 그 지킴을 잃지 않는 데에까지 이르게 되면, 그 '중中'을 지극히 하게 되어서 하늘과 땅이 제자리를 잡게 될 것이다. 또 혼자인 데를 삼감(謹獨)으로부터 정밀하게 해서, 사물을 응대하는 곳이 조금도 어긋나고 잘못됨이 없고, 가는 곳마다 그렇지 않음이 없는 데에까지 이르게 되면, 그 '화和'를 지극히 하게 되어서 만물이 길러지게 될 것이다.

◆ '謬'자는 '미'자와 '유'자의 반절음('뮤→류'라고 발음한다 : '류'의 본래음은 '뮤'이다).

※ 約 : 요약할 약/ 差 : 어긋날 차/ 謬 : 어긋날 류/ 靡 : 쓰러질 미/ 適 : 이를 적.

① 黃氏ㅣ 曰 章句에 無所偏倚無少差謬는 是橫致요 其守不失無適不然은 是直致라. 橫致는 如一箇物이 打迸了四圍하야 恁地潔淨相似요 直致는 則是今日如此潔淨하고 後日亦

如此하야 以至無頃刻不如此니라.

　황씨가 말하기를 "장구章句에 '치우치고 기울어지는 바가 없고 조금도 어긋나고 잘못됨이 없다' 함은 공간적(횡적)으로 지극하게 이룸이고, '그 지킴을 잃지 않고 가는 곳마다 그렇지 않음이 없다' 함은 시간적(수직적)으로 지극하게 이룸이다.

　공간적으로 지극하게 이룸은 마치 하나의 사물이 주위 사방을 모두 치고 물리쳐서, 그 곳이 깨끗해짐과 같은 것이고, 시간적으로 지극하게 이룸은 곧 오늘 이와 같이 깨끗하게 하고 뒷날도 또한 이와 같이 해서, 잠시도 이와 같지 않음이 없는 데에까지 이르름이다."

※ 橫: 공간 횡(동서)/ 直: 시간 직(상하)/ 打: 칠 타/ 迸: 흩을 병/ 圍: 주위 위/ 潔: 깨끗할 결/ 淨: 깨끗할 정/ 似: 같을 사/ 頃刻(경각): 아주 짧은 시간.

② 雲峯胡氏ㅣ 曰 章句에 精之約之는 只是釋一致字니 約之則存養之功이 益密하고 精之則省察之功이 益嚴이라. 至靜之中에 無少偏倚면 已是約之之至而其守不失이니 所以約之者ㅣ 愈至요 應物之處에 無少差謬면 已是精之之至而無適不然이니 所以精之者愈至라. 此之謂中和之致也라.

　운봉호씨가 말하기를 "장구에 '정밀히 한다(精之), 요약한다(約之)' 함은 단지 하나의 '이룰 치(致)'자를 풀이한 것이니, 요약하면 마음을 보존하고 기르는 공부가 더욱 세밀해지고, 정밀하게 하면 반성하고 살피는 공부가 더욱 엄격해지게 된다.

　지극히 고요함 속에서 조금도 치우치거나 기울음이 없다면, 이미 요약함이 지극하고 그 지킴을 잃지 않음이니, 요약하는 것이 더욱 지극해질 것이고, 사물을 응대하는 곳에 조금도 어긋나거나 잘못됨이 없다면, 이미 정밀히 함이 지극한 것이고 가는 데마다 그렇지 않음이 없음이니, 정밀히 함이 더욱 지극함이다. 이것을 '중中'과 '화和'가 지극히 이루어졌다고 이르는 것이다."

③ 新安陳氏ㅣ 曰 收斂近裏는 貴乎約하고 審察幾微는 貴乎精하니 二字下得尤不苟라

　신안진씨가 말하기를 "걷어 들여서 속에 가깝게 함은 요약함이 귀중하고, 기틀의 은미한 것을 자세히 살피는 것은 정밀함이 귀중하니, 장구에 두 글자(精約)를 쓴 것이 더욱 구차스럽지 않다."

※ 收斂(수렴) : 거두어 들임/ 裏 : 속 리/ 下 : 둘 하/ 苟 : 구차할 구.

④ 東陽許氏ㅣ 曰 致中和는 是戒懼愼獨하야 推行積累至乎極處니 則有天地位萬物育之效驗이라.

　동양허씨가 말하기를 "'중中과 화和를 지극히 이룸'은 바로 경계하고 두려워하며(戒愼) 혼자인 데를 삼가서(愼獨), 미루어 실행함이 여러 번 쌓여서 지극한 곳에까지 이른 것이니, 곧 하늘과 땅이 제자리를 잡고 만물이 길러지는 효험이 있게 되는 것이다."

蓋天地萬物은 本吾一體니 吾之心이 正(致中)이면 則天地之心도 亦正矣(天地位)요 吾之氣ㅣ 順(致和)이면 則天地之氣도 亦順矣라(天地氣順則萬物이 育이라). 故로 其效驗이 至於如此하니 此는 學問之極功이요 聖人之能事로되 初非有待於外요(不出吾性之外라) 而修道之敎도 亦在其中矣라.

　일반적으로 하늘·땅과 만물은 본래 나와 한 몸이니, 나의 마음이 바르면 곧 하늘·땅의 마음도 또한 바르게 될 것이고, 나의 기운(氣)이 순조로우면 하늘과 땅의 기운(氣)도 또한 순조롭게 될 것이다. 그러므로 그 효험이 이와 같은 데까지 이른 것이니, 이것은 학문의 지극한 공이고, 성인의 능한 일이다. 그러나 처음부터 (나의 성품) 바깥에서 기대하는 것이 아니고, 도道를 마름질한 가르침도 또한 그 가운데에 있다.

- ◆ 正(致中) : '바름'은 '中'을 지극히 이룬 것이다.
- ◆ 正矣(天地位) : '바르게 된다'는 하늘과 땅이 제자리를 잡는다는 뜻이다.
- ◆ 順(致和) : '순조롭다'는 '和'를 지극히 이룬 것이다.
- ◆ 天地氣順則萬物이 育이라 : 하늘・땅의 기운(氣)이 순조롭게 되면 만물이 또한 길러지게 된다.
- ◆ 不出吾性之外라 : 나의 성품 밖으로 나아가지 않는 것이다.

① 陳氏ㅣ 曰 致中은 卽天命之性이요 致和는 卽率性之道니 及天地位萬物育則修道之敎ㅣ 亦在其中矣라.

　진씨가 말하기를 "'중을 지극히 이룸(致中)'은 곧 하늘이 명령한 성품이고, '화를 지극히 이룸(致和)'은 곧 성품을 따르는 도이니, 하늘・땅이 제자리를 잡고 만물이 길러지는 데에 미치게 되면 도를 마름질한 가르침도 또한 그 가운데에 있다."

② 雲峯胡氏ㅣ 曰 致吾之中어늘 如何로 天地便位며 致吾之和어늘 如何로 萬物이 便育고? 蓋以天地萬物은 本吾一體故也니 朱子此八字는 是從天命之性說來라. 性은 一而已니 天地萬物이 與吾有二乎哉아?

　운봉호씨가 말하기를 "나의 '중中'을 지극히 이루었는데 어째서 하늘・땅이 제자리를 잡으며, 나의 '화和'를 지극히 이루었는데 어째서 만물이 길러지는 것일까? 일반적으로 하늘・땅과 만물은 본래 나와 한 몸이기 때문이니, 주자의 이 여덟 글자(天地萬物本吾一體)는 바로 '하늘이 명령한 것을 성품이라 이른다' 함을 따라 말한 것이다. 성품은 하나일 뿐이니, 하늘・땅 만물이 나와 둘일 수 있겠는가?"

是는 其一體一用이 雖有動靜之殊나 然이나 必其體立而後

에 用有以行이니 則其實은 亦非有兩事也라.

　이는 도의 한 본체와 한 작용이 비록 움직이고 고요함의 다름은 있으나, 반드시 본체가 세워진 뒤에야 작용이 행해지게 되는 것이니, 그 실상은 또한 두 가지 일이 있는 것이 아니다.

　① 三山陳氏ㅣ 曰 體之立은 所以爲用之行之地요 用之行은 所以爲體之立之驗이라.
　　삼산진씨가 말하기를 "본체가 세워짐은 작용이 행해질 땅을 만드는 것이고, 작용이 행해짐은 본체가 세워진 효험이 되는 것이다."

　② 新安陳氏ㅣ 曰 體靜用動은 分言也요 體立而後用行은 合言也라. 致中則必能致和니 中和는 一理요 天地位則必萬物育이니 位育은 一機요 非兩事也라.
　　신안진씨가 말하기를 "'본체는 고요하고 작용은 움직인다' 함은 나누어서 말한 것이고, '본체가 세워진 뒤에 작용이 행해진다' 함은 합해서 말한 것이다. 그러므로 중中을 지극히 이루면 반드시 능히 화和를 지극히 이룰 수 있으니, '중中'과 '화和'는 한 이치인 것이고, 하늘·땅이 제자리를 잡으면 반드시 만물이 길러지니, 제자리하고 길러짐은 한 틀이고 두 가지 일이 아니다."

故로 於此에 合而言之하야 以結上文之意하니라.
　그러므로 여기에 합해서 말해서, 윗 글의 뜻을 맺은 것이다.

　① 問致中和면 天地ㅣ 位하며 萬物이 育은 與喜怒哀樂으로 不

相干이니잇고? 朱子ㅣ 曰 世間에 何事不係在喜怒哀樂上이리오? 且如人君이 喜一人而賞之면 則千萬人이 勸이며 怒一人而罰之면 則千萬人이 懼하리니 以至哀矜鰥寡하고 樂育人材면 這便是萬物育이요 以至君臣父子夫婦長幼ㅣ 相處相接이 無不是면 這箇ㅣ 卽這喜怒中節處니 便是實理流行이니라.

묻기를 "'중中과 화和를 지극히 이루면 하늘·땅이 제자리를 잡고 만물이 길러지게 되는 것'은, 희로애락喜怒哀樂과는 서로 상관이 없는 것입니까?"

주자가 대답하시기를 "세상의 어떤 일이 희로애락喜怒哀樂에 매여 있지 않겠는가? 예를 들어 만일 임금이 한 사람을 기뻐해서 상을 줄 것 같으면 천만 사람이 착한 일에 권장될 것이며, 한 사람을 성내서 벌을 줄 것 같으면 천만 사람이 두려워 할 것이니, 홀아비와 과부를 슬퍼하고 불쌍히 여기고, 인재를 즐겨 기름에까지 이르게 되면 이것이 바로 만물이 길러짐이며, 임금과 신하·어버이와 자식·남편과 아내·어른과 어린이가 서로 간에 처신하고 서로 간에 응접함이 옳지 않음이 없는 데까지 이르면, 이는 곧 기뻐하고 성냄이 절도에 맞는 곳이니, 이것이 바로 진실한 이치가 흘러서 행함이다."

※ 勸: 권할 권/ 罰: 벌할 벌/ 哀: 슬퍼할 애/ 矜: 불쌍히 여길 긍/ 鰥: 홀아비 환/ 寡: 과부 과/ 處: 처신할 처/ 接: 사귈 접.

② 問致中和면 天地ㅣ 位하고 萬物이 育은 此以有位者言이니 如一箇之士ㅣ 如何得如此리오? 曰若致得一身中和면 便充塞一身이요 致得一家中和면 便充塞一家요 若致得天下中和면 便充塞天下니 有此理면 便有此事하고 有此事면 便有此理라. 如一日克復이 如何便得天下歸仁고? 爲有此理故也라.

묻기를 "'중中과 화和를 지극히 이루면 하늘·땅이 제자리를 잡고 만물이 길러진다' 함은 지위를 가진 사람을 가지고 말한 것이니, 만일 일개 하나의 선비 신분이라면 어떻게 이와 같이 할 수 있겠습니까?"

대답하시기를 "만약 한 몸의 '중中'과 '화和'를 지극히 이루었다면 곧 한 몸에 가득 찰 것이고, 한 집안의 '중中'과 화和를 지극히 이루었다면 곧 한 집안에 가득찰 것이며, 만약 천하의 '중中'과 '화和'를 지극히 이루었다면 곧 천하에 가득 찰 것이니, 이 이치가 있으면 곧 이 일이 있고, 이 일이 있으면 곧 이 이치가 있는 것이다. 하루 자기를 이기고 예에 회복함과 같은 것이, 어떻게 천하 사람을 '인仁'에 돌아오게 할 수 있겠는가? 바로 이 이치가 있기 때문에 가능한 것이다."

※ 『논어』 안연편에 "顔淵이 問仁한대 子ㅣ 曰 克己復禮ㅣ 爲仁이니, 一日克己復禮면 天下ㅣ 歸仁焉하나니, 爲仁이 由己니 而由人乎哉아?(안연이 仁에 대해 묻자온대, 공자께서 말씀하시기를 '자기의 사사로운 욕심을 이기고 예를 회복함이 仁을 하는 것이다. 하루동안이라도 사사로운 욕심을 이기고 예를 회복하면 천하가 인에 돌아올 것이다. 인을 실천함이 나로 말미암으니, 남에게 달려있는 것이겠는가?')"

※ 充塞(충색) : 꽉 채워 막음.

③ 問堯湯이 不可謂不能致中和어늘 而亦有水旱之災니잇고? 曰經은 言其常이요 堯湯은 遇非常之變也라. 大抵致中和는 自吾一念之間으로 培植推廣하야 以至裁成輔相하고 匡直輔翼히 無一事之不盡이라야 方是至處라.

묻기를 "요임금과 탕임금이 중中과 화和를 지극히 이루지 못했다고 말할 수 없을 것인데, 그런데도 또한 홍수와 가뭄의 재앙이 있었습니까?"

대답하시기를 "경經에는 그 정상적인 것을 말한 것이고, 요임금과 탕임금은 비상한 변란의 때를 만난 것이다. 대개 '중中과 화和를 지극히 이룸'은 나의 한 가닥 생각이 일어나는 사이에서부터 북돋아 길러 미루고 넓혀서 하늘·땅의 도道를 마름질하여 이루고 도우며, 만 백성들을 바르게 하여 곧게 하고 좌우에서 보필함에 이르기까지, 한 가지 일도 다하지 못함이 없게 해야만, 이것이 바로 지극한 곳이 될 것이다"

※ 水 : 홍수 수/ 旱 : 가물 한/ 災 : 재앙 재/ 培植(배식) : 북돋아 기름/ 裁 : 마름질 할 재/ 輔 : 도울 보/ 相 : 도울 상/ 匡 : 바로잡을 광/ 翼 : 도울 익.

④ 致中和면 天地位焉하며 萬物育焉은 便是形和氣和則天地之和應이니라.

 '중中과 화和를 지극히 이루면 하늘·땅이 제자리를 잡고 만물이 길러진다' 함은, 바로 형체가 화和하고 기운(氣)이 화和하게 되면 하늘·땅이 화和로 응답하는 것이다.

⑤ 天地位萬物育은 便是裁成輔相하야 以左右民底工夫라. 若不能致中和면 則山崩川渴者有矣리니 天地安得而位며 胎夭失所者ㅣ 有矣리니 萬物이 安得而育이리오? 問如此則須專就人主身上說하야 方有此工夫니잇고? 曰規模는 自是如此라. 然이나 人各須一箇地位去做요 不道人主는 致中和하고 士大夫는 便不致中和니라.

 '하늘·땅이 제자리를 잡고 만물이 길러짐'은 바로 『주역』 태괘 대상전과 같이 '마름질해서 이루고 보필하고 도와서 백성을 다스리는' 공부다. 그러므로 만약 능히 중中과 화和를 지극하게 이루지 못하면, 산이 무너지고 내가 마르는 일이 있게 될 것이니, 하늘·땅이 어떻게 제자리를 얻을 수 있을 것이며, 태중의 아이가 일찍 죽고, 보금자리를 잃는 사람이 있게 될 것이니, 만물이 어찌 길러짐을 얻겠는가?

 묻기를 "그렇다면 이런 공부는 전적으로 임금의 입장에서 말한 것입니까?" 대답하시기를 "규모가 스스로 이와 같다는 뜻이다. 그러나 사람은 반드시 각각 하나의 지위에 맞는 중과 화를 이루어 가야 할 것이지, 임금은 중과 화를 지극하게 이루고, 사대부(士大夫)는 곧 중과 화를 지극하게 이루지 말라는 것은 아니다."

※ 『주역』태괘 대상전에 "天地交ㅣ泰니, 后ㅣ 以하야 財成天地之道하며 輔相天地之宜하야 以左右民하나니라(하늘과 땅이 사귀는 것이 태괘니, 임금이 본받아서 천지의 도를 마름질하여 이루며, 천지의 마땅함을 도움으로써 백성을 다스리느니라.)"

※ 左右 : 좌지우지하며 다스려 나감/ 崩 : 무너질 붕 / 渴 : 물마를 갈/ 胎 : 낙태할 태/ 夭 : 요절할 요/ (본래 '胎夭'는 태중의 아이와 갓 태어난 아이를 지칭하는 말이다)/ 所 : 거처할 소.


⑥ 西山眞氏ㅣ 曰 致中和之所以用功은 不過曰敬而已니 不睹不聞而戒懼는 靜時敬也요 謹獨은 動時敬也라. 靜無不敬은 所以致中이요 動無不敬은 所以致和니 自然天地位萬物育하야 如洪範에 所謂肅乂哲謀聖而雨暘燠寒風之時若應之라. 董仲舒ㅣ 所謂人君이 正心하야 以正朝廷하고 正百官하야 正萬民이면 而陰陽和하고 風雨時하야 諸福之物이 畢至ㅣ 皆是此理라.

서산진씨가 말하기를 "중中과 화和를 지극히 이루는 공부를 하는 방법은 '경건함(敬)'에 지나지 않을 뿐이니, '보지 못하고 듣지 못하는 데를 경계하고 두려워함'은 고요할 때의 경건함(敬)이고, '혼자인 데를 삼감'은 움직일 때의 경건함(敬)이다. 고요할 때에 경건하지 않음이 없음은 '중中을 지극히 이루는 것'이고, 움직일 때에 경건하지 않음이 없음은 '화和를 지극히 이룸'이니, 자연히 하늘·땅이 제자리를 잡고 만물이 길러지게 되어서, 『서경』의 홍범洪範에 말한 '엄숙하고 다스리고 지혜롭고 꾀있고 성스럽게 하면, 비오고 맑음, 덥고 추움, 바람부는 것이 때에 맞게 응한다'는 것과 같은 것이다.

동중서董仲舒가 말한 '임금이 마음을 바르게 해서 조정朝廷을 바르게 하고, 백관百官을 바르게 해서 만민을 바르게 하면, 음양이 화합하고 때에 맞춰 바람불고 비내려서, 여러 가지 복된 사물이 모두 이른다.' 함이 모두 이러한 이치이다."

※ 『서경』 주서편 홍범장 휴징조에 "曰 休徵은 曰肅에 時雨ㅣ若하고 曰乂에 時暘이 若하고 曰哲에 時燠이 若하고 曰謀에 時寒이 若하고 曰聖에 時風이 若이니라(아름다운 징험이라는 것은, 엄숙함에 비가 때맞춰 오는 것 같이 하며, 다스림에 볕이 때맞춰 비추는 것 같이 하며, 밝음에 더위가 때맞춰 오는 것 같이 하며, 꾀함에 추위가 때맞춰 오는 것 같이 하며, 성스러움에 바람이 때맞춰 부는 것 같이 하니라)"

※ 暘 : 볕 양/ 燠 : 따뜻할 욱/ 寒 : 찰 한/ 若 : 같을 약.

⑦ 雙峯饒氏ㅣ 曰 致中和하야 而能使天地位萬物育은 是有此理로되 但所居位ㅣ 有高下하야 則力之所至ㅣ 有廣狹하니 如爲一家之主면 則能使一家之天地位萬物育하고 爲一國之主면 則能使一國之天地位萬物育하고 爲天下主면 則能使天地位萬物育이라. 父父子子夫夫婦婦는 此一家之天地位也요 妻子臣妾人人이 各得其所는 此一家之萬物育也니 一國도 亦然이요 極而至於天下然後에 天地位萬物育이 始充其量이라. 如孔子는 在當時하야 雖不見位育極功이나 然이나 道明於萬世하야 能使三綱五常으로 終古不墜하니 是卽位育之極功也니라.

쌍봉요씨가 말하기를 "중中과 화和를 지극히 이루어서 능히 하늘·땅이 제자리를 잡고 만물이 길러지게 할 수 있다' 함은, 이러한 이치가 있음이다. 그러나 단지 자기의 처한 위치가 높고 낮음이 있어서, 힘의 이르는 곳이 넓고 좁은 차이가 있으니, 예를 들어 한 집안의 주인이 되면 능히 한 집안의 하늘·땅이 제자리를 잡고 만물이 길러지게 할 수 있고, 한 나라의 주인이 되면 능히 한 나라의 하늘·땅이 제자리를 잡고 만물이 길러지게 할 수 있으며, 천하의 주인이 되면 능히 하늘·땅이 제자리를 잡고 만물이 길러지게 할 수 있음과 같은 것이다.

　어버이는 어버이 자리에 있고, 자식은 자식 자리에 있으며, 남편은 남편 자리에 있고, 아내는 아내 자리에 있음은 한 집안의 하늘·땅이 제자리를 잡은 것이요, 아내와 아들 하인과 첩들의 사람 사람이 각각 그 있을 곳을 얻음은 한 집안의 만물이 길러짐이니, 한 나라도 또한 그러한 것이고, 끝에 가서 천하에까지 이른 뒤에야 '하늘·땅이 제자리를 잡고 만물이 길러진다' 함이 비로소 그 양(量)을 채우게 된다.

　공자님과 같으신 분은 그 당시에는 비록 하늘·땅이 제자리를 잡고 만물이 길러지는 지극한 공을 나타내지 못하셨으나, 만세에 도道를 밝히셔서 능히 삼강三綱과 오상五常을 천고에 떨어지지 않도록 하셨으니, 이것이 바로 하늘·땅이 제자리를 잡고 만물이 길러지게 한 지극한 공이다."

※ 廣狹(광협) : 넓음과 협소함/ 充 : 채울 충/ 墜 : 떨어질 추, 잃을 추.


⑧ 雲峯胡氏| 日 中和는 雖有體用動靜之殊나 然이나 深觀其所從來면 則天地萬物之所以位育은 有不得而析者라. 故로 曰必其體立而後에 用有以行이니 亦非有兩事也라. 中庸一書| 本只言率性之道而必推原天命之性하고 本只言時中之中而必推原未發之中은 皆謂體立而後用有以行也라.

　운봉호씨가 말하기를 "'중中'과 '화和'는 비록 본체와 작용의 움직이고 고요한 다름이 있으나, 그것이 온 유래를 깊이 살펴보면 하늘·땅과 만물이 제자리를 잡고 길러짐은 불가분의 관계가 있는 것이다. 그러므로 장구章句에 '반드시 그 본체가 세워진 뒤에 작용이 행해질 수 있는 것이니, 또한 두 가지 일이 있는 것이 아니다(必體立而後用有以行亦非有兩事)'고 말한 것이다.

　『중용』은 본래 단지 '성품을 따르는 도(率性之道)'를 말했을 뿐인데, 장구에서 반드시 하늘이 명령한 성품에까지 미루어 근원으로 하고, 본래 단지 '때에 맞추어 중을 행하는 중'을 말했을 뿐인데, 반드시 '일어나지 않은 중(未發之中)'을 미루어 근원으로 한 것은, 모두가 본체가 세워진 뒤에 작용이 행해질 수 있음을 말한 것이다."


⑨ 新安陳氏ㅣ 曰 由敎而入之學者ㅣ 其於致中和位育之事業에 雖未敢遽望及此나 然이나 學問志向之初에 亦所當考而以之爲標的也니라.

　신안진씨가 말하기를 "가르침(敎)으로 말미암아 학문에 들어가는 사람이, 중中과 화和를 지극히 이루고 하늘·땅이 제자리를 잡고 만물이 길러지는 사업까지는, 비록 감히 빨리 여기까지 미칠 것을 바랄 수는 없지만, 학문에 뜻을 두어 처음으로 향해 나갈 때는 또한 마땅히 살펴서 목표로 삼아야 할 것이다."


⑩ 東陽許氏ㅣ 曰 位育은 以有位者言之면 固易曉로되 若以無位者言之면 則一身一家ㅣ 皆各有天地萬物이니 以一身言이면 若心正氣順則自然睟面盎背하고 動容周旋中禮하리니 是位育也요 以一家言이면 以孝感而父母ㅣ 安하며 以慈化而子孫이 順하며 以弟友接而兄弟和하며 以敬處而夫婦ㅣ 正하며 以寬御而奴僕이 盡其職하야 及一家之事ㅣ 莫不當理하리니 皆位育也나 但不如有位者所感이 大而全爾라.

　동양허씨가 말하기를 "'제자리하고 길러진다(位育)' 함은 지위가 있는 사람으로 말하면 참으로 알기 쉬울 것이다. 그러나 만약 지위가 없는 사람으로 말할 것 같으면 한 몸과 한 집안에도 모두 각각 하늘과 땅 만물이 있는 것이다.

　한 몸을 가지고 말하면, 마음이 바르고 기운이 순하면 자연히 얼굴에 윤기가 흘러 등에까지 빛이 넘치고, 행동거지가 모두 예절에 맞을 것이니, 이것이 바로 하늘·땅이 제자리를 잡고 만물이 길러짐(位育)이다. 또 한 집안으로 말하면, 효도로 감동시켜서 부모가 편안하고, 사랑으로 교화하여 자손이 순종하고, 공손함과 우애로 대접하여 형제가 화목하고, 경건함으로 생활해서 부부가 바르고, 너그러움으로 다스려서 하인들이 그 직분을 다해서, 한 집안의 일이 이치에 합당하지 않음이 없을 것이니, 모두가 하늘·땅이 제자리를 잡고 만물이 길러짐이다. 그러나 단지 지위가 있는 사람의 느낌이 크고 온전한 것만 못할 뿐이다."

※ 『맹자』진심장 상에 "君子所性은 仁義禮智l 根於心이라 其生色也l 睟然見於面하며 盎於背하며 施於四體하야 四體l 不言而喩니라(군자의 본성은 인의예지가 마음속에 뿌리하였기 때문에, 그 얼굴빛에 나타남이 윤기가 얼굴에 드러나며 등에 가득차게 넘치며 사체에 베풀어져서, 사체가 말하지 않아도 저절로 깨닫게 된다)."

※ 易 : 쉬울 이/ 曉 : 깨달을 효/ 睟 : 윤택할 수/ 盎 : 성하여 넘칠 앙/ 背 : 등 배/ 周旋(주선) : 몸가짐, 두루 돌아다님/ 中 : 맞을 중/ 弟 : 공손할 제/ 友 : 우애 우/ 處 : 처신할 처/ 御 : 다스릴 어/ 奴 : 종 노/ 僕 : 종 복.

⑪ 退溪答栗谷l 曰陳意l 似云致中之中은 卽天命之性이요 致和之和는 卽率性之道나 然이나 今只云云語有未瑩이라하니 來說是也라.

 퇴계가 율곡에게 답변하기를 "진씨의 뜻이 '중을 지극히 이룬다(致中)'의 '중'은 하늘이 명령한 성품이고, '화를 지극히 이룬다(致和)'의 '화'는 성품을 따르는 도라고 한 것 같으나, 지금 그 말의 뜻이 명확하지 않은 점이 있다고 하니, 문의하신 말씀이 옳다."

※ 陳 : 성씨 진(新安陳氏)/ 瑩 : 밝을 영.

⑫ 沙溪l 曰存養은 專以靜言이요 涵養은 兼動靜言이라.

 사계가 말씀하기를 "'보존하고 기른다' 함은 전적으로 정적인 측면을 말한 것이고, '함양한다' 함은 동적인 면과 정적인 면을 겸해서 말한 것이다."

**備旨** 然이나 使靜而不知所以存이면 則天理昧而大本不立하고 動而不知所以節이면 則人欲肆而達道不行이라. 惟君子는 約其戒懼之功하야 自睹聞으로 以至於不睹不聞히 無一毫偏倚而守之不失하니 則極其中而大本之立이 日以固矣요 精其謹幾之學하야 自隱微로 以至於應事接物히 無一毫差謬而無適不然하니 則極其和而達道之行이 日以廣矣라. 夫吾心之中和는 卽天地萬物同有之中和也니 中和旣致吾之心正이면 則天地之心도 亦正而天地位焉이며 吾之氣順이면 則天地之氣도 亦順而萬物이 育焉이니 此則道無須臾之離而性自我盡하고 道自我全하야 敎亦自我立矣라. 體道之功이 孰有加於此哉리오?

그러나 만일 고요할 때에 보존할 바를 모른다면 하늘의 이치가 어두워져서 큰 근본이 서지 않을 것이고, 움직일 때에 절제할 바를 모른다면 사람의 욕심이 방자해져서 통하는 도(達道)가 행해지지 못할 것이다. 그러나 오직 군자만은 경계하고 두려워하는 공부로 제약해서, 보고 듣는 데로부터 보지 못하고 듣지 못하는 데에까지 이르기까지 터럭 하나라도 치우치거나 기울어짐이 없고 지켜서 잃지 않는다. 그러므로 그 중中을 지극히 하여 큰 근본의 세워짐이 날로 굳건해지는 것이다. 또 기미(幾)를 삼가는 학문을 정밀히 하여 어둡고 미세한 것으로부터 사물을 응접하는 데에 이르기까지 터럭 하나도 어긋나고 잘못됨이 없으며, 가는 곳마다 그렇지 않음이 없다. 그러므로 그 화和를 지극히 해서 통하는 도의 행해짐이 날마다 넓어지게 되는 것이다.

일반적으로 내 마음의 중中과 화和라는 것은 곧 하늘・땅 만물이 함께 가지고 있는 중과 화니, 중과 화가 이미 내 마음의 바름을 지극히 이루었다면, 하늘・땅의 마음도 또한 바르게 되어서 하늘·땅이 제자리를 잡게 되고, 나의 기운이 순조로우면 하늘·땅의 기운도 또한 순조롭게 되어서 만물이 길러지게 되는 것이니, 이는 곧 도를 잠시도 떠남이 없어서, 성품(性)이 나로부터 다하게 되고, 도가 나로부터 온전하게 되어, 가르침(敎)이 또한 나로부터 세워지게 됨이다. 도를 몸으로 실행한 공이 이보다 더한 것이 어디에 있겠는가?

❈ 肆 : 방자할 사/ 約 : 요약할 약/ 適 : 갈 적/ 孰 : 누구 숙.

備旨補註 致中節旨 此는 究言體道之極功하야 以結上四節之意니 致中則戒懼益純而天命之性이 全하고 致和則愼獨益至而率性之道ㅣ 盡하니 天地位는 致中之效也요 萬物育은 致和之效也라. 然이나 中和는 一理요 位育은 一機로되 但效所由著ㅣ 不得不如此分屬耳라.

　치중(致中)절의 뜻 : 이것은 궁극적으로 도를 몸소 실행하는 지극한 공부를 말해서 위 네 절의 뜻을 맺은 것이니, 중中을 지극히 이루면 경계하고 두려워함이 더욱 순수해져서 하늘이 명령하신 성품이 온전해지고, 화和를 지극히 이루면 혼자인 데를 삼감이 더욱 지극해져서 성품을 따르는 도가 다하게 되니, 하늘·땅이 제자리를 잡음은 중中을 지극히 이룬 효험이고, 만물이 길러짐은 화和를 지극히 이룬 효험이다. 그러나 중中과 화和는 한 이치이고, 제자리를 잡고 길러짐은 한 기틀이로되, 단지 효과가 말미암아 나타남을 이와 같이 나누어서 소속시키지 않을 수 없을 뿐이다.

❈ 究 : 끝 구/ 著 : 드러날 저/ 屬 : 붙일 속.

位育은 以事言而理在其中이니 如堯舜이 在上하야 地平天成은 是位育實事요 孔孟在下하야 明道設敎는 是位育實理라.

　'제자리를 잡고 길러짐'은 일로써 말한 것이나 이치가 그 가운데에 있는 것이니, 요임금과 순임금이 위에 있으심에 땅은 화평하고 하늘은 만물을 성취하게 함과 같은 것은 제자리를 잡고 길러짐의 실질적인 일이고, 공자님과 맹자님이 아래에 계심에 도를 밝히고 가르침을 베푸심은 제자리를 잡고 길러짐의 실질적인 이치이다.

● **右는 第一章이라.**
이상은 첫 번째 장이다.

**子思ㅣ 述所傳之意以立言하사 首明道之本原이 出於天而不可易과(首三句라) 其實體ㅣ 備於己而不可離하시고(道不可離니 可離면 非道二句라) 次言存養省(悉井反)察之要하시고(戒懼愼獨二節라)**

자사께서 전수하시려는 뜻을 글로 기록하여 후세에 교훈의 말씀을 남기셔서, 첫 번째로 도의 근본 원천이 하늘에서 나와서 바꿀 수 없다 함과 그 실체가 나에게 갖추어 있어서 떠날 수가 없다 함을 밝히시고, 다음으로 마음을 보존하고 기르며 반성하고 살피는 요체를 말씀하시고,

- ◆ 首三句라 : 첫 번째 있는 세 구절을 말한 것이다(天命之謂性이요, 率性之謂道요, 修道之謂敎니라).
- ◆ 道不可離니 可離면 非道二句라 : '도는 떠날 수 없으니, 떠날 수 있으면 도가 아니라'는 두 구절을 말한 것이다(道也者는 不可須臾離也니, 可離면 非道也라).
- ◆ 戒懼愼獨二節라 : '경계하고 두려워하고(戒懼)' '혼자인 데를 삼간다(愼獨)'는 두 절이다(是故로 君子는 戒愼乎其所不睹하며, 恐懼乎其所不聞이니라. 莫見乎隱이며 莫顯乎微니, 君子는 愼其獨也니라).
- ※ 存養(존양) : 본심을 잃지 않고 타고난 착한 성품을 기름.

① 沙溪ㅣ 曰 存養은 專以靜言이요 涵養은 兼動靜言이라.
　사계가 말씀하기를 "'보존하고 기른다' 함은 전적으로 정적인 측면으로 말한 것이고, '함양한다' 함은 동적인 측면과 정적인 측면을 겸한 말이다."

### 終言聖神功化之極하시니(中和位育三句라)
　끝으로 성스럽고 신비한 공과 조화의 지극함을 말씀하셨으니,

- 中和位育三句라 : "'중中'과 '화和'를 지극하게 이루면 하늘·땅이 제자리를 잡고 만물이 길러진다"는 세 구절이다(發而皆中節을 謂之和니, 中也者는 天下之大本也요 和也者는 天下之達道也니라, 致中和면, 天地ㅣ 位焉하며 萬物이 育焉이니라).

① 黃氏ㅣ 曰 此章은 字數不多로되 而義理本原과 功夫次第와 與夫效驗之大를 無不該備라.
　황씨가 말하기를 "이 장은 글자 수는 많지 않지만, 의리義理의 근본 원천과, 공부하는 차례와, 효험의 큼을 모두 갖추고 있지 않음이 없다."

### 蓋欲學者ㅣ 於此에 反求諸身而自得之하야 以去(上聲)夫(音扶)外誘之私而充其本然之善이요
　아마도 배우는 사람이, 여기서 자기 몸에 돌이켜 찾아 스스로 터득해서, 바깥에 있는 사물의 꾀임인 사사로움을 버리고 자기의 본연의 착함으로 채우게 하려 하심일 것이고,

① 新安陳氏ㅣ 曰 中之大本은 原於天命之性이요 和之達道는

卽率性之道也라. 反求諸身은 身本有之요 自得之者는 卽自
得乎此也라. 去外誘之私는 愼獨以遏人欲而已요 充本然之
善은 致大本之中達道之和也라.

　신안진씨가 말하기를 "'중(中)의 큰 근본(大本)'은 하늘이 명령한 성품에서 근원한 것이고, '화(和)의 통하는 도(達道)'는 바로 성품을 따르는 도이다. '몸에 돌이켜 찾음'은 몸에 본래 있음이고, '스스로 터득한다' 함은 곧 스스로 이것을 얻음이다. '바깥에 있는 사물의 꾀임인 사사로움을 버림'은 혼자인 데를 삼가서(愼獨) 사람의 욕심을 막는 것일 뿐이고, '본연의 착함을 채움'은 큰 근본인 '중(中)'과 '통하는 도(達道)'인 '화(和)'를 지극히 이루는 것이다.

※ 誘 : 꾈 유/ 愼 : 삼갈 신/ 遏 : 막을 알/ 充 : 채울 충.


楊氏所謂一篇之體要ㅣ 是也라.

양씨가 이른바 '한 편의 요체'라 함이 이것이다.

◆ 楊氏(時) : 양씨는 양시(號는 龜山)를 이른다.


① 陳氏ㅣ 曰 此章은 乃子思總括一篇之義라.
　진씨가 말하기를 "이 장은 곧 자사께서 한 편(中庸)의 뜻을 총괄하신 것이다.


② 新安陳氏ㅣ 曰 中庸一書는 造聖道之閫奧요 其首章은 子
思子ㅣ 自著之格言也라. 首三句는 祖述湯誥惟皇上帝降衷
于下民하사 若有恒性하니 克綏厥猷사 惟后之言하야 而推明
性道敎三字나 血脈貫通하고 名義精當은 則實過之하니 眞是
發從古聖賢之所未發이요
　신안진씨가 말하기를 "『중용』은 성인의 도道로 나아가는 문지

방과 아랫목 같은 것이고, 첫 번째 장은 자사께서 스스로 쓰신 훈계의 말씀들이다. 첫머리의 세 구절은 『서경』의 상서(商書)편 탕고(湯誥)장에 말한 '오직 위대하신 하느님이 백성들에게 인의예지(仁義禮智)의 이치를 고루 갖춘 중(中)을 내리시어, 그 중을 순히 따라 항상한 성품을 두었으니, 능히 그 도를 편안히 할 수 있는 분이라야 임금님이시라'는 말을 높이고 숭배하여 기술하시어, '성품(性), 도(道), 가르침(敎)'의 세 글자를 미루어 밝히신 것이다. 그러나 글의 문맥이 서로 관통되고 이름과 뜻의 정밀하고 합당함은 실상 탕고장의 말씀보다 훨씬 나으니, 참으로 옛 성현들이 밝히지 못한 것을 밝히신 것이다.

※ 閫奧(곤오) : 깊숙한 중심부/ 著 : 지을 저/

愼獨을 曾子雖嘗言之나 然이나 只就意之動處言之耳요 前一截靜時工夫는 未之言也로되 子思ㅣ 先就戒懼處하야 言靜時之涵養하시고 方就愼獨處하야 言動時之省察하시니 動靜相涵하야 交致其力이라. 視曾子之言에 益加密焉하니 亦本其所已發而盡發其所未發也요

'혼자인 데를 삼감(愼獨)'을 증자(曾子)께서 비록 일찍이 말씀하셨으나, 단지 뜻이 움직이는 곳에 대해서만 말씀을 하셨을 뿐이고, 그 앞 단계인 고요할 때의 공부는 말씀하시지 않으셨다. 그러나 자사께서는 먼저 '경계하고 두려워하라(戒懼)'고 하여 고요할 때의 함양함을 말씀하시고, '혼자인 데를 삼가라(愼獨)'고 하여 움직일 때의 반성하고 살핌을 말씀하셨으니, 움직일 때와 고요할 때를 서로 함양해서 교대로 그 힘을 지극하게 하신 것이다. 증자의 말씀과 비교해 볼 때 더욱더 정밀하니, 또한 이미 말씀하신 것을 근본으로 해서 그 말씀하시지 않은 것을 모두 밝히신 것이다.

※ 截 : 단락 절/ 密 : 정밀할 밀.

自古로 書中에 多言無過不及之中하니 中之用耳로되 子思는 則先言未發之中하야 以見中之體하시고 後言時中之中하야 以見中之用하시니 言未發之中하야 本體淵深은 除中庸外엔 他固罕見이라. 豈非亦發前古聖賢之所未發乎리오? 靜致其中하고 動致其和하야 極其功하야 至於位天地育萬物은 參贊化育之大功이나 其本原은 實自存養天理遏絶人欲者ㅣ基之라.

예로부터 글 속에 '지나치거나 미치지 못함이 없는 중中'을 많이 말했으니, 이는 '중의 작용'을 말한 것이다. 그러나 자사께서는 먼저 '일어나지 않은 중'을 말씀해서 '중의 본체'를 보여주시고, 뒤에 '때에 맞추어 중을 행하는 중'을 말씀하시어 '중의 작용'을 보여주셨으니, '일어나지 않은 중'을 말해서 본체가 못같이 깊음은 『중용』외에 다른 데에서는 보기 드물다. 어찌 또한 옛 성인이 밝히시지 않으신 것을 밝히심이 아니겠는가?

고요할 때에 그 중中을 지극하게 이루고, 움직일 때에 그 화和를 지극하게 이루어, 그 공을 지극히 해서 하늘·땅이 제자리를 잡고 만물이 길러지는 데에까지 이르름은 하늘·땅의 화육化育에 참여하고 돕는 큰 공이나, 그 근원은 실상 '하늘 이치(天理)'를 보존시켜 기르고 '사람 욕심人欲'을 막고 끊는 데로부터 기초하는 것이다.

※ 화육化育 : 천지 자연이 만물을 낳고 기름을 말함
※ 淵 : 못 연/ 罕 : 드물 한.


精乎大哉라! 一章大指ㅣ有本原하고 有工夫하고 有功用하야 歷選聖賢之書라도 無能肩之者라. 聖師ㅣ有此賢孫하니 其有功於道統之傳은 萬世實不可磨云이라.

정밀하고 크구나! 이 한 장의 큰 가리킴이 도의 근본과 원천이 되는 곳이 있고, 공부가 있으며, 공과 작용이 있어서, 성현의 글을 차례로 골라 보더라도 이와 능히 견줄만한 것이 없다. 성스러운 스승님께서 이와 같은 어진 손자를 두셨으니, 공자님의 도통의 전수에 공헌하심은 실상 만세에 없어질 수 없는 것이다."

❋ 選 : 가릴 선/ 肩 : 견줄 견/ 磨 : 닳아 없어질 마.

**其下十章**은 **蓋子思**ㅣ **引夫子之言**하사 **以終此章之義**시니라.

그 아래 열 개의 장은 아마도 자사께서 공자님의 말씀을 인용하시어 이 장의 뜻을 끝마치신 것일 것이다.

① **雙峯饒氏**ㅣ **曰 首章**은 **論聖人傳道立敎之原**과 **君子涵養性情之要**하야 **以爲一篇之網領**이니 **當爲第一大節**이라.

쌍봉요씨가 말하기를 "첫머리 장은 성인의 도(道)를 전수하시고 가르침을 세우신 근원과 군자의 성품(性)과 정情을 함양涵養하는 요체를 논해서, 한 편의 강령綱領으로 삼은 것이니, 마땅히 『중용』 전체를 나누어 볼 때 첫 번째 큰 절節로 삼아야 할 것이다."

# 第2章

> **1** 仲尼ㅣ 曰 君子는 中庸이요
> 중니 왈 군자 중용
>
> 小人은 反中庸이니라.
> 소인 반중용
>
> 중니께서 말씀하시기를 "군자는 중용대로 하고, 소인은 중용에 반대되게 하느니라."

① 尤菴이 曰 此章은 夫子訓說之始也요 第三十章은 夫子德行之始也라. 故로 皆稱仲尼하야 以見他所所謂子曰者ㅣ 皆仲尼也라.

　우암이 말씀하기를 "이 장은 공자님께서 훈계하시는 말씀의 시작이고, 30장은 공자님의 덕행의 처음이다. 그러므로 이 장과 30장에 모두 '중니仲尼'라고 일컬어서, 다른 곳에 '자왈子曰'이라고 말한 것이 모두 '중니'임을 나타낸 것이다.

② 朱子ㅣ 曰 若曰孔子則外之之辭요 若曰夫子則當時衆人相呼之通稱이라. 古人이 不諱字하야 儀禮祭祀에 皆稱其祖爲伯某甫라.

　주자께서 말씀하시기를 "만약 '공자'라고 하면 외인들의 하는 말이고, 만약 '부자夫子'라고 하면 당시의 뭇사람들이 서로 부르던 통칭이다. 옛날 사람이 조상의 자字는 꺼리지 않아서, 의식이나 제사에 그 조상을 조상 아무개님이라고 해서 자字를 쓴다."

③ 壺山이 曰 按仲尼는 親之之辭요 子는 尊之之辭라.

호산이 말씀하기를 살펴보건대 '중니仲尼'는 친근히 하는 말이고, 자(子)는 높이는 말이다.

○ **中庸者**는 **不偏不倚**하며 **無過不及而平常之理**니

'중용'이라는 것은 치우치지 않고 기울지 않으며, 지나치거나 미치지 못함이 없는 평상의 이치니,

① 朱子ㅣ 曰 中有二義하니 不偏不倚는 程子所謂在中之義며 猶立而不近四旁이니 心之體也라. 無過不及은 程子所謂中之道며 猶行而不先不後니 事之中也라. 故로 於未發之大本則取不偏不倚之名하고 於已發而時中則取無過不及之義라.

주자께서 말씀하시기를 "'중中'에는 두 가지 뜻이 있다. '치우치지 않고 기울지 않음(不偏不倚)'은 정자께서 이르신바 '가운데 있다'함의 뜻이며, 서 있으면서 사방의 치우친 데로 가까이하지 않음이니, 마음의 본체이다. '지나치고 미치지 못함이 없음(無過不及)'은 정자께서 이르신바 '중中의 도'며 나감에 먼저가지도 않고 뒤에 가지도 않음이니 일에 있어서의 중中이다.

그러므로 발현되지 않은 큰 근본에는 치우치지 않고 기울지 않음을 취했고, 이미 발현되어 때에 맞추어 중中으로 처신함에는 지나치고 미치지 못함이 없음을 취했다."

② 陳氏ㅣ 曰 中庸은 只是一箇道理니 所以不析開說이라.

진씨가 말하기를 "'중용'은 단지 하나의 도리일 뿐이다. 그러므로 더 이상 분석하고 전개한 설명을 하지 않았다."

乃天命所當然이며 精微之極致也라.
곧 하늘이 명령한 당연한 것이며, 정밀하고 은미함의 극치이다.

① 新安陳氏ㅣ 曰 提掇篇首一句하야 以爲綱領하니 乃天命所賦當然之理며 所謂極至之德也라.
　신안진씨가 말하기를 "책 첫머리의 한 구절을 끌어내서 강령으로 삼았으니, 바로 하늘의 명령으로 부여받은 당연한 이치며, 이른바 지극한 덕德이다."

❊ 提 : 끌 제/ 掇 : 선택할 철/ 賦 : 부여받을 부.

唯(與惟로 通이라)君子아 爲能體之요
오직 군자만이 몸소 실행할 수 있고,

◆ 唯(唯는 與惟로 通이라) : '唯(유)'는 '惟'자와 통용해서 쓴다.
❊ 唯 : 오직 유(≒惟).

① 新安陳氏ㅣ 曰 體之는 謂以身當而力行之니 如仁以爲己任之意라.
　신안진씨가 말하기를 "'몸소 실행한다(體之)' 함은 몸으로 맡아서 힘써 실행함을 이름이니, '인仁으로써 자기의 소임을 삼는다'는 뜻과 같은 것이다."

❊ 『논어』 태백편에 "曾子ㅣ 曰 …仁以爲己任이니, 不亦重乎아? 死而後已니, 不亦遠乎아?(증자께서 말씀하시기를 '군자는 인으로써 자기의 책임을 삼으니, 책임이 무겁지 않은가? 죽은 뒤에야 끝나니, 책임이 멀지 않은가?')"

小人은 反是니라.

소인은 이것과 반대로 한다.

① 雲峯胡氏│曰 第二章以下十章이 皆述夫子之說이로되 獨此章與第三十章에 揭仲尼二字하니 仲尼曰은 仲尼之言也니 所言者│ 中庸也요 仲尼祖述堯舜以下는 仲尼之行也니 所行者│ 皆中庸也라. 中和之論은 發於子思하고 中庸之論은 本於仲尼라. 然이나 發而中節之和는 卽是時中之中이니 子思中和二字도 亦只是說仲尼一中字라. 故로 曰中庸之中은 兼中和之義라하고 而章句에 必先曰不偏不倚하고 而後에 曰無過不及이라하니 可謂精矣라.

운봉호씨가 말하기를 "두 번째 장 이하의 열 장이 모두가 공자님의 말씀을 기록한 것이다. 그런데 유독 이 장과 30장에 '중니仲尼'라는 두 글자를 썼다. '중니왈仲尼曰'이라고 한 것은 중니(공자)의 말씀이니, 말씀하신 것이 '중용'이고, '중니조술요순仲尼祖述堯舜'이라고 한 이하는 중니께서 행하신 것이니, 행하신 것이 모두 '중용'이다.

'중화中和'의 이론은 자사에게서 나왔고, '중용'의 이론은 중니에게서 근본했다. 그러나 '마음이 일어나 절도에 맞는 화和'는 곧 '때에 맞추어 중을 행하는(時中) 중'이니, 자사의 '중화中和' 두 글자도 또한 중니의 '중中'자 하나를 말했을 뿐이다. 그러므로 2장의 장구章句 말미에 '중용의 중中자는 중中과 화和의 뜻을 겸했다'고 말하고, 장구에 반드시 먼저 '치우치지 않고 기울지 않는다' 함을 말한 뒤에 '지나치거나 미치지 못함이 없다'를 말했으니, 정밀하다 이를 수 있다."

※ 揭 : 들 게/ 仲尼(중니) : 공자의 자字/ 只 : 다만 지.

備旨 此는 子思│ 引夫子之言하사 以釋首章之義也시니라.

仲尼ㅣ 有曰中庸之道는 命於天率於性하니 本人所同得者也
로되 然이나 惟君子는 爲能體此中庸하야 所存所發이 一依乎
中庸之理하고 若小人則反此中庸하야 而所存所發이 皆違其
本然之理焉이라.

　이것은 자사께서 공자님의 말씀을 인용하시어 첫머리 장의 뜻을 풀이하신 것이다. 중니께서 말씀하시기를 "중용의 도는 하늘에서 명을 받고 성품을 따르니, 본래 사람들이 다함께 얻은 것이다. 그러나 오직 군자만이 능히 이 중용을 몸소 실행할 수 있어서, 마음에 보존한 것과 일어나는 것이 하나같이 중용의 이치에 의지하고, 소인은 이 중용과는 반대되어, 보존한 것과 일어나는 것이 모두 본연의 이치에 어긋난다."고 하셨다.

❈ 釋 : 풀 석/ 違 : 어긋날 위.


　**備旨補註 仲尼章旨** 此章은 原中庸名書하야 歸本仲尼也
니 上節은 言體道離道之人이요 下節은 言體道離道之實이라.

　중니仲尼장의 뜻 : 이 장은 '중용中庸'이라고 책의 이름을 지은 것을 근원으로 해서, 중용의 근본을 중니仲尼에게 돌린 것이니, 윗절(1절)은 도를 몸소 실행하는 사람과 도에서 떠난 사람을 말한 것이고, 아랫 절(2절)은 도를 몸소 실행한 실상과 도에서 떠나는 실상을 말한 것이다.

❈ 書 : 책 서/ 歸 : 돌릴 귀/ 體 : 체득할 체/ 離 : 떠날 리.


　**備旨補註 仲尼節旨** 仲尼曰 三字는 鄭重見道統有眞傳
也요 君子中庸句는 包全部라. 註에 不偏不倚는 以心言이요
無過不及은 以事言이라. 體之는 亦據現成說이니 下時中이
方著工夫라. 體者는 依其本然이요 反者는 不依其本然이라.

　중니仲尼절의 뜻 : '중니왈仲尼曰'의 세 글자는 도통道統에 참된

전수가 있음을 정중하게 나타낸 것이고, '군자중용君子中庸'의 구절은 전부를 포괄한 것이다. 장구章句에 '치우치지 않고 기울지 않음'은 마음으로써 말한 것이고, '지나치거나 미치지 못함이 없음'은 일로써 말한 것이다. '몸소 실행한다(體之)' 함은 또한 현실적인 이룸에 의거해서 말한 것이니, 아래에 있는 '때에 맞추어 중을 행한다(時中)' 함이 곧 공부를 시작하는 것이다. 몸소 실행하는 사람은 성품의 본연한 것에 의거하는 것이고, 반대로 하는 사람은 성품의 본연한 것에 의거하지 않는 것이다.

※ 鄭重(정중) : 은근하고 점잖음/ 見 : 나타낼 현/ 據 : 의거할 거.

> **2** 君子之中庸也는 君子而時中이요
> 　　　군 자 지 중 용 야 　　군 자 이 시 중
>
> 小人之(反)中庸也는 小人而無忌憚也니라.
> 소 인 지 (반) 중 용 야 　　소 인 이 무 기 탄 야
>
> 군자가 중용대로 행함은 군자이면서 때에 맞게 '중中'을 행하는 것이고, 소인이 중용과 반대되게 함은 소인이면서 꺼리고 두려워함 없이 하는 것이다.
>
> ※ 忌憚(기탄 : 꺼림.어려워함)

● 王肅本에 作小人之反中庸也하고 程子ㅣ 亦以爲然이라하시니 今從之하노라.(此는 是正解說上兩句라) 君子之所以爲中庸者는 以其有君子之德而又能隨時以處(上聲)中也요　小人之所以反中庸者는 以其有小人之心而又無所忌憚(徒安反)也라.

왕숙王肅의 책에는 '소인지반중용야(小人之反中庸也)'로 되어 있고, 정자程子께서도 또한 '옳다'고 하시니 지금 따른다. 군자가 중용대로 실행하는 까닭은 군자의 덕德이 있고 또 능히 때에 따라 '중中'에 처신할 수 있기 때문이고, 소인이 중용과 반대되게 하는 까닭은 소인의 마음이 있으면서 또한 꺼리고 두려워함이 없기 때문이다.

- ◆ 此는 是正解說上兩句라 : 이것은 바로 위에 있는 두 구절(君子는 中庸이요 小人은 反中庸 : 1절)을 풀이한 말이다.
- ◆ 處(上聲) : '處'는 상성이다('처신한다'는 뜻이다).
- ◆ 憚(徒安反) : '憚'은 '도'자와 '안'자의 반절음('돤→탄'이라고 읽는다).
- ※ '小人之中庸也→小人之反中庸也'라는 뜻이다.
- ※ 隨時(수시) : 그때그때.때를 따라 적당히 처리함/ 處 : 처신할 처/ 肆欲(사욕) : 제멋대로 욕심을 부림.

① 程子ㅣ 曰 可以仕則仕하며 可以止則止하며 可以久則久하며 可以速則速은 此皆時也니 未嘗不合中이라. 故로 曰君子而時中이라. 君子之於中庸也에 無適而不中則其心이 與中

庸으로 無異體矣요 小人之於中庸에 無所忌憚則與戒愼恐
懼者로 異矣라. 是其所以反中庸也니라.

　정자께서 말씀하시기를 "벼슬을 해야 하면 벼슬을 하고, 그쳐
야 하면 그치며, 오래 있어야 하면 오래 있고, 빨리 떠나야하면
빨리 떠나심은 모두가 때에 맞음(時中)이니, 본래부터 '中'과 일
치되지 않는 것이 없다. 그러므로 '군자는 때에 맞게 중中을 행한
다'고 말한 것이다. 군자가 중용을 함에 가는 곳마다 '中'이 아님
이 없다면, 그 마음이 중용과 다른 몸이 아닌 것이고, 소인이 중용
을 함에 꺼리고 두려워하는 바가 없다면, 경계하고 삼가고 무서워
하고 두려워하는 사람과는 다른 것이다. 이것이 그가 중용과 반대
되게 하는 이유다."

※ 『맹자』공손추장 上에 "可以仕則仕하며 可以止則止하며 可以久則久하며 可以
速則速은 孔子也시니…(맹자께서 말씀하시기를 '벼슬길에 나아갈만 하면 벼슬
하고, 물러날만 하면 물러나며, 오래 머무를만 하면 오래 머물고, 빨리 떠날만
하면 빨리 떠나심은 공자이시니…')"

※ 仕 : 벼슬할 사／ 未嘗不(미상불) : ~아닌 것이 없다／ 適 : 갈 적.

② 朱子ㅣ 曰 君子는 只是說箇好人이요 時中도 只是說箇做
得恰好底事라.

　주자께서 말씀하시기를 "군자는 단지 하나의 좋은 사람을 말하
는 것일 뿐이고, '때에 맞추어 중을 행함(時中)'도 단지 하나의 사
리에 꼭 맞고 좋은 일을 말한 것일 뿐이다."

③ 爲善者는 君子之德이요 爲惡者는 小人之心이로되 君子而
處不得中者도 有之하고 小人而不至於無忌憚者도 亦有之니
라.

　착함을 하는 것은 군자의 덕이고, 악함을 하는 것은 소인의 마
음이다. 그러나 군자이면서 처신함이 '中'을 얻지 못하는 사람도

있고, 소인이면서도 꺼리고 두려워함이 없는 데에까지 이르지 않는 사람도 또한 있다.

④ 當看而字니 旣是君子나 又要時中이요 旣是小人이나 又無忌憚이라. 二又字는 不用이라도 亦可로되 但恐讀者不覺故로 特下此字하야 要得分明이니라.

마땅히 경문의 '말이을 이而'자를 잘 살펴봐야 할 것이니, '이而'자는 이미 군자이지만 또 때에 맞추어 '중中'을 행할 것을 요구한 것이고, 이미 소인이지만 또 꺼리고 두려워함이 없는 것이다. 장구에 두 개의 '또 우又'자는 쓰지 않아도 또한 되겠지만, 다만 읽는 사람이 알지 못할까 염려됐기 때문에 특별히 이 글자(又)를 놓아서 분명하게 알도록 한 것이다.

※ 看 : 볼 간/ 但 : 다만 단/ 下 : 놓을 하.

⑤ 新安陳氏ㅣ 曰 朱子ㅣ 蓋就兩箇而字上하야 咀嚼出意味來라.

신안진씨가 말하기를 "주자가 두 개의 '말이을 이而'자를 되새겨 맛을 내신 것이다."

※ 咀 : 씹을 저/ 嚼 : 씹을 작.

**蓋中無定體**하야 **隨時而在**하니 **是乃平常之理也**라.

일반적으로 '중中'은 일정한 형체가 없어서 때에 따라 있게 되는 것이니, 이것이 바로 평상의 이치다.

① 問何謂時中이닛고? 程子ㅣ 曰 猶之過門不入은 在禹之世엔 爲中也나 時而居陋巷則過門不入은 非中矣요 居於陋巷

은 在顔子之時엔 爲中也나 時而當過門不入則居於陋巷은 非中矣니라.

묻기를 "어떤 것을 '때에 맞추어 중中을 행한다(時中)'고 이르는 것입니까?" 정자程子께서 말씀하시기를 "자기집 문을 지나가면서도 들어가지 않음은 우禹임금의 시대에는 '중中'이 되나, 때가 누추한 시골에 있어야 하는 때를 당했다면 자기집 문을 지나가면서 들어가지 않음은 '중中'이 아니다. 또 누추한 시골에 있음은 안자顔子(顔回) 때에는 '중中'이 되나, 때가 자기집 문을 지나더라도 들어가지 않아야 할 때를 당했다면, 누추한 시골에 거처함은 '중中'이 아님과 같은 것이다."

※ 陋 : 좁을 루, 누추할 루/ 巷 : 마을 항/ 구부러진 거리 항('街'는 똑바른 거리이다).

② 朱子ㅣ 曰 堯授舜하시고 舜授禹하시니 都是當其時하얀 合當如此做라. 做得來恰好ㅣ 所謂中也며 中은 卽平常也니 湯武도 亦然이라. 如當盛夏時엔 須要飮冷衣葛이며 隆冬時엔 須要飮湯重裘니 不如此면 便失其中이며 便是差異矣니라.

주자께서 말씀하시기를 "임금자리를 요임금은 순에게 주시고 순임금은 우禹에게 주셨으니, 모두 그 때를 당해서는 응당 이와 같이 해야 하는 것들이다. 사리에 꼭맞고 좋게 하는 것이 이른바 '중中'이며, '중中'이라는 것은 곧 평상스러운 것이니, 탕임금과 무왕도 또한 그러한 것이다. 예를 들면 한 여름에는 찬 것을 마시고 갈포로 만든 옷을 입어야 할 것이며, 깊은 겨울에는 뜨거운 것을 마시고 두터운 털옷을 입어야 하는 것과 같은 것이니, 이와 같이 하지 않으면 곧 그 '중中'을 잃게 될 것이며, 이것이 바로 어긋나고 틀려짐이다."

※ 授 : 줄 수/ 都是(도시) : 모두/ 當 : 당할 당, 맡을 당/ 盛夏(성하) : 한 여름/ 冷 : 찰 랭/ 葛 : 거친 베 갈/ 隆冬(융동) : 한 겨울/ 湯 : 물끓을 탕/ 裘 : 갖옷 구.

③ 中庸之中은 本是無過不及之中이니 大旨ㅣ 在時中上이나 若推其本則自喜怒哀樂未發之中而爲時中之中이니 未發之中은 是體요 時中之中은 是用이라. 中字는 兼中和言之니라.

중용中庸의 '중中'자는 본래 지나치거나 미치지 못함이 없는 '중中'이니, 큰 뜻은 때에 따라 '중中'을 행하는 데에 있다. 그러나 만약 그 근본을 미루어 본다면, '희로애락喜怒哀樂이 일어나지 않은 중中'으로부터 '때에 따라 중中을 행하는 중中'이 되는 것이니, '일어나지 않은 중中'은 바로 본체이고, '때에 맞추어 중中을 행하는 중中'은 바로 작용이다. 그러므로 '중中'자는 '중中'과 '화和'를 겸해서 말한 것이다.

④ 南軒張氏ㅣ 曰 中字를 若統體看이면 是는 渾然一理也요 若散在事物上看이면 事事物物이 各有正理存焉하니 君子處之에 權其所宜하야 悉得其理ㅣ 乃隨時以處中也니라.

남헌장씨가 말하기를 "'중中'자를 만약 전체를 통괄하는 면으로 본다면, 모든 것을 포괄하는 하나의 혼연한 이치이고, 만약 사물에 흩어져 있는 면으로 본다면 일마다 사물마다 각각 바른 이치가 있는 것이니, 군자가 처신할 때에 그 마땅한 바를 참작해서 모두 그 이치를 얻도록 함이 바로 때에 따라 중中에 거처함이다."

※ 處 : 처신할 처/ 權 : 저울질할 권/ 宜 : 마땅 의/ 悉 : 다 실/ 隨 : 따를 수.

⑤ 雙峯饒氏ㅣ 曰 中庸之理는 卽率性之謂而天下之達道也니 惟君子ㅣ 爲能體之요 中庸之中은 只是時中이니 如舜用中于民도 亦只是中之用이라. 問言中而不及庸은 何也오? 曰庸은 不在中之外니 惟其隨時處中이라 所以可常行而不可易也니라.

쌍봉요씨가 말하기를 "중용의 '이치'는 곧 성품을 따름을 말하고 천하에 통하는 도이니, 오직 군자만이 능히 몸소 실천할 수 있는 것이다. 또 중용의 '중中'은 단지 때에 맞게 중을 행함일 뿐이니, 예를 들어 '순舜임금이 중을 백성에게 썼다' 함과 같은 것도 또한 이 '중中'의 씀일 뿐이다."

묻기를 "'중中'만을 말하고 '용庸'을 말하지 않은 것은 어째서입니까?" 대답하기를 "'용'은 '중'의 밖에 있는 것이 아니니, 오직 때에 따라 '중'으로 처신하기 때문에 항상 행해서 바꿀 수가 없는 것이니라."

⑥ 東陽許氏ㅣ 曰 旣曰隨時以處中이라하고 又曰中隨時而在라하니 此隨時字는 含兩意라. 謂君子每應事之時에 各隨其事하야 以處乎中이니 是는 一日之間에 事事皆處乎中也요 又同此一事라도 今日은 應之如此爲中이로되 他日은 應之乃如彼爲中이니 凡一事ㅣ 各於時宜不同者에 處乎中也니라.

동양허씨가 말하기를 "이미 장구에 '때에 따라 중中에 거처한다'고 말하고 또 '중은 때에 따라 있다'고 말했으니, 이 '때에 따른다(隨時)'는 글자는 두 가지 뜻을 포함한 것이다. 하나는 군자가 일을 응대할 때에 매번 각기 그 일을 따라서 '중'에 처신함이니, 이는 하루 동안에 일마다 모두 '중'에 처신함이다. 또 하나는 같은 한 가지 일이라도 오늘은 이와 같이 응대하는 것이 '중'이 되지만, 다른 날은 저와 같이 응대하는 것이 '중'이 됨이니, 하나의 일이라도 때에 따라 각기 마땅함이 같지 않기 때문에 그 때에 따른 '중'으로 처신하는 것이다."

※ 숌 : 머금을 함/ 彼 : 저 피.

君子는 知其在我라 故로 能戒謹不睹하며 恐懼不聞하야 而無

時不中이요 小人은 不知有此하니 則肆欲妄行하야 而無所忌憚矣니라.

군자는 그것이 나에게 있음을 알기 때문에, 능히 보지 못하는 데를 경계하고 삼가며, 듣지 못하는 데를 두려워하고 무서워해서 '중中'을 지키지 않은 때가 없고, 소인은 이것이 있는 줄을 모르기 때문에, 곧 욕심에 방자하고 망령되이 행동해서 꺼리고 두려워하는 것이 없는 것이다.

① 蔡氏l 曰 此章에 上二句는 孔子之言이요 下四句는 乃子思l 釋孔子之言이라.

채씨가 말하기를 "이 장에 있는 위의 두 구절(1절)은 공자님의 말씀이고, 아래의 네 구절은 곧 자사께서 공자님의 말씀을 풀이하신 것이다."

② 三山潘氏l 曰 君子는 致存養省察之功이라 是以로 無時而不中이요 小人은 放肆而無忌憚이라 是以로 與中庸相反이라.

삼산반씨가 말하기를 "군자는 마음을 보존하여 기르고, 자기를 반성하고 살피는 공부를 지극히 한다. 그러므로 '중中'을 행하지 않는 때가 없고, 소인은 마음이 흩어지고 방자하여 꺼리고 두려워하는 것이 없다. 그러므로 중용中庸과는 서로 반대되게 한다."

③ 新安陳氏l 曰 前六句에 已正解此節하야 文義明白이어늘 此에 又推其本하야 而以知此理로 爲重은 如論語三畏章에 君子는 惟知天命故로 畏天命하고 小人은 惟不知天命이라 所以不畏也라. 君子는 惟知此理在我라 故로 能戒懼하야 以存

養此中之體하고 而隨時以裁하야 處此中之用이니 戒懼는 卽 畏天命也요 小人은 惟不知有此理라 所以縱肆人欲而無忌 憚이니 無忌는 與戒愼으로 反이요 無憚은 與恐懼로 反이라. 是 는 卽不知天命而不畏者也라.

신안진씨가 말하기를 "앞의 여섯 구절에 이미 이 절의 뜻을 바로 풀이해서 글의 뜻이 명백해졌는데도, 여기서 또한 그 근본을 미루어서 이 이치를 아는 것으로 중요함을 삼은 것은, 『논어』계씨편 삼외(三畏) 글에 '군자는 오직 하늘의 명령을 알기 때문에 하늘의 명령을 두려워하고, 소인은 오직 하늘의 명령을 알지 못하기 때문에 두려워하지 않는다'와 같은 것이다. 군자는 오직 이 이치가 나에게 있음을 알기 때문에 능히 경계하고 두려워해서 이 '중中'의 본체를 보존하여 기르고, 때에 따라 마름질해서 이 '중中'의 작용을 쓰는 것이니, 경계하고 두려워함은 곧 하늘의 명령을 두려워함이다. 소인은 이 이치가 있는 것을 알지 못하기 때문에 욕심을 따라 방자해서 꺼리고 두려워함이 없는 것이니, 꺼리낌이 없음은 경계하고 삼감과 반대이고, 두려워함이 없음은 두려워하고 무서워함과 반대이다. 이는 곧 하늘의 명을 알지 못하고 두려워하지 않는 사람이다."

※ 『논어』계씨편에 "孔子ㅣ 曰 君子有三畏하니 畏天命하며 畏大人하며 畏聖人之言이니라. 小人은 不知天命而不畏也라 狎大人하며 侮聖人之言이니라(공자께서 말씀하시기를 '군자는 세 가지 두려워함이 있으니, 천명을 두려워하며, 대인을 두려워하며, 성인의 말씀을 두려워한다. 소인은 천명을 알지 못하므로 두려워하지 않는다. 대인을 업신여기며, 성인의 말씀을 얕보느니라' 하셨다.)"

④ 魯齋許氏ㅣ 曰 時有萬變하고 事有萬殊而中無定體하니 當此時則此爲中이나 於彼時則非中矣요 當此事則此爲中이나 於彼事則非中矣라. 是以로 君子는 戒愼恐懼하야 存於未發之前하고 察於旣發之際하니 大本立而達道行이라. 故로 堯舜湯武之征讓이 不同而同於中하고 三仁之生死不同하고 顔孟

之語默이 不同이나 其同於中則一也니 明乎此면 則可論聖賢之時中矣리라.

노재허씨가 말하기를 "때에는 만 가지로 변함이 있고 일에는 만 가지로 다름이 있어서, 중中에는 정해진 본체가 없으니, 이 때를 당함에는 이것이 중이 되지만 저 때에는 곧 중이 아니고, 이 일을 당함에는 이것이 중이 되지만 저 일에는 중이 아니다. 그러므로 군자는 경계하고 삼가며 두려워하고 무서워해서, 마음이 일어나기 전에는 보존시키고 이미 일어났을 때는 살피니, 큰 근본이 서고 통하는 도(達道)가 행해지게 된다.

그러므로 요임금과 순임금 탕임금과 무왕의 정벌하고 양위하심은 서로 같지 않지만 중中에는 같고, 삼인三仁의 살고 죽음이 같지 않고 안자와 맹자의 말씀하시고 침묵하심이 같지 않으나 모두가 중을 얻은 점은 같다. 그러므로 이 이치에 밝으면 성현의 '때에 맞는 중'을 논할 수 있을 것이다."

※ 삼인三仁 : 은나라 말엽에 세 사람의 충신으로 기자箕子 미자微子 비간比干을 말한다. 비간은 주紂왕에게 간하다가 죽고, 기자는 거짓 미치광이가 되어 훗날을 기다리고, 미자는 은나라 왕실의 신주를 모시고 도피하였다.

※ 征 : 쳐서 바르게 할 정/ 讓 : 선양할 양/ 語 : 말씀할 어/ 默 : 침묵할 묵.

⑤ 沙溪| 曰 處는 留也居也라하고 或云處는 制也니 猶制置之意라하니 上釋이 爲是라.

사계가 말씀하기를 "장구에 '처處'자의 뜻은 '머물고 거처한다'는 뜻이라 하고, 어떤 이는 '제어하는 것이니 제어해서 둔다'는 뜻이라고 하니, 위의 해석(머물고 거처함)이 옳다."

備旨 夫中庸之獨歸君子而反於小人者는 何也오? 蓋君子之所以爲中庸者는 以其靜而存養하고 動而省察하야 旣有君子爲善之德하고 而凡應事接物之間에 又能隨時以處中이니

此其所以中庸也요 小人之所以反中庸者는 以其靜不能存
하고 動不能察하야 旣有小人爲惡之心하고 而凡應事接物之
間에 岡顧其時之所安하야 而無所忌憚也니 此其所以反中
庸也라. 君子小人은 只在敬肆之分而已라.

　중용을 유독 군자에게만 돌리고 소인에게는 반대된다 함은 어
째서인가? 대체적으로 군자가 중용을 실행하는 까닭은, 군자가 고
요히 있을 때는 마음을 보존하여 기르고 움직일 때는 반성하고
살펴서, 이미 군자의 착한 일을 하려는 덕을 소유하고 있고, 모든
사물들을 응접할 때에 또한 때에 따라서 '중中'으로 처신하기 때
문이니, 이것이 그가 중용을 행하게 되는 이유이다.

　소인이 중용과 반대되는 까닭은, 그가 고요할 때에 능히 보존
하여 기르지 못하고 움직일 때에 또한 살피지를 못해서, 이미 소
인의 악함을 행하려는 마음을 소유하고 있고, 모든 사물들을 응접
할 때에 또한 그 때에 합당한 것을 살피지 않고 꺼리낌과 두려움
이 없기 때문이니, 이것이 그가 중용과 반대되는 이유이다. 군자
와 소인은 단지 경건하게 함과 방자하게 함의 차이가 있을 뿐이
다.

※ 岡顧(망고) : 뒤돌아 보지 않음/ 安 : 합당할 안/ 敬 : 공경할 경/ 肆 : 방자할 사.

　　備旨補註 君子節旨　此는 申言所以中庸反中庸之故니 重
時中與無忌憚上이라. 按語類컨댄 君子는 只是說箇好人이나
但註에 特下箇德字는 卽是其德이 已成具時中本領了하야
戒懼愼獨工夫ㅣ. 自徹前後而字하야 上下都有니 時中은 兼兩
意하니 一事엔 有一中하야 不可偏向이요 同一事라도 今日如
此ㅣ 爲中이면 明日如彼ㅣ 爲中하야 不可固執이라. 無忌憚은
正與時中으로 反이라.

　군자君子절의 뜻 : 이것은 거듭 중용을 행하고 중용과 반대되게
하는 이유를 말한 것이니, 중점이 '때에 맞추어 중을 행한다(時中)'

함과 '기탄이 없다(無忌憚)'는 데에 있다. 『주자어류朱子語類』를 살펴보면 '군자君子'라는 것은 단지 하나의 좋은 사람을 말한 것일 뿐이나, 장구章句에 특별히 '덕德'자를 넣은 것은 곧 그의 덕이 이미 때에 맞추어 중을 행하는 근본 요령을 모두 이루어서, 경계하고 두려워하고 혼자인 데를 삼가는 공부가 '말이을 而'자의 앞과 뒤를 관찰해서, 위 아래에 모두 경계하고 두려워하고 혼자인 데를 삼감이 있는 것이다.

'때에 맞는 중(時中)'에는 두 가지 뜻이 있으니, 하나는 한 가지 일에는 하나의 중中이 있어서 치우치게 향할 수 없음이고, 또 하나는 똑같은 일이라도 오늘 이와 같이 하는 것이 중이 되면 내일은 저와 같이 하는 것이 중이 되어서, 하나로 고집할 수는 없음이다.

'기탄이 없다' 함은 바로 '때에 맞추어 중을 행함'과 반대되는 것이다.

※ 申 : 거듭할 신/ 故 : 까닭 고/ 按 : 살필 안/ 下 : 놓을 하/ 領 : 요령 령/ 徹 : 통할 철/ 偏 : 치우칠 편/ 向 : 향할 향/ 固執(고집) : 뜻을 굳게 잡음.

● 右는 第二章이라.

이상은 두 번째 장이다.

此下十章은 皆論中庸하야 以釋首章之義하니 文雖不屬(音燭)이나 而意實相承也라. 變和言庸者는 游氏ㅣ 曰 以性情言之면 則曰中和요 以德行(去聲)言之면 則曰中庸이라하니 是也라. 然이나 中庸之中은 實兼中和之義하니라.

이 아래로 열 개의 장은 모두 '중용'을 논해서 첫머리 장의 뜻을 풀이한 것이니, 글은 비록 연속되어 있지 않으나 뜻은 실상 서로 이

어진 것이다. '중화中和'의 '화和'를 '용庸'자로 변경하여 '중용'이라고 한 것은, 유씨(游氏)가 말하기를 "성품과 정으로써 말하면 '중화中和'라고 말하고, 덕德과 행실로써 말하면 '중용'이라고 한다"고 했으니, 옳은 말이다. 그러나 '중용'의 '중中'은 실상 '중'과 '화'의 뜻을 겸한 것이다.

- ◆ 屬(音燭) : '屬'자는 '촉'이라고 발음한다.
- ◆ 行(去聲) : '行'자는 거성이다('행실'이라는 뜻).
- ※ 游氏 : 유작游酢(1053~1123). 북송의 유학자, 자는 정부定夫 또는 자통子通이다. 정자에게 배웠고, 양시 여대림 사량좌 등과 함께 정문程門의 사대제자로 불리운다. 저서에 『易說, 中庸義, 論語孟子雜解』등이 있다.
- ※ 屬 : 이을 촉/ 兼 : 겸할 겸.

① 中庸之中은 兼已發未發二義라.
  '중용'의 '중中'은 '이미 마음이 일어난 것'과 '일어나지 않은 것'의 두 가지 뜻을 겸한 것이다.

② 陳氏ㅣ 曰 中和는 是分體用動靜이니 相對說이요 中庸은 是兼德性行事니 相合說이라.
  진씨가 말하기를 "'중화中和'는 본체와 작용의 움직이고 고요함을 나눈 것이니 서로 대립해서 말한 것이고, '중용'은 덕성德性과 일을 행함을 겸해서 말한 것이니 서로 통합해서 말한 것이다.

③ 黃氏ㅣ 曰 性情은 天生底요 德行은 人做底니 性情은 人人一般이나 德行은 人人不同이라.
  황씨가 말하기를 "성품(性)과 정情은 하늘이 낳은 것이고, 덕과 행함은 사람이 만드는 것이니, 성품과 정은 사람마다 같으나, 덕과 행함은 사람마다 같지 않다."

④ 雙峯饒氏ㅣ 曰 中庸者는 道之準的이니 古今聖賢所傳이

只是此理며 子思ㅣ 所作中庸도 亦只爲發明此二字요 首章 中和는 是性情之德而中庸之根本이니 蓋特推其所自來耳 라.

쌍봉요씨가 말하기를 "중용이라는 것은 도의 준칙과 표적이니, 예와 이제의 성현들이 전수하심이 단지 이 이치일 뿐이며, 자사께서 지으신 중용도 또한 단지 이 두 글자를 밝히기 위한 것일 뿐이다. 첫머리 장의 '중화中和'는 바로 성품과 정의 덕德이고 중용의 근본이니, 아마도 특별히 그것이 나온 데를 미루어 밝힌 것일 것이다.

游氏所謂ㅣ 德은 卽性情之德이니 中和ㅣ 是也요 行은 卽見諸行事者니 時中이 是也라. 以中庸이 兼此二者而得名故로 曰中庸之中은 實兼中和之義나 然이나 中和는 以性情으로 言人心本然純粹之德也요 中庸은 以事理로 言天下當然之則이니 不可過亦不可不及者也라.

유씨가 말한 '덕德'이라는 것은 곧 성품(性)과 정情의 덕德이니, '중화中和'가 이것에 해당하고, '행실(行)'은 곧 일을 행하는 데에 나타난 것이니, '때에 맞추어 중을 행함(時中)'이 이것에 해당된다. 중용은 이 두 가지를 겸해서 이름을 얻었기 때문에, '중용의 중中은 실상 중中과 화和의 뜻을 겸한 것이다'고 말한 것이다.

그러나 '중화中和'는 성품과 정으로써 사람 마음의 본연하고 순수한 덕을 말한 것이고, '중용'은 일의 이치로써 천하의 당연한 법칙을 말한 것이니, 지나칠 수도 없고 또한 미치지 못할 수도 없는 것이다.

二者는 雖同此中理나 而所指各異라. 故로 致中和者는 則欲其戒懼愼獨하야 以涵養乎性情하고 踐中庸者는 則欲其擇善

固執하야 以求合乎事理니 二者는 內外交相養之道也라. 此下十章은 是聖人立中庸하야 使過者俯而就하고 不肖者ㅣ 企而及이니 乃變化氣質之方也라.

　두 가지는 비록 속에 있는 이치는 같지만 지향하는 것이 각각 다르다. 그러므로 '중화中和'를 지극히 이루려는 사람은 경계하고 두려워하고 혼자인 데를 삼가서 성품과 정을 함양하려 하고, '중용'을 실천하려는 사람은 착한 것을 가려 굳게 잡아 사리에 합당함을 찾으려고 하니, 두 가지는 안과 바깥을 교대해서 서로 기르는 방도이다.

　이 아래의 열 장은 바로 성인이 중용을 세워서, 지나친 사람은 구부려서 '중中'에 나아가게 하고, 모자라는 사람은 바라보고 좇아오게 하심이니, 곧 기질을 변화시키는 방도이다."

※ 中 : 속 중/ 踐 : 실천할 천/ 俯 : 구부릴 부/ 就 : 나아갈 취/ 不肖(불초) : 못난 사람, 못난 아들/ 企及(기급) : 꾀하여 이룸/ 方 : 방도 방.


⑤ 新安倪氏ㅣ 曰 惟君子아 能因性情之自然하야 而致中和라. 是以로 能全德行之當然而踐中庸이니 究其用功컨덴 惟在主乎敬而已라. 戒謹恐懼는 敬也요 擇善固執도 非主敬者면 能之乎아? 若小人은 則全無主敬之功하니 宜其無忌憚而反中庸也라. 饒氏ㅣ 以中和中庸二者로 分析而論故로 今又以二者로 融貫而論之云이라.

　신안예씨가 말하기를 "오직 군자라야만이 성품(性)과 정情의 자연스러움을 따라서 중中과 화和를 지극히 이룰 수 있다. 그러므로 능히 덕행德行의 당연함을 온전히 해서 중용을 실천할 수 있는 것이니, 그 공부하는 방법을 연구해 본다면 오직 경건함을 주로하는 데에 있을 뿐이다. '경계하고, 삼가며, 두려워하고, 무서워함(戒愼恐懼)'은 경건함이고, '착함을 가려서 굳게 잡음(擇善固執)'도 경건함을 주로 하는 사람이 아니라면 능히 할 수 있겠는가? 만약 소인이라면 전혀 경건함을 위주로 하는 공부가 없으니, 꺼리끼고 두려 워함 없이 중용과 반대되는 일을 하는 것이 당연한 것이다. 요씨 饒氏가 중화中和와 중용을 둘로 나누어서 논했기 때문에, 지금 또한 장구에서 두 가지를 통합해서 논한 것이다."

※ 功 : 공부 공/ 分析(분석) : 나누어 쪼갬/ 融貫(융관) : 합해서 꿰ㅁ.

⑥ 栗谷ㅣ 曰 中和中庸은 不可分內外라.
 율곡이 말씀하기를 "'중화'와 '중용'은 안과 바깥으로 나눌 수 없는 것이다."

⑦ 沙溪ㅣ 曰 旣曰中庸之中은 實兼中和之意니 則何可分內外乎아? 且饒說이 以中和爲中庸之根本者는 尤根疑라.
 사계가 말씀하기를 "중용의 '중'은 실상 중과 화의 뜻을 겸한 것이니 어떻게 안과 바깥으로 나눌 수 있겠는가? 또한 쌍봉요씨의 학설에 중화로써 중용의 근본을 삼는다는 말은 더욱 의심스럽다."

⑧ 壺山이 曰 按中庸之中字는 兼不偏不倚之體與無過不及之和而言이라. 故로 足以兼中和니 若曰中庸이 兼中和則庸은 不足以兼和요 而反見該於中하리니 乃知此中字는 旣能該庸而又能兼和耳라.
 壺山이 말씀하기를 살펴보건대 '중용中庸'의 '중中'자는 치우치지 않고 기울지 않는 본체와 지나치지 않고 미치지 못함이 없는 조화調和를 겸해서 말한 것이다. 그러므로 '중中'과 '화和'를 겸할 수 있는 것이니, 만약 '중용'이 '중'과 '화'를 겸했다고 말하면, '용庸'은 '화'를 겸할 수 없을 것이고, 도리어 '중'에게 포함됨을 당하게 될 것이다. 그러므로 이 '중中'자는 이미 '용庸'을 포함하고 또한 '화'를 겸할 수 있는 것임을 곧 알게 되는 것이다.

# 第3章

**1** 子ㅣ 曰 中庸은 其至矣乎인져!
　　자　왈　중용　　기 지 의 호

民鮮能이 久矣니라.(鮮은 上聲이니 下同이라)
민 선 능　　구 의

공자께서 말씀하시기를 "중용은 지극한 것이구나! 백성들이 능히 할 수 있는 사람이 드물게 된지 오래다."

◆ '鮮'자는 상성이니('드물다'는 뜻이다), 이 아래에 나오는 '선'자도 같은 뜻이다.

○ 過則失中이요 不及則未至니 故로 惟中庸之德이 爲至나 然이나 亦人所同得이니 初無難事로되 但世敎衰하야 民不興行(去聲)故로 鮮能之ㅣ 今已久矣라. 論語엔 無能字하니라.

지나치면 '중中'을 잃고 미치지 못하면 '중中'에 이르지 못한다. 그러므로 오직 중용의 덕德만이 지극함이 되는 것이다. 그러나 또한 사람들이 다함께 얻은 것이니, 처음부터 어려운 일은 없는 것이지만, 단지 세상의 교육이 쇠퇴하여 백성들이 일으켜 실행하지 않기 때문에, 능히 할 수 있는 사람이 드물게 된지 지금 이미 오래된 것이다. 『논어論語』의 옹야편雍也篇에는 '선능鮮能'이라는 데에 '능能'자가 없다.

※ 子ㅣ 曰 中庸은 其至矣乎인져! 民鮮이 久矣니라(중용은 지극한 것이구나! 백성들이 이 덕을 소유한 이가 적은지 오래다) : 『논어』옹야편. ④항의 '格庵趙氏' 참조.

※ 衰 : 쇠할 쇠/ 興 : 일으킬 흥/ 鮮 : 드물 선.

① 北溪陳氏ㅣ 曰 至者는 天下之理ㅣ 無以加之謂라.
　북계진씨가 말하기를 "'지극하다' 함은 천하의 이치가 이보다 더할 것이 없음을 이른 것이다."

② 仁壽李氏ㅣ 曰 自物則言之則過與不及은 皆不可以言至로되 自末世言之면 則過乎則者少하고 不及乎則者多하니 學者ㅣ 試以事君之敬과 事父之孝와 與人交之信으로 反己而自省焉이면 則其至與否를 可見矣리라.
　인수이씨가 말하기를 "사물의 법칙으로 말한다면 '지나치거나 미치지 못함'은 둘 다 지극하다고 말할 수 없는 것이다. 그러나 말세(末世)의 세태로 말하면 법칙에 지나치는 사람은 적고 미치지 못하는 사람은 많으니, 배우는 사람이 시험삼아서, 임금을 섬기는 공경함과, 어버이를 섬기는 효도와, 사람을 사귀는 미더움으로써 자기를 돌이켜 스스로 반성해 보면, 지극하고 지극하지 못함을 알 수 있을 것이다."

※ 則 : 법 칙/ 試 : 시험할 시/ 事 : 섬길 사/ 反 : 돌이킬 반/ 省 : 살필 성.

③ 雙峯饒氏ㅣ 曰 此章은 言中庸之道ㅣ 非特小人反之而衆人亦鮮能之하야 以起下章之意니라.
　쌍봉요씨가 말하기를 "이 장은 소인이 중용의 도를 반대로 할 뿐 아니라, 뭇 사람들도 또한 능히 중용의 도를 할 수 있는 사람이 드묾을 말해서, 아랫 장의 뜻을 일으켰다."

④ 格庵趙氏ㅣ 曰 此章엔 無之爲德也四字故로 下句에 有能字하니 意컨덴 論語는 是夫子本文이요 此는 是子思櫽括이라.
　격암조씨가 말하기를 "이 장에는 『논어』와는 달리 '지위덕야(之爲德也)'의 네 글자가 없기 때문에 아랫 구절에 '능(能)'자가 있으니,

아마도 『논어』는 공자님께서 말씀하신 본래 글이고, 이것은 자사께서 고치신 것일 것이다."

※ 『논어』에는 '中庸之爲德也 其至矣乎 民鮮久矣'로 되어있고, 여기에는 '中庸其至矣乎 民鮮能久矣'로 되어있다.
※ 檃 : 바로잡을 은/ 檃栝(은괄) : 뒤틀린 활이나 나무를 바로잡는 것을 말함.

⑤ 雲峯胡氏ㅣ 曰 此는 比論語하면 添一能字하니 惟民의 氣質이 偏故로 鮮能知能行이로되 仍須看下章許多能字라야 方見子思之意리라. 鮮能知味는 是不能知者요 不能期月守는 是不能行者요 中庸不可能은 非義精仁熟者면 不能知不能行이요

운봉호씨가 말하기를 "여기는 『논어』에 비하여 '능能'자 하나가 더 있으니, 오직 백성들의 기질이 치우치기 때문에 능히 알고 실행할 수 있는 사람이 드물다는 것이다. 그러나 반드시 아래 문장의 많은 '능能'자를 살펴봐야만 자사의 뜻을 알 수 있을 것이다.

3장의 '능히 맛을 알 수 있는 사람이 드물다(鮮能知味)' 함은 바로 능히 알지 못하는 사람이고, 7장의 '능히 한 달을 지키지 못한다(不能期月守)' 함은 바로 능히 실행하지 못하는 사람이고, 9장의 '중용은 능히 할 수 없다(中庸不可能)' 함은 '의義'에 정밀하고 '인仁'에 익숙한 사람이 아니면 능히 알 수도 없고 능히 실행할 수도 없음이고,

※ 添 : 더할 첨/ 仍 : 인할 잉/ 熟 : 익숙할 숙.

惟聖者아 能之는 是專言聖人이 知之盡仁之至故로 獨能知能行이요 至於人一能之어든 己百之하며 人十能之어든 己千之와 果能此道矣면 雖愚나 必明하며 雖柔나 必剛은 是는 愚者本不能知로되 能百倍其功이면 則能知며 柔者는 本不能行이나 能百倍其功이면 則能行이요 後面至誠이라야 能盡其性은

是能知之盡能行之至요

　11장의 '오직 성인만이 능히 할 수 있다(唯聖者 能之)' 함은 오로지 성인만이 앎을 다하고 인仁이 지극하기 때문에 혼자만이 능히 알고 실행할 수 있음을 말한 것이고, 20장의 '사람이 한 번에 능히 하거든 나는 백 번을 하며, 사람이 열 번에 능히 하거든 나는 천 번 한다' 함과, 같은 20장의 '과연 이 도에 능하면 비록 어리석은 사람이라도 반드시 밝아지며, 비록 유약한 사람이라도 반드시 강해진다.'고 함에 이르러서는, 어리석은 사람은 본래 능히 알 수 없는 것이지만 그 공부를 백 배로 하면 능히 알 수 있고, 유약한 사람은 본래 능히 실행할 수 없는 것이지만 그 공부를 백 배로 할 수 있으면 능히 실행할 수 있음이고, 뒷면(22장)에 '지극히 정성스러워야 능히 그 성품을 다할 수 있다' 함은 능히 앎을 다하고 능히 행함을 지극히 할 수 있음이고,


唯至聖이아 爲能聰明睿知는 是能知요 能寬裕溫柔以下는 是能行이요 惟至誠이아 爲能經綸天下之大經은 是能行이요 非聰明聖知達天德者면 孰能知之는 又說能知니 看許多能字則子思ㅣ 此章에 添一能字는 固有旨哉인져!

　31장의 '오직 지극한 성인이라야 능히 총명하고 지혜로울 수 있다' 함은 곧 능히 알 수 있음을 말한 것이고, 같은 31장의 능히 '너그럽고 여유있고 온화하고 부드럽게 할 수 있다' 함 이하는 바로 능히 실행할 수 있음이고, 32장의 '오직 지극히 성실함만이 능히 천하의 큰 법도를 경륜經綸할 수 있다(惟至誠이아 爲能經綸天下之大經)' 함은 바로 능히 실행할 수 있음이고, 같은 32장의 '총명하고 성스럽고 지혜스러워서 하늘의 덕德을 통달한 사람이 아니면 누가 능히 알 수 있겠느냐?(非聰明聖知達天德者면 孰能知之리요)'고 함은 또한 능히 알 수 있음을 말한 것이니, 이 많은 '능能'자를 살펴보면, 자사께서 이 장에 하나의 '능能'자를 첨가하심이 참으로 뜻

이 있는 것이다."

※ 睿 : 슬기로울 예/ 孰 : 누구 숙/ 固 : 참으로 고/ 旨 : 뜻 지.

備旨 此는 承上章하야 言中庸之道는 不特小人反之而民亦鮮能之也라. 夫子有曰 天下之理는 可增可損者니 皆非其至也로되 惟中庸道理는 無過不及하니 其至極而無以復加矣乎인저! 然이나 此理는 人所同得이로되 但修道之敎ㅣ 旣衰에 民不興行하야 鮮能知行中庸之道ㅣ 亦已久矣라하시니 不亦深可慨哉아!

　이것은 윗 장을 이어서 중용의 도는 특히 소인만이 반대되게 할 뿐 만이 아니고, 백성들도 또한 능히 할 수 있는 사람이 드묾을 말한 것이다. 공자님이 말씀하시기를 "천하의 이치는 더할 수도 있고 덜 수도 있으니, 모두 지극한 이치가 아니지만, 오직 중용의 도리만은 지나치거나 미치지 못하는 것이니, 그것은 지극해서 다시 덧붙일 것이 없다. 그러나 이 이치는 사람들이 다함께 얻은 것이지만, 단지 도를 닦는 가르침이 이미 쇠퇴한 까닭에 백성들이 일으켜 실행하지 않아서, 능히 중용의 도를 알고 실행할 줄 아는 이가 드문지가 또한 이미 오래 됐다"고 하셨으니, 이 또한 매우 유감스러운 일이 아니겠는가!

※ 增 : 더할 증/ 慨 : 개탄할 개.

備旨補註 中庸全旨　此章은 贊中庸之道而嘆人之鮮能也라. 至是면 一毫增減不得이니 眞個盡善盡美요 民字는 對修道立敎之聖人看이라. 鮮能은 解在下章하고 此는 只虛說이라. 論語엔 爲德二字ㅣ 已在人身上講이라 故로 能字可省이요 此엔 只贊中庸道理라 故로 加一能字며 且與後面許多能字로 相照라.

중용中庸장의 전체의 뜻 : 이 장은 중용의 도를 칭찬하고, 사람들이 능히 중용을 하는 이가 드묾을 한탄하신 것이다. 여기에 이르면 터럭 하나만큼도 더하거나 덜어낼 수 없는 것이니, 참으로 모두 착하고 모두가 아름다운 것을 말함이고, '백성(民)'이라는 글자는 도를 닦고 가르침을 세우는 성인과 상대적으로 구분해서 말한 것이다.

'능히 하는 이 드물다(鮮能)' 함은 풀이가 아랫 장에 있고, 여기서는 단지 드물다고만 말했다. 『논어』는 '위덕(爲德)'이라는 두 글자가 이미 사람의 몸을 가지고 강설을 했기 때문에, 능히한다는 '능能'자를 생략할 수 있는 것이고, 여기서는 단지 중용의 도리만을 칭찬했기 때문에 '능能'자를 더한 것이며, 또한 뒤에 나오는 많은 '능能'자들과 서로 대응되는 '능'자이다.

※ 嘆 : 탄식할 탄/ 只 : 다만 지/ 照 : 비출 조, 견줄 조.

○ 右는 第三章이라.
이상은 세 번째 장이다.

# 第4章

**1** 子ㅣ 曰 道之不行也를 我知之矣로라!
　　자　왈　도지불행야　　아지지의

知者는 過之하고 愚者는 不及也니라.
지자　　과지　　　우자　　불급야

道之不明也를 我知之矣로라!
도지불명야　　아지지의

賢者는 過之하고 不肖者는 不及也니라.
현자　　과지　　　불초자　　불급야

(知者之知는 去聲이라)

　공자께서 말씀하시기를 "도가 행해지지 못하는 이유를 내가 알겠구나! 지혜로운 사람은 지나치고 어리석은 사람은 미치지 못하기 때문이다. 도가 밝혀지지 못하는 이유를 내가 알겠구나! 어진 사람은 지나치고 어질지 못한 사람은 미치지 못하기 때문이다."

- ◆ 知者之知는 去聲이라 : '지자知者'의 '지知'자는 거성이다.('지혜롭다'는 뜻이다.)
- ※ 過 : 지나칠 과/ 不肖(불초) : 못난 사람. 어버이를 닮지 못함의 뜻.

● 道者는 天理之當然이니 中而已矣로되

　도道라는 것은 하늘 이치의 당연한 것이니 '중中'일 뿐이다.

　① 雲峯胡氏ㅣ 曰 只是一道字나 首章에 釋道也者하야 曰道者는 事物當然之理니 皆性之德而具於心이라하니 爲下文不可須臾離而言也요 此章에 釋道字하야 曰道者는 天理之當

然이니 中而已矣라하니 爲下文過不及而言也라. 然이나 事物當然之理는 卽是天理之當然이요 性之德而具於心도 亦中而已矣로되 特具於心者는 是不偏不倚之中이며 此는 是無過不及之中이니 章句錙銖不差也라.

운봉호씨가 말하기를 "단지 하나의 도道자일 뿐이나, 첫머리 장에서 '도라는 것(道也者)'이라 함을 장구에 풀이하여 말하기를 '도道는 사물의 당연한 이치니, 모두 성품의 덕德이고 마음에 갖추어진 것이라.'고 했으니, 아랫 글에 있는 '잠시도 떠날 수 없다(不可須臾離)'는 말을 풀이하기 위해서 말한 것이고, 이 장에서 '도道'자를 풀이해서 말하기를 '도道는 하늘 이치의 당연한 것이니, 중中일 뿐이라'고 했으니, 아랫 글에 있는 '지나치고 미치지 못한다'는 말을 풀이하기 위해서 말한 것이다.

그러나 '사물의 당연한 이치'는 곧 '하늘 이치(天理)의 당연한 것'이고, '성품의 덕이고 마음에 갖추어졌다'는 것도 또한 '중中'일 뿐이다. 그러나 특히 '마음에 갖추어졌다' 함은 바로 '치우치지 않고 기울지 않는 중中'이며, 이것은 바로 '지나치거나 미치지 못함이 없는 중中'이니, 장구章句가 한 치도 어긋남이 없다."

※ 倚 : 치우칠 의/ 錙銖(치수) : 얼마 안되는 무게(저울 눈 치, 무게 단위 수 : 1냥의 1/24)/ 差 : 어긋날 차/

知愚賢不肖之過不及은 則生稟之異而失其中也라. 知者는 知之過하야 旣以道爲不足行하고 愚者는 不及知하야 又不知所以行하니 此道之所以常不行也요 賢者는 行之過하야 旣以道爲不足知하고 不肖者는 不及行하고 又不求所以知하니 此ㅣ 道之所以常不明也니라.

그러나 지혜롭고 어리석으며 어질고 어질지 못한 사람의 지나치고 미치지 못함은, 곧 타고난 기품이 달라서 그 중을 잃은 것이다.

지혜로운 사람은 아는 것이 지나쳐서 이미 도를 더 행할 것이 없다고 여기고, 어리석은 사람은 미쳐 알지 못하여 또한 행할 바를 알지 못한다. 그래서 이 도가 항상 행해지지 못하는 것이다. 어진 사람은 실행이 지나쳐서 이미 도를 더 알 것이 없다고 여기고, 어질지 못한 사람은 미쳐 실행하지 못하고 또한 앎도 찾지 않으니, 이것이 도가 항상 밝혀지지 못하는 이유다.

① 朱子ㅣ 曰 不明不行은 此正交互說이라.

주자께서 말씀하시기를 "'밝혀지지 않고 행해지지 않는다'함은 바로 '밝혀지지 않기 때문에 행해지지 못하고, 행해지지 못하기 때문에 밝혀지지 않는다'함이 서로 밝혀지도록 말한 것이다."

② 三山陳氏ㅣ 曰 世之高明洞達하야 識見絶人者는 其持論이 常高하야 其視薄物細故를 若浼焉則必不屑爲中庸之行이니 如老佛之徒는 本知者也나 求以達理 而反滅人類하니 非過乎아? 至於昏迷淺陋之人하야는 則又蔽於一曲하야 而暗於天理하니 是又不及矣라. 二者皆不能行道요 世之刻意厲行하야 勇於有爲者는 其操行이 常高하야 其視流俗汚世를 若將浼焉則必不復求於中庸之理니 如晨門荷蕢之徒는 本賢者也나 果於潔身而反亂大倫하니 非過乎아? 至於闒茸卑汚之人하야는 則又安於故常하고 而溺於物欲하니 是又不及矣라. 二者는 皆不能明道니라.

삼산진씨가 말하기를 "세상에 고명하고 통달하여 식견이 남들보다 뛰어난 사람은 그 주장하는 이론이 항상 고상하여, 하찮은 사물과 작은 일 보기를 자기를 더럽히는 것으로 여기니, 반드시 중용을 행하는 것을 탐탁지 않게 생각할 것이다. 노·불(老佛)과 같은 무리들은 본래 지혜로운 사람이지만, 이치에 통달하는 것만을 찾아서 도리어 인류人類를 없애니, 지나친 것이 아니겠는가? 혼미하고 얕고 비루한 사람들에 있어서는, 또한 마음의 한 구석이 가리워져서 하늘의 이치에 어두우니, 이는 또한 미치지 못하는 사람이다. 이 두 부류의 사람은 모두가 능히 도를 행할 수 없는 사람들인 것이다.

또 세상에서 마음을 다잡고 행실을 엄숙히 하여 일에 용감히 매진하는 사람들은, 그 지조와 행동이 항상 고결하여 유행하는 풍속과 오염된 세상 보기를 장차 자기를 더럽힐 것 같이 생각하니, 반드시 다시는 세상에서 중용의 이치를 찾지 않는 것이다. 그래서 문지기를 하고(晨門) 삼태기를 메고(荷篠) 다니는 사람들과 같은 부류는 본래는 어진 사람이지만, 자기의 몸을 깨끗이 하는 데에만 과감하여 도리어 큰 인륜人倫을 어지럽히니, 지나친 것이 아니겠는가? 용렬하고 어리석고 비루한 사람에 이르게 되면 또한 옛습관을 편히 여기고 물욕에 빠지니, 이는 또한 미치지 못하는 것이다. 이 두 부류의 사람은 모두 능히 도道를 밝힐 수 없는 사람들이다."

※ 洞 : 통할 통/ 持 : 지킬 지/ 薄 : 엷을 박/ 浼 : 더럽힐 매/ 屑 : 달갑게 여길 설/ 陋 : 더러울 루/ 荷 : 멜 하/ 篠 : 삼태기 조/ 闒 : 용렬할 탑/ 茸 : 어리석을 용, 무성할 용/ 汚 : 더러울 오/

※ 신문(晨門) : '신문'은 새벽에 성문을 열어주는 직책이다. 여기서의 신문은 『논어』 헌문편에 자로와 문답을 한 賢人을 뜻한다.

※ 하조(荷篠) : 역시 『논어』의 헌문편에 나오는 賢人을 말한다. '공자께서 위衛나라에서 경쇠를 두들기셨는데, 삼태기를 메고 공자의 문앞을 지나가는 자가 듣고 말하기를 "마음이 천하에 있구나. 경쇠를 두들김이여!" 하였다. 경쇠 두드리는 소리만 듣고도 공자의 마음을 알았으니 현인이라 할 수 있다. 헌문편에는 '하귀荷蕢로 나온다.

③ 雙峰饒氏ㅣ曰 此章은 承上二章하야 明小人所以反中庸과 與衆人所以鮮能中庸者ㅣ 皆以氣質之有偏이니 以起下六章之意라. 然이나 專以過不及爲言하야 似言中而不及庸은 蓋

中은 卽所以爲庸이니 非有二也라. 或이 問愚者는 不及知此中하고 不肖者는 不及行此中이어늘 費隱章에 又云夫婦之愚와 不肖도 可以與知能行은 何也잇고? 曰彼는 以夫婦之事로 言이요 此는 以道之全體로 言이니라.

쌍봉요씨가 말하기를 "이 장은 위의 두 장을 이어서, 소인이 중용과 반대되는 까닭과, 뭇 사람들 중에 중용을 실행할 수 있는 사람이 적은 까닭이 모두 기질의 치우침이 있기 때문임을 밝힌 것이니, 아래에 있는 여섯 장의 뜻을 일으킨 것이다. 그러나 전적으로 지나치고 미치지 못함만을 말하여 '중中'만을 말하고 '용庸'에는 미치지 않은 것 같이 함은, 아마도 '중中'은 곧 '용庸'이 되는 것이니 '중'과 '용'은 둘이 아니기 때문일 것이다."

어떤이가 묻기를 "어리석은 사람은 미쳐 이 '중中'을 알지 못하고, 어질지 못한 사람은 미쳐 이 '중中'을 행하지 못하는 것인데, '비은장(費隱:12장)에 '필부필부匹夫匹婦의 어리석음과, 어질지 못한 사람도 또한 능히 함께 알고 행할 수 있다'고 말한 것은 어째서입니까?" 대답하기를 "거기서는 부부의 일로써 말한 것이고, 이것은 도의 전체로써 말한 것이다."

問賢合屬行하고 知合屬明이어늘 夫子ㅣ 却交互說者는 何故니잇고? 曰如此則人皆曉得이니 夫子何以曰我知之矣리오? 緣天下人이 皆不知此릴새 夫子ㅣ 所以有此嘆이니 行은 不是說人去行道며 是說道自流行於天下요 明은 不是說人自知此道며 是說道自著明於天下나 人多差看了라. 須要見得知行相因이니라.

묻기를 "어진이(賢)는 마땅히 실행함에 귀속시키고, 지혜로운 이(知)는 마땅히 밝혀짐에 귀속시켜야 할 것인데, 공자님이 서로 바꾸어서 말씀하신 것은 어째서입니까?" 대답하기를 "그와 같은 것은 사람들이 모두 아는 것이니, 공자님이 무엇 때문에 '내가 알겠구나!'라고 말씀하셨겠는가? 세상 사람들이 모두 이것을 모르기 때문에 공자님이 이런 한탄을 하신 것이니, 여기에 '행해진다(行)' 함은 사람이 도道를 행함을 말함이 아니고 도道가 스스로 세상에 유행됨을 말한 것이고, '밝혀진다(明)'는 것은 사람이 스스로 이 도를 앎을 말한 것이 아니고 도가 세상에 밝게 드러남을 말한 것이다. 그러나 사람들이 이것을 잘못 보는 이가 많다. 반드시 앎과 실행은 서로 원인이 됨을 알아야 할 것이다."

※ 曉 : 깨달을 효/ 著 : 드러날 저.

④ 新安王氏ㅣ 曰 自世俗觀之면 過疑勝於不及이로되 自道言之면 其不合於中庸은 則一也라.

신안왕씨가 말하기를 "세속의 견해로 보면 '지나침은 미치지 못하는 것보다는 나은 것이 아닌가'하고 의심할 것이나, 도道로부터 말하면 그것이 중용에 합치되지 않은 점에서는 한가지다."

※ 勝 : 나을 승.

⑤ 雲峯胡氏ㅣ 曰 此章엔 分道之不行不明하고 而下章에 卽舜之知하야 言道之所以行하며 卽回之賢하야 言道之所以明하며 兼後面하야 欲說知仁勇하니 此章은 爲此三者發端而言이라. 知者는 知之過하야 以道爲不足行하니 不仁也요 賢者는 行之過하야 以道爲不足知하니 不智也요 愚不肖者는 安於不及하야 不能勉而進하니 不勇也라.

운봉호씨가 말하기를 "이 장에는 도道가 행해지지 못함과 밝혀지지 못함을 나누어 말하고, 아래 장(6장)에 순임금의 지혜로 도가 행해짐을 말하고, 8장에 안자의 어짊으로 도가 밝혀짐을 말하고, 뒷면(9장)과 겸하여 '지知, 인仁, 용勇'을 말하려 했으니, 이 장은 이 세 가지(知仁勇)의 서두를 꺼내기 위하여 말한 것이다. 지혜로운 사람은 아는 것이 지나쳐서 도로써는 더 행할 것이 없다고 하니 어질지 못한(不仁) 것이며, 어진 사람은 행하는 것이 지나쳐서 도로써는 더 알 것이 없다고 하니 지혜롭지 못한(不智) 것이고, 어리석고 어질지 못한 사람은 미치지 못함에 안주하여 능히 힘써 나아가지 못하니 용감하지 못한(不勇) 것이다."

⑥ 東陽許氏│曰 道不行者는 知之過與不及이요 道不明者는 行之過與不及이라하니 是固然矣라. 然이나 下乃結之曰人莫不飮食也언마는 鮮能知味也라하니 是는 又總於知라. 蓋二者는 皆欠眞知爾니 若眞知理義之極至면 則賢者는 固無過요 知者도 亦必篤於行하리니 不徒知之而已矣라.

동양허씨가 말하기를 "도가 행해지지 못하는 것은 앎이 지나치거나 미치지 못하기 때문이고, 도가 밝혀지지 못함은 실행이 지나치거나 미치지 못하기 때문이라'고 하니, 이것은 참으로 옳은 말이다. 그러나 아래 글(2절)에서 '사람이 음식을 먹지 않는 사람이 없지만, 맛을 아는 사람은 적다'고 끝맺었으니, 이것은 또한 '앎(知)'으로 총괄한 것이다.

대체적으로 두 가지(도가 행해지지 못하고 밝혀지지 못함)는 모두가 참된 앎이 결여된 것이다. 만약 참되게 의리義理의 지극한 점을 알았다면, 어진 사람은 참으로 행함에 있어 지나침이 없을 것이고, 지혜로운 사람도 또한 반드시 행함을 돈독히 할 것이니, 한갓 알고 있을 뿐만이 아닐 것이다."

※ 固 : 참으로 고/ 欠 : 모자랄 흠/ 篤 : 도타울 독/ 徒 : 헛되이 도.

備旨 此는 承上章하여 言民之所以鮮能中庸者는 由於氣稟之偏而不察也라. 夫子有曰中庸之道之不行也를 我知其故矣로다! 蓋行由於明이어늘 今則知者는 探深索微而知過乎中하야 旣以道爲不足行矣요 愚者는 昏昧淺陋而知不及乎中하

야 又不知所以行也하니 此道之所以常不行歟인져! 中庸之
道之不明也를 我知其故矣로다! 蓋明由於行이어늘 今則賢者
는 矜奇炫異而行過乎中하야 旣以道爲不足知矣요 不肖者는
卑汚苟賤而行不及乎中하고 又不求所以知也하니 此道之所
以常不明歟인져!

　이것은 윗 장을 이어서, 백성들이 중용을 능히 할 수 있는 사람
이 적은 이유는, 타고난 기운(氣)이 한쪽으로 치우쳐서 살피지 못
함으로 말미암은 것임을 말한 것이다. 공자님이 말씀하시기를 "중
용의 도가 행해지지 못하는 이유를 내가 알았다. 일반적으로 실행
이라는 것은 밝음에서 시작이 되는데, 지금 지혜로운 사람들은 깊
숙한 곳만을 더듬고 은미한 것만을 찾아서, 앎이 중中을 지나쳐
이미 '도道를 더 행할 것이 없다'고 하고, 어리석은 사람은 어둡고
소견이 얕고 비루하여, 앎이 중中에 미치지 못하여 또한 행할 줄
을 모르니, 이것이 도가 항상 행해지지 못하는 이유다.

　중용의 도가 밝혀지지 못하는 이유를 내가 알았다. 일반적으로
밝음이라는 것은 실행함에서 시작이 되는 것인데, 지금의 어진 사
람은 기이한 것을 자랑하고 이단에 현혹되어, 실행이 중中을 지나
서 '이미 도를 더 알 것이 없다'고 하고, 어질지 못한 사람은 비천
하고 더럽고 구차하여, 행동이 중中에 미치지 못하고 또한 앎을
구하려 하지 않으니, 이것이 도가 항상 밝혀지지 못하는 이유이
다."라고 하셨다.

※ 探 : 더듬을 탐/ 索 : 찾을 색/ 炫 : 자랑할 현/ 汚 : 더러울 오/ 苟 : 구차할 구.

**備旨補註 道之章旨** 此章은 正言所以鮮能之故니 上節은
推不行不明之由요 下節은 嘆人之不察於道也라.

　도지(道之)장의 뜻 : 이 장은 바로 능히 하는 이가 드문 이유를
말한 것이니, 윗 절(1절)은 행하지 못하고 밝히지 못하는 이유를
미루어 말한 것이고, 아랫 절(2절)은 사람이 도를 살피지 않음을

한탄하신 것이다.

備旨補註 道之節旨 此는 言知行相因하야 必知之明而後에 行之至하고 必行之至而後에 知之明이니 賢知之過는 有惜之之意하고 愚不肖之不及은 有憫之之意라.

  도지(道之)절의 뜻 : 이것은 앎과 행함이 서로 원인하여, 반드시 앎이 밝아진 뒤에 행함이 지극하고, 반드시 행함이 지극한 뒤에 앎이 밝아짐을 말한 것이다. 어진 이와 지혜로운 이의 지나침은 아까워하는 뜻이 있고, 어리석고 어질지 못한 이의 미치지 못함은 어여삐 여기는 뜻이 있다.

※ 憫 : 불쌍히 여길 민.

**2** 人莫不飮食也언마는 鮮能知味也니라.
　　인 막 불 음 식 야　　　선 능 지 미 야

사람이 음식을 먹지 않는 이가 없지만, 능히 맛을 아는 이는 적으니라.

○ 道不可離로되 人自不察이라.

도는 떠날 수 없는 것이지만, 사람들은 스스로 살피지 않는다.

※ 離 : 떨어질 리/ 察 : 살필 찰.

① 朱子ㅣ 曰 以飮食으로 譬日用하고 味로 譬理라.
　주자께서 말씀하시기를 "음식으로써 일상의 쓰는 것에 비유하고, 맛으로써 이치에 비유했다."

是以로 有過不及之弊니라.

이 때문에 지나치고 미치지 못하는 폐단이 있는 것이다.

① 三山陳氏ㅣ 曰 道曷嘗離人哉리오? 特百姓이 日用而不知耳라.
　삼산진씨가 말하기를 "도가 언제 사람을 떠났겠는가? 단지 백성들이 날마다 쓰면서도 알지 못할 뿐이다."

※ 曷 : 언제 갈/ 特 : 다만 특.

② 晏氏ㅣ 曰 知者는 專於明道하야 或怠於行道하고 賢者는 專於行道하야 或忽於明道로되 鮮能知味는 以喩不能知道니 道旣不能明이면 安能行乎리오? 末에 專言知味는 以見明道爲

先이니 惟不明이라 故로 不行也라.

　안씨가 말하기를 "지혜로운 사람은 전적으로 도를 밝히는 데에만 힘을 써서 간혹 도를 행하기를 게을리 하고, 어진 사람은 전적으로 도를 행하는 데에만 힘을 써서 간혹 도를 밝히기를 소홀히 할 것이다. 그러나 여기에 '능히 맛을 아는 이는 적다'고 함은 능히 도를 알지 못함을 비유한 말이니, 도를 이미 능히 밝힐 수 없다면 어떻게 실행을 할 수 있겠는가? 4장의 끝에 전적으로 '맛을 안다(知味)'는 것으로만 말한 것은 도를 밝힘이 먼저임을 나타낸 것이니, 오직 밝히지 못했기 때문에 실행하지 못하는 것이다."

※ 怠 : 게으를 태/ 忽 : 소홀히 할 홀/ 喩 : 비유할 유.


③ 新安陳氏| 曰 道不可離는 又提此句하야 以爲頭腦요 人自不察은 如飮食而不知味요 是以有過不及之弊는 又繳上前一節去라. 知者는 氣淸而質欠粹라 故로 知之過而行不及하고 賢者는 質粹而氣欠淸이라 故로 行之過而知不及也라.

　신안진씨가 말하기를 "장구에 '도를 떠날 수 없다(道不可離)'고 말한 것은 또다시 이 구절을 끌어내어 중요한 요점으로 삼은 것이고, '사람이 스스로 살피지 않는다(人自不察)' 함은 '음식을 먹으면서도 맛을 알지 못한다' 함과 같은 뜻이며, '이렇기 때문에 지나치고 미치지 못하는 폐단이 있다(是以有過不及之弊)' 함은 또한 위에 있는 한 절(1절)과 연결시킨 것이다. 지혜로운 사람은 기운은 맑지만 바탕의 순수함에 흠점이 있기 때문에 아는 것이 지나치고 행함이 미치지 못하는 것이고, 어진 사람은 바탕은 순수하지만 기운의 맑음에 흠점이 있기 때문에 행함이 지나치고 앎이 미치지 못하는 것이다."

※ 提 : 끌 게/ 繳 : 얽을 격/ 粹 : 순수할 수.

<u>備旨</u> 然이나 道之所謂中者는 當然不易之理니 固不外人生日用之間이로되 特以習而不察而失之耳라. 今夫人이 莫不飮食也언마는 鮮有能知其飮食之味也니 知味之正이면 則必嗜之而不厭矣요 知道之中이면 則必守之而不失矣리라. 其如此면 知愚賢不肖는 何哉오?

 그러나 도에서 말하는 '중中'이라는 것은 당연하고 바꿀 수 없는 이치니, 본래 사람이 생활 속에서 날마다 쓰는 환경을 벗어나지 않는 것이다. 그러나 특히 사람들이 관습에 젖어서 살피지 못하여 잃게 된 것일 뿐이다. 지금 사람들은 음식을 먹지 않는 이가 없지만, 능히 그 음식의 맛을 아는 사람은 적으니, 만일 음식의 바른 맛을 안다면 반드시 즐기어 싫어하지 않게 될 것이고, 만일 도道의 중中을 안다면 반드시 지켜서 잃지 않을 것이다. 그것이 이와 같다면 지혜롭고 어리석음과 어질고 어질지 못함이라는 것은 무엇이겠는가?

※ 嗜 : 즐길 기/ 厭 : 싫어할 염.

<u>備旨補註 人莫節旨</u> 此節은 警人之不察하야 正啓以加學問之功也라. 賢知는 不察是道在日用之間하고 愚不肖는 不察是道有當然之準이 乃所以過不及之由니 飮食不作譬喩면 亦不徑作道라. 只擧一件易曉者하야 以醒人이니 兩也字ㅣ 指點親切이라.

 인막(人莫)절의 뜻 : 이 절은 사람이 살피지 않음을 경고하여, 바로 학문의 공부를 더하도록 일깨운 것이다. 어질거나 지혜로운 이는 이 도가 날마다 쓰는 가운데 있음을 살피지 못하고, 어리석거나 어질지 못한 이는 이 도의 당연한 준칙을 살피지 못함이, 곧 지나치거나 미치지 못하는 이유이다. 음식으로 비유를 하지 않으면 또한 도의 길을 비유할 수 없다. 그래서 단지 하나의 깨닫기 쉬운 것을 들어서 사람을 깨우친 것이니, 두 개의 '야(也)'자가 친

절하게 지적한 것이다.

※ 警 : 경계할 경/ 徑 : 지름길 경/ 易 : 쉬울 이/ 醒 : 깨우칠 성.

● 右는 第四章이라.

이상은 네 번째 장이다.

# 第5章

**1** 子ㅣ 曰 道其不行矣夫(音扶)인져!
　　자　왈　도 기 불 행 의 부

공자께서 말씀하시기를 "도가 정녕 행해지지 못할 것인져!"

- 夫(音扶) : '夫'자는 '부'라고 발음한다/ 夫 : ~인져 부, 어조사 부.

○ 由不明故로 不行이라.

밝혀지지 못하기 때문에 행해지지 못하는 것이다.

① 雙峰饒氏ㅣ 曰 此章은 承上章鮮能知味之知하야 而言道由不明이라 所以不行이라.

쌍봉요씨가 말하기를 "이 장은 윗 장의 '능히 맛을 아는 사람이 적다'의 '안다(知)' 함을 이어서, 도道가 밝혀지지 못하기 때문에 행해지지 못하게 됨을 말한 것이다."

※ 承 : 이을 승/ 鮮 : 드물 선.

② 栗谷이 曰 饒說이 有病道之行不行明不明이 皆由人也라.

율곡이 말씀하기를 "요씨의 학설이 도의 행해지고 행해지지 못함과, 밝혀지고 밝혀지지 못함이 모두 사람으로 말미암은 것이라고 하는 병폐가 있다."

※ 病 : 병폐 병.

③ 沙溪ㅣ 曰 饒說終可疑라.
사계가 말씀하기를 "요씨의 학설은 끝내 의심스럽다."

備旨 道之不行은 由於智者過하고 愚者不及이라. 夫子有曰 道者는 固人之當行이며 亦人之所能行이로되 但人之體道者ㅣ 不失之過면 則失之不及하야 道其不行於天下矣夫라하시니 然則夫子所謂道之不行者ㅣ 豈非由於不明之故哉리오?

도가 행해지지 못함은 지혜로운 이는 지나치고 어리석은 이는 미치지 못하는 데에 연유한 것이다. 공자님이 말씀하시기를 "도道는 본래 사람이 마땅히 행해야 하는 것이며, 또한 사람이 능히 행할 수 있는 것이다. 그러나 단지 도를 몸소 실행하려는 사람들이 지나치는 실수가 아니면 미치지 못하는 실수를 하여, 도가 천하에 행해지지 못하게 되는 것일 뿐이라"고 하셨다. 그렇다면 공자님이 말씀하신 도가 행해지지 못하는 원인이 어찌 도를 밝히지 못하는 데에서 연유함이 아니겠는가?

備旨補註 道其全旨 此章은 承知愚邊하야 以起下舜之事니 本嘆人不行道하야 卻說道其不行이라. 其字는 有無限寓意하니 分明看了不明說則不行이니 正有不得辭其責者在라.

도기(道其)장 전체의 뜻 : 이 장은 지혜롭고 어리석은 것에 이어서 아랫 글에 있는 순임금의 일을 일으킨 것이니, 본래 사람이 도를 행하지 않음을 한탄하시어, 문득 도가 아마도 행해지지 못할 것임을 말씀하신 것이다. '아마도'라는 뜻의 '기其'자에 붙은 뜻이 무한히 있으니, 분명히 자기가 명확하게 알지 못하면 행할 수 없다는 것을 알 수 있으므로, 바로 각자가 책임을 면할 수 없는 점이 있는 것이다.

○ 右는 第五章이라. 此章은 承上章而擧其不行之端하야 以起下章之意라.

이상은 다섯 번째 장이다. 이 장은 윗 장을 이어 도가 행해지지 못하는 단서를 들어서, 아랫 장의 뜻을 일으킨 것이다.

① 三山陳氏ㅣ 曰 此一句ㅣ 自爲一章은 子思ㅣ 取夫子之言하야 比而從之니 蓋承上章하야 以起下章之義라. 若曰道不遠人하야 猶日用飮食也로되 由而不知故로 鮮能知味耳요 惟其不知라 是以不行이라. 故로 以道其不行之言으로 繼之니 蓋所以承上章之義也요  必如下章舜之事라야  則知而行矣니 蓋又所以起下章之義라.

삼산진씨가 말하기를 "이 한 구절이 스스로 한 장이 됨은, 자사께서 공자님의 말씀을 취하시어 유사한 글들을 같이 붙여 놓으신 것이니, 아마도 윗 장을 이어서 아랫 장의 뜻을 일으키심일 것이다. 글 전체의 뜻이 '도道는 사람과 멀지 않아서 날마다 먹는 음식과 같지만, 도를 따라가면서도 알지 못하기 때문에 능히 맛을 아는 이가 적고, 오직 맛을 모르기 때문에 행하지 못한다'고 말함과 같은 것이다. 그래서 '도가 정녕 행해지지 못할 것인져!'라는 말로 이은 것이니, 대체적으로 윗장의 뜻을 이은 것이고, 도는 반드시 아랫 장의 순임금이 하신 일과 같이 해야만 알아서 행할 수 있는 것이니, 이 글은 또한 아랫 장의 뜻을 일으킨 것이 된다."

② 雲峯胡氏ㅣ 曰 前章에 民鮮能은 是兼知行言이요 鮮能知味는 是指知而言이요 此章에 道其不行은 又指行而言이라.

운봉호씨가 말하기를 "앞 장에 '백성이 능히 할 수 있는 사람이 드물다' 함은 앎과 실행을 겸하여 말한 것이고, '능히 맛을 아는 이가 적다' 함은 앎을 가리켜 말한 것이고, 이 장에 '도가 정녕 행해지지 못할 것인져!'라고 함은 또한 행함을 가리켜 말한 것이다."

# 第6章

**1** 子ㅣ 曰 舜은 其大知也與신져!
자   왈  순   기대지야여

舜이 好問而好察邇言하사되 隱惡而揚善하시며
순   호문이호찰이언        은악이양선

執其兩端하사 用其中於民하시니
집기양단    용기중어민

其斯以爲舜乎신져! (知去聲 與平聲 好去聲)
기사이위순호

공자께서 말씀하시기를 "순임금은 크게 지혜가 있는 분이시로다! 순임금이 묻기를 좋아하시고 비근한 말들을 살피기를 좋아하시되, 악한 것은 숨기시고 착한 것은 드날리시며, 그 두 끝을 파악하시어 그 中을 백성들에게 쓰시니, 아마도 이것이 순임금이 되신 것일 것이다!"

◆ 知는 去聲이요 與는 平聲이요 好는 去聲이라 : '知'는 거성이고('지혜'의 뜻), '與'는 평성이며(어조사), '好'는 거성이다('좋아한다'는 뜻).

○ 舜之所以爲大知者는 以其不自用而取諸人也라.

순임금이 크게 지혜롭게 되신 까닭은, 자기의 지혜만을 쓰지 않고 남들에게서 취하셨기 때문이다.

※ 知 : 지혜 지智/ 諸 : 모두 제.

① 朱子ㅣ 曰 舜本自知로되 又能合天下之知하야 爲一人之知하고 而不自用其知하니 此其知之所以愈大也라. 若只據一己所有면 便有窮盡이리라.

224

주자께서 말씀하시기를 "순임금은 본래 자신이 지혜로우셨다. 그런데 또한 능히 천하의 지혜를 합하여 한 사람의 지혜로 만들 수 있고, 자기의 지혜만을 쓰지 않으셨으니, 이것이 그의 지혜가 더욱 커지게 된 이유다. 만약 단지 자기가 가지고 있는 지혜에만 의지한다면, 궁하고 다하는 곳이 있게 될 것이다."

※ 愈 : 더욱 유/ 據 : 의지할 거.

**邇言者는 淺近之言이로되 猶必察焉하니 其無遺善을 可知라.**

　'비근한 말'이라는 것은 일상의 얕고 가까운 말이다. 그런데도 오히려 반드시 살피니, 그가 착한 것을 빠뜨림이 없음을 알 수 있다.

※ 邇 : 가까울 이/ 淺 : 얕을 천/ 近 : 가까울 근/ 遺 : 버릴 유.

① 朱子ㅣ 曰 雖淺近言語라도 莫不有至理寓焉이나 人之所忽而舜好察之하시니 非洞見道體하야 無精粗差別이면 不能然也라. 孟子ㅣ 曰 自耕稼陶漁로 以至爲帝히 無非取諸人者라하고 又曰聞一善言見一善行이면 若決江河沛然하야 莫之能禦라하니 此皆好察邇言之實也라. 伊川先生이 曰造道深後엔 雖聞常人言語라도 莫非至理라하시니라.

　주자께서 말씀하시기를 "비록 얕고 가까운 말이라도 지극한 이치가 붙어 있지 않음이 없지만, 사람들은 소홀히 하는데 순임금은 살피기를 좋아하시니, 도의 본체를 훤하게 꿰뚫어봐서, 정밀한 곳과 거친 곳의 차이가 없는 사람이 아니면 능히 그와 같이 할 수 없다.

　맹자님이 말씀하시기를 '순임금이 농사짓고 질그릇 굽고 고기 잡으실 때로부터 임금이 되시기까지, 남에게 취하지 않은 것이 없다'고 했고, 또 말씀하시기를 '하나의 착한 말을 듣고 하나의 착한 행동을 보시면, 강물을 터놓은 것과 같이 쏜살같아서 그 기세를

막을 수 없다'고 했으니, 이것이 모두 비근한 말을 살피기를 좋아
하시는 실체이다. 이천선생이 말씀하시기를 '도에 깊이 나간 뒤에
는 비록 보통 사람의 말을 듣더라도 지극한 이치가 아닌 것이 없
었다'고 하셨다."

※ 『맹자』 공손추장 상에 "大舜은 有大焉하시니… 自耕稼陶漁로 以至爲帝히 無非
取於人者러시다…(위대하신 순임금은 자로나 우임금의 행실 보다 더 위대함이
있었으니…, 농사짓고 질그릇 굽고 고기 잡으실 때로부터 임금이 되시기까지,
남에게 취하지 않은 것이 없었다…)"

※ 『맹자』 진심장 상에 "孟子ㅣ 曰 舜之居深山之中에 與木石居하시며 與鹿豕遊하
시니, 其所以異於深山之野人者ㅣ 幾希러시니, 及其聞一善言하시며 見一善行하
사는 若決江河라 沛然莫之能禦也러시다(맹자께서 말씀하시기를 '순임금이 깊
은 산중에 거처할 때에, 나무와 돌과 함께 거처하시며 사슴 멧돼지와 함께 노
시니, 깊은 산속의 야인과 다를 것이 없었는데, 하나의 착한 말을 듣고 하나의
착한 행동을 보심에 이르러서는, 강물을 터놓은 것과 같이 쏜살같기 때문에,
그 기세를 막을 수 없었다')"

※ 寓 : 붙을 우/ 洞 : 통할 통/ 粗 : 거칠 조/ 耕 : 밭갈 경/ 稼 : 심을 가/ 陶 : 질그
릇 만들 도/ 漁 : 고기잡을 어/ 決 : 터놓을 결/ 沛 : 빠를 패/ 禦 : 막을 어/
造 : 나아갈 조.

**然**이나 **於其言之未善者**엔 **則隱而不宣**하고 **其善者**엔 **則播
而不匿**하니 **其廣大光明**이 **又如此則人孰不樂**(音洛)**告以善
哉**리오?

그러나 착하지 않은 말은 숨기어 드러내지 않고, 착한 것은 퍼뜨
리어 숨기지 않으니, 그 마음의 넓고 크고 빛나고 밝음이 또 이와
같다면, 사람이 누가 착함으로써 고하기를 즐겨하지 않겠는가?

◆ 樂(音洛) : '樂'은 '락(樂)'이라고 발음한다.
※ 宣 : 펼 선/ 播 : 퍼뜨릴 파/ 匿 : 숨길 닉/ 樂 : 즐길 락.

① **朱子**ㅣ **曰 言之善者**는 **播揚之**하고 **不善者**는 **隱匿之**면 **則**

善者는 愈樂告以善하고 而不善者도 亦無所愧而不惜言也리니 求善之心이 廣大光明如此면 人安得不盡言來告며 而吾亦安得不盡聞人之言乎리오?

　주자께서 말씀하시기를 "착한 말은 퍼뜨려 드날리게 하고, 착하지 않은 것은 숨기면, 착한 사람이 더욱 착함으로 고하기를 즐거워하고, 착하지 못한 사람도 또한 부끄러워함이 없어 말을 아끼지 않을 것이니, 착함을 찾는 마음이 넓고 크고 빛나고 밝기가 이와 같다면, 사람이 어찌 와서 고함에 말을 다하지 않을 것이며, 나도 또한 어찌 남의 말을 다 듣지 못하는 것이 있겠는가?"

※ 播 : 뿌릴 파/ 揚 : 드날릴 양/ 愧 : 부끄러워할 괴/ 惜 : 아낄 석.


② 新安陳氏 | 曰 隱惡에 見其廣大能容이요 揚善에 見其光明不蔽라.

　신안진씨가 말하기를 "'악함을 숨김'에서 그 마음이 넓고 커서 포용할 수 있음을 알 수 있고, '착함을 드날림'에서 그 마음이 빛나고 밝아서 가려 막을 수 없음을 알 수 있다."


兩端은 謂衆論不同之極致니 蓋凡物은 皆有兩端如小大厚薄之類라. 於善之中에 又執其兩端而量度하야 以取中然後에 用之하니 則其擇之審하고 而行之至矣라. 然이나 非在我之權度(徒洛反)精切不差면 何以與(音預)此리오? 此知(如字)之所以無過不及而道之所以行也니라.

　'두 끝'이라는 것은 여러 사람들의 의논이 같지 않음의 극치를 말함이니, 일반적으로 사물에는 모두 큼과 작음, 두터움과 엷음같은 두 종류의 끝이 있는 것이다. 착한 것 중에서도 또한 그 두 끝을 잡고 헤아려서, '중'을 취한 뒤에 쓴다면 그 선택함이 세밀하고 행함이 지극한 것이다. 그러나 나에게(마음 속에) 있는 저울과 자가 정밀하고 적절하여 어긋남이 없지 않으면, 어떻게 여기에 참여할 수 있겠는가? 이것이 앎이 지나치거나 미치지 못함이 없고, 도가 행해지게 되는 까닭이다.

◆ 度(徒洛反) : '度'는 '도(徒)'와 '락(洛)'의 반절음.('락→탁'이라고 발음한다.
◆ 與(音預) : '與'는 '예(預)'라고 발음한다.('참여한다'는 뜻이다.)
◆ 知(如字) : '知'자는 앞의 '지(知 : 지혜)'자와 같은 뜻이다.
※ 量 : 헤아릴 량/ 度 : 헤아릴 탁/ 審 : 자세할 심/ 權 : 저울 권.

① 朱子ㅣ 曰 執其兩端而用其中은 如天下事를 一箇人이 說東하고 一箇說西어든 自家便把東西來하야 斟酌看中在那裏니라.

주자께서 말씀하시기를 "'그 두 끝을 파악하시어 그 중을 쓴다' 함은, 예를 들면, 세상의 일들을 한 사람은 이렇게 말하고 또 한 사람은 저렇게 말한다면, 자기가 이런 저런 말을 가져다가 중이 어느 쪽에 있는가를 짐작하고 살핌과 같은 것이다."

※ 把 : 잡을 파/ 斟酌(침작,짐작) : 어림쳐서 헤아림/ 那裏(나리) : 어디, 어느 곳.

② 兩端은 只是箇起止二字니 猶云起這頭至那頭也라. 自極厚로 以至極薄하며 極大로 以至極小하며 極重으로 以至極輕이니 於此厚薄大小輕重之中에 擇其說之是者而用之ㅣ 乃所謂中이라. 若但以極厚極薄爲兩端而中摺其中間하야 以爲中則是는 子莫執中矣니 中間如何見得便是中이리오? 蓋極厚者ㅣ 說是則用極厚之說하며 極薄者說是則用極薄之說하며 厚薄之中說是則用厚薄之中之說이니 輕重大小도 莫不皆然이라. 蓋惟其說之是者를 用之요 不是察其兩端不用而但取兩頭之中者用之也라.

'두 끝'이라는 것은 단지 '일으킬 기(起)'자와 '그칠 지(止)'자 두 자일 뿐이니, '이쪽 머리에서 일으켜서 저쪽 머리까지 이른다' 함과 같은 것이다. 지극히 두터운 것으로부터 지극히 엷은 데에 이르며, 지극히 큰 것으로부터 지극히 작은 것에 이르며, 지극히 무거운 것으로부터 지극히 가벼운 것에 이르름이니, 이와 같이 두텁고 엷고, 크고 작고, 가볍고 무거운 가운데에서, 그 말의 옳은 것을 가려서 쓰는 것이 곧 이른바 '중中'이다. 만약 단지 지극히 두텁고 지극히 엷은 것으로 두 끝을 삼고, 그 중간을 접어서 '중中'으로 삼는다면, 이것은 자막의 '중'을 잡음이니, 단순한 중간만으로 어떻게 바로 '중'이라는 것을 알 수 있겠는가?

일반적으로 '지극히 후하게 하라'는 사람의 말이 옳으면 지극히 후하게 하라는 말을 쓰며, '지극히 박하게 하라'는 사람의 말이 옳으면 지극히 박하게 하라는 사람의 말을 쓰며, '후하고 박한 중간으로 하라'는 말이 옳으면 후하고 박한 중간으로 하라는 말을 쓰는 것이니, 가볍고 무겁고 크고 작은 것에도 모두 이러한 이치로 하지 않음이 없는 것이다. 대체적으로 오직 그 말이 옳은 것만을 쓰는 것이지, 그 두 끝을 살펴서 쓰지 않고 단지 두 끝머리의 중간만을 취해서 씀이 아닌 것이다.

※ 자막집중(子莫執中) : 중국 전국시대 노나라 사람인 자막子莫이 양주楊朱와 묵적墨翟이 중도를 잃은 것을 보고 그 중간을 취하였다. 『孟子』진심장 상에 "子莫은 執中하니 執中이 爲近之나 執中無權이 猶執一也라(자막은 중간을 잡았으니, 중간을 잡은 것이 도에 가깝기는 하나, 중간을 잡고 저울질 하지 않으면 한 쪽을 잡는 것과 같다)"

※ 어느 쪽이 보다 中에 가까운지는 생각하지 않고, 오직 양쪽의 중간만을 택했으니, 中과 완전히 일치하지는 못한 것이다.

※ 這頭(저두) : 이쪽 머리/ 那頭(나두) : 저쪽 머리/ 厚 : 두터울 후/ 薄 : 엷을 박/ 摺 : 접을 접, 꺾을 랍/ 執 : 잡을 집.

제6장

如有功當賞에 或說合賞萬金하고 或說合賞千金하며 或說百金하고 或說且十金이면 萬金은 至厚하고 十金은 至薄也니 則執其兩端하야 自至厚로 至至薄히 而精權其厚薄之中하야 合

賞萬金이면 便賞萬金하고 合賞十金이면 也只得賞十金이니 合賞千金百金도 皆然이라. 若但去兩頭하고 只取中間이면 則這頭重이면 那頭輕하고 這頭偏多면 那頭偏少하리니 是乃所謂不中矣이라.

만일 공이 있어서 상을 주는데, 어떤 이는 만금을 상주는 것이 합당하다고 말하고, 어떤 이는 천금을 상주는 것이 마땅하다고 하며, 어떤 이는 백금을 말하고, 어떤 이는 십금을 말한다면, 만금은 지극히 후하고 십금은 지극히 박한 것이다. 그러므로 그 두 끝을 파악하고서 지극히 후한 것으로부터 지극히 박한 것에 이르면서 정밀하게 그 후하고 박한 것 중에서 합당한 것을 측정하여, 만금을 상주는 것이 합당하면 곧 만금을 상주고, 십금을 상주는 것이 합당하면 단지 십금만을 상주는 것이니, 천금과 백금을 상주어야 합당한 것도 모두가 그렇게 하는 것이다.

만약 단순히 두 끝머리에 있는 것은 버리고 중간의 것만을 취한다면, 곧 이쪽 머리가 무거우면 저쪽 머리가 가볍고, 이쪽 머리가 치우치게 많으면 저쪽 머리가 치우치게 적을 것이니, 이것이 곧 이른바 '중中이 되지 못함'이다.

※ 權 : 저울질 할 권/ 偏 : 치우칠 편.


或曰孔子所謂兩端이 與此同否아? 曰竭其兩端은 是는 自精至粗하고 自大至小하며 自上至下하야 都與他說하야 無一毫之不盡이요 執兩端은 是取之於人者ㅣ라 自精至粗하고 自大至小하야 總括以盡하야 無一善之或遺니라. 又問所謂衆論不同은 都是善一邊底니잇고? 曰惡底已自隱而不宣了니라.

어떤 이가 묻기를 "공자님이 『논어』에서 말씀하신 '두 끝'이 여기의 두 끝과 같은 것 아닙니까?" 대답하시기를 "『논어』에 '그 두 끝을 다한다(竭其兩端)' 하심은 정밀한 것으로부터 거친 데에 이르고, 큰 데로부터 작은 데에 이르며, 위로부터 아래에 이르러서, 그 말을 모두 다하여 터럭 하나만큼도 다하지 않음이 없음이고, 여기의 '두 끝을 파악한다(執其兩端)'는 것은 사람에게서 취함이 정밀한 것으로부터 거친 것에 이르고, 큰 것으로부터 작은 것에 이르기까지, 모두 긁어모아서 하나의 착함도 빠뜨림이 없게 하는 것이다."

　또 묻기를 "장구에서 말한 '여러 사람의 의론이 같지 않다' 함은 모두가 착한 면 뿐입니까?" 대답하시기를 "악한 것은 이미 스스로 숨기고 퍼뜨리지 않은 것이다."

※ 갈기양단(竭其兩端) : 『논어』자한편에 출전. "吾有知乎哉아 無知也로라. 有鄙夫問於我호되 空空如也라도 我叩其兩端而竭焉하노라"(내가 아는 것이 있는가? 나는 아는 것이 없다. 그러나 어떤 비루한 사람이 나에게 묻되, 그가 아무리 무식하다 하더라도 나는 그 양쪽을 다 말해준다).

③ 葉氏ㅣ曰 兩端은 非如世俗說是非善惡之兩端이요 乃是事已是而不非하고 已善而非惡이니 已皆當爲之事라. 自斯道之不明으로 往往以是非善惡으로 爲兩端而執其中하니 則半是半非半善半惡之論이 興하야 君子ㅣ不必爲十分君子하고 小人이 不必爲十分小人이라. 乃鄕原이니 賊德之尤者也라 可不辨哉아?

　섭씨가 말하기를 "여기의 '두 끝'은 세속에서 말하는 것과 같은 옳고 그름과 착하고 악함의 두 끝이 아니고, 이는 곧 일이 이미 옳아서 그르지 않고, 이미 착해서 악하지 않음이니, 이미 모두가 마땅히 해야 할 일들이다.

　그런데 이 도가 밝혀지지 않은 때로부터 가끔 옳고 그름과 착하고 악함으로 두 끝을 삼아 그 가운데를 잡아서 쓰니, 곧 반은 옳고 반은 그르며, 반은 착하고 반은 악한 이론들이 일어나게 되어서, 군자는 반드시 완전한 군자가 되지 못하고, 소인은 반드시 완전한 소인이 되지 못하게 되었다. 이것이 바로 향원鄕原이니, 덕을 해침이 더욱 심한 사람이다. 분별하지 않을 수 있겠는가?"

※ 향원鄕原 : 『논어』와 『맹자』에 나오는 말로, 향리에서 인정을 살펴 영합하는

사람이다. 덕이 있는 사람으로 칭송되나 실제는 세상에 아첨하여 사람들에게 잘보이려고 덕을 어지럽히는 사람을 말함. 『논어』양화편과 『맹자』진심장 下편에 출전. "子曰 鄕原은 德之賊也니라(공자께서 말씀하시기를 '향원은 덕의 적일 것이다'하셨다)"

④ 雙峰饒氏ㅣ 曰 中無定體하고 隨時而在하야 如萃之時에 用大牲吉은 則中在那極厚處요 如損之時에 二簋可用享은 則中在那極薄處니 他可類推니라. 執은 是執其言이며 用은 亦是用其言이니 執其兩端則有以見其寬弘博大하야 兼總衆善而無遺요 用其中則有以見其精密詳審하야 極於至當而無偏이리라.

쌍봉요씨가 말하기를 "'중'은 정해진 본체가 없고 때에 따라 있어서, 예를 든다면 '취괘萃卦(䷬)'의 때에 '큰 희생을 씀이 길함(취괘 괘사 및 단전)'과 같은 것은 곧 '중'이 지극히 후한 곳에 있음이고, '손괘損卦(䷨)'의 때에 '두 대그릇의 제물로 제사를 지낼 수 있음(손괘 괘사 및 단전)'과 같은 것은 곧 '중'이 지극히 박한 곳에 있음이니, 다른 것도 유추할 수 있을 것이다.

'파악한다(執)'는 것은 그 말을 파악함이고, '쓴다(用)'는 것은 또한 그 말을 쓰는 것이니, '그 두 끝을 파악한다'면 너그럽고 넓고 커서 모든 착함을 빠짐없이 아우르고 모았음을 알 수 있고, '그 중을 쓴다'면 정밀하고 자세히 살펴서, 지극히 마땅함을 다하고 치우침이 없음을 알 수 있다."

⑤ 黃氏ㅣ 曰 因道之不行이 起於知者之過와 愚者之不及이라. 故로 必知如大舜而後에 可以望斯道之行이라.

황씨가 말하기를 "도가 행해지지 않는 원인이, 지혜로운 사람은 지나치고 어리석은 사람은 미치지 못함에 기인한다. 그러므로 반드시 지혜가 위대하신 순임금과 같이 한 뒤라야만, 이 도가 행해지기를 바랄 수 있다."

⑥ 雲峯胡氏 | 曰 知仁勇은 學者入德之事니 下章回之仁과 子路之勇은 皆學者事요 大舜之知는 自是聖人事나 姑借以 爲言耳라. 故로 章句에 於回與由則曰擇曰守하고 於舜則曰 擇之審而行之至하고 不以守言也라. 然이나 此章은 正是學 者用力之始니 正當以聖人自期니라. 擇之審은 舜之精也요 行之至는 舜之一也니 此는 所以爲舜之中也니 顔淵이 曰舜 何人也며 予何人也오하시니 有爲者ㅣ 亦若是라. 此章에 言舜 하고 而下章에 言回하니 學者ㅣ 正好將顔淵之語하야 以通看 二章云이니라.

　　운봉호씨가 말하기를 "지혜(知) 어짊(仁) 용감함(勇)은 배우는 사람이 덕德에 들어가는 일이니, 아랫 장에 안회(안자)의 어짊(仁 : 8장)과 자로(子路 : 이름이 由이다 : 6장)의 용감함(勇 : 10장)은 모두 배우는 사람의 일이고, 위대하신 순임금의 지혜(知)는 자체가 바로 성인의 일이다. 그러나 잠깐 인용하여 말을 한 것 뿐이다. 그러므로 장구에 안자와 자로의 예에서는 '가린다(擇), 지킨다(守)'고 말했고, 순임금에는 '가림이 세밀하고 행함이 지극하다(擇之審而行之至)'고만 말하고 '지킴(守)'을 말하지 않았다.

　　그러나 이 장은 바로 배우는 사람이 처음 공부를 하는 곳이니, 마땅히 성인으로써 스스로의 목표를 삼아야 할 것이다. '가림이 세밀함'은 순임금의 정밀함이고, '행함이 지극함'은 순임금의 한결같음이니, 이것은 순임금이 '중'을 행함이니, 안연(顔淵 : 顔子)이 말씀하신 '순임금은 어떤 사람이며 나는 어떤 사람인가? 훌륭한 일을 하시는 분은 또한 순임금과 같다'이다. 이 장에서 순임금을 말하고 아랫 장에서 안자를 말했으니, 배우는 사람은 바로 안자의 말씀을 가지고 두 장을 통하여 보는 것이 좋을 것이다."

※ 『맹자』 등문공장 상에 "成覸이 謂齊景公曰 彼丈夫也며 我丈夫也니 吾何畏彼哉

리오하며, 顔淵이 曰 舜何人也며 予何人也오? 有爲者ㅣ 亦若是라하며…(성간이 제나라 경공에게 이르기를 '저 성현들도 장부이며 나도 장부이니, 내 어찌 저 성현들을 두려워하겠는가?'하였으며, 안연이 말씀하기를 '순임금은 어떤 사람이며, 나는 어떤 사람인가? 훌륭한 일을 하는 자는 또한 순임금과 같은 것이다.' 하셨으며, …)"

❋ 姑 : 잠깐 고/ 期 : 기약할 기.


備旨 承上章하야 言道旣不行이면 必知如大舜而後에 可望斯道之行也라. 夫子ㅣ 有曰人非知면 無以見道나 然이나 知有大小하니 稽古컨덴 帝舜은 其爲大知也與신져! 何以見之오? 天下之理는 無窮하고 一人之識은 有盡하니 自用이면 非大知也라.

윗 장을 이어서 도가 이미 행해지지 못했으면, 반드시 지혜가 위대하신 순임금과 같은 뒤라야 이 도가 행해짐을 바랄 수 있음을 말한 것이다. 공자님이 말씀하시기를 "사람이 지혜롭지 않으면 도를 알 수 없는 것이다. 그러나 지혜에는 크고 작은 것이 있으니, 옛날을 살펴보면 순임금은 정녕 큰 지혜가 있는 분이로다! 무엇으로 알 수 있는가? 천하의 이치는 끝이 없고 한 사람이 아는 것은 한계가 있으니, 자기의 아는 것만을 쓴다면 큰 지혜가 아니다.

❋ 稽 : 살필 계/ 知 : 지혜 지智.


舜則凡事를 必孜孜然訪問於人하시고 而於問所得之言에 卽極淺近者라도 者亦必孜孜然審察其言中之理하사 其言之不當於理而惡者는 則隱之하시고 而其言之當於理而善者는 則揚之라. 然이나 言皆爲善 而或過或不及하야 不同之極致ㅣ 有兩端焉이면 則執其兩端而寬弘博大하야 兼總衆善而無遺하시며

순임금께서는 모든 일을 반드시 부지런 부지런히 사람들에게

찾아가서 물으시고, 물어서 얻은 말 중에서 곧 지극히 얕고 가까운 말이라도, 또한 부지런 부지런히 그 말 속의 이치를 자세히 살피시어, 그 말이 이치에 합당하지 않고 악한 것은 숨기시고, 그 말이 이치에 합당하고 착한 것은 곧 드날려 선전하신다. 그러나 말이 모두 착하더라도, 혹 지나치고 혹은 미치지 못하여, 같지 않은 극치점의 두 끝이 있다면, 곧 그 두 끝을 파악하시고 너그럽고 넓고 크게 모든 착함을 함께 모아서 빠뜨림이 없게 하시며,

※ 자자(孜孜) : 부지런히 힘씀/ 寬 : 너그러울 관/ 弘 : 넓을 홍/ 博 : 넓을 박/ 遺 : 빠뜨릴 유.

至於一致之歸ㅣ 確不可易有其中焉하야는 則用之於民하시고 而精密詳審하야 極於至當而無偏하시니 所謂合天下之知하야 以爲知며 而舜之所以爲舜者이니 其眞不可及乎인져! 吁라! 天下에 有大知如舜이면 而道其行矣리라.

　일치되는 귀결점이 있어 확연하게 바꿀 수 없는 사물의 '중'이 있는 것에 이르면, 곧 백성들에게 쓰시고, 정밀하고 상세하게 살피시어 지극히 마땅한 것의 끝에까지 이르러서 치우침이 없게 하시니, 이른바 천하의 지혜를 합하여 지혜로 삼으심이며, 순임금이 순임금 되신 까닭이니, 그것은 참으로 미칠 수 없구나! 아! 천하에 위대하신 순임금과 같은 큰 지혜가 있는 사람이 있다면 도가 아마도 행해지게 될 것이다."라고 하셨다.

備旨補註 舜其全旨　此章은 以明道爲主하니 重大知上이라. 首句는 虛冒로 因舜하야 想見其爲大知也요 問察隱揚은 能翕受며 執兩은 有定衡이며 用中은 無留滯니 正是大知處요 末句는 總結로 因大知하야 益想見其爲舜也라.

　순기(舜其)장 전체의 뜻 : 이 장은 도를 밝히는 것으로써 주를 삼

제6장

은 것이니, 중점이 '큰 지혜'라는 데에 있다. 첫머리 구절은 전체를 상상하여 말한 것으로, 순임금으로 인해서 그가 크게 지혜로운 사람임을 상상해 본 것이다. '묻고 살피고 악함을 숨기고 착함을 널리 선전하심'은 능히 모두를 합하고 받아들임이며, '두 끝을 파악하심'은 마음 속에 정해진 저울이 있음이며, '중을 쓰심'은 남기거나 지체함이 없음이니, 이것이 바로 크게 지혜스러운 곳이다. 끝 구절은 전체를 끝맺은 것으로, 큰 지혜로 인하여 더욱 그가 순임금다움을 상상해 본 것이다.

※ 虛 : 마음으로 상상할 허/ 冒 : 전체 모/ 翕 : 합할 흡/ 衡 : 저울 형/ 滯 : 막힐 체.

好問則問之途ㅣ 廣하고 邇言은 非淺近人言이라도 禹皐陳謨도 有深遠者하고 亦有淺近者라. 至理ㅣ 寓於邇言하니 非洞見道하야 無精粗之別者면 不能察也요 聖心은 有善無惡이라 故로 惡投之卽化하고 善投之卽契니 並非有意隱揚이요

묻기를 좋아하면 묻는 길이 넓어지고, '비근한 말'은 얕고 비근한 사람의 말이 아니라 하더라도 우임금과 고요와 같은 사람이 베푼 계책도 깊고 먼 것이 있고 또한 얕고 가까운 것이 있는 것이다. 지극한 이치는 비근한 말에 붙어 있으니, 도를 훤하게 봐서 정밀하고 거친 것의 구별이 없는 사람이 아니라면 능히 살필 수 없는 것이다. 성인의 마음은 착함만 있고 악함은 없다. 그러므로 악함으로 던져도 곧 교화되고 착함으로 던져도 곧 부합되니, 이 모든 것이 숨기거나 드날림에 뜻을 둔 것이 아니다.

※ 途 : 길 도/ 陳 : 베풀 진/ 謨 : 계책 모/ 契 : 맞을 계.

兩端이 皆善이라도 須執而擇之하야 如極厚者ㅣ 是則以極厚爲中하고 極薄者ㅣ 是則以極薄으로 爲中이니 非去兩頭하고 只取中間하야 如子莫執中也요 用其中於民은 是用其所得

之中하야 加於民이라.

　또 두 끝이 모두 착하더라도 반드시 파악하고 가려서, 만일 지극히 두터운 것이 옳으면 지극히 두터움으로 중中을 삼고, 지극히 엷은 것이 옳으면 지극히 엷은 것으로 중을 삼음이니, 두 머리쪽은 버리고 단지 중간을 취하여 자막子莫의 중을 잡음과 같이 함이 아닌 것이고, '그 중을 백성에게 쓴다' 함은 바로 그 얻은 중을 써서 백성들에게 사용함이다.

其斯句는 勿云其斯以爲舜之大知乎니 只云人이 徒知濬哲文明이 舜也며 明目達聰이 舜也나 孰知斯不自用而取諸人者ㅣ 舜之所以爲舜乎라. 蓋問察隱揚則非知者之過요 執兩用中則非愚者之不及이라.

　'기사이위순(其斯以爲舜)'이라는 구절은 '아마 이렇게 하심이 순임금이 큰 지혜스러움이 되신 까닭이 아니겠는냐?'는 것이니, 사람들이 한갓 지혜스럽고 슬기롭고 밝고 문명함이 순임금이며, 눈 밝고 통달하고 귀밝음이 순임금인 줄만 알 뿐이나, 누가 자기의 의견만을 쓰지 않고 사람들에게 취하여 쓰심이 순임금이 순임금이 되신 까닭임을 아느냐?고 함일 뿐이다. 묻고 살피고 악함을 숨기고 착함을 드날린다면 지혜로운 사람의 지나침이 아니고, 두 끝을 파악하여 중中을 쓴다면 어리석은 사람의 미치지 못함이 아니다.

　※ 濬 : 깊을 준, 심오할 준/ 達 : 통달할 달/ 聰 : 귀밝을 총.

● 右는 第六章이라.(此章은 言知之事라)

이상은 여섯 번째 장이다.

　◆ 此章은 言知之事라 : 이 장은 '앎(知)'의 일을 말한 것이다.

# 第7章

**1** 子ㅣ 日 人皆日予知로되
자 왈 인개왈여지

驅而納諸罟擭陷阱之中而莫之知辟也하며
구 이 납 저 고 화 함 정 지 중 이 막 지 지 피 야

人皆日予知로되 擇乎中庸而不能期月守也니라.
인 개 왈 여 지   택 호 중 용 이 불 능 기 월 수 야

(予知之知는 去聲이요. 罟는 音古요. 擭는 胡化反이요. 阱은 才性反이요, 辟은 避同이요, 期는 居之反이라.)
　공자께서 말씀하시기를 "사람들이 모두 자기가 지혜롭다고 말하지만, 그물과 덫과 함정 속으로 몰아넣어도 피할 줄을 모르며, 사람들이 모두 자기가 지혜롭다고 말하지만, 중용을 가려 얻어도 능히 한 달도 지키지 못하느니라."

◆ '予知'의 '知'자는 거성이고('지혜'의 뜻), '罟'자의 음은 '고'이고, '擭'자의 음은 '호'와 '화'의 반절음인 '화'이고, '阱'자의 음은 '재'와 '성'의 반절음인 '정'이고, '辟' 자는 '避(피)'자와 같은 글자이고, '期'자의 음은 '거'와 '지'의 반절음인 '기'이다.

※ 予:나 여/ 驅:몰 구/ 納:들일 납/ 罟:그물 고/ 擭:덫 화, 확/ 阱:함정 정/ 辟:피할 피.

○ 罟는 網也요 擭는 機檻也요 陷阱은 坑坎也니 皆所以掩取禽獸者也라.

　'고罟'자는 그물이라는 뜻이고, '화擭'자는 새나 짐승을 잡는 틀을 뜻하고, '함정陷阱'은 구덩이니, 모두가 새와 짐승들을 엄습하여 잡는 것들이다.

※ 網:그물 망/ 機檻(기함):짐승잡을 장치를 한 함정이나 덫/ 坑:구덩이 갱/

坎 : 구덩이 감/ 掩 : 생각지 못할 때 칠 엄/ 禽 : 날짐승 금/ 獸 : 들짐승 수.

① 格庵趙氏ㅣ 曰 此는 譬禍機所伏이라.

격암조씨가 말하기를 "이것은 화禍의 조짐이 숨어 있음을 비유한 것이다."

❋ 譬 : 비유할 비/ 禍 : 재앙 화/ 機 : 조짐 기/ 伏 : 숨을 복.

擇乎中庸은 辨別(彼列反)衆理하야 以求所謂中庸이니 卽上章好(去聲)問用中之事也요 期月은 匝(作答反)一月也라.

'중용을 가린다' 함은, 여러 가지 이치를 분별하여 이른바 '중용'을 찾는 것이니, 곧 윗장의 '묻기를 좋아하고 중을 쓴다' 함의 일이고, '기월(期月)'은 만 한달을 말한다.

◆ 別(彼列反) : '別'자는 '피'와 '열'의 반절음.('펼→별'로 읽는다.)
◆ 好(去聲) : '好'는 거성이다.('좋아한다'는 뜻이다.)
◆ 匝(作答反) : '匝'은 '작'과 '답'의 반절음.('잡'으로 읽는다.)
❋ 匝 : 돌 잡.

① 新安陳氏ㅣ 曰 匝은 周也니 期年은 是周一年이요 期月은 是周一月이라.

신안진씨가 말하기를 "'돌(匝)'이라는 것은 한 바퀴 돈다는 뜻이니, '기년(期年)'은 바로 일주년이고, '기월(期月)'은 바로 일주월이다."

言知禍而不知辟하야 以況能擇而不能守니 皆不得爲知也라.

화를 알고 피할 줄 모름을 말하여, 능히 중용을 가릴 수는 있지만 지키지 못하는 사람을 비유한 것이니, 모두가 지혜로움이 되지 못하는 것이다.

※ 況 : 비유할 황/ 知 : 지혜 지.

① 仁壽李氏ㅣ 曰 中은 不可不擇이요 又不可不守니 擇而不守면 終非己物이요 能擇能守然後에 可以言知라. 夫子ㅣ 嘗因仁以言知矣하사 曰擇不處仁이면 焉得知리오하시니 擇而不處면 謂之知不可也요 孟子ㅣ 嘗因仁義以言知矣하사 曰知之實은 知斯二者弗去ㅣ 是也라하시니 知而去之면 謂之知不可也라. 夫子之所謂處와 孟子之所謂弗去와 中庸之所謂守는 其義一也라.

인수이씨가 말하기를 "'중'은 가리지 않을 수가 없고 또한 지키지 않을 수도 없는 것이니, 가리고서 지키지 않으면 끝내는 자기의 사물이 아니고, 능히 가릴 수 있고 능히 지킬 수 있은 다음에야 '지혜롭다(知)'고 말할 수 있다. 공자님께서는 일찍이 '어짊(仁)'으로 인하여 '지혜로움(知)'을 말씀하시어, '어짊(仁)을 가려서 거처하지 않는다면 어찌 지혜롭다(知)고 할 수 있겠느냐?'고 하셨으니, 가려놓고 처신하지 않으면 '지혜롭다(知)'고 말함이 옳지 않은 것이다. 맹자께서도 일찍이 인의(仁義)로 인하여 지혜로움(知)을 말씀하시어, '지혜로움(知)의 실질은 이 두 가지(仁義)를 알아서 버리지 않는 것이 옳다.'고 하셨으니, 알았다고 해서 버리면 '지혜롭다(知)'고 하는 것은 옳지 않다. 공자님이 말씀하신 '처신한다' 함과, 맹자님이 말씀하신 '버리지 않는다' 함과, 『중용』에 말한 '지킴'은 그 뜻이 하나이다."

※ 『논어』 이인편에 출전. "子曰 里仁이 爲美하니 擇不處仁이면 焉得知리오?(공자께서 말씀하시기를 '사람의 어짊이 아름다움이 되니, 어진 마음을 가려서 거처하지 않는다면 어떻게 지혜롭다 하겠는가?')"

※ 『맹자』 이루장 上편 출전. "智之實은 知斯二者하야 弗去是也요…(智의 실제는 이 두 가지를 알아서 버리지 않는 것이요, …)"

※ 焉 : 어찌 언/ 處 : 처신할 처.

② 雙峰饒氏ㅣ 曰 知屬貞하고 貞者는 正而固라하니 正固二字라야 方訓得貞字는 知得雖是正了라도 仍舊要固守니 所以說 貞者는 事之幹이라. 又曰 分而言之則擇은 固謂之知나 然이나 能擇而不能守면 亦不得謂之知니 此章이 雖引起下章仁能守之說이나 然이나 仍舊重在知字니라.

쌍봉요씨가 말하기를 "'지혜로움(知)'은 '정(貞)'에 속하고, '정(貞)'은 '바르고 굳건함'이라고 했으니, '바르고 굳건하다(正固)'는 두 글자라야만 '정(貞)'자를 풀이할 수 있음은, 앎이 비록 바르더라도 이미 안 것을 그와 같이 굳게 지켜야 하기 때문이다. 그래서 '정(貞)은 일의 줄기(일을 주관함)'라고 말한 것이다."

또 말하기를 "나누어서 말하면 '가리는 것(擇)'은 본래 지혜로움(知)이라고 이를 것이다. 그러나 능히 가릴 수 있으면서 능히 지킬 수 없다면 또한 '지혜롭다(知)'고 할 수 없는 것이니, 이 장이 비록 아랫 장의 '어짊(仁)을 능히 지킬 수 있다' 하는 말을 일으킨 것이긴 하지만, 여전히 중점은 '지혜롭다(知)'는 글자에 있는 것이다."

※ 『주역』건괘 문언전에 "文言曰 元者는 善之長也요 亨者는 嘉之會也요 利者는 義之和也요 貞者는 事之幹也니…(문언에 말하기를 '원은 착함의 어른이요, 형은 아름다움의 모임이요, 이는 의리로 조화됨이요, 정은 일의줄기니…')"
※ 屬 : 속할 속/ 固 : 굳을 고/ 仍 : 인할 잉/ 幹 : 줄기 간.

③ 新安陳氏ㅣ 曰 此章은 如詩之有興이니 借上一事하야 譬喩以引起下一事也라.

신안진씨가 말하기를 "이 장은 『시경』의 시의 형식에 '흥興'이 있음과 같으니, 위에 있는 한 가지 일을 빌어 비유하여 아래에 있는 한 가지 일을 이끌어 낸 것이다."

※ 흥興 : 『시경』육의六義의 하나로, 노래하려는 일과 비슷한 다른 일을 먼저 노

래한 다음에, 본래 노래하려는 심정을 읊는 방법.

**備旨** 道固由智而行이로되 而道之不明은 又由於賢者過하고 不肖者不及이라. 夫子ㅣ 有曰今人이 皆曰予知라하니 蓋自以爲能知禍機之伏也로되 乃爭驅逐而納諸罟擭陷阱中而莫知所避하고 行險取敗하니 是其心이 有所蔽也라. 安得爲知乎리오? 亦猶今人이 皆曰予知하니 蓋自以爲能擇中庸之所在也나 然이나 擇乎中庸而不能期月守하니 擇非己有라. 是는 其知有未至也니 又安得爲知乎리오? 此道之所以不明也라하시니라.

　도는 본래 지혜로 말미암아 행해지는 것이다. 그러나 도가 밝혀지지 않음은 또한 어진 사람은 지나치고 어질지 못한 사람은 미치지 못하는 데에 연유하는 것이다. 공자님이 말씀하시기를 "요새 사람들이 모두 자기가 지혜롭다고 말하니, 아마도 자기가 능히 화禍의 기틀이 숨겨진 곳을 안다 함일 것이다. 그러나 곧 다투어 몰고 쫓아서 그물과 틀과 함정 속으로 빠트려도 피할 줄을 모르고, 험난한 곳을 가다가 패망함을 취하니, 이는 그 마음에 가려서 막힌 데가 있음이다. 어떻게 지혜롭다고 할 수 있겠는가?

　또한 요새 사람이 모두 자기가 안다고 하니, 아마도 자기가 중용이 있는 곳을 능히 가릴 수 있다 함일 것이다. 그러나 중용을 가려놓고서도 만 한 달을 지키지 못하니, 가린 것이 자기의 것이 못된다. 이것은 그들의 지혜로움이 다 이르지 못한 것이 있음이니, 또한 어찌 지혜롭다고 할 수 있을 것인가? 이것이 도가 밝혀지지 않는 이유이다."라고 하셨다.

※ 驅逐(구축) : 몰아 쫓음/ 納 : 끌어들일 납.

**備旨補註 人皆全旨** 此章은 承賢不肖邊하야 以起下回之

事라. 兩予知는 俱自負之辭로 與舜之不自用으로 相反이요 以上段으로 引起下段은 如詩之興體니 上予知는 就處事說이요 下予知는 就燭理說이라. 利之所在는 禍之所伏이며 卽罟擭陷阱也라. 此擇字는 不過形迹之見이니 偶合之識이요 守는 卽是行이니 不能守는 失之於過不及也라.

 인개(人皆)장 전체의 뜻 : 이 장은 '어질고 어질지 못하다' 함을 이어서 아래에 있는 안회의 일을 일으킨 것이다. 두 개의 '내가 안다(予知)'는 것은 모두가 자부하는 말로, 순임금의 자기 의견만을 쓰지 않음과는 서로 반대가 되는 것이고, 윗단락으로 아래의 단락을 일으킨 것은 시의 흥체와 같은 것이니, 위에 있는 '내가 안다(予知)'는 것은 일을 처리하는 면으로 말한 것이고, 아래에 '내가 안다(予知)'는 것은 이치를 밝히는 면으로 말한 것이다.

 이익이 있는 곳은 화가 숨어 있는 곳이며 곧 그물과 틀 함정이다. 여기에 '가린다(擇)' 함은 형상과 자취만을 본 것에 지나지 않는 것으로 우연히 합치되는 지식이고, 지킴은 곧 행함이니, '능히 지키지 못한다' 함은 지나치거나 미치지 못하여서 중용을 잃는 것이다.

※ 邊 : 부근 변, 일대 변/ 回 : 안회(顔回)/ 燭 : 밝힐 촉/ 迹 : 자취 적/ 偶 : 뜻하지 않을 우/ 過 : 지나칠 과/ 不及(불급) : 미치지 못함.

○ 右는 第七章이라.

이상은 일곱 번째 장이다.

承上章大知而言하고 又擧不明之端하야 以起下章也라.

 윗장의 '크게 지혜롭다' 함을 이어서 말하고, 또한 도가 밝혀지지 못하는 단서를 들어 아랫장을 일으켰다.

① 雲峯胡氏| 曰 此章에 兩人字는 蓋借知禍而不知辟之人하야 以況能擇而不能守之人也니 上章은 言舜聖人하고 下章은 言回賢人하고 此章兩人字는 衆人也라. 上章은 舜能擇으로 爲知하야 起下章回能守爲仁하고 此章은 結上章之所謂知하고 起下章之所謂仁이라.

운봉호씨가 말하기를 "이 장에 두 개의 '사람 인人'자는, 화禍는 알지만 피할 줄 모르는 사람을 빌어서, 중용을 가릴 수 있으면서도 지키지 못하는 사람을 비유한 것이다. 윗 장(6장)은 순임금이 성인이심을 말한 것이고, 아랫 장(8장)은 안자가 현인이심을 말한 것이며, 이 장의 두 개의 '사람 인人'자는 보통 사람을 말한 것이다.

윗 장은 순임금의 능히 '중'을 가릴 수 있음으로 지혜로움을 삼아서, 아랫 장 안자의 능히 지킬 수 있음으로 '어짊'을 삼는 것을 일으켰고, 이 장은 윗 장에 말한 '지혜로움'에 대한 말을 끝맺고, 아랫 장에 말한 '어짊'에 대한 말을 일으킨 것이다."

※ 辟 : 피할 피(避)/ 結 : 맺을 결.

# 第8章

**1** 子ㅣ 曰 回之爲人也ㅣ 擇乎中庸하야
　　자　왈　회지위인야　　택호중용

得一善則拳拳服膺而弗失之矣니라.
득일선즉권권복응이불실지의

공자께서 말씀하시기를 "안회의 사람됨은 중용을 가려 한 가지 착함을 얻으면, 받들어 잡고 또 받들어 잡아서 가슴 속에 지니고 잃지 않았다."

※ 拳拳(권권) : 진실한 마음으로 정성껏 받들어 지킴/ 服膺(복응) : 가슴에 간직함.

○ 回는 孔子弟子顔淵의 名이라. 拳拳은 奉持之貌요 服은 猶著(陟略切)也요 膺은 胸也니 奉持而著之心胸之間은 言能守也라. 顔子는 蓋眞知之라. 故로 能擇能守如此니 此行之所以無過不及而道之所以明也니라.

'회回'는 공자님의 제자 안연의 이름이다. '권권拳拳'은 받들어 잡는 모습이고, '복服'의 뜻은 붙여 지닌다 함과 같고, '응膺'자의 뜻은 '가슴이니, 받들어 잡아 마음과 가슴 속에 지닌다는 것은 능히 지킬 수 있음을 말한 것이다. 안자는 아마도 참으로 지혜로웠을 것이다. 그러므로 능히 이와 같이 가리고 지킬 수 있었던 것이니, 이것이 행함에 지나치거나 미치지 못함이 없고 도가 밝혀지게 된 까닭이다.

◆ 著(陟略切) : '著'은 '척'과 '략'의 반절음.('챡→착'이라고 읽는다.)
※ 奉 : 받들 봉/ 持 : 잡을 지/ 貌 : 모습 모/ 著 : 붙일 착/ 膺 : 가슴 응/ 胸 : 가슴 흉.

① 程子ㅣ 曰 大凡於道에 擇之則在乎知하고 守之則在乎仁하고 斷之則在乎勇이라.

　정자께서 말씀하시기를 "일반적으로 도를 실행함에 있어 '가리는 것'은 '지혜로움(知)'에 있고, '지키는 것'은 '어짊(仁)'에 있고, '결단하는 것'은 '용감함(勇)'에 있다."

② 朱子ㅣ 曰 舜大知章은 是行底意多하고 回擇中章은 是知底意多하니 用其中者는 舜也요 擇乎中庸하야 得一善拳拳服膺而不失者는 顔子也라. 夫顔子之學이 所以求爲舜者도 亦在乎精擇而敬守之耳니 蓋擇之不精이면 則中不可得이요 守不以敬이면 則雖欲其一日而有諸己라도 且將不能이리니 尚何用之可致哉리오?

　주자께서 말씀하시기를 "'순임금이 크게 지혜롭다' 장(6장)은 행함의 뜻이 많고, '안회가 중용을 가린다' 장(8장)은 앎의 뜻이 많으니, 그 중中을 쓴 것은 순임금이시고, 중용을 가려서 한 가지 착함을 얻으면 받들어 잡아 가슴 속에 지니고 잃지 않음은 안자이시다.

　안자의 학문이 순임금과 같이 됨을 구하심도, 또한 정밀하게 가리고 경건하게 지키는 데에 있을 뿐이니, 일반적으로 가림이 정밀하지 못하면 '중'을 얻을 수 없고, 지킴이 경건하지 못하면 비록 단 하루를 중용이 자기에게 있게 하려 한다 하더라도 또한 장차 능히 할 수 없게 될 것이다. 그러니 무슨 쓰임을 이룰 수가 있겠는가?"

※ 底: ~의 저/ 諸: ~에게 저(≒於).

③ 雙峰饒氏ㅣ 曰 每得一善則著之心胸之間而不失이니 不是只守一善이요 亦不是著意去守這一善이라.

쌍봉요씨가 말하기를 "한 가지의 착함을 얻을 때마다 항상 가슴 속에 지니고 잃지 않음이니, 단지 한 개의 착함만을 지키는 것뿐만이 아니고, 또한 이 한 개의 착함을 지키는 데만 뜻을 붙이는 것도 아니다."

※ 著: 붙일 착/ 這: ~에 저.

④ 黃氏ㅣ 曰 道之不明이 起於賢者之過와 不肖者之不及이라. 故로 必賢如顔子而後에 可以望斯道之明이라.

　황씨가 말하기를 "도가 밝혀지지 않음이, 어진 사람은 지나치고 어질지 못한 사람은 미치지 못하는 데에서 기인한다. 그러므로 반드시 어질기가 안자와 같은 뒤라야 이 도가 밝혀지기를 바랄 수 있다."

⑤ 雲峯胡氏ㅣ 曰 舜은 達而在上하야 擇乎中庸而用之民하시니 聖人之道所以行也요 顔淵은 窮而在下하야 擇乎中庸而不失於己하시니 聖人之學이 所以傳也라. 子思ㅣ 以回로 繼舜之後는 其意ㅣ 深矣로다!

　운봉호씨가 말하기를 "순임금은 현달하시며 윗 자리에 계시면서 중용을 가려 백성들에게 쓰셨으니, 성인의 도가 행해지게 되었다. 안연은 곤궁하여 아래에 계시면서 중용을 가려 몸에서 잃지 않으셨으니, 성인의 학문이 전해지게 된 것이다. 자사께서 안회로써 순임금의 뒤를 이으심은 그 뜻이 깊다."

제8장

備旨 承上章하야 言道旣不明이면 必仁如顔子而後에 可望斯道之明也라. 夫子ㅣ 有曰天下當然之理는 具在人心이라. 若回之爲人也는 凡遇事物之來면 必於天理同源異派處에 分別精詳하야 以求其所謂中庸者하고 及隨所擇而得一中庸

之善이면 則躬行實踐하야 拳拳然服膺而不復失之矣라하시니 回之擇而能守ㅣ 如此라. 吁라! 天下에 有能行如回면 而道其明矣리라.

　윗 장을 이어서, 도가 이미 밝혀지지 못했으면 반드시 어질기가 안자와 같은 뒤에야 이 도가 밝혀지기를 바랄 수 있음을 말한 것이다. 공자님이 말씀하시기를 "천하의 당연한 이치는 사람의 마음 속에 갖추어져 있는 것이다. 안회의 사람됨은 어떤 사물이든지 만나면, 반드시 하늘 이치의 근원을 같이 하고 줄기만 다르게 갈라지는 곳에서 정밀하고 자세하게 분별하여, 이른바 '중용'이라는 것을 찾고, 선택한 것에 따라 하나의 중용에 맞는 착함을 얻게 되면, 곧 몸소 행하고 실천하여 받들어 잡고 또 받들어 잡아 가슴 속에 지녀 다시는 잃지 않는다"고 하셨으니, 안회의 중용을 가리고 지킬 수 있음이 이와 같은 것이다. 아! 천하에 실행함을 능히 안회와 같이 하는 사람이 있다면 아마도 도가 밝혀지게 될 것이다."

❈ 派 : 물갈래 파/ 躬 : 몸 궁/ 復 : 다시 부/ 吁 : 탄식할 우.

**備旨補註 回之全旨**　此章은 以行道爲主하니 重服膺弗失上이라. 爲人은 含有明健意하니 下에 正言爲人之實也라. 擇乎中庸은 非至明이면 不能審其幾요 得一善卽服膺弗失은 非至健이면 不能致其決이요 隨擇隨得하고 隨得隨守는 精神이 在一則字하니 一有所得이면 卽拳拳服膺은 是急受之辭요 每得一善이면 必拳拳服膺은 是鞏括之辭라. 能擇則非賢者之過요 能守則非不肖者之不及이라.

　회지(回之)장 전체의 뜻 : 이 장은 도를 행함으로 주를 삼으니, '가슴에 지니고 잃지 않는다'는 데에 중점이 있다. '사람됨(爲人)'이라는 것은 밝고 굳건하다는 뜻이 포함되어 있으니, 아래에서 바로 사람됨의 실체를 말한 것이다. 중용을 가리는 것은 지극한 밝음이 아니면 능히 그 기미를 살필 수 없고, '하나의 착함을 얻으면 가슴에 지녀 잃지 않음'은 지극히 굳건함이 아니면 능히 그 결단을 이룰 수 없는 것이고, 가림에 따라 바로 얻고 얻음에 따라 바로 지킴은 그 정신이 하나의 '곧 즉(則)'자에 있는 것이니, '하나라도 얻음이 있으면 곧 받들어 잡고 또 받들어 잡아 가슴에 지닌다' 함은 바로 급하게 받아들인다는 말이고, '매번 하나의 착함을 얻으면 반드시 받들어 잡고 또 받들어 잡아 가슴에 지닌다' 함은 바로 잘못된 것을 바로잡는다는 말이다. 능히 가릴 수 있다면 어진 이의 지나침이 아니고, 능히 지킬 수 있다면 어질지 못한 이의 미치지 못함이 아니다.

❊ 重 : 중요할 중/ 審 : 살필 심/ 決 : 결단할 결.
❊ 은괄(檃栝=隱括) : 잘못된 것을 바로 잡음, 은(檃)은 굽은 것을 바로 잡는 것, 괄(栝)은 뒤틀린 것을 바로 잡는 것.

○ 右는 第八章이라.
이상은 여덟 번째 장이다.

① 新安陳氏ㅣ 曰 此章은 言仁之事나 擇中庸은 知之意요 弗失은 勇之意也라.
　신안진씨가 말하기를 "이 장은 '어짊(仁)'의 일을 말한 것이지만, '중용을 가림'은 '지혜로움(知)'의 뜻이고, 잃지 않음은 '용감함(勇)'의 뜻이다."

# 第9章

> **1** 子ㅣ 曰 天下國家도 可均也며
> 자 왈 천하국가 가균야
>
> 爵祿도 可辭也며 白刃도 可蹈也로되
> 작록 가사야 백인 가도야
>
> 中庸은 不可能也니라.
> 중용 불가능야
>
> 공자께서 말씀하시기를 "천하와 국가도 고르게 다스릴 수 있으며, 벼슬과 녹도 사양할 수 있으며, 시퍼런 칼날도 밟을 수 있지만, 중용은 능하게 할 수 없느니라.
>
> ※ 均: 고르게 다스릴 균/ 爵: 벼슬 작/ 祿: 녹봉 록/ 辭: 사양할 사/ 白刃(백인): 시퍼런 칼날/ 蹈: 밟을 도.

🔵 均은 平治也라. 三者는 亦知仁勇之事로 天下之至難也라.

'고르다(均)' 함은 공평하게 다스림이다. 세 가지는 또한 '지혜로움(知), 어짊(仁), 용감함(勇)'의 일로 천하에서 지극히 어려운 일이다.

① 陳氏ㅣ 曰 可均은 似知하고 可辭는 似仁하고 可蹈는 似勇이라.

진씨가 말하기를 "'고르게 다스릴 수 있음(可均)'은 '지혜로움(知)'에 가깝고, '사양할 수 있음(可辭)'은 '어짊(仁)'에 가깝고, '밟을 수 있음(可蹈)'은 '용감함(勇)'에 가깝다."

然이나 皆倚於一偏이라. 故로 資之近而力能勉者는 皆足以能之어니와 至於中庸하얀 雖若易(去聲下同)能也로되

그렇지만 모두가 한 쪽으로 치우친 것이다. 따라서 자질이 그것에 가깝고, 능히 힘써서 할 수 있는 사람이면 모두 충분히 할 수 있는 것이지만, 중용에 이르게 되면 비록 쉽게 할 수 있을 것 같으나,

- ◆ 易(去聲下同) : '易'자는 거성이고('쉽다'는 뜻), 아래에 쓰인 '易'자도 마찬가지이다.
- ※ 倚 : 치우칠 의/ 偏 : 한쪽 편/ 資 : 자질 자/ 勉 : 힘쓸 면/ 易 : 쉬울 이.

① 天下之至難也以下는 元本에 云l. 然이나 不必其合於中庸則質之近似者는 皆能以力爲之어니와 若中庸則雖不必皆如三者之難이라.

'천하에 지극히 어려운 것(天下之至難也)'이라는 글의 아래는, 「원본」에 이르기를 '그러나 그것이 반드시 중용에 합치되는 것은 아니니, 자질이 가깝고 비슷한 사람은 모두 능히 힘을 쓰면 할 수 있는 것이지만, 중용은 비록 반드시 모두가 세 가지와 같이 어려운 것은 아니다.'라고 되어 있다.

※ 難 : 어려울 난/ 質 : 자질 질.

然이나 非義精仁熟而無一毫人欲之私者면 不能及也라. 三者는 難而易하고 中庸은 易而難하니 此l 民之所以鮮(上聲)能也니라.

그러나 의리에 정밀하고 어짊(仁)에 익숙하여 터럭 하나만큼의 사사로운 욕심도 없는 사람이 아니면 능히 미칠 수 없는 것이다. 세 가지는 어렵지만 쉽고, 중용은 쉽지만 어려우니, 이것이 백성들 중에 할 수 있는 사람이 드문 이유이다.

◆ 鮮(上聲) : '鮮'은 상성이다(드물다는 뜻이다).
※ 熟 : 익숙할 숙/ 毫 : 가는 털 호/ 易 : 쉬울 이/ 鮮 : 드물 선.


① 朱子ㅣ曰 中庸은 便是三者之間에 非是別有一箇道理요 只於三者에 做得恰好處ㅣ便是中庸이라.
　주자께서 말씀하시기를 "중용은 이 세 가지 사이에 별도로 하나의 도리가 있는 것이 아니고, 단지 세 가지 중에서 사리에 꼭맞고 좋게 하는 것이 곧 중용이다."


② 三者는 亦就知仁勇上說來라. 蓋賢者過之之事는 只是就其所長處하야 著力做去而不擇乎中庸耳라.
　세 가지는 또한 '지혜로움(知), 어짊(仁), 용감함(勇)'의 측면에 나아가 말한 것이다. 일반적으로 어진 사람의 지나치는 일은, 단지 그가 잘하는 곳에만 나아가 힘을 써서하고, 중용을 가리지 않는 것일 뿐이다.


③ 三者는 也是知仁勇之事나 只是不合中庸이니 若合中庸이면 便盡得知仁勇이라.
　세 가지는 바로 '지혜로움(知), 어짊(仁), 용감함(勇)'의 일이지만, 단지 중용에 합치되지 않을 뿐이니, 만약 중용에 합치된다면 곧 '지혜로움(知), 어짊(仁), 용감함(勇)'의 도를 다 얻게 될 것이다.


④ 問中庸은 如何不可能이니잇고? 曰只是說中庸之難行이라. 急些子便過요 慢些子便不及이니 所以難也니라.
　묻기를 "중용은 어째서 능히 할 수 없습니까?" 대답하시기를 "이는 단지 중용이 행하기 어려움을 말한 것일 뿐이다. 중용은 조

금 급하게 하면 곧 지나치고, 조금 늦게 하면 곧 미치지 못하니, 그래서 어려운 것이다."

※ 些子(사자) : 조금/ 便 : 곧 편/ 慢 : 게으를 만.

⑤ 北溪陳氏ㅣ曰 三者는 似知仁勇이나 然이나 亦不必泥說知仁勇이라. 大意ㅣ 只謂國家는 至大하니 難治也로되 而資稟明敏者는 能均之요 爵祿은 人所好니 難却也로되 而資稟廉潔者는 能辭之요 白刃은 人所畏니 難犯也로되 而資稟勇敢者는 能蹈之니 是三者는 雖難而皆可以力爲어니와 至於中庸하야는 乃天命人心之當然이나 不可以資稟으로 勉强力爲之요 須是學問篤至하야 到那義精仁熟하야 眞有以自勝其人欲之私라야 方能盡得이니 此所以若易而實難也라.

　북계진씨가 말하기를 "세 가지는 '지혜로움(知), 어짊(仁), 용감함(勇)'과 비슷하다. 그러나 또한 반드시 '지혜로움(知), 어짊(仁), 용감함(勇)'에만 국한하여 말할 것은 없다. 큰 뜻은 단지 국가가 지극히 커 다스리기가 어려운 것이지만, 타고난 자질이 밝고 민첩한 사람은 능히 고르게 다스릴 수 있고, 벼슬과 녹은 사람이 좋아하는 것이니 물리치기 어려운 것이지만, 타고난 자질이 청렴하고 결백한 사람은 능히 사양할 수 있고, 시퍼런 칼날은 사람이 두려워하는 것이니 범하기 어려운 것이지만, 타고난 자질이 용감한 사람은 능히 밟을 수 있으니, 이 세 가지는 비록 어려우나 모두 힘으로 할 수 있는 것이다.

　그러나 중용에 이르게 되면 하늘에서 명령(命)을 받은 사람의 마음에 당연한 것이지만, 타고난 자질만으로 억지로 힘써 할 수는 없고, 반드시 학문이 독실하고 지극하여 의리에 정밀하고 어짊(仁)에 익숙해져서, 참으로 스스로 자기의 사사로운 욕심을 이기는 데까지 이르러야만, 능히 다 할 수 있는 것임을 말한 것이니, 이것이 쉬운 것 같지만 실제는 어려운 이유다."

※ 泥 : 구애될 니/ 禀 : 품부받을 품/ 敏 : 민첩할 민/ 均 : 고르게 다스릴 균/ 却 : 물리칠 각/ 廉 : 청렴할 렴/ 潔 : 결백할 결/ 敢 : 용맹할 감/ 蹈 : 밟을 도/ 篤 : 돈독할 독.

⑥ 雲峯胡氏ㅣ 曰 卽論語中하야 如管仲이 一匡天下는 是天下國家를 可均也요 如晨門荷蓧之徒는 是爵祿을 可辭也요 如召忽이 死子糾之難은 是白刃을 可蹈也라. 然이나 夫子則以爲民鮮能於中庸이 久矣라하시니 蓋深嘆夫中庸之不可能也라.

운봉호씨가 말하기를 "『논어』에서 '관중管仲이 천하를 한 번 바로 잡았다' 함과 같은 것은, 바로 천하와 국가를 고르게 다스릴 수 있음이고, '새벽에 문을 지키고 삼태기를 메고 다니는 무리'와 같은 이들은 바로 벼슬과 녹을 사양할 수 있음이고, '소홀召忽이 자규子糾의 난리에 죽은 것'과 같은 것은 바로 시퍼런 칼날을 밟을 수 있음이다. 그러나 공자님은 '백성들이 능히 중용을 행할 수 있는 사람이 드물게 된 지 오래라'고 하셨으니, 아마도 중용을 능히 할 수 없음을 깊게 탄식하신 것일 것이다.

※ 관중管仲의 한 번 천하를 바로잡음 : 제나라 환공桓公을 섬겨 부국강병에 힘쓰고 제후를 규합하여 환공으로 하여금 오패五覇의 으뜸이 되게 하였다. 『논어』 헌문편에 출전. "子曰 管仲이 相桓公霸諸侯하야 一匡天下하니 民到于今에 受其賜하나니 微管仲이면 吾其被髮左衽矣리라"(공자께서 말씀하시기를 "관중이 환공을 도와 제후의 패자가 되어 한 번 천하를 바로잡아 백성들이 지금까지 그 혜택을 받고 있으니, 관중이 없었다면 나는 머리를 풀고 옷깃을 왼편으로 하는 오랑캐가 되었을 것이다.")

※ 소홀召忽이 자규子糾의 난에 죽음 : 소홀은 춘추시대 제齊의 대부이며 주周 소공召公의 후예로써 자규의 사부가 되었다가 규의 난 때 죽었다. 『논어』 헌문편에 출전. "子路曰 桓公殺公子糾어늘 召忽은 死之하고 管仲은 不死하니 曰 未仁乎인져!"(자로가 말하기를 "환공이 공자 규를 죽이자, 소홀은 죽었고 관중은 죽지 않았으니, 관중은 어질지 못한 것입니다.")

※ 匡 : 바로잡을 광/ 晨 : 새벽 신/ 荷 : 멜 하/ 蓧 : 삼태기 조.

饒氏│謂章句에 言義精仁熟하고 似欠勇字意라하니 竊謂擇之審者는 義精也요 行之至者는 仁熟也니 不賴勇而裕如者也나 學者│於義에 必精之하고 於仁에 必熟之는 便是知仁中之勇이라. 故로 章句│於此에 釋中庸之不可能曰 非義精仁熟하야 無一毫人欲之私者면 不能이라하고 及於下章言勇處則曰 此則所謂中庸之不可能者니 非有以自勝其人欲之私者면 不能擇而守之라하니 反復細玩이면 朱子之意를 可見矣리라.

요씨가 이르기를 '장구에서 의리에 정밀하고 어짊(仁)에 익숙함만을 말하고 '용勇'자의 뜻은 빠트린 것 같다'고 말하니, 내가 깊이 생각해보면 가림을 자세히 함은 의리에 정밀함이고, 행함을 지극히 함은 어짊(仁)에 익숙함이니, '용감함(勇)'의 힘을 빌리지 않아도 여유가 있는 사람이다. 그러나 배우는 사람이 의리에 반드시 정밀하게 하고, '인仁'에 반드시 익숙하게 함은 바로 '지혜로움(知)과 어짊(仁)' 속의 '용감함(勇)'이다.

그러므로 장구가 여기에서 '중용은 능히 할 수 없다'는 것을 풀이하여 말하기를, '의리에 정밀하고 어짊에 익숙하여, 터럭 하나 만큼의 사사로운 욕심도 없는 사람이 아니면 할 수 없다'고 했고, 아랫 장의 '용감함(勇)'을 말한 곳에 미쳐서는 '이것이 이른바 중용을 능히 할 수 없음이니, 사사로운 욕심을 스스로 이길 수 있는 사람이 아니면 가려서 지킬 수가 없다'고 말했다. 이리저리 반복하여 자세히 감상해보면 주자의 뜻을 알 수 있을 것이다."

※ 欠 : 빠트릴 흠/ 竊 : 가만히 절/ 賴 : 힘입을 뢰/ 細 : 자세할 세/ 玩 : 감상할 완.

**備旨** 承上章하야 言知必如舜而後에 道可行이요 仁必如回而後에 道可明이니 可見中庸之難能矣라. 夫子│有曰至難均者는 天下國家로되 然이나 資之近乎知者는 可勉力而均也

요 至難辭者는 爵祿이로되 然이나 資之近乎仁者는 可勉力而辭也요 至難蹈者는 白刃이로되 然이나 資之近乎勇者는 可勉力而蹈也어니와 至於中庸之理하야는 無或過無或不及하니 苟一毫之私意有所未盡이면 則雖欲擇而守之라도 而擬議之間에 忽已失於過與不及而不自知矣리니 此其所以不可勉力而能也라. 然則欲能中庸者ㅣ 信不可無自强之學矣라하시니라

윗 장을 이어서, 지혜가 반드시 순임금과 같은 뒤라야 도를 행할 수 있고, 어짊이 반드시 안회와 같이 한 뒤라야 도를 밝힐 수 있음을 말한 것이니, 중용을 능히 하기가 어려움을 알 수 있다.

공자님께서 말씀하시기를 "지극히 다스리기 어려운 것은 천하와 국가지만, 자질이 지혜로움에 가까운 사람은 힘쓰면 다스릴 수 있고, 지극히 사양하기 어려운 것이 벼슬과 녹이지만, 자질이 어짊(仁)에 가까운 사람은 힘쓰면 사양할 수 있고, 지극히 밟기 어려운 것이 시퍼런 칼날이지만, 자질이 용감함(勇)에 가까운 사람은 힘쓰면 밟을 수 있다.

그러나 중용의 이치에 이르게 되면 혹시 지나치거나 혹시 미치지 못함도 없는 것이니, 참으로 터럭 하나만큼의 사사로운 뜻이라도 없애지 못한 것이 있다면, 비록 중용을 가려서 지킨다 하더라도, 비교하고 토론하는 사이에 이미 홀연히 지나치거나 미치지 못하는 데로 빠지게 되고 자신은 알지도 못하게 될 것이다. 이것이 중용을 억지로 힘써서 능히 할 수 없는 이유다. 그렇다면 중용에 능하려고 하는 사람은 참으로 스스로 굳세게 하는 학문(自强之學)이 없어서는 안 될 것이다."라고 하셨다.

※ 스스로 굳세게 함(自强) : 주역周易 건괘(乾卦) 대상전(大象傳)에서 나온 말로 '하늘의 운행이 굳건하니 군자가 본받아서 스스로 굳세게 하여 쉬지 않는다.(天行이 健하니 君子 以하야 自强不息하나니라)'고 한 데에서 유래한 것이다/ 하늘의 운행이 잠시도 쉬지 않고 굳건하게 운행되니, 군자가 이것을 본받아서 자기 자신을 굳건하게 하여 쉬지 않고 학문과 도道를 닦는다는 말이다.

※ 苟 : 참으로 구/ 擬 : 비교할 의.

**備旨補註 天下全旨** 此章은 擧中庸之難能이니 正見當以勇으로 輔智仁也라. 上三句는 輕言至難之事俱不難하야 以引起中庸之尤難耳니 可均은 似智나 不論當理不當理하고 但要處置得去며 可辭는 似仁이나 不論當辭不當辭하고 但以不就爲潔이며 可蹈는 似勇이나 不論當死不當死하고 但以輕生爲勇이라. 不可能은 非言道之不可能이요 乃是嘆人之不能此道라. 註에 非義精三句는 卽包下章勇字라.

천하天下장 전체의 뜻 : 이 장은 중용을 능히 하기가 어려움을 든 것이니, 바로 마땅히 용감함(勇)으로 지혜(智)와 어짊(仁)를 보조해야 함을 나타낸 것이다. 위의 세 구절은 지극히 어려운 일들이 모두 어렵지 않음을 가볍게 말하여 중용의 더욱 어려움을 이끌어 낸 것이다.

'고르게 다스릴 수 있음(可均)'은 지혜와 비슷하나 이치에 합당하느냐 합당하지 않느냐를 논하지 않고 다만 모두 처리해가는 것만을 요구하는 것일 뿐이고, '사양할 수 있음(可辭)'은 어짊(仁)과 비슷하나 마땅히 사양하고 마땅히 사양하지 않아야 할 것을 논하지 않고 다만 나아가지 않는 것으로 깨끗함을 삼음일 뿐이며, '밟을 수 있음(可蹈)'은 용감함(勇)과 비슷하나 마땅히 죽어야 함과 마땅히 죽지 않아야 함을 논하지 않고 다만 죽음을 가볍게 여기는 것으로 용감함을 삼음일 뿐이다.

'능히 할 수 없다' 함은 도가 할 수 없다고 말한 것이 아니고, 곧 사람들이 이 도를 능숙히 하지 못함을 한탄하신 것이다. 장구에 '의리에 정밀하지 않으면'이라는 세 구절은, 곧 아랫 장의 '용감할 용勇'자를 포함한 것이다.

※ 輔 : 보필할 보/ 尤 : 더욱 우.

○ **右**는 **第九章**이라.(亦承上章하야 以起下章이라)

이상은 아홉 번째 장이다.

- ◆ 亦承上章하야 以起下章이라 : 또한 윗 장을 이어서 아랫 장을 일으킨 것이다.

# 第10章

### 1 子路│問強한대
　자　로　　문　강

자로가 강함에 대하여 물으니

○ 子路는 孔子弟子仲由也라. 子路│好(去聲)勇故로 問強이라.

　자로는 공자님의 제자 중유(仲由)다. 자로가 용맹을 좋아하기 때문에 강함에 대해서 물은 것이다.

- ◆ 好(去聲) : '好'는 거성이다.('좋아한다'는 뜻이다.)
- ※ 子路자로 : B.C.543~460. 이름은 중유. 공문십철의 한 사람으로 정치에 뛰어남. 공자보다 9세 연하이며, 공자를 가장 잘 섬겼다고 한다.

備旨 承上章하야 言中庸不可能이니 必如夫子告子路之勇而後에야 可能也라. 昔에 子路│好勇故로 問強於夫子하니 蓋徒知有血氣之剛而未知德義之勇也라.

　윗 장(9장)을 이어서 중용은 능히 할 수 없는 것이니, 반드시 공자님이 자로에게 말씀하신 용감함과 같이 한 뒤에야 능히 할 수 있음을 말한 것이다. 옛날에 자로가 용맹을 좋아했으므로 공자님께 강함에 대해서 물었으니, 아마도 한갓 혈기의 강함이 있음만 알고, 덕과 의리의 용감함을 알지 못했음일 것이다.

- ※ 昔 : 옛 석/ 蓋 : 아마 개/ 徒 : 한갓 사.

**備旨補註 子路章旨** 此章은 言勇之事하야 見中庸不可能者ㅣ 在學者之自强也라. 南北은 以勝人爲强하니 皆由風氣之偏이요 君子는 以自勝爲强하니 乃純乎義理之正이라. 重末節이라.

자로子路장의 뜻 : 이 장은 용감함(勇)의 일을 말해서, 『중용』을 능히 할 수 없는 것이 배우는 사람이 스스로 굳세게 함에 달려있음을 나타낸 것이다. 남쪽과 북쪽의 사람은 남을 이기는 것으로 강함을 삼으니, 모두 풍속과 기후의 치우침에 따른 것이고, 군자는 자기를 이기는 것으로 강함을 삼으니, 곧 의리의 바른 것에 순수함이다. 중점이 끝 절에 있다.

**備旨補註 子路節旨** 問强則行行氣象이 猶在나 或亦有擔當斯道意也라.

자로子路절의 뜻 : 자로가 강함을 물으니, 강하고 굳센 기상이 아직도 있음이나, 한편으로는 이 도를 담당하려는 뜻도 있음이다.

**2** 子ㅣ 曰 南方之强與아? 北方之强與아?
　　자　왈　남 방 지 강 여　　북 방 지 강 여

抑而强與아?(與는 平聲이라.)
억 이 강 여

공자께서 말씀하시기를 "남방의 강함인가? 북방의 강함인가? 그렇지 않으면 너의 강함인가?"

◆ 與(與는 平聲이라) : 與자는 평성이다(어조사이다).
❋ 抑 : 혹은 억(의문문을 이끈다).

○ 抑은 語辭요 而는 汝也라.
'억抑'자는 어조사고, '이而'자는 너라는 뜻이다.

① 新安王氏ㅣ 曰 夫子ㅣ 嘗患不得中行而與之하시니 師는 堂堂하고 曾晳은 嘐嘐하고 子路는 行行하야 皆不合乎中庸이라. 夫子ㅣ 於門人에 一言一藥하시니 如子路者는 嘗以好勇過我로 儆之하시며 以兼人으로 抑之하시며 以不得其死로 戒之하시며 以死而無悔로 責之시나 然이나 其習氣融釋不盡하야 以强爲問則行行之勇이 猶在也라. 夫子ㅣ 是以로 說三端問之라.

신안왕씨가 말하기를 "공자께서 일찍이 제자들이 중용을 행하지 못함을 근심하시면서 제자들과 함께 하셨으니, 사師(공자님의 제자 子張이다)는 지나치게 당당하고, 증석曾晳은 뜻이 커서 큰 소리를 잘하고, 자로는 강하고 굳세어서 모두가 중용에 합치되지 못했다. 그래서 공자께서 제자들에게 한마디 말씀으로 약을 하나씩 주셨으니, 자로 같은 이는 일찍이 '용맹을 좋아함이 나보다도 더하다(好勇過我)'는 말로 경계하시고, '남들보다 뛰어나다(兼人)'는 말로 억제하시고, '온전한 죽음을 얻지 못할 것이라(不得其死)'는 말로 경계시키시고, '죽어도 후회하지 않는다(死而無悔)'는 말로 꾸짖으셨다. 그런데도 그 습관과 기질이 다 녹고 풀리지 않아서 강함에 대하여 물었으니, 강하고 굳센 용기가 아직도 있음이다. 그래서 공자님께서 세 단락으로 나누어 말씀하시어 질문하신 것이다."

※ 師는 堂堂하고 : 『논어』자장편에 "曾子曰 堂堂乎라. 張也여. 難與並爲仁矣로다 (증자께서 말씀하시기를 '당당하구나, 자장이여! 그러나 함께 인을 하기는 어렵다')"

※ 曾晳은 嘐嘐하고 : 『맹자』진심장 下편에 "曰 如琴張曾晳牧皮者ㅣ 孔子之所謂狂矣니라… 曰其志ㅣ 嘐嘐然曰 古之人 古之人이여하되 夷考其行而不掩焉者也니라(금장·증석·목피와 같은 자가 공자의 이른바 狂이라는 것이다.…그 뜻이 높고 커서 말하기를 '옛사람이여! 옛사람이여!' 하되, 평소에 그의 행실을 살펴보면 행실이 말을 가려막지 못하는 자이기 때문이다)."

※ 子路는 行行하야 : 『논어』에 선진편에 "子路는 行行如也하고…(자로는 강하고 굳세었고…)"

※ 以好勇過我 : 『논어』공야장편에 "子ㅣ 曰 由也는 好勇이 過我나 無所取材로다 (공자께서 말씀하시길 '유는 용맹을 좋아함은 나보다 나으나, 사리를 헤아려 맞게 하는 것이 없다')"

※ 以兼人으로 抑之 : 『논어』선진편에 "子ㅣ 曰求也ㅣ 退라 故로 進之하고, 由也ㅣ 兼人이라 故로 退之니라.(공자께서 말씀하시기를 '求는 물러나는 사람이기 때문에 나아가게 하고, 由는 남들보다 두 배로 하기 때문에 물러나게 한 것이다')"

※ 不得其死 : 『논어』선진편에 "若由也는 不得其死然이로다(유로 말하면 온당한 죽음을 얻지 못할 듯 하구나)"

※ 死而無悔 : 『논어』술이편에 "子ㅣ 曰 暴虎馮河하야 死而無悔者를 吾ㅣ 不與也니…(공자께서 말씀하시기를 맨손으로 범을 잡으려 하고 맨몸으로 강하를 건너려다가 죽어도 후회함이 없는 자를, 나는 함께 하지 않을 것이니…')"

※ 與 : 더불 여/ 嘐 : 큰소리로 자랑할 효/ 嘐嘐(嘐嘐) : 뜻이 크고 큰 소리를 치는 것/ 行行(행행) : 강하고 굳셈/ 儆 : 경계할 경/ 兼 : 배가 될 겸/ 抑 : 누를 억/ 端 : 차등 단.


② 新安陳氏ㅣ 曰 汝之强은 謂學者之强也니 下文에 四强哉 矯는 照應結束此句라.
신안진씨가 말하기를 "'너의 강함'이라는 것은 배우는 사람의 강함을 말한 것이니, 아랫 글에 네 번의 '강하도다! 꿋꿋함이여(强

哉矯'라고 함은 이 구절을 비추고 대응시키며 결속시키는 말이다."


③ 壺山이 曰 三句는 重在下句라. 蓋抑而强은 非謂其所已能也요 乃勉其所未至也라. 觀末節註所當二字면 可見也니 若論其所已能이면 則北方之强이 正子路之事며 而所自負者也라. 此問은 必在其初年이라.

    호산壺山이 말씀하기를 세 구절은 중점이 아래 구절에 있다. '아니면 너의 강함이냐?(抑而强)'라는 것은, 그의 이미 강함을 가지고 말함이 아니고, 곧 그의 이르지 못한 곳을 힘쓰도록 함이다. 장구 끝 절에 '마땅히 해야 할 것(所當)'이라는 두 글자를 보면 알 수 있다. 만약에 그의 이미 능숙히 하는 것으로 논했다면, 북방의 강함이 바로 자로子路의 일이고 자부하는 것이다. 이 물음은 반드시 자로의 초년에 있었을 것이다.


[備旨] 夫子ㅣ 答之曰强有不同하니 不可不先致審也라. 汝有志於强은 猶是風氣所囿니 爲南方之强與아? 爲北方之强與아? 抑不囿於南不囿於北하고 爲而自有之强與아하시니라.

    공자께서 대답하시기를 "강함에도 같지 않은 점이 있으니, 먼저 자세히 살피지 않을 수 없다. 네가 마음에 두고 있는 강함은 아직도 풍습과 기질에 좌우되는 것이니, 남방의 강함인가? 북방의 강함인가? 그렇지 않으면 남과 북에 구애받지 않고 네가 스스로 가지고 있는 강함을 말하는 것인가?"라고 물으셨다.

※ 風 : 풍속 풍/ 氣 : 기질 기/ 囿 : 얽매일 유.


[備旨補註 南方節旨] 此는 先以三種强으로 開出名目이니 三與字는 是欲其自審之意요 非詰問也라. 一抑字는 略反上

文이며 跌重而强上이요 而强은 只還他而自有之强이니 爲妙라.

　남방南方절의 뜻 : 이것은 먼저 세 종류의 강함으로 명목을 열어 놓은 것이니, 세 개의 '여與'자는 그가 스스로 살피게 하려는 뜻이고, 힐문한 것이 아니다. 하나의 '억抑'자는 윗글과 대략 반대되는 것으로, 거꾸로 '너의 강함(而强)'에 중점을 둔 것이고, '너의 강함(而强)'이라는 것은 곧 그 사람의 자기가 가지고 있는 강함으로 돌아감이니, 절묘하다할 것이다.

※ 審 : 살필 심/ 詰問(힐문) : 따지고 꾸짖어 물음/ 跌 : 건너넘을 질/ 還 : 돌아갈 환.

**3** 寬柔以敎요 不報無道는 南方之强也니
　　관유이교　　불보무도　　　남방지강야
君子ㅣ 居之니라.
군자　　거지

너그럽고 부드럽게 가르치며 무도함을 보복하지 않음은 남방의 강함이니, 군자가 그렇게 처신한다.

※ 寬柔(관유) : 마음이 너그럽고 부드러움/ 報 : 갚을 보.

○ 寬柔以敎는 謂含容巽順하야 以誨人之不及也요 不報無道는 謂橫(去聲)逆之來를 直受之而不報也라. 南方은 風氣柔弱故로 以含忍之力으로 勝人爲强하니 君子之道也라.

'너그럽고 부드럽게 가르친다' 함은 수용하고 용서하며 공손하고 순하게 해서 사람의 미치지 못함을 가르치는 것을 이르고, '무도無道함을 보복하지 않음'은 방자하고 거슬리게 하는 것을 바로 받아 보복하지 않음을 이른다. 남방南方은 풍습과 기질이 부드럽고 약하기 때문에, 수용하고 참는 힘으로 남을 이기는 것으로써 강함을 삼으니, 군자의 도리이다.

◆ 橫(去聲) : '橫'은 거성이다('방자하다'는 뜻).
※ 含忍(함인) : 하고 싶은 말을 눌러 참음/ 巽 : 공손할 손/ 誨 : 가르칠 회/ 橫逆(횡역) : 방자하고 도리에 벗어남/ 誨 : 가르칠 회.

① 朱子ㅣ 曰 此雖未是理義之强이나 然이나 近理也니 人能寬柔以敎하고 不報無道면 亦是箇好人이라. 故로 爲君子之事라.

주자께서 말씀하시기를 "이것은 비록 의리의 강함은 아니나 이치에 가까우니, 사람이 능히 너그럽고 부드럽게 가르치고, 무도함을 보복하지 않을 수 있다면, 또한 하나의 좋은 사람이다. 그러므로 군자의 일로 삼은 것이다.”


② 三山陳氏ㅣ 曰 旣曰寬柔어늘 何强之云고? 蓋守其氣質而不變도 是亦强也라.

　삼산진씨가 말하기를 “이미 '너그럽고 부드럽다'고 말했는데 어째서 '강하다'고 말한 것일까? 일반적으로 자기의 기질을 지켜서 변치 않음도 또한 강함이기 때문이다.”


③ 雲峯胡氏ㅣ 曰 此에 君子는 是泛說이요 下文에 君子和而不流는 是說成德之君子니 如論語首章不亦君子乎는 是說成德이요 後章君子不重則不威는 是泛說이라.

　운봉호씨가 말하기를 “여기에서 말한 군자는 곧 일반적으로 통칭해 말한 것이고, 아랫 글(5절)의 '군자는 조화를 이루되 흘러가지 않는다.'고 말한 군자는 곧 덕을 이룬 군자를 말한 것이니, 『논어』첫 장에 '또한 군자가 아닌가?'의 군자는 덕을 이룬 군자를 말하고, 뒷 장의 '군자가 중후하지 않으면 위엄이 없다.'의 군자는 곧 일반적으로 통칭해 말한 군자인 것과 같다.”

※ 『논어』학이편에 "人不知而不慍이면 不亦君子乎아(사람들이 알아주지 않더라도 서운해하지 않는다면 군자가 아니겠는가?)"
　『논어』학이편에 "子ㅣ 曰 君子不重則不威니 學則不固니라(공자께서 말씀하시기를 '군자가 후중하지 않으면 위엄이 없으니, 학문도 견고하지 못하다')"

※ 泛 : 두루 범/ 流 : 흐를 류.


④ 壺山이 曰 按以天氣言則南陽而北陰이요 以山川言則南淺薄而北深厚라 故로 人之性도 亦如之라.

　호산이 말씀하기를 살펴보건대 하늘의 기운으로 말하면 남쪽은 양이고 북쪽은 음이며, 산과 내로 말하면 남쪽은 얕고 엷으며 북쪽은 깊고 두텁기 때문에 사람의 성품도 또한 그와 같은 것이다.

**備旨** 以南方之强言之면 如人有不及處어든 亦不過於刻責하고 只寬容柔順하야 以誨人之不及하며 甚至人有橫逆之加我라도 直受之而不報復其無道하니 此는 南方風氣柔弱하야 以含忍之力으로 勝人爲强也니 猶近乎忠厚之道라. 故로 君子居之나 此는 强之不及乎中이니 非汝所當强者也라.

"남방의 강함으로 말하면, 만일 사람이 미치지 못하는 곳이 있을 것 같으면 또한 지나치게 가혹한 책망을 하지 않고, 단지 너그럽게 용서하고 부드럽고 순하게 남의 미치지 못하는 곳을 가르치며, 심지어 방자하고 거슬림으로 나에게 대하는 사람이 있더라도 바로 받아들여 그 무도함을 보복하지 않는다. 이것은 남방의 풍습과 기질이 부드럽고 약해서, 수용하고 참는 힘으로 남을 이김을 강함으로 삼음이니, 오히려 충성되고 후한 도에 가깝다. 그러므로 군자는 그렇게 처신한다. 그러나 이러한 강함도 중에는 미치지 못한 것이니, 네가 마땅히 해야 할 강함이 아니다."라고 하셨다.

※ 刻 : 각박할 각 / 責 : 책망할 책.

**備旨補註 寬柔節旨** 此는 申南方之强句라. 寬柔不報은 俱是有意含容이나 與誨人不倦犯而不校로 不同하니 此君子는 稍輕이라.

관유(寬柔)절의 뜻 : 이것은 남방의 강함이라는 구절을 거듭 밝힌 것이다. '너그럽고 부드럽게 하여 보복하지 않음'은 모두가 참고 용서하는 뜻이 있는 것이나, '사람 가르치기를 게을리 하지 않고 범해도 비교하지 않음'과는 같지 않은 것이니, 여기의 군자는 약간 가볍게 말한 것이다.

※ 『논어』술이편에 "子ㅣ 曰 黙而識之하며 學而不厭하며 誨人不倦이 何有於我哉

오(공자께서 말씀하시기를 '묵묵히 기억해 간직하며, 배움을 싫어하지 않으며, 사람 가르치기를 게을리 하지 않는 것 중에, 어느 것이 나에게 있겠는가?')"
『논어』태백편에 "曾子ㅣ 曰 以能으로 問於不能하며 以多로 問於寡하며 有若無하며 實若虛하며 犯而不校를 昔者吾友ㅣ 嘗從事於斯矣러니라(증자가 말씀하기를 '능하면서 능하지 못한 이에게 물으며, 학식이 많으면서 학식이 적은 이에게 물으며, 있어도 없는 없는 듯 여기고, 실질이 있어도 빈 것처럼 여기며, 자신에게 잘못을 범하여도 잘잘못을 비교하지 않음을, 옛적에 나의 벗이 이 일에 힘썼다')"

※ 申 : 거듭 신/ 倦 : 게으를 권/ 校 : 비교할 교/ 稍 : 조금 초/

**4** 衽金革하야 死而不厭은
　　임 금 혁　　사 이 불 염

北方之强也니 而强者居之니라.
북 방 지 강 야　이 강 자 거 지

창칼과 갑옷과 투구를 깔고 누워, 죽어도 싫어하지 않음은 북방의 강함이니, 너 같이 강경한 사람들이 그렇게 처신한다.

※ 衽 : 깔, 옷깃 임.

○ 衽(而審反)은 席也요 金은 戈兵之屬이요 革은 甲胄(直又反)之 屬이라(衽金革은 如云枕戈라).

'임衽'은 깐다는 뜻이고, '금金'은 창과 칼의 종류를 뜻하며, '혁革'은 갑옷과 투구 종류를 말한다.

- ◆ 衽(而審反) : '임(衽)'은 '이'와 '심'의 반절음('임'이라고 읽는다).
- ◆ 胄(直又反) : '주(胄)'는 '직과 '우'의 반절음('주'라고 읽는다).
- ◆ 衽金革은 如云枕戈라 : '창칼(槍劍)과 갑주(甲胄)를 깔고 누웠다'는 것은 '창을 베고 잔다'와 같은 것이다.
- ※ 席 : 자리깔 석/ 戈 : 창 과/ 兵 : 병기 병/ 胄 : 투구 주/ 枕 : 베개 벨 침.

① 三山陳氏ㅣ 日 臥席曰衽이라.
삼산진씨가 말하기를 "자리에 눕는 것을 '임衽'이라고 한다."

② 倪氏ㅣ 日 衽은 衣衽也요 金은 鐵也요 革은 皮也니 聯鐵爲 鎧甲하야 被之於身이 如衣衿然故로 曰衽이라.
예씨가 말하기를 "'임衽'은 옷을 입는 것이고, '금金'은 쇠고, '혁革'은 가죽이니, 쇠를 엮어서 투구와 갑옷을 만들어 몸에 입는 것이 옷을 입는 것과 같기 때문에 '임衽'이라고 한 것이다."

※ 衣 : 입을 의/ 鐵 : 쇠 철/ 皮 : 가죽 피/ 聯 : 연결할 련/ 鎧 : 갑옷 개/ 甲 : 갑옷

갑/ 衿 : 옷깃 금.

**北方은 風氣剛勁故로 以果敢之力으로 勝人爲强하니 强者之事也라.**

북방은 풍습과 기질이 강하고 굳세기 때문에 과감한 힘으로 사람을 이기는 것을 강함으로 삼으니, 강포强暴한 사람들의 일이다.

　※ 剛 : 강할 강/ 勁 : 굳셀 경.

① **雙峰饒氏ㅣ 曰 陽剛陰柔는 理之常也어늘 而南方은 風氣反柔弱하고 北方은 風氣反剛勁은 何也오? 蓋陽은 體剛而用柔하고 陰은 體柔而用强하니 如坤이 至柔而動也剛은 便見得陰은 體柔而用剛矣라. 才說風이면 便是用了니 陽主發生故로 其用柔요 陰主肅殺故로 其用이 剛也라.**

쌍봉요씨가 말하기를 "양陽이 강하고 음陰이 부드러운 것은 평상의 이치인데, 남방은 도리어 풍습과 기질이 부드럽고 약하며, 북방은 도리어 풍습과 기질이 강하고 굳셈은 어찌된 일일까?

일반적으로 양은 본체는 강하나 작용은 부드럽고, 음은 본체는 부드러우나 작용은 강하다. 예를 들어 '곤坤은 지극히 부드럽지만 움직임은 강하다' 함과 같은 것에서, 음은 본체는 부드럽지만 작용은 강함을 알 수 있다. 풍습이라고 말하게 되면 이는 곧 작용이니, 양은 발생을 주관하기 때문에 그 작용이 부드럽고, 음은 찬기운으로 죽이는 것을 주관하기 때문에 그 작용이 강한 것이다."

　※ 至柔而動也剛 : 『주역』곤괘 문언전(坤卦 文言傳)에 "文言曰 坤은 至柔而動也ㅣ剛하고…"

**問一味含忍이면 何以爲强고? 曰固是含忍이나 然이나 却以此勝人하니 所謂柔能勝剛也나 此亦未是中道라. 若是中道則**

無道當報로되 亦只著報니 所謂以直報怨이 是也니라.

묻기를 "하나 같이 수용하고 참기만 하면 어떻게 강하다고 할 수 있습니까?" 대답하시기를 "이것은 본래 수용하고 참는 것이지만, 곧 이것으로써 사람을 이기니, 이른바 '부드러운 것이 강함을 이긴다' 함이다. 그러나 이것 역시 중中의 도道는 아니다. 만약 이것이 중의 도라면 무도한 것은 마땅히 보복해야 할 것이지만, 또한 단지 드러나게 보복해야 할 뿐이니, 이른바 '바름으로써 원한을 갚는다' 함이 이런 것이다."

※ 一味(일미) : 오로지, 하나 같이/ 著 : 드러날 저/ 報 : 갚을 보/ 直 : 곧을 직.


② 雲峯胡氏ㅣ 曰 南北之强은 固皆非中이나 然이나 以含忍勝人은 猶不失爲君子之道어니와 以果敢勝人은 不過爲强者之事니 道與事二字는 下得有輕重이라. 然이나 南方에 豈無果敢者며 北方에 豈無含忍者리오? 亦不過擧其風氣之大槪而言耳라. 要之컨덴 氣質之用은 小하고 學問之功은 大니 南北之强은 氣質之偏也요 下文四者之强은 學問之正이라. 所以變化其氣質者也라.

운봉호씨가 말하기를 "남과 북의 강함은 본래 모두가 중中은 아니다. 그러나 수용하고 참음으로써 사람을 이김은 그래도 군자의 도가 될 수 있지만, 과감함으로써 사람을 이김은 강포한 사람의 일에 지나지 않은 것이니, 장구의 '도道'와 '일(事)'이라는 두 글자에는 가볍고 무거움의 차등이 있는 것이다.

그렇지만 남방이라고 해서 어찌 과감한 사람이 없을 것이며, 북방이라고 해서 어찌 수용하고 참는 사람이 없겠는가? 또한 그 풍습과 기질의 대체적인 것을 들어 말한 것에 지나지 않을 뿐이다. 중요한 것은 기질이 작용은 적고 학문의 공은 크다는 것이니, 남북의 강함은 기질의 치우친 것이고, 아랫 글에 있는 네 가지 강함은 학문의 바른 것이다. 그러므로 학문이 그 기질을 변화시키는 것이다."

③ 壺山이 曰 經文兩强之間에 著而字者는 蓋以强居强은 是重强故爾라.

경문에 두 개의 '강할 강(强)'자 사이에 '말 이을 이(而)'자를 붙인 것은 강함으로 강함에 거처함은 거듭 강함이 되기 때문이다.

備旨 以北方之强言之면 金革은 凶器也어늘 彼則恬然安之하야 袵席乎金革焉하야 雖戰鬪以死於金革이라도 而不厭悔하니 此는 北方風氣剛勁하야 以果敢之力으로 勝人爲强也니 是는 純任乎血氣之勇이요 而惟强者居之라. 此는 强之過乎中이니 非汝所當强者也라.

"북방의 강함으로 말하면, 창검槍劍과 갑주甲冑는 흉기인데, 저 사람들은 편안히 여겨서 창검과 갑주를 깔고 누워서, 비록 싸우다가 창검과 갑주에서 죽는다 하더라도 싫어하거나 후회하지 않는다. 이는 북방의 풍습과 기질이 강하고 굳세어서, 과감한 힘으로써 사람을 이겨 강함으로 삼음이니, 이는 순전히 혈기의 용감함에만 맡김이고, 오직 강포한 사람만이 그렇게 처신할 뿐이다. 이것은 강함이 '중'을 지나친 것이니, 네가 마땅히 해야 할 강함이 아니다."라고 하셨다.

※ 恬 : 편안할 념/ 厭 : 싫어할 염.

備旨補註 袵金節旨 此는 申北方之强句라. 南方에 豈無果敢者며 北方에 豈無含忍者리오? 亦不過擧風氣大槩言이라.

임금袵金절의 뜻 : 이것은 북방의 강함을 거듭 밝힌 것이다. 남방에 어찌 과감한 사람이 없을 것이며, 북방에 어찌 참고 용서하는 사람이 없겠는가? 또한 풍속과 기후의 대체적인 것을 들어 말한 것에 지나지 않는 것이다.

> **5** 故로 君子는 和而不流하나니 强哉矯여!
> 　　고　군자　　화이불류　　　　강재교
>
> 中立而不倚하나니 强哉矯여!
> 중립이불의　　　　강재교
>
> 國有道에 不變塞焉하나니 强哉矯여!
> 국유도　　불변색언　　　　강재교
>
> 國無道에 至死不變하나니 强哉矯여!
> 국무도　　지사불변　　　　강재교
>
> 그러므로 군자는 조화를 이루지만 흘러가지는 않으니 강하도다. 꿋꿋함이여! '중'에 서서 기울지 않으니 강하도다. 꿋꿋함이여! 나라에 도가 있을(행해 질) 때엔 (현달하더라도) 궁색했을 때의 뜻을 변치 않으니 강하도다. 꿋꿋함이여! 나라에 도가 없을(행해지지 않을) 때엔 죽을 때까지 (지조를) 변치 않으니 강하도다. 꿋꿋함이여!
>
> ※ 矯 : 꿋꿋할 교/ 倚 : 기울 의/ 塞 : 막힐 색.

○ 此四者는 汝之所當强也라.

이 네 가지는 네가 마땅히 해야 할 강함이다.

> ① 新安陳氏ㅣ 曰 此는 乃君子之事요 中庸之道니 是는 汝之所當强이라. 應抑而强與一句라.
> 　신안진씨가 말하기를 "이것은 곧 군자의 일이고 『중용』의 도이니, 이는 네가 마땅히 해야할 강함이다. '그렇지 않으면 너의 강함이냐?(抑而强與)'는 구절과 대응되는 말이다."

矯(擧小反)는 强貌니 詩에 曰矯矯虎臣이라하니 是也라.

　'교矯'자의 뜻은 강한 모습이다. 시경에 '호랑이 같이 꿋꿋한 신하(矯矯虎臣)'라고 말했으니, 이것과 같은 뜻이다.

※ 『시경』 노송편魯頌篇 반수시에 출전. 노나라 희공僖公이 반궁을 잘 수리한 것을 칭송한 내용이다.

① 詩泮水篇에 云ㅣ 明明魯侯여! 克明其德이로다. 旣作泮宮하니 淮夷攸服이로다! 矯矯虎臣이 在泮獻馘이라하고 傳云矯矯는 武貌라하니라.

『시경』 노송편 반수泮水시에 이르기를 "밝고 밝은 노후魯侯시여! 능히 그 덕을 밝히셨다. 이미 반궁泮宮을 지으시니, 회이淮夷가 복종을 했네! 호랑이 같이 꿋꿋한 신하들이 반수泮水에서 적의 머리를 바친다."라고 했고, 주석(傳)에 이르기를 "'교교矯矯'는 씩씩한 모습이라"고 했다.

※ 泮 : 물이름 반/ 服 : 복종할 복/ 獻 : 바칠 헌/ 馘 : 적의 머리 또는 왼쪽 귀 벨 괵, 적의 머리 또는 왼쪽 귀 괵/ 武 : 굳셀 무.

② 朱子ㅣ 曰 强哉矯는 贊歎之辭라

주자께서 말씀하시기를 "강하도다. 꿋꿋함이여!"라고 함은 칭찬하고 감탄하는 말이다.

倚는 偏著(直略反)也요 塞(悉則反)은 未達也라. 國有道에 不變未達之所守하고 國無道에 不變平生之所守也니 此則所謂中庸之不可能者요 非有以自勝其人欲之私면 不能擇而守也라. 君子之强이 孰大於是리오?

'기운다(倚)'는 것은 치우치게 붙어 있음이고, '궁색하다(塞)'는 것은 현달하지 못함이다. 나라에 도가 행해질 때에 현달하지 못했을 때 지키던 것을 변치 않고, 나라에 도가 행해지지 않을 때에 평생에 지키던 것을 변치 않음이니, 이것이 이른바 '중용'을 능히 할 수 없다' 하는 것이고, 스스로 욕심의 사사로움을 이길 수 있지 못하면 능히 가리고 지킬 수 없는 것이다. 군자의 강함이 이보다 큰 것이 어디에 있겠는가?

- ◆ 著(直略反) : '착(著)'은 '직'과 '략'의 반절음.('작→착'이라고 읽는다).
- ◆ 塞(悉則反) : '색(塞)'은 '실'과 '칙'의 반절음('식→색'이라고 읽는다).
- ※ 著 : 붙을 착/ 達 : 현달할 달.

① 陳氏ㅣ 曰 此에 君子는 指成德之君子니 與前泛言君子居之者로 不同이라.

진씨가 말하기를 "여기에 있는 군자는 덕을 이룬 군자를 가리킨 것이니, 앞에서 '군자가 그렇게 처신한다'고 한 곳의 일반적으로 말한 군자와는 같지 않은 것이다."

夫子ㅣ 以是告子路者는 所以抑其血氣之剛而進之以德義之勇也시니라.

공자께서 이 말씀으로써 자로에게 훈계하심은, 혈기의 강함을 누르고 덕과 의리의 용맹함으로 나아가게 하심이다.

※ 내각장판에는 '血氣'가 '氣血'로 되어있다.

① 朱子ㅣ 曰 和便易流로되 若是中이면 便自不倚어늘 何必又 說不倚오. 蓋柔弱底中立則必欹倒니 若能中立而不倚면 方見硬健이리라. 問和而不流하고 中立而不倚는 夷惠ㅣ 正是如此니잇고? 曰是라. 問惠는 和而不流ㅣ 甚分明이로되 夷는 如何是中立不倚處니잇고? 曰如文王이 善養老에 他便來歸하고 及武王이 伐紂에 他又自不從而去는 只此便是他中立不倚處니라.

주자께서 말씀하시기를 "조화를 이루면 곧 흘러가기 쉽다. 그러나 이것이 만약 '중'이라면 곧 스스로 기울지 않음인데, 어째서 또 기울지 않음을 말할 필요가 있겠는가? 일반적으로 부드럽고 약한 사람이 중(가운데)에 서게 되면 반드시 기울거나 쓰러지게 될 것이니, 만약 능히 중(가운데)에 서서 기울지 않을 수 있다면 곧 굳건한 것임을 알 수 있을 것이다."

묻기를 "'조화를 하면서도 흘러가지 않고 중에 서서 기울지 않음'은 백이伯夷와 유하혜柳下惠 등이 바로 이와 같은 사람들입니까?" 대답하시기를 "그렇다."

묻기를 "유하혜는 조화하면서도 흘러가지 않음이 매우 분명하지만, 백이는 어느 것이 '중'에 서서 기울지 않은 곳입니까?" 대답하시기를 "예를 들어 문왕이 노인을 잘 봉양함에 그가 곧 돌아왔고, 무왕이 주(紂王)를 정벌함에 그가 또 스스로 따르지 않고 간 것과 같은 행동이 바로 '중'에 서서 기울지 않은 곳이다."

※ 易 : 쉬울 이/ 欹 : 기울 의/ 倒 : 넘어질 도/ 硬 : 굳셀 경/ 甚 : 심할 심/ 伐 : 칠 벌.


② 人은 多有所倚靠라. 如倚於勇倚於智를 皆是中道而立하야 初縱無倚라도 把捉不住하야 久處면 畢竟又靠取一偏이니 此所以要硬在中立而無所倚也니라.

사람은 한 쪽으로 기울거나 의지하는 바가 많이 있는 것이다. 예를 들어 용기에 의지하고 지혜에 의지함과 같은 것을, 모두 도에 맞게 서서 처음에는 비록 기운 데가 없다 하더라도, 참고 버팀이 고정되지 못하여 오래 있게 되면 결국 또 한쪽을 의지하거나 취하게 된다. 이 때문에 굳건하게 '중'에 서서 기우는 바가 없을 것을 요구한 것이다.

※ 倚 : 의지할 의/ 靠 : 의지할 고/ 縱 : 설령 종/ 把 : 잡을 파/ 捉 : 잡을 착/ 住 : 머물 주/ 畢竟(필경) : 결국.

③ 問此四者는 勇之事니 必如此라야 乃能擇中庸而守之乎잇
가? 曰此는 乃能擇後工夫니라. 大智之人은 無俟乎守하니 只
是安行이요 賢者는 能擇能守하니 無俟乎强勇이로되 至此樣
資質人하야는 則能擇能守後라도 須用如此自勝이라야 方能
徹頭徹尾不失이니라.

　묻기를 "이 네 가지는 용감함에 속한 일이니, 반드시 이와 같이
해야만 중용을 능히 가리고 지킬 수 있는 것입니까?" 대답하시기
를 "이것은 곧 능히 가릴 수 있은 다음의 공부다. 크게 지혜로운
사람은 지킴을 기다릴 것도 없으니, 단지 편안히 실행할 뿐이고,
어진 사람은 능히 가릴 수 있고 능히 지킬 수 있으니, 강한 용기
를 기다려 의지할 필요가 없다.
　그러나 그외의 이런 자질을 가진 사람들은 능히 가릴 수 있고
능히 지킬 수 있은 뒤라도, 반드시 이와 같이 자기를 이겨야만 철
두철미하게 잃지 않을 수 있는 것이다."

※ 樣：같을 양/ 徹頭徹尾(철두철미)：머리에서 꼬리끝까지.


④ 陳氏ㅣ 曰 和則易至於流하야 和光同塵이면 易太軟而流蕩
이니 和而不流라야 方謂之强이라. 中立은 在無所依倚하니 弱
則易至倒東墜西요 惟剛勁底人이라야 則能獨立於中而無所
倚也라. 國有道에 達而在上則不變未達時所守하니 是富貴
不能淫이요 國無道에 窮而在下守하야 死而不變平生所守하
니 是貧賤不能移威武不能屈이라.

　진씨가 말하기를 "조화를 하게 되면 흘러가는 데까지 이르기가
쉬워서, 자신의 색깔을 조화롭게 하여 세상과 동화하다 보면, 너
무 유연해져서 흘러서 떠내려가기 쉬우니, 조화를 이루면서도 흘
러가지 않아야만 '강하다'고 이르는 것이다. '중에 섬'은 의지하고
기울음이 없음에 있으니, 약하면 동쪽으로 쓰러지거나 서쪽으로
떨어지기 쉬울 것이고, 오직 강하고 굳센 사람이라야 능히 중에

홀로 서서 기울음이 없을 수 있을 것이다.

　나라에 도가 행해질 때에 현달해서 위에 있으면서도 궁색할 때에 지키던 것을 변치 않으니, 이는 '부귀가 능히 방탕하게 할 수 없다' 함이고, 나라에 도가 행해지지 않을 때에 곤궁해서 아래에 있으면서도 자기의 지조를 지켜서, 죽어도 평생에 지키던 것을 변치 않으니, 이는 '가난하고 천함이 뜻을 옮기게 하지 못하며, 위엄과 무력으로도 뜻을 굽힐 수 없다' 함이다."

※ 富貴不能淫貧賤不能移威武不能屈 : 『맹자』 등문공 下편에 "…不得志하야는 獨行其道하야 富貴不能淫하며 貧賤不能移하며 威武不能屈이니 此之謂大丈夫니라 (…뜻을 얻지 못하면 홀로 그 도를 행하여, 부귀가 마음을 방탕하게 하지 못하며, 빈천이 절개를 옮겨놓지 못하며, 위엄과 무력이 지조를 굽히게 할 수 없는 것을 대장부라 이르는 것이다.)"

※ 易 : 쉬울 이/ 塵 : 속세 진/ 太 : 매우 태/ 軟 : 부드러울 연/ 蕩 : 쓸어버릴 탕/ 墮 : 떨어질 추/ 淫 : 방탕할 음/ 窮 : 곤궁할 궁/ 移 : 옮길 이/ 屈 : 굽힐 굴.


⑤ 雙峰饒氏ㅣ 曰 四者ㅣ 亦有次第하야 一件難似一件이니 中立不倚ㅣ 難於和而不流하며 國有道에 不變塞이 又難於上二者하며 國無道엔 至死不變은 卽所謂遯世不見知而不悔이요 唯聖者아 能之니 此是最難處라. 南北方之强은 皆是氣之偏處며 是要勝人이로되 下面君子之强은 是能自勝其氣質之偏이라.

　쌍봉요씨가 말하기를 "네 가지는 또한 차례가 있어서 한 가지가 다른 한 가지보다 어려운 듯 하니, '중에 서서 기울지 않음'은 '조화를 이루지만 흘러가지 않음'보다 어려우며, '나라에 도가 행해질 때에 곤궁할 때의 지킴을 변치 않음'은 또한 위의 두 가지보다 어려우며, '나라에 도가 행해지지 않을 때에 죽을 때까지 지조를 변치 않음'은 곧 이른바 '세상을 피해서 알아주지 않아도 후회하지 않음'이고, 오직 성인만이 할 수 있는 것이니, 이것이 바로 가장 어려운 곳이다. 남북방의 강함은 모두 기운이 치우친 곳이며, 바로 남을 이길 것을 요구한다. 그러나 아래에 있는 네 가지 군자의 강함은 능히 자기 기질의 치우침을 이길 수 있는 것이다."

※ 次第(차제) : 차례/ 塞 : 막힐(궁색할) 색/ 遯 : 피할 둔(돈)/ 見 : 알아줄 견/


⑥ 雲峯胡氏┃曰 流字倚字變字는 皆與强字相反이요 不流不倚不變은 三不字에 有骨力이니 是之謂自强이라. 南北以勝人으로 爲强하야 其强也┃囿於風氣之中이로되 君子는 以自勝으로 爲强하야 其强也┃純乎義理而出乎風氣之外니 此는 變化氣質之功이며 所以爲大也라.

운봉호씨가 말하기를 "'흐른다(流), 기운다(倚), 변한다(變)'는 글자는 모두가 '강하다(强)'는 글자와 서로 반대가 되고, '흘러가지 않는다(不流), 기울지 않는다(不倚), 변하지 않는다(不變)' 함은 세 개의 '아니 불(不)'자에 뼈대와 힘이 있는 것이니, 이것을 '스스로 굳세게 함(自强)'이라고 이르는 것이다.

남방과 북방의 사람은 남을 이기는 것으로 강함을 삼아서, 그 강함이 풍습과 기질 속에 얽매이게 되지만, 군자는 스스로를 이김(自勝)으로 강함을 삼아서, 그의 강함(自强)이 의리義理에 순수하고 풍습과 기질에서 벗어나니, 이는 기질을 변화시키는 공부이며, 그래서 큰 것이 되는 것이다."

※ 骨 : 뼈대 골/ 囿 : 구애될 유.


⑦ 退溪┃答栗谷曰 十章에 饒氏┃以四强哉로 爲有次第는 說得有牽强之病이라하니 來說이 是也라.

퇴계가 율곡에게 답변하기를 "『중용』 10장의 요씨 주석에, '네 개의 강하고도 굳세다는 것이 또한 차례와 등급이 있다는 것은 억지로 끌어 붙이는 병폐가 있'고 한 질문 서한은 옳은 말입니다."

**備旨** 故로 君子는 自有義理之强焉이라. 如處衆은 貴和나 然이나 和者는 易至於流로되 君子는 和以處衆호되 卻能自守以正하니 必不違理以徇人而至於流라. 是는 能擇乎處衆之理而守以自勝也니 不亦强哉其矯乎아! 處己는 貴乎中立이나 然이나 中立이면 易至於倚로되 君子는 中立以自處하야 卻能貞以有恒하니 必不易方하야 以隨俗而至於倚라. 是能擇乎處己之理而守以自勝也니 不亦强哉其矯乎아!

 "그러므로 군자는 스스로 의리의 강함을 가지고 있다. 예를 들어 무리와 함께할 때는 조화를 이룸을 귀중하게 여기나, 조화를 이루는 사람은 흘러가는 데까지 이르기 쉬운데, 군자는 조화로써 무리와 함께하면서도 능히 바름으로 지킬 수 있으니, 반드시 이치를 어기면서까지 남을 따라 흘러가는 데까지 이르지 않는다. 이는 능히 무리와 함께하는 이치를 가리고 지킴으로써 자기 자신을 이길 수 있음이니, 또한 그 꿋꿋함이 강한 것이 아니겠는가?

 자기 몸의 처신은 '중中에 서는 것'이 귀중하다. 그러나 중에 서면 기울기가 쉬운데, 군자는 중에 섬으로써 스스로 거처해서, 능히 굳건함으로써 항구하게 할 수 있으니, 반드시 자기의 방향을 바꾸고 속세를 따라 기울어지는 데까지 이르지 않는 것이다. 이는 능히 자기 몸이 처신해야 할 이치를 가리고 지켜서, 자기 자신을 이길 수 있음이니, 또한 그 꿋꿋함이 강한 것이 아니겠는가?

※ 處 : 처신할 처/ 違 : 어길 위/ 徇 : 따를 순/ 卻 : 도리어 각(却)/ 恒 : 항구할 항/ 易 : 바꿀 역/ 隨 : 따를 수.

達而得志每易喪其所守어늘 君子ㅣ 當國有道하얀 必行道濟時하고 而不至驕盈하야 以變其未達時之所守하니 是는 能擇乎處達之理而守以自勝也라. 不亦强哉其矯乎아! 窮而處困이면 每不終其所守어늘 君子ㅣ 當國無道하얀 必守義安命하야 雖艱苦라도 至死而不變其平生之所守하니 是能擇乎處窮之

理而守以自勝也라. 不亦强哉其矯乎아! 此四者는 皆君子之
强이요 女之所當强也라하니 夫子之告子路者ㅣ如此라. 學者
ㅣ體之以自强이면 又何中庸之不可能哉리오?

　현달顯達해서 뜻을 얻으면 보통은 그 지키던 바를 잃기가 쉬운
데, 군자는 나라에 도道가 행해질 때를 당해서는 반드시 도를 행
해서 세상을 구제하고, 교만하고 마음이 가득 차서 궁색할 때의
지키던 것을 바꾸는 데에까지 이르지 않으니, 이는 능히 현달한
때에 처신하는 이치를 가리고 지킴으로써 자신을 이길 수 있음이
다. 또한 그 꿋꿋함이 강한 것이 아니겠는가?

　궁해서 곤경에 처하면 보통은 자기의 지키던 것을 끝까지 지키
지 못하는 것인데, 군자는 나라에 도가 행해지지 않을 때를 당해
서는 반드시 의리를 지키고 하늘의 명령(命)을 편안히 해서, 비록
어렵고 괴롭더라도 죽을 때까지 평생의 지키던 것을 변치 않으니,
이는 능히 곤궁한 때에 처신하는 이치를 가리고 지켜서, 자신을
이길 수 있음이다. 또한 그 꿋꿋함이 강한 것이 아니겠는가? 이
네 가지는 군자의 강함이고 네가 마땅히 해야할 강함이라"고 하
셨으니, 공자님이 자로에게 훈계하심이 이와 같은 것이다. 배우는
사람이 몸소 본받아 스스로 자신을 굳세게 하면(自强), 또 어찌 중
용을 능히 행할 수가 없겠는가?

※ 易 : 쉬울 이/ 驕 : 교만할 교/ 盈 : 찰 영/ 艱苦(간고) : 어렵고 괴로움/ 告 : 훈
　계할 고/ 體 : 본받을 체.

**備旨補註 和而節旨**　此는 申而强句라. 四段은 就現成者
說이나 在學者하야 當以此自勉이라. 故로 曰而所當强이니
分人己窮達四平하야 看强字며 全在四不字上이라. 矯는 是
矯然勁直이니 卽贊其强也요 和는 是不立異以爲高요 不矯
情以絶物이라. 然이나 其中에 有分曉하고 有界限하니 有把持
라야 方能不流라.

화이和而절의 뜻 : 이것은 '너의 강함(而强)'이라는 구절을 거듭 밝힌 것이다. 네 단락은 현재 덕을 이룬 사람을 가지고 말한 것이지만, 배우는 사람에 있어서도 마땅히 이것으로 스스로 힘을 써야 하는 것이다. 그러므로 '네가 마땅히 굳세게 해야 할 것이라'고 한 것이니, '남과 나, 궁하고 현달한 때'를 넷으로 나누어서 '강하다(强)'는 글자를 살펴 본 것이며, 전적으로 네 개의 '아니 불(不)'자 위에 뜻이 있다. '꿋꿋하다(矯)' 함은 꿋꿋하고 굳세고 곧음이니, 곧 그 강함을 칭찬한 것이고, '조화한다(和)' 함은 바로 남과 다른 것을 세워서 높게 하지 않음이며, 인정을 어기면서 사물과 끊음이 아니다. 그러나 그 가운데에는 뚜렷하게 나누어짐이 있고 한계가 있는 것이니, 붙잡아주고 버텨주는 것이 있어야만 능히 흐르지 않을 수 있는 것이다.

※ 看 : 살필 간/ 曉 : 환할 효/ 界 : 경계 계/ 限 : 한계 한/ 把 : 잡을 파/ 持 : 가질 지.

和는 柔德也요 中立은 剛德也니 和便易流요 若中立이면 便是不倚어늘 如何又說不倚오? 蓋柔弱的中立이면 把捉不定하야 久之에 畢竟欹倒一邊이니 兩而字는 是轉語라. 和與中立은 猶未是强이요 必不流不倚라야 乃爲强이라.

　　'조화和'는 부드러운 덕이고 '가운데에 섬(中立)'은 강한 덕이니, '조화和'는 흐르기 쉬운 것이고, 만약 가운데에 섰다면 기울지 않음인데, 어째서 또 기울지 않음을 말한 것일까? 일반적으로 유약한 것이 가운데에 서면 잡고 버팀이 고정되지 않아서 오래 되면 필경 한 쪽으로 기울고 거꾸러질 것이니, 두 개의 '이而'자는 바로 말을 전환시킨 글자이다. 즉 '조화和'와 '가운데에 섬(中立)'은 아직 강한 것이 아니고, 반드시 흐르지 않고 기울지 않아야 곧 강함이 된다는 것이다.

※ 久 : 오랠 구/ 欹 : 기울 의.

不變塞은 是富貴不淫이요 至死不變은 是貧賤不移니 身已出仕故로 言未達이요 身未出仕故로 但言平生이라. 此는 皆是成德後擇守니 本勇足勝私來라.

'궁색했을 때의 것을 변치 않음(不變塞)'은 바로 '부귀로도 능히 방탕하게 하지 못함'이고, '죽을 때까지 변치 않음(至死不變)'은 바로 '가난하고 천함이 뜻을 옮기지 못함'이니, 몸이 이미 벼슬에 나아간 때이기 때문에 현달하지 않을 때를 말했고, 몸이 벼슬에 나아가지 않은 때이기 때문에 단지 평생의 지키던 것이라고 말한 것이다. 이것은 모두 덕을 이룬 뒤에 가리고 지키는 것이니, 이것은 용감함(勇)이 족히 사사로움을 이긴 데에서 근본해 온 것이다.

❋ 仕 : 벼슬할 사/ 私 : 사사로울 사.

○ 右는 第十章이라.(此章은 言勇之事라)

이상은 열 번째 장이다.

◆ 此章은 言勇之事라 : 이 장은 '용감함(勇)'에 관한 일을 말한 것이다.

# 第11章

### 1 子ㅣ 曰 素(索)隱行怪를 後世에 有述焉하나니
자 왈 색 은 행 괴 후 세 유 술 언

### 吾弗爲之矣로라.
오 불 위 지 의

공자께서 말씀하시기를 "은미하고 궁벽한 것을 찾고 괴이한 일을 행하는 것을 후세에 말하고 기술하는 이 있겠으나, 나는 하지 않는다."

※ 素 : 찾을 색=索/ 隱 : 은미할 은/ 怪 : 기이할 괴/ 述 : 기술할 술.

○ 素는 按漢書컨댄 當作索(山客反)이니 蓋字之誤也라.

'소素'자는 한서漢書를 살펴보면 마땅히 '색索'자로 해야할 것이니, 아마도 글자가 잘못된 것일 것이다.

◆ 索(山客反) : '索'은 '산과 '객'의 반절음('색'으로 발음한다).
※ 素 : 본디 소/ 按 : 살필 안/ 誤 : 잘못될 오.

① 前漢藝文志에 孔子ㅣ 索隱行怪를 後世에 有述焉하나니 吾不爲之矣라하고 顔師古ㅣ 曰 索隱은 求索隱暗之事라하니라.

전한前漢의 『예문지藝文志』에 "공자님이 '은미하고 궁벽한 것을 찾고 괴이한 일을 행하는 것을, 후세에 말하고 기술하는 사람이 있겠으나, 나는 하지 않는다('素'자가 '索'으로 되어 있다).'고 말씀하셨다"고 기록했고, 안사고顔師古의 주석에 말하기를 '색은索隱은 은미하고 어두워서 밝히기 어려운 일을 찾는 것'이라고 했다.

※ 前漢藝文志 : 한나라의 반고班固가 유흠劉歆의 『칠략七略』에 의해 지은 고금의 서적목록.
※ 顔師古 : 당나라 때의 학자로 본명은 주籒이고, 사고師古는 자이다. 문장에 능하고 훈고학에 밝아서, 오경五經의 문자를 고정하고 오례五禮를 찬정하였다.

저서에 『광류정속匡謬正俗』이 있다.

## 索隱行怪는 言深求隱僻之理而過爲詭(古委切)異之行(去聲)也라.

'은미하고 궁벽한 것을 찾고 괴이한 일을 행한다(索隱行怪)' 함은 은미하고 궁벽한 이치를 깊게 찾아서 지나치게 괴이한 행동을 함을 말한다.

- ◆ 詭(古委切) : '詭'자의 음은 '고'와 '위'의 반절음. '귀→궤'라고 발음한다.
- ◆ 行(去聲) : '行'자는 거성이다('행동한다'는 뜻이다).
- ※ 僻 : 후미질 벽/ 詭 : 속일 궤.

① 朱子ㅣ 曰 深求隱僻은 如戰國鄒衍이 推五德之事와 後漢讖緯之書ㅣ 便是라.

주자께서 말씀하시기를 "은미하고 궁벽한 것을 깊이 찾음은, 전국시대에 추연鄒衍이 오덕五德을 추론한 일과, 후한의 참서讖書 위서緯書와 같은 것이 바로 이것이다."

- ※ 추연鄒衍 : 전국시대 제나라 임치사람. 실질적인 학문에 밝고, 특히 오덕종시설五德終始說을 주장하여 여러 제후의 호감을 받았다. 추연이 주장한 오덕종시설은, 오행의 덕이 서로 상생하면서 정권을 이어간다는 오행상생설과는 달리, 오행의 덕이 서로 상극하면서 정권을 이겨나간다는 오행상극설에 기본을 둔 것이었다. 특히 이 설은 전국시대를 제패하고 중국을 통일한 진시황에 의해서 적극적으로 수용 시행되었다.
- ※ 참위讖緯 : 도참圖讖과 위서緯書를 말한다. 미래를 예언한 글로 사서오경 등 유교의 가르침을 기록한 경서經書와 대비된다.

② 三山陳氏가 曰 詭異之行은 如荀子所謂苟難者於陵仲子와 申屠狄尾生之徒ㅣ 是也라.

삼산진씨가 말하기를 "'괴이한 행동'은 순자가 '구차스럽게도 어려운 일을 행하는 사람은 오릉於陵의 중자仲子와 신도적申屠狄과 미생尾生같은 사람들'이라고 말한 것과 같은 것이다."

※ 『맹자』 등문공장구 하에 "맹자께서 말씀하시기를 '진중자는 제나라의 세경世卿의 집안에 태어났다. 형인 대戴가 합땅에서 받은 녹이 만종이었는데, 형의 녹을 불의한 녹이라하여 먹지 않았고, 형의 집을 불의한 집이라 하여 거처하지 않았으며, 형을 피하고 어머니를 떠나 오릉에 거처하였다. 뒷날 집에 돌아가니 형에게 산 거위를 선물한 사람이 있었다. 그가 이마를 찌푸리며 말하기를 「에에, 하고 우는 것을 어디에 쓰겠는가?」 하였다. 훗날에 그 어머니가 거위를 잡아주어 먹고 있었는데, 형이 밖에서 돌아와 말하기를 「이것이 그 에에, 우는 거위고기이다」, 하고 말하자, 밖으로 나가 먹은 것을 토하였다. 어머니가 하면 먹지 않고 아내가 하면 먹으며, 형의 집은 거처하지 않고 오릉에는 거처하였으니, 이러고도 오히려 그 지조를 채웠다고 할 수 있겠는가? 진중자와 같은 이는 지렁이가 된 뒤에야 그 지조를 채울 수 있을 것이다.'"

※ 순자의 불구不苟편에 "군자는 구차하게 어려움을 행함을 귀하게 여기지 않는데, …비유하면 돌을 안고 물에 뛰어들어 죽는 것은 어렵지만, 신도적이 그런 일을 했음에도 군자가 이를 귀하게 여기지 않는 것은…(신도적은 殷나라 때 사람으로 崔喜가 말림에도 불구하고 물에 뛰어들어 죽었다)"

※ 춘추시대 노나라 사람인 미생尾生은 어떤 여자와 다리 밑에서 만나기로 약속을 하였다. 큰 비가 내림에도 불구하고 제 시각에 오지 않는 여자를 기다리다가 강물이 불어 떠내려갈 지경이 되었다. 그렇지만 약속만 생각하고 다리기둥을 잡고 버티다 물에 휩쓸려 죽었다(필요 이상으로 고지식한 사람 또는 약속을 굳게 지키는 사람이라는 뜻의 '尾生之信'이라는 고사를 낳았다).

③ 格庵趙氏ㅣ 曰 深求隱僻之理는 是求知乎人之所不能知요 過爲詭異之行은 是求行乎人之所不能行이라.

격암조씨가 말하기를 "'은미하고 궁벽한 이치를 깊이 찾음'은 사람들이 능히 알 수 없는 것을 알려고 함이고, '지나치게 괴이한 행동을 함'은 사람들이 능히 행할 수 없는 일을 행하려고 함이다.

然이나 以其足以欺世而盜名이라 故로 後世에 或有稱述之者나 此는 知之過而不擇乎善하고 行之過而不用其中이니

不當强而强者也라. 聖人이 豈爲之哉시리오?

그러나 그것이 충분히 세상을 속이고 이름을 도적질 할 수가 있기 때문에, 후세에 혹 말하고 기술하는 사람이 있을 것이다. 그러나 이것은 앎이 지나쳐서 착한 것을 가리지 못하고, 행동이 지나쳐서 중을 쓰지 못함이니, 마땅히 굳세게 힘쓰지 말아야 할 것을 굳세게 힘쓰는 사람이다. 성인이 어찌 그런 것을 하시겠는가?"

※ 欺 : 속일 기/ 稱 : 일컬을 칭/ 述 : 기술할 술.

① 朱子ㅣ 曰 索隱은 是知者過之요 行怪는 是賢者過之라.
주자께서 말씀하시기를 "'은미하고 궁벽한 것을 찾음'은 바로 지혜로운 사람의 지나침이고, '괴이한 일을 행함'은 바로 어진 사람의 지나침이다."

備旨 子思ㅣ 引夫子之言하야 以結上數章曰 天下之理는 易知而易能也어늘 今有人焉하야 知必索求隱僻而知人之所不能知하고 行必過爲詭異而行人之所不能行하니 蓋欲以其術로 欺世盜名也라. 人情은 厭常喜新故로 後世에 或有稱述之者焉이나 此는 失之太過而爲所不當爲者也니 吾寧無述於後世而弗爲素隱行怪之事矣라.
자사께서 공자님의 말씀을 인용하시어 위에 있는 두어 장을 끝맺어 말씀하기를 "천하의 이치는 알기 쉽고 능히 하기 쉬운 것인데, 지금 어떤 사람이 있어, 앎은 반드시 은밀하고 궁벽한 것만을 찾아서 사람이 능히 알지 못하는 것을 알고, 행실은 반드시 지나치게 괴이한 일을 해서 사람이 능히 실행할 수 없는 것을 행하니, 아마도 그 술법으로 세상을 속이고 이름(명성)을 도적질하려 함일 것이다. 사람의 정은 평상적인 것을 싫어하고 새로운 것을 좋아하기 때문에, 후세 사람이 혹 말하고 기술할 사람이 있겠으나,

이것은 너무 지나쳐서 잃게 됨이고 마땅히 하지 않을 것을 함이니, 내가 차라리 후세에 말이나 기술을 남김이 없을지언정 은밀한 것을 찾고 괴이한 일을 행하는 일은 하지 않을 것이다."라고 하셨다.

※ 易 : 쉬울 이/ 厭 : 싫어할 염/ 喜 : 좋아할 희/ 寧 : 차라리 녕.

◇ 索隱章旨此章은 承上合言知仁勇하야 以結之라. 首節은 知行太過요 次節은 知行不及이요 末節은 中庸成德이니 歸重末節이며 與君子中庸章으로 相應이라. 兩吾字는 只借己發明이요 非自敍語라.

색은행괴索隱行怪장의 뜻 : 이 장은 위에서 '지혜·어짊·용감함(知仁勇)'을 합하여 말함을 이어서 끝을 맺은 것이다. 첫머리 절은 앎과 행동이 너무 지나친 것이고, 다음 절은 앎과 행동이 미치지 못함이고, 끝 절은 중용의 덕을 이룬 것이니, 끝 절에 중점을 돌린 것이며, 군자중용장君子中庸章(2장)과 서로 응하는 것이다. 두 개(1절과 2절)의 '나 오吾'자는 단지 자기를 빌어 밝히는 말을 한 것일 뿐이고, 자기를 서술한 말이 아니다.

※ 只 : 다만 지/ 借 : 빌릴 차/ 敍 : 서술할 서.

備旨補註 索隱節旨　此는 言道本不可有過라. 有述句는 是는 究隱怪者l 好名意어늘 獨言後世者는 以世遠年湮하야 易惑於新奇耳니 不必依饒氏包當世說也라. 吾弗爲之에 便隱然有依乎中庸意在라.

색은행괴(索隱行怪)절의 뜻 : 이것은 도가 본래 지나침이 있을 수 없음을 말한 것이다. '말하고 기술하는 이가 있을 것이라(有述)'는 구절은, 은미하고 괴이한 것을 연구하는 사람이 이름내기를 좋아한다는 뜻인데, 유독 '후세後世'라고만 말한 것은 성인과 세대가

멀어지고 성인의 교화가 해마다 없어져서, 새롭고 기이한 것에 미
혹되기 쉽기 때문이니, 요씨의 당대를 포함한 것이라는 말을 따를
필요는 없다. '나는 하지 않는다(吾弗爲之)' 함에 곧 은연중에 중용
에 의할 것이라는 뜻이 있는 것이다.

※ 湮 : 끊겨 없어질 인/ 惑 : 미혹될 혹/ 依 : 의지할 의.

**2** 君子ㅣ 遵道而行하다가 半塗而廢하나니
군자    준도이행      반도이폐

吾弗能已矣로라.
오 불 능 이 의

군자가 도를 따라가다가 중도에 그만둔다. 그러나 나는 그만두지 못하겠다.

※ 遵 : 다를 준/ 塗 : 길 도/ 廢 : 그만둘 폐/ 已 : 그칠 이.

○ 遵道而行은 則能擇乎善矣요 半塗而廢는 則力之不足也니 此는 其知ㅣ 雖足以及之而行有不逮며 當强而不强者也라.

'도를 따라감'은 능히 착함을 가릴 수 있음이고, '중도에 폐지함'은 힘이 부족한 것이니, 이는 비록 그 지혜는 족히 미칠 수 있으나 행함이 미치지 못함이며, 마땅히 굳세게 힘써야 할 것을 굳세게 힘쓰지 못하는 사람이다.

※ 逮 : 미칠 체/ 强 : 굳셀 강.

① 雙峯饒氏ㅣ 曰 此는 智足以擇乎中庸而仁不足以守之니 蓋君子而未仁者也라. 冉求自謂說夫子之道而力有不足이라하니 正夫子之所謂畫者라.

쌍봉요씨가 말하기를 "이것은 '지혜'로는 족히 중용을 가릴 수 있으나 '어짊(仁)'으로 족히 지킬 수 없는 사람이니, 대체적으로 군자이면서 어질지 못한 사람이다. 염구冉求가 스스로 이르기를 '공자님의 도를 즐거워하는 하지만 힘이 부족함이 있다.'고 했으니, 바로 공자님이 말씀하신 '스스로 한계짓는 사람'이다."

※ 『논어』 옹야편에 출전 : "冉求ㅣ 曰 非不說子之道언마는 力不足也로이다. 子ㅣ 曰 力不足者는 中道而廢하나니 今女畫이로다(염구가 말하기를 '선생님의 도를 좋아하지 않는 것은 아니나, 힘이 부족합니다.' 공자께서 말씀하시기를 '힘이 부

족한 자는 중도에서 그만 두는 것이니, 지금 너는 스스로 한계를 긋는 것이다')"

② 雲峯胡氏ㅣ 曰 此에 君子는 亦是泛說이요 下文에 君子依乎中庸은 方是說成德이라.

운봉호씨가 말하기를 "여기의 군자는 또한 일반적으로 학문에 뜻을 둔 사람을 말한 것이고, '군자는 중용에 의탁한다(君子依乎中庸)'고 한 아랫 글의 군자는 바로 덕을 이룬 군자를 말한 것이다."

※ 泛 : 두루 범.

**已는 止也니 聖人이 於此에 非勉焉而不敢廢요 蓋至誠無息하야 自有所不能止也시니라.**

'그만둠(已)'은 그침이니, 성인이 여기에서 억지로 힘을 써서 감히 폐지하지 못함이 아니고, 대체적으로 지극히 성실함이 쉼이 없어서 자연히 능히 그칠 수 없는 바가 있음이다.

※ 勉 : 억지로 힘쓸 면/ 敢 : 감히 감/ 息 : 쉴 식.

① 問半塗而廢는 可謂知及之而仁不能守니잇고? 朱子ㅣ 曰 只爲他知處不親切故로 守得不曾安穩하야 所以半道而廢라. 若大智之人이 一下知了면 千了萬當하리니 所謂吾弗能已者는 只是見到了하야 自住不得耳니라.

묻기를 "'중도에 폐지함'은 '앎(知)'은 미치지만 '어짊(仁)'이 능히 지키지 못하는 것이라고 말할 수 있습니까?" 주자께서 말씀하시기를 "단지 그의 아는 곳이 가깝고 절실하지 못했기 때문에, 처음부터 편안히 지키지 못해서 중도에 폐지하게 되는 것일 뿐이다. 만약 크게 지혜로운 사람이 한번 알게 되면 천만 가지를 다 마치고 마땅하게 할 것이니, 이른바 '내가 능히 그만두지 못하겠다' 함은 단지 앎이 지극해져서 스스로 멈추지 못하는 것일 뿐이다."
※ 只 : 다만 지/ 穩 : 평온할 온/ 住 : 멈출 주.


② 壺山이 曰 不及者는 猶不失規矩라 故로 以君子稱之니 亦如南强之爲君子耳라.

　호산이 말씀하기를 미치지 못하는 사람은 그래도 법도를 잃은 것은 아니기 때문에 '군자君子'라고 일컬은 것이니, 또한 남방의 강함이 군자가 되는 것과 같은 것이다.


備旨 中庸之道는 恒久而不息也로되 若勉然之君子ㅣ 能擇乎中庸之道而遵行之하다가 但其力有不足이면 行至半塗而廢焉하나니 此는 又失之不及이며 而己所不當已者也니 吾則行必有終而弗能已於半塗矣라.

　"중용의 도는 항구하여 쉬지 않는 것이다. 그러나 학문을 힘쓰는 군자들이 능히 중용의 도를 택할 수 있어서, 도를 따라 행하다가도, 일단 그 힘이 부족하게 되면 행하다가 중도에 이르러 폐지하고 만다. 이는 또한 미치지 못하는 실수이며, 내가 마땅히 그만둘 수 없는 것이니, 나는 행하면 반드시 마침이 있게 하고 중도에서 그만둘 수는 없다."고 하셨다.
※ 恒久(항구) : 항상하고 오래함/ 不息(불식) : 쉬거나 멈추지 않음.


備旨補註 遵道節旨 此는 言道本不可不及이라. 遵道句는 行由知有始요 半塗句는 知又因行鮮終이요 吾弗能已는 只是見到了自住手不得이라.

　준도이행(遵道而行)절의 뜻 : 이것은 도는 본래 미치지 못하게 할 수 없음을 말한 것이다. '도를 따라 행한다(遵道)'는 구절은 행함이 앎으로 말미암아 시작함이 있고, '중도에 그만둔다(半

塗)'는 구절은 앎을 또한 행함을 따라 마치는 이가 드뭄이요, '내가 능히 그만두지 못한다' 함은 단지 스스로 손을 멈출 수 없는 데에까지 이르렀음을 나타낸 말일 뿐이다.

※ 因 : 인할 인/ 鮮 : 드물 선.

### 3 君子는 依乎中庸하야
군자   의호중용

### 遯世不見知而不悔하나니 唯聖者아 能之니라.
돈세불견지이불회    유성자  능지

군자는 중용에 의탁해서, 세상을 피해 살며 인정을 받지 못하더라도 뉘우치지 않는다. 오직 성인만이 능히 할 수 있다.

※ 遯 : 피할 돈(둔)/ 見 : 알아줄 견/ 唯 : 오직 유.

○ 不爲索隱行怪하니 則依乎中庸而已요 不能半塗而廢라. 是以로 遯世不見知而不悔也라.

은밀하고 궁벽한 것을 찾고 괴이한 일을 행하지 않기 때문에 중용에 의탁할 뿐이고, 능히 중도에 폐지할 수 없기 때문에 세상을 피해 살면서 인정을 받지 못하더라도 후회하지 않는 것이다.

① 程子ㅣ 曰 素隱行怪는 是過者也요 半塗而廢는 是不及者也요 不見知不悔는 是中者也라.

정자께서 말씀하시기를 "'은밀한 것을 찾고 괴이한 일을 행함'은 지나친 사람이고, '중도에 폐지함'은 미치지 못하는 사람이고, '인정을 받지 못하더라도 후회하지 않음'은 중을 행하는 사람이다."

② 朱子ㅣ 曰 此兩句는 結上文意니 依乎中庸은 便是吾弗爲之意요 遯世不見知而不悔는 便是吾弗能已之意라.

주자께서 말씀하시기를 "이 두 구절은 윗 글의 뜻을 끝맺은 것이다. '중용에 의탁한다'는 것은 '나는 하지 않는다'의 뜻이고, '세상을 피해 살며 인정을 받지 못하더라도 후회하지 않음'은 '나는 그만둘 수 없다'의 뜻이다."

③ 陳氏ㅣ 曰 不見知而或悔면 則將半塗而廢矣리라.
진씨가 말하기를 "인정을 받지 못하여 혹 후회를 한다면, 장차 중도에 폐지하게 될 것이다."

此는 中庸之成德이요 知(去聲)之盡仁之至하야 不賴勇而裕如者니 正吾夫子之事로되 而猶不自居也라. 故로 曰唯(與惟로 通이니 後倣此라)聖者아 能之而已시니라.

이것은 중용의 덕을 이룬 것이고, 지혜가 모르는 것이 없고 어짊이 지극해서 용감함을 빌리지 않더라도 여유가 있는 사람이니, 바로 우리 부자夫子(공자님)께서 하신 일이시다. 그러나 오히려 스스로 당신의 일이라고 자처하지 않으셨다. 그러므로 '오직 성인만이 할 수 있을 뿐이라'고 말씀하셨다.

- ◆ 知(去聲) : '지知'자는 거성이다('지혜'의 뜻이다).
- ◆ 唯(與惟로 通이니 後倣此라) : '유唯'자는 '유惟'와 통용되는 글자다. 뒤에 나오는 '유唯'자도 이와 같다.

① 雙峯饒氏ㅣ 曰 旣曰君子依乎中庸이라하고 又曰唯聖者아 能之는 何也오? 蓋言君子之依乎中庸은 未見其爲難이로되 遯世不見知而不悔는 方是難處라 故로 曰唯聖者아 能之니 聖人이 德盛禮恭하야 雖處旣聖之地라도 未嘗有自聖之心也라.

쌍봉요씨가 말하기를 "이미 '군자는 중용에 의탁한다'고 말하고 또 '오직 성인만이 할 수 있다'고 말한 것은 무슨 이유일까? 아마도 군자가 중용에 의탁함은 어려움을 느낄 수 없지만, '세상을 피해 살며 인정을 받지 못하더라도 후회하지 않음'은 어려운 곳이므로 '오직 성인만이 능히 할 수 있다'고 말하셨을 것이다. 성인이 덕이 성대하고 예가 공손해서, 비록 이미 성인의 경지에 처해 있다 하더라도, 일찍부터 스스로 성인이라고 자처하는 마음을 두고 있지 않으신 것이다."

② 蔡氏ㅣ 曰 此는 再辨知仁勇而總結之니 索隱之知는 非君子之知요 行怪之行은 非君子之仁이요 半塗而廢는 非君子之勇이라. 君子之知仁勇은 則依乎中庸하야 遯世不見知而不悔者ㅣ 是也라.

채씨가 말하기를 "이것은 다시 '지혜(知), 어짊(仁), 용감함(勇)'을 분변해서 총체적으로 결론지은 것이다. 은미하고 궁벽한 것을 찾는 '지혜(知)'는 군자의 '지혜(知)'가 아니고, 괴이한 일을 행하는 '행行'은 군자의 '어짊(仁)'이 아니며, 중도에 폐지함은 군자의 '용감함(勇)'이 아니다. 군자의 '지혜(知), 어짊(仁), 용감함(勇)'은, 곧 '중용에 의탁해서 세상을 피해 살며 인정을 받지 못하더라도 후회하지 않음'이다."

③ 雲峯胡氏ㅣ 曰 第五章에 爲知仁勇開端則言知者賢者之過와 愚者不肖者之不及하고 此章에 結之則言聖者之中庸하니 首尾相應이 如此요 兼之前此에 說鮮能不能不可能하고 此則結之曰唯聖者아 能之라하니 又以見中庸은 非終不可能也라. 夫子不爲於彼는 便自不能已於此니 卽此弗能已處하야 便見非夫子不能이라.

운봉호씨가 말하기를 "다섯 번째 장에 '지혜(知), 어짊(仁), 용감함(勇)'의 서두를 처음 열어 말할 때는, 지혜로운 사람과 어진 사람의 지나침과 어리석은 사람과 어질지 못한 사람의 미치지 못함을 말하고, 이 장에 맺음말을 할 때는 성인의 중용을 말했으니, 머리와 꼬리가 서로 응함이 이와 같다. 아울러 이에 앞서 '할 수 있는 사람이 드물다(鮮能), 능히 할 수 없다(不能), 할 수 없다(不可能)'고 말하고, 여기서 결론지어 말하기를 '오직 성인만이 능히 할 수 있다(唯聖者아 能之)'고 했으니, 또한 중용은 끝내 능히 할 수 없는 것이 아님을 알 수 있다.

　공자님이 그것을(은미한 것을 찾고 괴이한 것을 행함) 하지 않으심은 바로 스스로 이것을(중용의 도) 능히 그만둘 수 없기 때문이니, 이 '능히 그만두지 못한다'는 데에서 공자님이 중용을 능히 하실 수 없는 것이 아님을 알 수 있다."

④ 新安陳氏ㅣ 曰 依乎中庸은 知仁兼盡이요 不見知而不悔는 不待勇而自裕如也라.

　신안진씨가 말하기를 "'중용에 의탁한다'는 것은 지혜(知)와 어짊(仁)을 모두 다함이고, '인정을 받지 못하더라도 후회하지 않음'은 용기(勇)에 의지하지 않아도 스스로 여유가 있는 것이다."

⑤ 栗谷曰 理之散在事物하야 其所當然者는 在父慈在子孝在君義在臣忠之類니 所謂費也며 用也요 其所以然者는 則至隱在焉하니 是其體也라.

　율곡이 말씀하기를 "사물에 흩어져 있는 당연한 이치들은, 어버이에 있어서는 사랑하고 자식에 있어서는 효도하고, 임금에 있어서는 의롭게 하고 신하에 있어서는 충성스럽게 함과 같은 것들이니, 이른바 광대한 것이며 작용이고, 그것이 그렇게 되는 까닭은 곧 지극히 은미한 것이며 바로 그 본체라."

※ 慈 : 사랑할 자/ 孝 : 효도할 효/ 義 : 의로울 의/ 忠 : 충성할 충/ 費 : 광대할 비.

⑥ 沙溪曰 自依乎中庸하야 至不悔를 本註에 皆以爲聖人事

어늘 而饒氏分爲君子聖人하니 恐誤라.

　사계가 말씀하기를 "스스로 중용에 의지해서 뉘우치지 않음에 이르는 것을 장구에서 모두 성인의 일로 삼았는데, 쌍봉요씨가 군자의 일과 성인의 일로 나누어 말했으니 아마도 잘못된 것 같다."

⑦ 壺山이 曰 聖字始見於此하니 蓋此章二君子는 其淺深高下與上章二君子로 同하고 而依乎中庸之君子는 尤有大於强哉之君子라. 故로 下文에 直以聖者로 當之라. 饒氏ㅣ 乃就君子聖者하야 又分高下하야 以依乎中庸으로 屬君子事하고 遯世不悔로 屬聖者事하니 蓋驟看章句上下二而已字하고 而不詳察其中間槪而言之之意耳라. 依乎中庸則自能遯世不悔니 非二事也요 且此諸章에 方論中庸之爲至하니 不應於其末에 又忽抑中庸二字耳라.

　호산이 말씀하기를 '성인 성聖'자가 처음으로 여기에 나타났다. 이 장의 두 개의 '군자'는 그 얕고 깊으며 높고 낮음이 윗 장에서 말한 두 군자와 같고, '중용에 의탁하는 군자'는 더욱 '강하고 꿋꿋한 군자'보다는 위대함이 있는 것이다. 그래서 아랫 글에 곧바로 성인으로 감당하게 한 것이다.

　쌍봉요씨가 곧 군자와 성인을 또다시 높고 낮음으로 나누어서, '중용中庸에 의탁하는 것'으로 군자의 일에 소속시키고, '세상을 피해 살며 후회하지 않음'을 성인의 일로 소속시켰으니, 아마도 장구의 위아래의 '…할 뿐이다(而己)'는 글자만 보고, 중간에 개괄적으로 말한 뜻을 자세히 살피지 않은 것이다.

　중용에 의탁하면 자연히 세상을 피해 살아도 후회가 없을 수 있는 것이니, 두 가지 일이 아니고, 또한 여기의 모든 장에 중용이 지극한 것임을 말하고 있는 중이니, 당연히 그 끝에 와서 홀연히 또 중용 두 글자를 억눌러 말하지는 않았을 것이다.

備旨 夫太過不及은 皆非中庸也니 至若體道不息之君子하

야는 不爲素隱行怪하니 其所知所行이 一依乎中庸之理하며 又不能半塗而廢하니 雖至遯世不見知於人이라도 而其依乎中庸者ㅣ 自如初하야 無悔於心焉이라. 此는 蓋無過不及하야 純乎天而盡乎人이니 君子也與哉인저! 唯德造其極之聖者아 能之耳요 吾亦弗爲弗已而勉以幾之焉矣라. 然則夫子所謂 民鮮能不可能者를 必歸諸是人也니 此는 中庸之極則也라.

"너무 지나치거나 미치지 못함은 모두가 중용이 아니다. 그러므로 도를 체득하여 쉬지 않는 군자와 같은 이는 은미하고 궁벽한 것을 찾고 괴이한 일을 행하지 않으니, 그의 아는 것과 행하는 것이 하나같이 중용의 이치에 의지하며, 또한 능히 중도에서 폐지하지 못하니, 비록 세상을 피해 살며 사람들의 인정을 받지 못하게 됨에 이르더라도, 그가 중용에 의지함은 스스로 처음과 같아서 후회하는 마음이 없는 것이다.

이는 대체적으로 지나치거나 미치지 못함이 없어서 하늘의 이치에 순수하고 사람의 도리를 다함이니, 군자로다! 오직 덕을 지극하게 이룬 성인만이 능히 할 수 있는 것이며, 나도 또한 (은미한 것과 궁벽한 것을 찾음과 괴이한 일을) 하지 않고 (중용의 도를 실행함을) 그치지 않아 힘써서 거의 중용을 하게 되었다."고 하신 것이다. 그렇다면 공자님께서 "백성들이 능히 할 수 있는 사람이 드물다(民鮮能), 능히 할 수 없다(不可能)"고 하신 것을, 필시 이러한 사람에게 돌리시려 하심일 것이니, 이것은 중용의 지극한 법칙이다.

### 備旨補註 依乎節旨

依는 與遵不同하니 遵字는 著力이요 依字는 自然이니 依方是須臾不離며 戒懼愼獨에 都有라. 不悔는 與不慍으로 有別하니 慍者는 自是而非人이요 不慍은 自反之至며 悔者는 徇人而忘己요 不悔는 自信之至라. 唯聖句는 是贊辭니 唯字는 有不可幾及意요 能字는 要說得自然이라. 註에 不賴勇而裕如는 以知盡으로 仁至中이니 便有勇字

意也라.

　의호중용(依乎中庸)절의 뜻 : '의지한다(依)'는 것은 '따른다(遵)' 함과 같지 않다. '따른다(遵)'는 글자는 힘을 써서 따르는 것이고, '의지한다(依)'는 것은 자연히 되는 것이니, '의지함(依)'은 바로 잠시도 떠나지 않음이며, 경계하고 두려워하고 혼자인 데를 삼갈 때도 모두 중용에 의지하는 것이다.

　'뉘우치지 않는다(不悔)' 함은 '성내지 않는다(不慍)' 함과는 구별이 있는 것이니, '성냄(慍)'은 자신을 옳다하고 남을 그르다 함이고, '성내지 않음(不慍)'은 자기를 반성함이 지극함이며, '뉘우침(悔)'은 남을 따라 자기를 잊음이고, '뉘우치지 않음(不悔)'은 자기를 믿음이 지극함이다.

　'오직 성인만이…(唯聖…)'라는 구절은 칭찬하는 말이니, '오직 유(唯)'자는 거의 따라갈 수 없다는 뜻이 있고, '능히 한다(能)'는 글자는 자연스럽게 함을 말하려고 한 것이다. 장구에 '용감함의 힘을 빌리지 않아도 넉넉하다(不賴勇而裕如)' 함은, 지혜를 다함으로써 어짊이 중용을 지극히 함이니, 곧 '용감하다(勇)'는 글자의 뜻이 그 속에 있는 것이다.

※ 著 : 붙일 착/ 須臾(수유) : 잠깐동안/ 懼 : 두려울 구/ 愼 : 삼갈 신/ 都 : 모두 도/ 慍 : 성낼 온/ 徇 : 따를 순.

○ 右는 第十一章이라.
이상은 열 한 번째 장이다.

제11장

子思ㅣ 所引夫子之言하야 以明首章之義者ㅣ 止此라. 蓋此篇大旨는 以知(去聲이니 下同이라)仁勇三達德으로 爲入道之門이라. 故로 於篇首에 卽以大舜・顔淵・子路之事로 明之하시니

301

舜은 知也요 顏淵은 仁也요 子路는 勇也라. 三者에 廢其一이면 則無以造(七到反이라)道而成德矣리라. 餘는 見(形甸反이라)第二十章하니라.

자사께서 공자님의 말씀을 인용하시어 첫머리 장의 뜻을 밝히신 것이 여기에서 끝이 났다. 대체적으로 이 편의 큰 뜻은, '지혜(知), 어짊(仁), 용감함(勇)' 세 가지의 통하는 덕으로써 도에 들어가는 문호로 삼은 것이다. 그러므로 편의 첫머리에 곧 위대하신 순임금과 안연과 자로의 일로 밝히셨으니, 순임금은 '지혜(知)'이고, 안연은 '어짊(仁)'이며, 자로는 '용감함(勇)'이다. 세 가지에서 하나만 폐지해도 도에 나아가고 덕을 이룰 수 없을 것이다. 나머지는 20장에 나타나 있다.

- ◆ 知(去聲下同) : '知'자는 거성이니('지혜'의 뜻), 아래에 나오는 '知'자도 같은 뜻이다.
- ◆ 造(七到反이라) : '造'자의 음은 '七(칠)'과 '到(도)'의 반절음. '초→조'로 발음한다.
- ◆ 見(形甸反이라) : '見(현)'자의 음은 '形(형)'과 '甸(전)'의 반절음('현'으로 발음한다).

① 三山潘氏ㅣ 曰 中庸之道는 至精至微하야 非知者면 不足以知之요 至公至正하야 非仁者면 不足以體之요 其爲道也ㅣ 非須臾可離요 非一蹴可到니 故로 唯勇者然後에 有以自强而不息焉이라. 大抵知仁勇三者는 皆此性之德也요 中庸之道는 則率性之謂者也니 非有是德이면 則無以體是道라.

삼산반씨가 말하기를 "중용의 도는 지극히 정밀하고 지극히 은미해서 지혜로운 사람(知者)이 아니면 알 수 없고, 중용의 도는 지극히 공변되고 지극히 바르기 때문에 어진 사람(仁者)이 아니면 체득할 수 없고, 그 도는 잠시도 떠날 수 없는 것이고 한 번에 달려가서 이를 수도 없는 것이다. 그러므로 오직 용기 있는 사람(勇

者)이라야만 스스로 굳세게 해서 그치지 않을 수 있는 것이다. 대체적으로 '지혜(知), 어짊(仁), 용감함(勇)'의 세 가지는 모두가 성품의 덕이고, 중용의 도는 곧 성품을 따름을 이르니, 이러한 덕(德 : 智 · 仁 · 勇)이 있지 않으면 이 도(道 : 중용의 도)를 체득할 수 없는 것이다."

※ 蹴 : 쫓아갈 축/ 體 : 체득할 체.

② 雲峯胡氏丨曰 自第二章으로 至此는 大要丨 欲人이 由知仁勇하야 以合乎中이니 知則能知此中이요 仁則能體此中이요 勇則能勉而進於此中이라. 然이나 夫子丨 於舜之知엔 讚之也요 於回之仁엔 許之也요 於由之勇엔 抑而進之也시니라.

운봉호씨가 말하기를 "두 번째 장으로부터 여기까지의 큰 요점은, 사람이 '지혜(知), 어짊(仁), 용감함(勇)'으로 말미암아 '중'에 합치되게 하려는 것이다. 그러므로 지혜로우면 능히 '중'을 알 수 있고, 어질면 능히 '중'을 체득할 수 있으며, 용감하면 능히 힘을 써서 '중'에 나아갈 수 있다. 그러나 공자께서 순임금의 지혜에는 칭찬을 하셨고, 안회의 어짊에는 (거의 되었다고) 허락하셨으며, 자로의 용감함에는 억제를 해서 나아가게 하셨다."

③ 雙峯饒氏丨曰 以上十章은 論道以中庸爲主而氣質이 有過不及之偏이니 當爲第二大節이라.

쌍봉요씨가 말하기를 "이상의 열 장(2장~11장)은 도는 중용으로 주를 삼으나, 기질이 지나치고 미치지 못한 치우침이 있음을 논한 것이니, 마땅히 두 번째(첫 번째 장에 이어) 큰 마디가 되어야 할 것이다."

# 第12章

**1** 君子之道는 費而隱이니라.(費는 符味反이라)
　　　군자지도　　비이은

군자의 도는 광대하면서도 은미하니라.

◆ '비費'자는 '부符'와 '미味'의 반절음('비'라고 발음한다).

○ 費는 用之廣也요

'광대하다(費)' 함은 작용이 광대한 것이고,

※ 費 : 광대할 비/ 廣 : 넓을 광.

① 雲峯胡氏ㅣ 曰 費字는 當讀作費用之費니 芳味反이라. 說文에 散財用也라하니라.

운봉호씨가 말하기를 "'비費'자는 마땅히 비용費用이라는 '비費'자로 읽어야 하니, '방芳'과 '미味'의 반절음(비). 『설문해자說文解字』에는 재물을 흩어서 쓰는 것이 '비費'라고 했다.

※ 讀 : 읽을 독/ 芳 : 꽃다울 방/ 味 : 맛 미/ 反 : 반절(反切, 飜切) 반.

隱은 體之微也라.

'은미하다' 함은 본체가 은미한 것이다.

① 朱子ㅣ 曰 道者는 兼體用該費隱而言也니 費는 是道之用이요 隱은 是道之所以然而不見處라.

주자께서 말씀하시기를 "도는 본체와 작용의 광대하고 은미함을 겸한 것이니, '광대함(費)'은 바로 도의 작용이고, '은미함'은 바로 도의 그렇게 되는 원인이면서 보이지 않는 곳이다."

※ 該 : 갖출 해.

② 或說形而下者爲費하고 形而上者爲隱하니 曰形而下者| 甚廣이나 其形而上者| 實行乎其間하야 而無物不具하고 無處不有라 故로 曰費요 就其中하야 形而上者 有非視聽所及 故로 曰隱이니라.

　어떤 이가 "형상 아래에 있는 것이 광대한 것이 되고, 형상 위에 있는 것이 은미한 것이 된다."고 말하니, 말씀하시기를 "형상 아래에 있는 것이 매우 넓지만, 형상 위에 있는 것이 실상 그 속에서 행해서, 사물마다 갖추어지지 않은 것이 없고, 곳마다 없는 곳이 없다. 그러므로 광대하다고 말한 것이고, 그 속에서 형상 위에 있는 것이 보고 들음으로 미칠 바가 아닌 것이 있다. 그러므로 '은미하다(隱)'고 말한 것이다."

※ 甚 : 매우 심/ 具 : 갖출 구/ 就 : 나아갈 취/ 視聽(시청) : 보고 들음/

③ 陳氏| 曰 此章은 就費隱上說하야 申明首章道不可離之意라.

　진씨가 말하기를 "이 장은 도의 광대하고 은미함을 말해서, 첫머리 장의 '도는 잠시도 떠날 수 없다' 함을 거듭 밝힌 것이다."

④ 雙峯饒氏| 曰 首章은 由體以推用이라 故로 先中而後和하고 此章은 由用以推體라 故로 先費而後隱이니 蓋中間十章에 極論君子中庸之事요 皆道之用故也라.

　쌍봉요씨가 말하기를 "첫머리 장은 본체로 말미암아 작용을 미루어갔기 때문에 '중中'을 먼저 말하고 뒤에 '화和'를 말했으며, 이 장은 작용으로 말미암아 본체를 미루어갔기 때문에 '광대함(費)'을 먼저 말하고 뒤에 '은미함(隱)'을 말했으니, 대체적으로 중간의 열 장(2장~11장)은 군자의 중용에 관한 일들을 지극히 논한 것이고, 모두가 도의 작용이기 때문이다."


⑤ 新安陳氏ㅣ 曰 斯道廣大之用은 昭著於可見이나 而其體ㅣ 藏於用之中者則隱微而不可見이라.

　신안진씨가 말하기를 "이 도의 광대한 작용은 밝게 드러나 볼 수 있지만, 작용속에 숨어 있는 본체는 은미해서 볼 수가 없다."


備旨 子思ㅣ 自立言曰 道原於天而盡於君子故로 爲君子之道요 是道也ㅣ 其當然之用은 則充周不窮하니 固若是其費矣로되 而就其費之所以原於天命者면 則又隱焉이라하시니라.

　자사께서 스스로 말씀하시기를 "도는 하늘에서 근원했지만 군자에게서 다 이루어지는 것이기 때문에 '군자의 도'가 되는 것이고, 이 도의 당연한 작용은 두루 채우고 끝이 없으니, 본래 이와 같이 광대한 것이다. 그러나 그 광대한 것이 하늘의 명령에 근원되는 곳으로 나아가면 또한 은미하다."고 하셨다.


備旨補註 費隱章旨 此章은 言道無不在하야 以申明道不可離之意니 爲下八章綱領이요 重費字니 言費則隱在其中이라. 首節은 總冒요 次節은 形容其費요 三節은 指點其費요 末節은 總結이니 體道意는 在言外라.

　비이은(費而隱)장의 전체 뜻 : 이 장은 도가 있지 않은 곳이 없음을 말해서 도를 떠날 수 없다는 뜻을 거듭 밝힌 것이니, 아래에 있는 여덟 장의 강령이 되는 것이다. 중점이 '광대함(費)'에 있으니, '광대함(費)'을 말하면 '은미한 것(隱)'은 그 속에 있는 것이다.

첫머리 절은 전체를 총괄한 것이고, 다음절은 도의 광대함을 형용한 것이고, 세 번째 절은 도의 광대함을 점찍어 지적한 것이고, 끝 절은 전체를 끝맺은 것이니, 도를 몸소 실행하는 뜻은 말의 밖에 있다(직접 언급하지는 않았다).

備旨補註 費隱節旨 以道歸君子者는 爲能不離道也나 本章은 只就道言하고 後數章에 方言君子體道라. 費隱은 不相離니 而字有卽費卽隱意라.

비이은(費而隱)절의 뜻 : 도로써 군자에게 돌린 것은 능히 도를 떠나지 않을 수 있기 때문이나, 본 장에서는 단지 도만을 말하고, 뒤에 있는 두어 장에 가서야 비로소 군자가 도를 몸소 실행함을 말했다. '광대함(費)'과 '은미함(隱)'은 서로 떠날 수 없는 것이니, '말이을 이(而)'자는 도가 광대하고도 은미하다는 뜻이 있다.

## 2

夫婦之愚로도 可以與知焉이로되 及其至也
부부지우  가이여지언  급기지야

하야는 雖聖人이라도 亦有所不知焉하며
    수성인  역유소부지언

夫婦之不肖로도 可以能行焉이로되 及其至也하야는
부부지불초  가이능행언  급기지야

雖聖人이라도 亦有所不能焉하며
수성인  역유소불능언

天地之大也에도 人猶有所憾이니
천지지대야  인유유소감

故로 君子ㅣ 語大인댄 天下ㅣ 莫能載焉이오
고  군자  어대  천하  막능재언

語小인댄 天下ㅣ 莫能破焉이니라.(與는 去聲이라)
어소  천하  막능파언

필부(匹夫) 필부(匹婦)의 우매함으로도 함께 알 수 있지만, 그 지극한 데에 이르러서는 비록 성인이라도 또한 알지 못하는 바가 있으며, 필부 필부의 불초함으로도 능히 행할 수 있지만, 그 지극한 데에 이르러서는 비록 성인이라도 또한 능히 할 수 없는 바가 있으며, 하늘·땅의 위대함에도 사람들이 오히려 유감스러운 바가 있는 것이다. 그러므로 군자가 도의 큼으로 말하면 천하도 능히 실어 낼 수 없으며, 그 작음으로 말하면 천하도 이를 쪼갤 수 없느니라.

◆ '여(與)'자는 거성이다('더불어 한다'는 뜻이다).
※ 愚: 어리석을 우/ 肖: 닮을 초/ 憾: 한할 감/ 莫: 없을 막/ 載: 실을 재/ 破: 쪼갤 파/

○君子之道는 近自夫婦居室之間으로 遠而至於聖人天地之所不能盡하야 其大無外하고 其小無內하니 可謂費矣라. 然이나 其理之所以然則隱而莫之見也라.

군자의 도는 가깝게는 부부가 집에 거처하는 사이로부터 멀게는 성인과 하늘·땅이 능히 다 할 수 없는 데에까지 이르러서, 그 큼은 바깥을 헤아릴 수 없을 정도이고, 그 작음은 속을 헤아릴 수 없을 정도이니, '광대하다(費)' 할 수 있다. 그러나 그렇게 되는 이치는 은미해서 볼 수가 없다.

① 朱子ㅣ 曰 莫能載는 是無外요 莫能破는 是無內라. 如物有至小而可破作兩者면 是는 中著得一物在요 若曰無內則是는 至小니 更不容破了라.

주자께서 말씀하시기를 "'능히 실어 낼 수 없다' 함은 곧 '바깥을 헤아릴 수 없음'이고, '쪼갤 수 없다' 함은 곧 '속을 헤아릴 수 없음'이다. 예를 들어 하나의 지극히 작은 사물이 있는데 이것을 둘로 쪼갤 수 있다면 이는 가운데에 하나의 사물이 붙을 수 있음이고, 만약 안이 없다면 이는 지극히 작은 것이니, 다시는 쪼갬을 용납하지 않는 것이다."

② 勿軒熊氏ㅣ 曰 此章에 有大小費隱四字하니 大處에도 有費隱하고 小處에도 亦有費隱이라.

물헌웅씨가 말하기를 "이 장에 '크다, 작다, 광대하다, 은미하다(大小費隱)'는 네 글자가 있으니, 큰 곳에도 광대하고 은미한 것이 있고, 작은 곳에도 또한 광대하고 은미한 것이 있는 것이다.

③ 新安陳氏ㅣ 曰 全段이 皆是說費나 在不言之表而不可見者ㅣ 爲隱이라.

신안진씨가 말하기를 "전체 단락 모두가 광대함을 말한 것이나, 말하지 않은 속에 있으면서 볼 수 없는 것이 은미한 것이다."

蓋可知可能者는 道中之一事요 及其至而聖人도 不知不能은 則擧全體而言이니 聖人도 固有所不能盡也니라.

대개 (필부필부의 우매함으로도) 알 수 있고 능히 할 수 있는 것은 도 가운데 한 가지 일이고, 그 지극한 데에 이르러 성인도 알지 못하고 능히 할 수 없는 것은 곧 도의 전체를 들어서 말한 것이니, 성인도 본래 능히 다 하지 못하는 바가 있는 것이다.

① 朱子ㅣ 曰 人多以至로 爲道之精妙處하니 若是精妙處면 有所不知不能은 便與庸人으로 無異니 何足爲聖人이리오? 這至는 只是道之盡處요 不知不能은 是沒緊要底事니 他大本大根處는 元無欠缺이로되 只是古今事變하야 禮樂制度는 便也須學이니라.

주자께서 말씀하시기를 "대부분의 사람들이 '지극한 데(及其至也의 지극한 데를 말함)'를 도의 정밀하고 오묘한 곳으로 알고 있다. 그러나 만약 이것이 도의 정밀하고 오묘한 곳이라면, 알지 못하고 능히 하지 못하는 바가 있는 것이 곧 보통 사람과 다름이 없는 것이니, 어떻게 성인이 될 수 있겠는가? 이 '지극한 데'라는 것은 단지 도가 다하는 곳일 뿐이고, 알지 못하고 능히 하지 못하는 것은 중요하지 않은 일들이다. 원래 도의 큰 근본이 되고 큰 뿌리가 되는 곳은 성인이 빠지거나 모자람이 없는 것이나, 다만 옛날과 현재는 일들이 달라져서, 그 시대의 예악과 제도 등은 다 지금 배워야만 하는 것이다."

※ 欠缺(흠결): 빠지거나 모자람/ 便: 편할 편.

② 夫婦之與知能行은 是萬分中有一分이요 聖人不知不能은 是萬分中欠一分이라.

필부 필부도 함께 알고 능히 행할 수 있는 것은 만 분分 가운데에 일 분分이 있는 정도이고, 성인도 알지 못하고 할 수 없는 것은 만 분 가운데에 일 분이 모자란 정도이다.

③ 陳氏ㅣ 曰 可知可能은 道中之一事며 是就日用間一事上論이니 如事親事長之類라.
  진씨가 말하기를 "알 수 있고 능히 할 수 있는 것은 도 가운데에 한 가지 일이며, 곧 일상생활 중에 한 가지 일로 논한 것이니, 예를 들면 어버이를 섬기고 어른을 섬기는 종류와 같은 것들이 이런 것이다."

④ 東陽許氏ㅣ 曰 聖人不能知行은 非就一事上說이요 是就萬事上說이니 如孔子不如農圃와 及百工技藝細瑣之事를 聖人이 豈盡知盡能이리오? 若君子之所當務者則聖人이 必知得徹하고 行得極이라.
  동양허씨가 말하기를 "성인이 능히 알고 행할 수 없는 것은 한 가지 일을 가지고 말한 것이 아니고 바로 만 가지 일에 나아가 말한 것이다. 공자님이 농장에 가시지 않음과, 또 여러 가지 장인과 기술자들의 자잘한 기예에 관한 일들을 하시지 않음과 같은 것이니, 성인이 어찌 모두 알고 모두 하실 수 있겠는가? 만약 군자가 마땅히 힘써야 할 일들이라면, 성인이 반드시 철저히 알고 지극하게 실행하셨을 것이다."

※ 圃 : 밭 포/ 細 : 작을 세/ 瑣 : 자질구레할 쇄.

侯氏ㅣ 曰 聖人所不知는 如孔子ㅣ 問禮問官之類요
  후씨가 말하기를 "성인이 알지 못하는 바는 공자님이 예禮를 물으시고 관리제도를 물으심과 같은 것이고,

※ 侯氏: 송나라 때의 학자로 후중량侯仲良을 말한다. 자는 사성師聖 또는 희성希聖이다. 정이程頤선생에게서 배우다가 후에 주돈이周惇頤선생을 방문해서 배웠다. 저서에 『논어설論語說, 후자아언侯子雅言』이 있다.

① 家語觀周篇에 孔子謂南宮敬叔曰 吾聞老聃이 博古知今이라하니 則吾師也라. 今將往矣라하시니 敬叔이 與俱至周하야 問禮於老聃하시다.

『공자가어孔子家語』 관주편觀周篇에 "공자께서 남궁경숙南宮敬叔에게 말씀하시기를 '내가 들으니 노담老聃(노자)이 옛날과 지금의 일을 널리 안다고 하니, 곧 나의 스승이다. 지금 장차 갈 것이라'고 하시니, 남궁경숙이 함께 모시고 주나라에 가서 예법을 노담에게 물으셨다고 했다."

※ 孔子ㅣ謂南宮敬叔曰 吾聞老聃이 博古知今하고 通禮樂之原하고 明道德之歸라하니 則吾師也라. 今將往矣라하시니, …敬叔이 與俱至周하야 問禮於老聃하시다 (공자께서 남궁경숙에게 말씀하시기를 '내가 들으니 노담(老聃: 노자)이 예와 이제를 널리 알고, 예의와 음악의 근원에 통하며, 도덕의 귀결처에 밝다고 하니, 곧 나의 스승이다. 지금 장차 갈 것이라'고 하시니, …남궁경숙南宮敬叔이 함께 모시고 주나라에 가서 예법을 노담에게 물으셨다.

② 左傳昭公十七年秋에 郯子來朝어늘 公이 與之宴이러니 昭子問焉曰少昊氏ㅣ鳥名官은 何故也오? 郯子曰吾祖也니 我知之라 昔者에 黃帝氏는 以雲紀故로 爲雲師而雲名하고 炎帝氏는 以火紀故로 爲火師而火名하고 共工氏는 以水紀故로 爲水師而水名하고 太皞氏는 以龍紀故로 爲龍師而龍名하고 我高祖少昊摯之立也에 鳳鳥適至故로 紀於鳥하야 爲鳥師而鳥名하고 自顓頊以來로 不能紀遠하고 乃紀於近하야 爲民師而命以民事하니 則不能故也니라. 仲尼ㅣ聞之하시고 見於郯子而學之하시고 旣而告人曰吾聞之호니 天子失官에 學在四夷라하더니 猶信이로다.

『춘추 좌전』 소공昭公 17년 가을에 담자郯子가 조공을 오니, 소공이 함께 잔치를 베풀어 담자를 대접했는데, 그 때 소자昭子가 묻기를 '소호씨少昊氏가 새의 이름으로 벼슬의 이름을 지은 것은 무슨 이유입니까?'

담자가 말하기를 '나의 조상이니 내가 잘 압니다. 옛날에 황제 씨黃帝氏는 구름을 사물의 기본으로 삼아 다스렸기 때문에 운사雲師가 되어 구름으로 벼슬 이름을 지었고, 염제씨炎帝氏는 불을 기본으로 삼아 다스렸기 때문에 화사火師가 되어 불로 벼슬 이름을 짓고, 공공씨共工氏는 물을 사물의 기본으로 삼았기 때문에 수사水師가 되어 물로 벼슬 이름을 짓고, 태호씨太皞氏는 용을 사물의 기본으로 삼아 다스렸기 때문에 용사龍師가 되어 용으로 이름을 짓고, 우리의 조상 소호지少昊摯가 임금이 되심에 봉황새가 마침 왔기 때문에 새를 사물의 기본으로 삼아 다스려서, 조사鳥師가 되시어 새로 벼슬 이름을 지으시고, 전욱씨顓頊氏부터는 인간에게서 먼 것으로 기본을 삼을 수 없어서 인간 신변에서 가까운 것으로 사물의 기본을 삼아서, 민사民師가 되어 백성의 일로 관리를 임명 했으니, 곧 인간과 먼 것은 능히 알 수가 없었기 때문입니다.'라고 했다.

중니께서 이 말을 들으시고 담자를 찾아보고 배우시고, 다 배우시고 나서 사람들에게 말씀하시기를 '내가 들음에, 천자가 벼슬의 제도를 잃음에 학문이 사이四夷에게 있다고 하더니, 참말로 그렇구나'라고 하셨다.

※ 郯 : 나라이름 담, 성 담/ 子 : 제후 벼슬이름 자/ 朝 : 조공 조/ 宴 : 잔치 연/ 祖 : 조상 조/ 紀 : 기본 기/ 皞 : 밝을 호, 성 호(皡)/ 昊 : 하늘 호/ 摯 : 잡을 지 (여기서는 사람이름)/ 適 : 마침 적/ 顓 : 전단할 전, 項 : 삼갈 욱.

※ 黃帝氏(황제씨 : 黃帝有熊氏) : 삼황三皇 중에 세번째 임금으로 토덕土德으로 임금이 되었다 하여 '누를 황(黃)'자를 썼다. 원래 성은 공손公孫이었는데, 희수(姬水)가에서 자랐으므로 '희'자를 성으로 썼다.

※ 炎帝氏(염제씨) : 삼황 중에 두번째 임금으로 화덕火德으로 임금이 되었다 하여 '불꽃 염炎'자를 썼다. 신농씨神農氏를 말한다. 강수姜水가에서 자랐으므로 성을 '강'으로 하였다.

※ 共工氏(공공씨) : 복희씨의 신하였으나 난리를 일으켜 복희씨를 멸하고 임금이 되었다 한다. 복희씨의 동생인 여와씨가 홍수를 일으켜 멸하였다.
※ 太皞氏(태호씨) : 복희씨의 별칭이다. 삼황 중에 첫번째 임금으로 목덕(木德)으로 임금이 되었다.
※ 少昊 挚(소호 지) : 황제씨의 아들로 이름은 지挚이다. 금덕金德으로 임금이 되었으므로 금천씨(少昊金天氏)라고 한다.
※ 顓頊(전욱) : 황제씨의 손자 창의昌意의 아들이다. 고양高陽을 수도로 삼았고 수덕으로 임금을 했다하여 고양씨라고 한다.

所不能은 如孔子ㅣ 不得位와 堯·舜이 病博施(去聲)之類라.
'능히 할 수 없는 바'라는 것은 공자님이 지위를 얻지 못하심과, 요임금 순임금이 넓게 베풂이 부족함을 걱정하심과 같은 것들이다."

◆ 施(去聲) : '施'자는 거성이다('베푼다'는 뜻이다).
※ 如 : 같을 여/ 病 : 병폐 병.

① 問以孔子不得位로 爲聖人所不能하니 祿位壽는 乃在天者어늘 聖人이 如何能必得이니잇고? 朱子ㅣ 曰 中庸에 明說大德은 必得其位라하니 孔子ㅣ 有大德而不得其位如何不是不能이리오?
묻기를 "장구에서 공자님이 지위를 얻지 못함으로써 '성인도 능히 할 수 없음'으로 삼았으니, 관록과 지위와 수명은 곧 하늘에 있는 것인데 성인이 어떻게 반드시 얻을 수 있겠습니까?" 주자께서 말씀하시기를 "『중용』에 '큰 덕은 반드시 그 지위를 얻는다'고 밝혀 말했으니, 공자님이 큰 덕이 있으시면서도 그 지위를 얻지 못하신 것이 어찌 능히 할 수 없음이 아니겠는가?"

※ 祿 : 녹봉 록. 如何(여하) : 어찌 ~이 아니겠는가?

愚는 謂人所憾(胡暗反이라)於天地는 如覆(敷救反이니 蓋也라. 後凡當釋爲覆蓋之義者ㅣ 並同이라)載生成之偏과 及寒暑災祥之不得其正者라.

나의 생각으로는 '사람이 하늘·땅에 유감스러운 바'라 함은, 예를 든다면 하늘·땅이 덮어주고 실어주며 낳고 키움의 치우친 것과, 춥고 더움과, 재앙주고 상서로움 등의 바름을 얻지 못함과 같은 것들이다.

◆ 憾(胡暗反이라) : '憾'은 '호胡'와 '암暗'의 반절음('함→감'으로 발음한다).
◆ 覆(敷救反이니 蓋也라 後凡當釋爲覆蓋之義者ㅣ 並同이라) : '覆'자는 '부敷'와 '구救'의 반절음이니 덮는다는 뜻이다('부'라고 발음한다). 뒤에 나오는 '덮는다는 뜻의 부覆자'는 모두 같다.
※ 憾 : 한할 감/ 覆 : 덮을 부/ 敷 : 펼 부/ 蓋 : 덮을 개/ 載 : 실을 재/ 災 : 재앙 재.

① 朱子ㅣ 曰 道는 無所不在하고 無窮無盡하야 聖人도 亦做不盡이요 天地도 亦做不盡이니 此는 是此章緊要意思니라.

주자께서 말씀하시기를 "도는 있지 않은 곳이 없고, 끝도 없고 다함도 없어서, 성인도 또한 능히 다 할 수 없고, 하늘과 땅도 또한 다 할 수 없는 것이니, 이것이 바로 이 장의 긴요한 뜻이다."
※ 窮 : 다할 궁/ 做 : 지을 주.

② 雙峯饒氏ㅣ 曰 此章은 就夫婦所知所能而推之하야 以至於天地之大하니 先語小而後語大也요 大哉聖人之道章은 從發育萬物과 峻極于天하야 而斂歸禮儀三百威儀三千하니 先語大而後語小也라.

쌍봉요씨가 말하기를 "이 장은 필부匹夫 필부匹婦의 아는 것과 능히 할 수 있는 것에서 미루어서 하늘·땅의 큼에까지 이르렀으니, 먼저 작은 것을 말하고 뒤에 큰 것을 말한 것이고, '크다! 성인의 도' 장(27장)은 '만물을 발육시킴'과 '높고 크기가 하늘 끝까지 간다'는 데로부터 시작해서 '예의의 의식 삼백 가지와 위엄의 의식 삼천 가지'라는 데에까지 수렴해 돌아왔으니, 먼저 큰 것을 말하고 뒤에 작은 것을 말한 것이다."

※ 峻 : 높고 클 준/ 斂 : 거둘 렴.


③ 新安陳氏ㅣ 曰 天覆而生物하고 地載而成物은 以天地之無私로되 而生成之物이 或有偏而不均者하며 當寒而寒하고 當暑而暑하고 作善降祥하고 作不善降災는 正也로되 乃有當寒而不寒하고 當暑而不暑하고 善而不祥하고 不善而不災者는 是不得其正也니 是皆人所不能無憾於天地者라.

신안진씨가 말하기를 "하늘이 덮어주어 사물을 낳게 하고 땅이 실어주어 사물을 이루게 함은, 하늘과 땅이 사사로움이 없기 때문이다. 그러나 낳고 이루어진 사물들이 혹 치우쳐서 고르지 못함이 있으며, 추울 때를 당하면 춥고 더울 때를 당하면 더우며, 착하게 하면 상서로움을 내리고 착하지 않게 하면 재앙을 내림은 바른 것이다. 그런데 추울 때를 당해서 춥지 않고 더울 때를 당해서 덥지 않으며, 착한 데도 상서로운 일이 없고 착하지 못한 데도 재앙을 내리지 않음은 이것은 그 바름을 얻지 못한 것이니, 이것이 모두 사람이 능히 하늘과 땅에게 유감스러움이 없을 수 없는 것들이다."

※ 暑 : 더울 서/ 降 : 내릴 강/ 災 : 재앙 재/ 憾 : 한할 감.


④ 退溪ㅣ 曰 其大無外는 極天下之力이라도 莫能載焉이요 其小無內는 極天下之智라도 莫能破焉이라.

퇴계가 말씀하기를 "'그 큼이 바깥이 없다' 함은 천하의 힘을 다하더라도 능히 실을 수 없음이고, '그 적음이 안이 없다' 함은 천하의 지혜를 다하더라도 깨뜨릴 수 없음이다."

備旨 何以見其費也오? 彼夫婦中之愚者ㅣ 於道에 宜若無所知矣나 然이나 良知는 不以其愚而遺之也니 卽日用居室之一端이면 可以與知焉이로되 及其道之全體而至也則雖生知之聖人이라도 宜無所不知而或時與地隔하고 耳目有限하야 亦有所不盡知焉이오 夫婦中之不肖者ㅣ 於道에 宜若無所能矣나 然이나 良能은 不以不肖而遺之也니 卽日用居室之一端이면 可以能行焉이요 及其道之全體而至也則雖安行之聖人이라도 宜無所不能而或數與勢阻하고 心力不逮하야 亦有所不盡能焉이라.

어떻게 도의 광대함을 알 수 있는가? 저 부부 중에 어리석은 자는 마땅히 도에 아는 바가 없을 듯 하지만, '참된 앎(良知)'은 그가 어리석다고 해서 빼놓지 않았으니, 가정에서 일어나는 일상생활의 한 단면에 나아가면 참여하여 알 수가 있는 것이다. 그러나 도의 전체의 지극한 곳에 미치게 되면 비록 태어나면서부터 아는 성인은 모르는 바가 없을 듯 하지만, 혹 때와 장소가 떨어지고 눈과 귀로 보고 듣는 것에 한계가 있어서, 또한 다 알지 못하는 바가 있는 것이다.

부부 중에 불초한 사람은 마땅히 도에는 능히 할 수 있는 것이 없을 듯 하지만, 그러나 '참된 능력(良能)'은 불초하다고 해서 빼놓는 것이 아니니, 가정에서 일어나는 일상생활의 한 단면에 나아가면 능히 행할 수 있는 것이고, 도의 전체와 지극한 데에 미치게 되면 비록 편안히 행하는 성인은 능히 할 수 없는 바가 없을 듯 하지만, 혹 운수와 형세가 막히고 마음과 힘이 미치지 못해서 또한 능히 다 할 수 없는 것이 있는 것이다.

※ 隔 : 떨어질 격/ 阻 : 막힐 조/ 逮 : 미칠 체.

豈惟聖人이리오? 卽以天地如此其大也로되 然이나 或覆載不相兼하고 運化不能齊하야 人猶有所憾이니 夫道無可憾이어늘

而天地도 有可憾이면 是天地도 亦未足以盡道矣라. 故로 君子之道는 語其大인댄 至聖人天地所不能盡하야도 而道無不包하야 天下莫能有出其外而載之者焉이요 語其小인댄 至愚不肖夫婦도 與知與能而道無不體하야 天下莫能有入其內而破之者焉이라. 道之極於小大ㅣ 如此하니 可謂費矣나 而隱不卽在其中哉아?

　어찌 오직 성인뿐이겠는가? 하늘과 땅이 이와 같이 크지만, 그러나 혹 덮어주고 실어줌을 서로 아우르지 못하고 조화의 운행이 또한 고르지 못해서, 사람들이 오히려 유감스러운 바가 있는 것이다. 일반적으로 도라는 것은 유감이 있을 수 없는 것인데, 하늘과 땅도 유감스러운 것이 있다면, 하늘·땅도 또한 도를 다할 수 없음이다.

　그러므로 군자의 도는, 그 큰 면으로 말하면 성인과 하늘·땅이 다 할 수 없는 것들까지도 도가 포함하지 않음이 없어서, 천하에 능히 그 밖으로 나와서 실을 수 있는 것이 없고, 그 작은 면을 말하면 어리석고 불초한 부부까지도 함께 알고 함께 하여, 도가 몸체가 되지 않는 것이 없어서, 천하에 능히 그 안에 들어가서 쪼갤 수 있는 것이 없다. 도의 지극히 작고 지극히 큼이 이와 같으니, 광대하다고 이를 수 있으나, 은미한 것이 속에 있지 않겠는가?

※ 齊 : 고를 제/ 愚 : 어리석을 우/ 肖 : 같을 초, 닮을 초.

**備旨補註 夫婦節旨** 費字를 說不盡하야 下面摘簡愚不肖하고 上面摘簡聖人天地來說하니 末四句는 卽承上贊之라. 夫婦知能은 是萬分中有一分이요 聖人不知能은 是萬分中次一分이며 不知不能은 乃沒要緊的事니 若大本大原이면 原無虧缺이라. 聖人은 與愚不肖對요 不與夫婦對니 聖人도 亦夫婦也라. 天地之大는 包資始資生一切言이라.

　부부지우(夫婦之愚) 절의 뜻 : '광대하다는 비費'자를 다 말하지 못해서, 앞 구절(아랫 면)에는 어리석은 사람과 어질지 못한 사람을 지적하고, 뒷 구절(윗면)에는 성인과 하늘・땅을 지적해서 말했으니, 끝에 있는 네 구절은 곧 위의 글을 이어서 칭찬한 것이다.

  필부필부도 알고 할 수 있는 것은 바로 만 분(分)에 일 분이 있는 정도이고, 성인도 알지 못하고 능히 하지 못함은 만 분 중에 일 분이 모자라는 정도이며, 성인도 알지 못하고 능히 하지 못함은 곧 긴요하지 않은 일이니, 만약 큰 근본과 큰 근원의 일이라면 성인은 원래 이지러지고 빠지는 것이 없는 것이다. 여기의 성인은 어리석고 어질지 못한 사람과 대가 되는 것이고 부부夫婦와 대가 되는 것이 아니니, 성인도 또한 부부인 것이다. '하늘・땅의 큼'이라는 것은 하늘・땅의 힘을 받아 시작되고 힘을 받아 생겨나는 일체의 것들은 포괄해서 말한 것이다.

※ 摘 : 지적할 적/ 贊 : 찬미할 찬/ 沒 : 없을 몰/ 虧 : 이지러질 휴/ 缺 : 이지러질 결.

有憾은 是不滿足意니 須著眼猶字나 不得說壞天地라. 凡載는 須出乎其外나 道는 則無外라 故로 莫載요 凡破는 須入乎其內나 道는 則無內라 故莫破라. 按或問컨댄 作君子之語道하야 說存參이라.

  '유감스러운 것이 있다(有憾)' 함은 만족하지 못하는 뜻이니, 반드시 '오히려'라는 뜻의 '유猶'자를 착안해서 봐야 할 것이나, 하늘과 땅을 손괴하는 말이라고 할 수는 없다. 모든 실음은 반드시 싣는 사물의 밖으로 나가야 싣는 것인데, 도는 바깥이 없기 때문에 실을 수 없고, 모든 쪼갬은 반드시 그 안으로 들어가야 하는데, 도는 안이 없기 때문에 쪼갤 수 없다. 혹문或問을 살펴보면 '군자의 도를 말하면(君子之語道)'이라고 해서 군자의 마음을 보존하고 길러서 하늘・땅에 참여함을 말했다.

※ 著眼(착안) : 눈을 붙임/ 壞 : 무너질 괴/ 參 : 참고할 참.

**3** 詩云 鳶飛戾天이어늘 魚躍于淵이라하니
시운 연비려천    어약우연

言其上下察也니라. (鳶은 余專反이라)
언 기 상 하 찰 야

시경에 이르기를 '솔개는 날아 하늘에 오르는데 고기는 연못에서 뛰논다'고 하였으니, 그것이(도 또는 이치가) 위 아래로 밝게 드러남을 말함이니라.

◆ '연鳶'자는 '여余'와 '전專'의 반절 음이다('연'이라고 발음한다).
※ 鳶: 소리개 연/ 戾: 다다를, 이르를 려/ 躍: 뛸 약/ 淵: 연못 연.

○ 詩는 大雅-旱麓(音鹿)之篇이라. 鳶은 鴟(處脂反이라)類요 戾는 至也요 察은 著也라.

시는 『시경』 대아편大雅篇 한록旱麓시다. '솔개(鳶)'는 솔개(鴟)의 종류요, '려戾'는 이르름이요, '찰察'은 드러남이다.

◆ 麓(音鹿): '麓'자는 음이 '록'이다.
◆ 鴟(處脂反이라): '鴟'자는 '처(處)'와 '지(脂)'의 반절음('치'라고 발음한다).
※ 旱: 육지 한, 가물 한/ 麓: 산기슭 록/ 鴟: 소리개 치/ 脂: 기름 지/ 戾: 이르를 려/ 著: 드러날 저.

① 雙峯饒氏ㅣ 曰 察은 是自然昭著니 便是誠之不可掩이라.
쌍봉요씨가 말하기를 "'밝게 드러났다(察)' 함은 자연히 밝게 드러남이니, 바로 '성실함(誠)을 가려막을 수 없음'이다."

子思ㅣ 引此詩하사 以明化育流行上下昭著ㅣ 莫非此理之用이니 所謂費也라. 然이나 其所以然者는 則非見聞所及이니 所謂隱也라.

자사께서 이 시를 인용하시어, 하늘 • 땅의 조화의 길러줌이 흘러 행하여 위 아래로 밝게 드러나는 것이, 이 이치의 작용이 아님이 없음을 밝히신 것이니, 이른바 '광대하다(費)' 함이다. 그러나 그것이 그렇게 되는 까닭은 곧 보고 들음으로 미칠 수 있는 것이 아니니, 이른바 '은미하다(隱)' 하는 것이다.

※ 昭 : 밝을 소/ 隱 : 은미할 은.

① 問鳶飛魚躍은 必氣使之然이니잇고? 朱子ㅣ 曰所以飛所以躍者는 理也요 氣는 便載得許多理하야 出來니 若不就鳶飛魚躍上看이면 如何見得此理리오? 問程子ㅣ 云若說鳶上面이면 更有天在하고 說魚下面이면 更有地在라하시니 是如何니잇고? 先生이 黙然微誦하시고 曰天有四時하니 春秋冬夏과 風雨霜露ㅣ 無非敎也요 地載神氣하니 神氣는 風霆이요 風霆이 流形하야 庶物露生이 無非敎也니 便覺有悚動人處니라.

묻기를 "솔개가 날고 고기가 뜀은 반드시 기운이 그렇게 시키는 것입니까?" 주자께서 말씀하시기를 "날고 뛰는 원인은 이치이고, 기운은 바로 많은 이치를 실어 나오는 것이니, 만약 솔개가 날고 고기가 뛰는 곳에서 살펴보지 않으면 어떻게 이 이치를 알 수 있겠는가?"

묻기를 "정자程子께서 말씀하시기를 '만약 솔개의 윗쪽을 말한다면 다시 하늘이 있고, 고기의 아랫쪽을 말한다면 다시 땅이 있다'고 하셨으니, 이것은 무슨 뜻입니까?" 선생이 묵묵히 계시다가 작게 그 말을 외우시고 말씀하시기를 "하늘에는 사시四時가 있으니, 봄 가을 겨울 여름에 바람 불고 비내리고 서리 오고 이슬 맺힘이 가르침이 아닌 것이 없고, 땅은 신비로운 기운을 싣고 있으니, 신비로운 기운은 바람과 천둥 번개이다. 바람과 천둥 번개가 만물의 형체를 흘려 낳게 하여 뭇 사물들이 움터 나옴이 가르침이 아닌 것이 없으니, 곧 사람을 오싹하게 하고 감동시키는 곳이 있음을 깨닫게 될 것이다."

※ 黙 : 묵묵할 묵/ 誦 : 읊을 송/ 霜 : 서리 상/ 露 : 이슬 로/ 霆 : 천둥 정/ 庶 : 뭇 서/ 竦 : 두려울 송, 공경할 송.

② 鳶飛도 可見이요 魚躍도 亦可見이로되 而所以飛所以躍은 果何物也오?

  솔개가 나는 것도 볼 수 있고, 고기가 뛰는 것도 또한 볼 수 있지만, 날게 하는 것과 뛰게 하는 것은 과연 어떤 사물인가?

③ 鳶飛魚躍은 費也나 必有一箇什麼物事하야 使得他如此니 此便是隱이니라.

  솔개가 날고 고기가 뜀은 '광대함(費)'이나, 반드시 그것들을 이와 같게 되도록 하는 어떤 하나의 사물이 있어서, 그들이 이와 같이 하도록 하는 것이니, 이것이 곧 '은미한 것(隱)'이다.

※ 什麼(십마) : 어떤, 어떻게

④ 問許多都說費處하고 却不說隱處하니 所謂隱者는 只在費中否니잇고? 曰 惟是不說이 乃所以見得隱在其中이니라. 舊來에 多將聖人不知不能處하야 做隱說이나 覺得下面都說不去요 且如鳶飛天魚躍淵에 亦何嘗隱來오?

  묻기를 "많은 곳이 모두가 광대한 곳만을 말하고 은미한 곳을 말하지 않았으니, 이른바 '은미하다(隱)' 함은 단지 '광대한 것(費)' 속에 있는 것일 뿐이 아니겠습니까?"

  대답하시기를 "오직 그 말하지 않음이 곧 은미한 것이 그 속에 있음을 알 수 있게 한 것이다. 종전에는 '성인이 알지 못하고 할 수 없다'는 곳을 가지고 은미한 곳으로 말하는 사람이 많았으나, 아랫글에서 볼 때 도무지 은미함을 말하지 않았음을 알 수 있고, 또한 솔개가 하늘에 날고 고기가 연못에서 뜀과 같은 것에서 또한 어찌 은미한 것이 나오겠는가?"

※ 都 : 모두 도/ 嘗 : 일찌기 상.


⑤ 鳶飛魚躍은 無非道體之所在니 猶言動容周旋이 無非至理요 出入語黙이 無非妙道라. 言其上下察也此一句는 只是解上面이요 察者는 著也니 言其昭著徧滿於天地之間이요 非察察之察이라. 詩中之意는 本不爲此로되 中庸에 借此兩句하야 形容道體라.

'솔개가 날고 고기가 뜀'은 도의 본체가 있는 곳이 아닌 것이 없으니, '사람의 모든 동작과 용의(容儀)의 몸가짐들이 지극한 이치가 아닌 것이 없고, 나고 들고 말하고 침묵함이 오묘한 도가 아닌 것이 없다'고 말함과 같은 것이다.

'위와 아래로 밝게 드러남을 말한다(言其上下察也)'는 한 구절은 단지 윗면의 글을 풀이한 것이고, '찰(察)'은 드러남이니, 그것이 밝게 드러나서 하늘·땅 사이에 두루 가득 참을 말함이고, 세밀히 살핀다는 뜻의 '찰察'자는 아니다. 시 속의 뜻은 본래 이와 같은 뜻이 아니지만, 중용에서 이 두 구절을 빌어서 도의 본체를 형용한 것이다.

※ 徧 : 두루 편/ 借 : 빌릴 차.


⑥ 事地察 天地明察과 與此上下察 察乎天地는 皆明著之意라.

'사지찰(事地察), 천지명찰(天地明察)'이라는 것과 여기에 있는 '상하찰(上下察 : 3절), 찰호천지(察乎天地 : 4절)'의 찰(察)자의 뜻은 모두가 밝게 드러난다는 뜻이다.


⑦ 三山陳氏ㅣ 曰 有一物이면 必有一理요 有已然者면 必有

所以然者라. 鳶則天而不能淵하고 魚則淵而不能天은 此其用也며 已然者也니 是必有所以然者하야 以爲之體나 然이나 體之隱은 初不離於用之顯也라.

 삼산진씨가 말하기를 "하나의 사물이 있으면 반드시 하나의 이치가 있고, 이미 그렇게 된 것이 있으면 반드시 그렇게 되는 까닭이 있다. 솔개는 하늘을 날지만 못에서는 뛰놀지 못하고, 고기는 못에서는 뛰놀지만 하늘에서는 날지 못함은, 이는 그 작용이고 이미 그렇게 된 것이니, 여기에는 반드시 그렇게 되게 하는 까닭이 있어서 본체가 된다. 그러나 본체의 은미함은 처음부터 작용의 드러난 것에서 떠나지 않은 것이다."

※ 離 : 떠날 리/ 顯 : 나타날 현.


⑧ 溫陵陳氏 | 曰 中庸之道는 只在日用之間而不可他求라. 雖曰日用之間이라도 而有至微至隱者存焉이니 亦猶鳶魚之飛躍이 皆在目前이로되 初不離性分之內니라.

 온릉진씨가 말하기를 "중용의 도는 단지 일상생활의 쓰는 사이에 있고 다른 데서 찾을 수 없는 것이다. 비록 일상생활에서 쓰는 사이라 하더라도 지극히 은미한 도가 존재하고 있는 것이니, 또한 솔개와 고기가 날고 뛰는 것이 모두 눈앞에 있지만, 처음부터 성품의 속성을 떠나지 못하는 것과 같은 것이다."

※ 陵 : 큰 언덕 릉/ 猶 : 마치 유.


⑨ 潛室陳氏 | 曰 凡說道之費處는 其體之隱이 則在其中矣라. 故로 不言隱이요 非於費之外에 別有所謂隱也라. 使有隱可見하고 有隱可言이면 則非體用一源顯微無間矣라.

 잠실진씨가 말하기를 "도의 광대함을 말한 모든 곳에는, 그 본체의 은미한 것이 그 속에 있다. 그러므로 '은미한 것(隱)'을 말하지 않은 것이고, 광대한 것의 밖에 별도로 은미한 것이 있는 것이 아니다. 만일 은미한 것이 있어 볼 수 있고 은미한 것이 있어 말할 수 있다면, 곧 '본체와 작용의 근원이 하나이고 드러남과 은미함이 사이가 없음'이 아니다."

※ 정자의 역전서(易傳序)에 "體用이 一源이요 顯微無間이라"

⑩ 雙峯饒氏ㅣ 曰 此兩句는 引得妙니 若以人來證이라도 也證不得이요 若引植物來證이라도 也證不得이리라. 蓋人은 有知識하고 植物은 又不動하니 須以動物로 證之라. 且如鳶魚ㅣ 何嘗有知識이리오마는 但飛則必戾天하고 躍則必于淵은 自然如此요 又不是人敎他하야 要必有使之然者니 須於此에 黙而識之니라.

쌍봉요씨가 말하기를 "이 두 구절은 교묘하게 인용을 했다. 만약 사람이 와서 증명하라 하더라도 증명할 수 없었을 것이고, 또한 식물을 가지고 증명하라 하더라도 증명할 수 없었을 것이다. 대체적으로 사람은 지식이 있고 식물은 또한 움직이지 못하니, 반드시 동물로써 증명을 해야 할 것이다.

또한 솔개와 고기같은 것이 어찌 지식이 있을까마는, 일단 날면 반드시 하늘에 오르고, 뛰면 반드시 못에서 놀음은 자연히 이와 같이 됨이고, 이것이 또한 사람이 그들을 시켜서 그렇게 하도록 가르친 것이 아니니, 반드시 여기에서 묵묵히 연구해서 알아야 할 것이다."

※ 妙 : 묘할 묘/ 證 : 증명할 증.

⑪ 問子思如何獨擧鳶魚而言이니잇고? 蛟峯方氏ㅣ 曰只且提起一二하야 以示人이며 天下萬物이 皆如此니 何獨鳶魚이리오?

묻기를 "어째서 자사께서 유독 솔개와 고기를 들어서 말씀하신 것입니까?" 교봉방씨가 말하기를 "단지 한 두 가지를 제기해서 사람들에게 보여주신 것일 뿐이며, 천하의 만물이 모두 이와 같은 것이니, 어찌 유독 솔개와 고기 뿐이겠는가?"

⑫ 雲峯胡氏ㅣ 曰 中庸에 言道字ㅣ 皆自率性之道說來라. 費는 用之廣也니 是說率性之道요 隱은 體之微也니 是說天命之性이라. 纔說費면 隱卽在其中이요 纔說率性之道면 天命之性이 卽在其中이니 非有二也라. 故로 近自夫婦居室之間으로 遠而至於聖人天地之所不能盡히 而道無不在하니 卽朱子所謂天下에 無性外之物而性無不在者也라. 饒氏ㅣ 謂無性外之物은 是萬物이 統體一太極이요 性無不在는 是一物이 各具一太極이라하니 是也라.

운봉호씨가 말하기를 "『중용』에 '도道'자를 말한 것은 모두 1장의 '성품을 따르는 것이 도'라고 한 데로부터 온 것이다. '광대하다(費)' 함은 작용이 넓은 것이니 이는 '성품을 따르는 도'를 말함이고, '은미하다(隱)' 함은 본체가 은미한 것이니 이는 '하늘이 명한 성품'을 말함이다.

'광대함'을 말하게 되면 '은미한 것'이 그 가운데에 있고, '성품을 따르는 도'를 말하게 되면 '하늘이 명한 성품'이 곧 그 가운데에 있는 것이니, 둘이 있음이 아니다. 그러므로 가깝게는 부부가 가정에서 생활하는 것으로부터, 멀게는 성인과 하늘·땅이 능히 다할 수 없는 것까지 도가 있지 않은 곳이 없으니, 곧 주자께서 말씀하신 '천하에는 성품 밖에 있는 사물은 없고, 성품은 있지 않은 곳이 없다' 함이다.

요씨饒氏가 말하기를 '성품 밖에 있는 사물이 없다 함은 곧 만물이 하나의 태극에 통솔되고 몸을 받음이고, 성품이 있지 않은 곳이 없다 함은 곧 하나의 사물이 각각 하나의 태극을 갖추고 있음이다'라고 한 것이 이것이다.

※ 纔 : 겨우 재.

性無不在는 費也요 而性之所以爲性은 則隱也라. 如鳶은 率
鳶之性하야 必飛하고 魚는 率魚之性하야 必躍이니 於此에 見
物物이 有自然之天하며 物物이 有天命之性이라. 首章에 言
天命之性과 率性之道하고 自第二章으로 以至第十章은 無非
率性之道요 亦無非因其天命之性也니 天地間은 無非是此
性之著見處요 造端乎夫婦는 則是盡性之始事라. 朱子ㅣ 曰
幽暗之中과 衽席之上이라도 或褻而慢으면 則天命이 有所不
行이라하시니 非知性命之理者면 不足與語此리라.

　'성품이 있지 않은 곳이 없음'은 '광대함(費)'이고, 성품이 성품이 되게 된 까닭은 '은미함(隱)'이다. 예를 들면 솔개는 솔개의 성품을 따라서 반드시 날고, 고기는 고기의 성품을 따라서 반드시 뛰는 것과 같은 것이니, 여기서 사물마다 자연스러운 각자의 하늘이 있으며 사물마다 하늘이 명한 성품이 있음을 알 수 있다.

　첫머리 장에서 '하늘이 명령한 성품'과 '성품을 따르는 도'를 말하고, 두 번째 장으로부터 열 번째 장까지는 '성품을 따르는 도'를 말하지 않은 것이 없고, 또한 '하늘이 명령한 성품'을 따름이 아닌 것이 없으니, 하늘·땅 사이는 이 성품의 드러나고 나타나는 곳이 아님이 없는 것이고, '필부필부에서 단서가 이루어짐'은 바로 성품을 다하는 첫 번째 일인 것이다. 주자께서 말씀하시기를 '깊숙하고 어두운 가운데와 부부간의 잠자리에서도 혹 무례하고 방자하게 하면, 하늘의 명령이 행해지지 못하는 데가 있을 것이라'고 하셨으니, 성품과 명의 이치를 안 사람이 아니면 더불어 이런 말을 할 수 없을 것이다."

※ 造端(조단) : 단서가 이루어짐/ 임석간(衽席間) : 부부가 동침할 때/ 褻 : 더러울, 업신여길 설.

⑬ 新安陳氏ㅣ 曰 鳶飛魚躍은 天機自動이니 鳶飛天은 見此
理之著於上이요 魚躍淵은 見此理之著於下라. 詩人의 此二

句는 興體也니 本以興君子之作成人才也나 子思ㅣ 引之하사 借以言此理之昭著하시니 非興也요 亦非比喩也라. 理無形體하야 於有形體之物上애 見得無形體之理偶릴새 引詩하야 以鳶魚二物로 指言之耳니 捨鳶魚而言도 固不可요 泥鳶魚而言도 亦不可라.

신안진씨가 말하기를 "'솔개가 날고 고기가 뜀'은 하늘의 기틀이 스스로 움직이는 것이니, 솔개가 하늘을 날음은 이 이치가 위에서 드러남을 나타냄이고, 고기가 연못에서 뜀은 이 이치가 아래에 드러남을 나타냄이다. 시인詩人의 이 두 구절은 시의 형식에서 흥興에 해당되니, 본래 군자가 인재가 됨을 비유해서 일으킨 것이었으나, 자사께서 시를 빌어 인용하시어 이 이치가 밝게 드러남을 말씀하셨으니, 시의 흥도 아니고 또한 비유한 것도 아니다.

이치는 형체가 없어서, 형체가 있는 사물에 형체가 없는 이치가 붙어 있음을 알았기 때문에, 『시경詩經』을 인용하시어 솔개와 고기 두 사물로써 지목하여 말씀하신 것이니, 솔개와 고기를 놓아 두고 이치를 말함도 옳지 않고, 솔개와 고기에 집착해서 이치를 말함도 또한 옳지 않다.

※ 機: 기틀 기/ 喩: 비유할 유/ 偶: 짝 우/ 捨: 버릴 사/ 泥: 집착할 니.

充滿天地하야 無一物不可見此理之昭著니 如程子ㅣ 於子在川上章에 論道體하야 言曰往月來와 寒往暑來와 水流物生은 皆道體之顯然者ㅣ 是也라. 此察字는 實對首句隱字니 體之隱者ㅣ 於此物上애 昭著出來則隱而不可見者를 於此著察而可見矣라. 然이나 其所以然之妙則終非見聞所及이니 雖察也而實隱也라.

하늘·땅을 가득 채우고 있어서, 한 가지 사물도 이 이치가 밝게 드러남을 볼 수 없는 것이 없으니, 정자께서 『논어』자한子罕편의 '공자께서 시냇가에 계시며(子在川上)' 글에서, 도의 본체를 논하시어 '해가 지고 달이 뜸과 추위가 가고 더위가 옴과, 물이 흐르고 사물이 생겨남은 모두가 도의 드러남이라'고 말씀하신 것이 이것이다.

　여기에 있는 '찰察'자는 실상 첫 구절에 있는 '은隱'자에 대가 되는 것이니, 본체의 은미한 것이 이 사물 위에서 밝게 드러나 나오게 되면, 은미해서 볼 수 없었던 것을 이 드러남에서 볼 수 있는 것이다. 그러나 그것이 그렇게 되는 오묘함은 결국 보고 듣는 것으로 미칠 바가 아니니, 비록 드러났지만 실상은 은미한 것이다.

※ 『논어』자한편에 "子ㅣ 在川上 曰 逝者ㅣ 如斯夫인져! 不舍晝夜로다!(공자께서 냇물가에서 계실 때 말씀하시기를 '가는 것이 이 물과 같구나! 밤낮을 그치지 않는도다')"

※ 자한편의 주석에 "程子ㅣ 曰 此는 道體라. 天運而不已하야 日往則月來하고 寒往則暑來하며 水流而不息하고 物生而不窮하니, 皆與道爲體하야 運乎晝夜하야 未嘗已也니라. 是以로 君子ㅣ 法之하야 自强不息하나니, 及其至也엔 純亦不已焉이니라. 又曰 自漢以來로 儒者皆不識此義라. 此에 見聖人之心이 純亦不已也니 純亦不已는 乃天德也요, 有天德이라야 便可語王道로되 其要는 只在謹獨이니라 (정자께서 말씀하시기를 '이것은 도의 본체이다. 하늘의 운행이 그치지 않아서, 해가 가면 달이 오고, 추위가 가면 더위가 오며, 물이 흘러 쉬지않고, 사물이 생겨나서 끝이 없으니, 모두 도와 함께 몸체가 되어서 낮과 밤으로 운행하여 그침이 없는 것이다. 이렇기 때문에 군자가 법받아서 스스로 굳세게 하여 쉬지 않는 것이니, 그 지극한 데에 이르게 되면 순수하고 그침이 없을 뿐이다' 또 말씀하시기를 '한나라 이래로 유생들이 이 뜻을 알지 못했다. 여기서 성인의 마음이 순수해서 그침이 없음을 알 수 있으니, 순수하여 그침이 없음은 곧 하늘의 덕이고, 하늘의 덕이 있으면 王道를 말할 수 있는 것이다. 그러나 그 요점은 혼자인데를 삼가는데 있느니라')."

故로 程子ㅣ 曰 此一節은 子思ㅣ 喫緊(居忍反이라)爲(去聲)人處요 活潑潑(普活反)地라하시니 讀者ㅣ 其致思焉이니라.

　그러므로 정자(明道)께서 말씀하시기를 "이 한 절은 자사께서 매우 긴요하게 사람을 위하신 곳이고, 살아서 생동감 넘치게 움직이는 곳이라"고 하셨으니, 읽는 이는 생각을 지극히 해야 할 것이다.

- ◆ 緊(居忍反이라) : '緊'자는 '거居'와 '인忍'의 반절음('간'으로 발음한다).
- ◆ 爲(去聲) : '爲'자는 거성(去聲)이다('위'로 발음하고 '위한다'는 뜻이다).
- ◆ 潑(普活反) : '潑'자는 '보(普)'와 '활(活)'의 반절음('발'로 발음한다). 潑潑(발발) : 고기가 기세 좋게 물에서 뛰는 모양. 원기가 왕성함.
- ※ 끽긴(喫緊) : 매우 긴요함, 긴요함/ 潑 : 물솟을 발.

① 朱子ㅣ 曰 喫緊爲人處는 是要人就此瞥地하야 便見簡天理全體요 活은 只是不滯於一隅라.

주자께서 말씀하시기를 "'매우 긴요하게 사람을 위한 곳'이라 함은, 사람들이 힐끗 보고 지나치기 쉬운 곳에서 하늘의 이치(天理) 전체를 볼 것을 요구한 것이고, '살았다(活)' 함은 단지 한 모퉁이에만 걸려 있지 않는 것이다.

※ 喫 : 먹을 끽, 마실 끽/ 瞥 : 지나쳐 볼 별, 힐끗 볼 별/ 滯 : 막힐 체, 걸릴 체/ 隅 : 모퉁이 우.

② 潛室陳氏ㅣ 曰 大要는 不欲人이 去昏黙窈冥中求道理니 處處平平會得이면 時에 多少分明快活이리라.

잠실진씨가 말하기를 "큰 요점은 사람들이 어둡고 고요하고 깊숙한 곳에 가서 도리를 찾지 않도록 하려 함이니, 곳곳마다 평탄한 데에서 터득한다면 그때에 여러가지가 분명하고 쾌활해지게 될 것이다."

※ 昏 : 어두울 혼/ 窈 : 그윽할 요/ 冥 : 그윽할 명/ 快 : 상쾌할 쾌.

③ 問如何是喫緊爲人處니잇고? 雙峯饒氏ㅣ 曰 以道體示人也니 觀鳶魚而知道之費而隱은 猶觀川流而知道體之不息이니라.

묻기를 "어떤 것이 매우 긴요하게 사람을 위한 곳입니까?" 쌍봉요씨가 말하기를 "도의 본체로써 사람들에게 보여주신 것이니, 솔개와 고기를 보고 도의 광대하면서도 은미함을 아는 것은, 냇물이 흐르는 것을 보고 도의 본체가 쉬지 않음을 앎과 같은 것이다."

④ 雲峯胡氏ㅣ 曰 道體는 每於動處見하니 本自活潑潑地요 聖賢敎人은 每欲人於動處用功하니 亦是活潑潑地라. 鳶飛魚躍은 道之自然이니 本無一毫私意요 勿忘勿助는 學者體道之自然이니 亦著不得一毫私意니라.

운봉호씨가 말하기를 "도의 본체는 항상 움직이는 곳에서 나타나니, 본래 스스로 살아서 생동감 있게 움직이는 곳이고, 성현이 사람을 가르침은 항상 사람들이 움직이는 곳에서 공부를 하게 하려하셨으니, 이 또한 살아서 생동감 있게 움직이는 곳이다.

'솔개가 날고, 고기가 뜀'은 도의 자연스러움이니, 본래 터럭 하나만큼의 사사로운 뜻도 없는 것이고, '잊지 말고 조장하지 말라' 함은 배우는 사람이 도의 자연스러움을 몸으로 본받아 실천함이니, 또한 터럭 하나만큼의 사사로운 뜻도 붙일 수 없는 것이다."

※ 『맹자』 공손추장 上에 必有事焉而勿正하야 心勿忘하며 勿助長也하야 無若宋人然이어다 宋人有閔其苗之不長而揠之者러니, 芒芒然歸하야 謂其人曰 今日에 病矣와라. 予ㅣ 助苗長矣와라하야늘, 其子ㅣ 趨而往視之하니 苗則槁矣러라(반드시 호연지기를 기르는 일에 종사하고 효과를 기대하지 말아서, 마음에 잊지 말며 억지로 조장도 말아서, 송나라 사람같이 하지 말 것이다. 송나라 사람 중에 벼싹이 자라지 못함을 안타까이 여겨 뽑아 놓은 자가 있었는데, 당사자는 아무것도 모르고 돌아와서 집안 사람들에게 말하기를 '오늘 나는 피곤하다. 내가 벼싹이 자라도록 도와주고 왔다'하거늘, 집안 사람들이 달려가서 봤더니, 벼싹이 말라 있었다)."

⑤ 新安陳氏ㅣ 曰 章句에 引程子說은 蓋前面에 已說得文意分曉了로되 恐人이 只容易讀過라. 故로 引此語하야 使讀者 更加涵泳이요 又恐枝葉이 太繁則本根이 漸遠이라. 故로 引

而不發하야 使學者於此致思焉이라.

　신안진씨가 말하기를 "장구에 정자의 말씀을 인용한 것은, 아마도 앞에서 이미 글의 뜻을 분명하게 풀이했지만, 사람들이 단지 쉽게 읽고 지나칠까 염려되었기 때문에, 이 말을 인용해서 독자들이 다시 몸에 배고 무르익도록 공부하게 함이다. 또한 가지와 잎새가 너무 많으면 근본과 뿌리가 점차 멀어질까 염려되기 때문에, 인용만하고 밝히지 않아서, 배우는 사람이 여기에서 생각을 하도록 한 것일 것이다."

　備旨 道固無不在矣나 其流行活潑之機는 則何如오? 大雅旱麓之詩에 有云鳶飛則戾於天하고 魚躍則在於淵이라하니 詩非徒爲鳶魚咏也라. 蓋言天地間에 何物이 非道리오? 鳶率飛之性而戾天은 是其道之上察也니 而凡親乎上者를 可知矣요 魚率躍之性而于淵은 是其道之下察也니 而凡親乎下者를 可知矣라. 道는 誠大莫載小莫破也니 不亦費而隱乎아?

　도는 참으로 있지 않은 곳이 없는 것이다. 그렇다면 그것이 흘러 행해서 살아 생동감 넘치게 뛰는 기틀은 무엇인가? 『시경』대아大雅편 한록旱麓시에 '솔개는 날아서 하늘에 오르고, 고기는 못 위에 뛰논다'고 이른 것이 있으니, 시는 한갓 솔개와 고기만을 읊은 것이 아니다. '하늘과 땅 사이의 어떤 사물이 도가 아닌 것이 있겠는가?'

　대체적으로 솔개가 나는 성품을 따라 하늘에 오름은 그 도가 위로 드러남이니, 위와 친한 모든 것들의 속성을 알 수 있고, 고기가 뛰는 성품을 따라 연못에 있음은 그 도가 아래로 드러남이니, 아래와 친한 모든 것들의 속성을 알 수 있다' 함을 말함일 것이다. 도는 참으로 너무 커서 실을 수 없고 너무 작아서 쪼갤 수 없으니, 또한 광대하면서도 은미하지 아니한가?

備旨補註 鳶飛節旨　上節에 說費字 充塞意已盡하고 此엔 引詩하야 指出流行活潑之機以示人이라. 飛躍은 是氣요 所以飛躍은 是理니 飛載得許多理來라. 察은 是道體自然昭著며 不是人察之也요 兼大小言이니 卽一鳶魚면 而道之小를 可知요 推開鳶魚면 而道之大를 亦可知라.

　연비려천(鳶飛戾天)절의 뜻 : 윗절에 '비費'자를 설명해서 가득 채워지고 찼다는 뜻을 이미 다 말했고, 여기서는 『시경』을 인용하여 도의 흘러서 가고 살아서 뛰는 기틀을 지적해 사람들에게 보인 것이다.

　'날고뛰는 것'은 바로 기운(氣)이고, 날고뛰는 까닭은 바로 이치(理)이니, 나는 것이 많은 이치를 싣고 오는 것이다. '찰(察)'자의 뜻은 바로 도의 본체가 자연히 밝게 드러남이며, 사람이 살핀다는 뜻이 아니고, 크고 작은 것을 겸해서 말한 것이니, 한 마리의 솔개와 고기에 나아가면 도의 작은 것을 알 수 있고, 솔개와 고기를 미루어 전개하면 도의 큰 것을 또한 알 수 있는 것이다.

**4** 君子之道는 造端乎夫婦니
군자지도    조단호부부

及其至也하야는 察乎天地니라.
급기지야       찰호천지

군자의 도는 그 단서가 부부에서 이루어지니, 그 지극한 데에 미치게 되면 하늘과 땅에 밝게 드러나느니라.

○ 結上文이라.
윗 글을 끝맺은 것이다.

① 朱子ㅣ 曰 君臣父子人倫日用間이 無所不該로되 特擧夫婦而言은 以見其尤切近處라.

주자께서 말씀하시기를 "임금과 신하, 어버이와 자식 사이의 일상생활에 쓰는 인륜들이 도道에 해당되지 않은 것이 없건만, 특히 부부만을 들어서 말한 것은 그 중에서 더욱 절실하고 가까운 곳을 보여준 것이다."

② 夫婦는 人倫之至親至密者也라. 人之所爲ㅣ 蓋有不可以告其父兄이로되 而悉以告其妻者는 人事之至近而道行乎其間이니 非知幾謹獨之君子면 其孰能體之리오?

부부夫婦는 인륜의 지극히 친하고 지극히 은밀한 사이다. 일반적으로 사람의 하는 일이 그 부형(父兄)에게는 고할 수 없는 것이 있지만, 자기 아내에게는 모두 고하는 것은 인사(人事)적으로 지극히 가까우면서 도가 그 가운데에 행해지는 것이니, 기틀을 알고 혼자인 데를 삼가는 군자가 아니면 그 누가 능히 몸소 실행할 수 있겠는가?

③ 新安陳氏ㅣ 曰 總結上文하야 謂君子之道는 始乎夫婦居室之間이나 及其極至則昭著乎天高地下之大라. 造端夫婦는 結夫婦與知能行과 及語小인댄 莫能破數句요 察乎天地는 結聖人不能知行과 及語大인댄 莫能載하야 包到鳶魚上下察處니 該括盡矣라. 人이 苟知道造端乎夫婦면 則見道之不可離而男女居室之間이 有不敢忽者矣리라.

　신안진씨가 말하기를 "윗 글을 모두 끝맺어서, 군자의 도는 부부가 한 방에 같이 거처함에서부터 시작되나, 그 지극한 곳에 이르면 높고 큰 하늘과 땅이 위 아래로 밝게 드러남을 말한 것이다. '단서가 부부에서 이루어진다' 함은 '필부필부도 함께 알고 행할 수 있다' 함과 '작음으로 말하면 쪼갤 수 없다'는 구절을 끝맺은 것이고, '하늘과 땅에 밝게 드러난다' 함은 '성인도 능히 알 수 없고 행할 수 없다' 함과 '큼으로 말하면 능히 실을 수 없다'는 것을 끝맺어서, '솔개와 고기가 위 아래로 밝게 드러난다'는 데에까지 포함해 온 것이니, 모두를 다 포괄함이다. 사람이 참으로 도의 단서가 부부에서 이루어짐을 안다면, 도를 떠날 수 없음과, 남녀가 한 방에 거처하는 사이를 감히 소홀히 할 수 없다는 것을 알게 될 것이다."


④ 沙溪曰 造端은 是托始之意며 君子之道는 托始於近小니 夫婦居室之間도 乃至理流行極處요 昭著於天地之際도 無非此道之呈露라. 此夫婦는 與上文愚婦와 與知能行之夫婦로 不同意하니 朱子以此夫婦居室之道로 結上文之意는 殊不可曉라.

　사계가 말씀하기를 "'단서가 이루어진다' 함은 의탁해서 시작이 된다는 뜻이고, 군자의 도는 가깝고 작은 데에서 의탁하여 시작되는 것이니, 부부의 한방에서 거처하는 사이도 곧 지극한 이치가 흘러서 행하는 극진한 곳이고, 하늘·땅 사이에 밝게 드러남 또한 이들의 드러남이 아닌 것이 없다. 여기의 부부는 윗글의 '어리석은 부부, 능히 알고 능히 행한다는 부부'와는 뜻이 같지 않으니, 주자가 장구에서 부부의 한 방에 거처하는 도리로써 윗글의 뜻을 맺은 것은 알 수가 없다.

備旨 合而言之면 君子之道는 語其一節則託始乎夫婦居室之間하야 而愚不肖可以與知與能이로되 及其全體至極也하야는 則昭著乎天地之大而天地聖人도 有所不能盡이라. 道之費而隱이 如此하니 此道之所以不可須臾離也라. 是以로 君子는 貴存養省察而無須臾之間焉이라.

 종합해서 말하여 군자의 도를 한 마디를 가지고 말한다면, 부부가 한 방에 거처하는 일에 의탁해 시작되어서, 어리석고 불초한 사람도 함께 알고 함께 할 수 있지만, 그 전체와 지극한 곳에 이르면 높고 큰 하늘·땅에 밝게 드러나고, 하늘·땅과 성인도 다 할 수 없는 것이 있는 것이다. 도의 광대하면서도 은미함이 이와 같으니, 이것이 도를 잠시도 떠날 수 없는 이유다. 그러므로 군자는 마음을 보존하고 기르며 자기를 반성하고 살펴서, 잠시동안도 사이를 두지 않음을 귀중히 여기는 것이다.

備旨補註造端節旨 道無始나 特以造於夫婦者로 言之하고 道無終이나 特以至於天地者言之는 中間事事物物之理를 無不包擧요 造字察字는 俱非用力字라. 此係總結은 鳶魚節亦在內니 責重體道工夫요 後須補出이라.

 조단(造端)절의 뜻 : 도는 시작이 없는 것이나 특히 부부에서 시작이 되는 것으로 말하고, 도는 끝이 없는 것이나 특히 하늘·땅에서 지극해지는 것으로 말한 것은, 그 중간에 있는 일마다 사물마다 있는 이치를 포괄하여 들지 않음이 없음이다. '조造'와 '찰察'

자는 모두가 힘을 써야 하는 글자가 아니다. 이글을 이 장 전체를 끝맺는 곳에 붙여놓고, '연비려천鳶飛戾天 어약우연魚躍于淵' 절(3절)이 또한 안에 있으니, 도를 몸소 실천하는 공부를 엄중히 할 것을 책망한 것이고, 뒤에 보충해서 나와야 할 것이다.

○ 右는 第十二章이라. 子思之言이니 蓋以申明首章道不可離之意也요 其下八章은 雜引孔子之言하야 以明之하니라.

이상은 열두 번째 장이다. 자사의 말씀이니, 대체적으로 첫머리 장의 '도를 떠날 수 없다' 함의 뜻을 거듭 밝힌 것이고, 그 아래의 여덟 장(13장~20장)은 공자님의 말씀을 섞어 인용하여 밝힌 것이다.

① 雙峯饒氏ㅣ 曰 始言中和하야 以見此道管攝於吾心하고 次言中庸하야 以見此道著見於事物하고 此言費隱하야 以見此道充塞乎天地하니 知道之管攝於吾心則存養省察之功을 不可以不盡이라. 故로 以戒懼謹獨言之요 知道之著見於事物則致知力行之功을 不可以不加라. 故로 以知仁勇으로 言之요 知道之充塞乎天地則致知力行之功을 不可以不周라 故로 自達道不遠으로 以極於達孝라.

쌍봉요씨가 말하기를 "처음에 '중中'과 '화和'를 말해서 이 도가 내 마음에 관리되고 감독됨을 나타내고, 다음에는 '중용'을 말해서 이 도가 사물에 밝게 드러나고 나타남을 말했으며, 여기서는 '광대하고 은미함(費隱)'을 말해서 이 도가 하늘·땅에 가득 채워지고 메워짐을 나타냈다. 도가 내 마음에 관리되고 감독됨을 알면 마음을 '보존하여 기르고(存養), 반성하고 살피는(省察)' 공부를 다 하지 않을 수 없다. 그러므로 '경계하고 두려워하고(戒懼), 혼자인 데를 삼감(謹獨)'으로써 말한 것이다.

또 도가 사물에 밝게 드러나고 나타남을 알면 앎을 지극히 이루고(致知) 힘써 실행하는(力行) 공부를 다하지 않을 수 없다. 그러므로 '지혜(知), 어짊(仁), 용감함(勇)'으로써 말을 한 것이다. 또 도가 하늘과 땅에 가득 채워지고 메워짐을 알면 '앎을 지극하게 이루고(致知), 힘써 행(力行)하는' 공부를 두루 하지 않을 수 없다. 그러므로 '도에 감이 멀지 않다(達道不遠 : 13장)'는 것으로부터 '천하에 통하는 효(達孝 : 19장)'라는 끝에까지 이르게 된 것이다."

※ 充塞(충색) : 가득 채우고 메움/ 管攝(관섭) : 관리하고 감독함.

又曰費隱은 是申道不可離之意나 然이나 道不可須臾離는 是는 無時不然이요 君子之道ㅣ 費而隱은 是는 無物不有니 無時不然이라 故로 德欲其久요 無物不有라 故로 業欲其廣이며 德欲其久라 故로 敬以直內之功을 由動而靜하고 由靜而動하야 不可有須臾間斷이니 戒謹不睹恐懼不聞而慎獨이 是也요 業欲其廣故로 義以方外之功을 自近而遠하야 若小若大를 不可毫髮放過니 造端夫婦하야 至達乎諸侯大夫及士庶人이 是也라.

또 말하기를 "'광대하고 은미함(費隱)은 '도를 떠날 수 없다'는 뜻을 거듭 밝힌 것이다. 그러나 '도를 잠시도 떠날 수 없다' 함은 그렇지 않을 때가 없음이고, '군자의 도가 광대하면서도 은미하다' 함은 있지 않은 사물이 없음이다. 그렇지 않은 때가 없기 때문에 덕을 항구하게 하려하는 것이고, 있지 않는 사물이 없기 때문에 업적은 광대하게 하려하는 것이며,

덕을 항구하게 하려하기 때문에 경건함으로 안을 바르게 하는 공부를, 움직이는 곳으로 말미암아 고요한 곳에 이르고, 고요한 곳으로 말미암아 움직이는 곳에 이르러서, 잠시도 중간에 끊어지게 할 수 없는 것이니, 보지 못하는 곳을 경계하고 삼가며 듣지 못하는 데를 두려워하며 혼자인 데를 삼감이 이를 위한 것이요,

업적을 광대하게 하려하기 때문에 의로써 바깥을 방정하게 하는 공부를 가까운 곳으로부터 먼 곳에 이르게 해서, 작은 것 큰 것 할 것 없이 터럭만큼도 놓치고 지나가게 할 수 없는 것이니, 단서가 부부에서 이루어져서 제후와 대부 및 사와 서인에까지 이르름이 이것이다."

※ 毫 : 터럭 호/ 髮 : 터럭 발/ 放 : 놓을 방/


② 此章은 論道之費隱小大하야 以爲下七章之綱領이라.
이 장은 도의 광대하고 은미함과 크고 작음을 논해서, 아래에 있는 일곱 장의 강령으로 삼았다.

# 第13章

**1** 子ㅣ 曰 道不遠人하니 人之爲道而遠人이면
자 왈 도불원인    인지위도이원인

不可以爲道니라.
불 가 이 위 도

공자께서 말씀하시기를 "도가 사람에게 멀리 있지 않으니, 사람이 도를 하면서 사람을 멀리하면 도가 될 수 없느니라."

○ 道者는 率性而已니 固衆人之所能知能行者也라. 故로 常不遠於人하니 若爲道者ㅣ 厭其卑近하야 以爲不足爲而反務爲高遠難行之事면 則非所以爲道矣라.

도는 성품을 따를 뿐이니, 본래 사람들이 능히 알 수 있고 능히 실행할 수 있는 것이다. 그러므로 항상 사람에게서 멀리 있지 않으니, 만약 도를 하는 사람이 비근한 것을 싫어해서 할만한 것이 못된다 하고 도리어 높고 멀어 실행하기 어려운 일만을 힘써서 한다면 도를 하는 것이 아니다.

※ 率 : 따를 솔/ 厭 : 싫어할 염.

① 朱子ㅣ 曰 此三句는 是一章之綱이니 下面三節은 只是解此三句나 然이나 緊要處ㅣ 又在道不遠人一句라. 人之爲道之爲는 如爲仁由己之爲요 不可以爲道는 如克己復禮爲仁之爲라.

주자께서 말씀하시기를 "이 세 구절은 이 장의 벼리가 되니, 아래의 세 절(2, 3, 4절)은 단지 이 세 구절을 풀이 한 것일 뿐이다.

그러나 가장 중요한 곳은 또한 '도가 사람에게 멀리 있지 않다'는 한 구절에 있다. '사람이 도를 한다(人之爲道)'의 '위爲'자는 '인仁을 함이 자기로 말미암는다(爲仁由己)'의 '위爲'자와 같고, '도가 될 수 없다(不可以爲道)'의 '위爲'자는 '자기를 이기고 예에 회복함이 인이 된다(克己復禮爲仁)'의 '위爲'자와 같은 뜻이다."

※ 『논어』 안연편에 "顏淵이 問仁한대 子ㅣ 曰 克己復禮ㅣ 爲仁이니, 一日克己復禮면 天下ㅣ 歸仁焉하나니, 爲仁이 由己니 而由人乎哉아(안연이 仁을 여쭙자, 공자께서 답하시기를 '자기의 욕심을 이겨 禮에 돌아감이 인을 함이니, 하루를 자신을 이기고 禮에 돌아가면 천하가 仁에 돌아올 것이다. 仁을 함은 자기 몸에 달렸으니, 남에게 달려있겠는가?"

※ 綱 : 벼리 강/ 緊 : 매우 긴.

② 黃氏ㅣ 曰 率性之謂道니 道何嘗遠人이리오? 此人字는 兼人己而言이니 自己觀之라도 便具此道요 自人觀之라도 人亦具此道也라. 又曰此는 指爲道之人己身而言이라. 己之身이 便具此道하니 又豈可遠此身以爲道리오?

황씨가 말하기를 "성품을 따르는 것을 도라고 이르니, 도가 어찌 사람과 멀리 있겠는가? 여기의 '사람 인人'자는 다른 사람과 나를 겸해서 말한 것이니, 자기로부터 보더라도 바로 이 도를 갖추었고, 다른 사람으로부터 보더라도 또한 이 도를 갖춘 것이다."

또 말하기를 "이것(人)은 도를 하는 사람의 자기 몸을 가리켜서 말한 것이다. 자기의 몸이 바로 이 도를 갖추었으니, 또한 어찌 이 몸을 멀리해서 도를 할 수 있겠는가?"

③ 陳氏ㅣ 曰 此道는 常昭著於日用人事之間하야 初無高遠難行之事니 若欲離人事而求之高遠이면 便非所以爲道나 如老莊이 言道在太極先之類는 無非高遠이라. 此三句語脈은 猶道不可離니 可離면 非道之謂라.

진씨가 말하기를 "이 도는 항상 일상적인 사람의 일들 사이에 밝게 드러나서, 처음부터 높고 멀어 실행하기 어려운 일이 아니니, 만약 사람의 일을 떠나 높고 먼데서만 찾는다면 곧 도가 될 수 없는 것이다. 그러나 노자老子와 장자莊子가 '도가 태극보다 먼저 있다'고 말한 일들은 높고 멀지 않은 것이 없다. 이 세 구절의 말의 줄기는 '도는 떠날 수 없는 것이니, 떠날 수 있으면 도가 아니라'는 말과 같은 것이다."

※ 昭 : 밝을 소/ 著 : 드러날 저/ 脈 : 맥 맥.

④ 雙峰饒氏ㅣ 曰 道不遠人은 以道言也요 人之爲道而遠人이면 不可以爲道는 以學道者言也라. 遠人之人은 是指衆人이요 人之爲道之人은 是指爲道之人이라.

쌍봉요씨가 말하기를 "'도가 사람에게 멀리 있지 않다' 함은 도로써 말한 것이고, '사람이 도를 하면서 사람을 멀리하면 도가 될 수 없다' 함은 도를 배우는 사람으로써 말한 것이다. '사람을 멀리한다(遠人)'의 '사람 인人'자는 뭇 사람을 가리킨 것이고, '사람이 도를 한다(人之爲道)'의 '사람 인人'자는 도를 하는 사람을 가리킨 것이다."

⑤ 雲峯胡氏ㅣ 曰 上章은 言性無不在니 其廣大也ㅣ 如此요 此章는 言率性이 只在人倫日用之間이니 其篤實也ㅣ 又如此라.

운봉호씨가 말하기를 "윗 장(12장)은 성품이 없는 곳이 없음을 말한 것이니, 그 광대함이 이와 같은 것이고, 이 장은 성품을 따름이 단지 인륜과 일상생활 사이에 있음을 말한 것이니, 그 돈독하고 성실함이 또한 이와 같은 것이다."

⑥ 東陽許氏ㅣ 曰 人之爲道而遠人에 此爲字ㅣ 重하니 猶言 行道요 不可以爲道에 此爲字는 輕하니 猶言謂之道라.

　동양허씨가 말하기를 "'사람이 도를 하면서 사람을 멀리한다(人 之爲道而遠人)'에서 이 '위爲'자가 중요하니, '도를 실행한다'고 말함 과 같고, '도가 될 수 없다(不可以爲道)'에서 '위爲'자는 가벼우니, '도라 이른다'고 말함과 같은 것이다."

備旨 子思ㅣ 引夫子之言하사 以明費之小也라. 夫子ㅣ 有曰 道昭著於人倫日用之間하야 初無難知難行之事하니 何嘗遠 人이리오? 若人之爲道者ㅣ 厭其卑近而求諸高遠이면 則知行 이 皆失於過하리니 豈所謂道哉아?

　자사께서 공자님의 말씀을 인용하시어 도의 광대함 중에 작은 면을 밝히신 것이다. 공자님이 말씀하시기를 "도는 인륜과 일상생 활에서 밝게 드러나서 처음부터 알기 어렵고 실행하기 어려운 일 이 없으니, 어찌 사람과 멀리 있겠는가? 만약 도를 하는 사람이 비근한 것을 싫어하고 높고 먼 것만 찾는다면, 알고 행함이 모두 지나치게 되는 실수가 있을 것이니, 어찌 도라고 이르겠는가?"라 고 하셨다.

備旨補註 道不章旨　此章은 爲遠人以爲道者發也라. 因 上章說得闊이라 故로 此에 便說入身來니 以首節爲主하고 緊 要ㅣ라. 在道不遠人句요 次節은 言以人治人하야 不遠人以爲道 요 三節은 言己之施於人者ㅣ 不遠人以爲道요 末節은 言聖 人所以責之己者ㅣ 不遠人以爲道라.

　도불원인(道不遠人)장의 뜻 : 이장은 사람을 멀리함으로써 도를 구하는 사람을 위해서 밝힌 것이다. 윗 장에서 광범위하게 말했기 때문에, 여기서는 바로 몸으로 말해 들어온 것이다. 첫머리 절로 주를 삼되, 긴요한 것이 '도가 사람에게서 멀리 있지 않다'는 구절에 있는 것이고, 다음절(2절)은 사람으로써 사람을 다스려서 사람을 멀리함으로써 도를 행함이 아님을 말했고, 세 번째 절은 내가 사람에게 베풀어주는 것이 사람을 멀리함으로써 도를 행하는 것이 아님을 말했고, 끝 절은 성인이 자기를 책하시는 것이 사람을 멀리함으로써 도를 행하는 것이 아님을 말한 것이다.

※ 遠 : 멀리할 원/ 闊 : 넓을 활.

備旨補註 道不節旨 此는 言道切於人而學道者ㅣ 不可求之遠也니 一章綱領在此요 下不過歷言治人愛人責己之事하야 以明之耳라. 人은 卽子臣弟友之人이요 道는 卽爲子爲臣爲弟爲友之道라.

도불원인(道不遠人)절의 뜻 : 이것은 도가 사람에게 절실하고, 도를 배우는 사람이 멀리서 구할 수 없음을 말한 것이니, 한 장의 강령이 여기에 있는 것이고, 아랫 글에서는 사람을 다스리고(2절) 사람을 사랑하고(3절) 자기를 책하는 일(4절)을 열거해 말해서, 1절을 밝힌 것에 불과한 것이다. 사람이라는 것은 곧 아들과 신하와 아우와 벗이고, 도는 곧 자식이 되고 신하가 되고 아우가 되고 벗이 되는 도리이다.

※ 過 : 지나칠 과/ 歷 : 차례차례로 볼 력, 모두 력/ 責 : 책망할 책.

**2** 詩云 伐柯伐柯여!
시운 벌가벌가

其則不遠이라하니 執柯以伐柯호되
기 칙 불 원　　　　집 가 이 벌 가

睨而視之하고 猶以爲遠하나니(睨는 硏計反이라.)
예 이 시 지　　　유 이 위 원

故로 君子는 以人治人하다가 改而止니라.
고　　군 자　　이 인 치 인　　　　개 이 지

시경에 이르기를 "도끼자루를 벰이여! 도끼자루를 벰이여! 그 방법이 멀리 있지 않다."고 했으니, 도끼자루를 잡고 도끼자루를 베되 (잡은 도끼 자루를) 비스듬히 보고 (나뭇가지를) 바라보고는 그래도 멀다고 한다. 그러므로 군자는 그 사람의 도로써 그 사람을 다스리다가, 잘못을 고치면 그치느니라.

◆ '예(睨)'자는 '연'과 '계'의 반절음('예'라고 발음한다).

※ 伐 : 벨 벌/ 柯 : 도끼자루 가가/ 則 : 방법 칙, 법 칙/ 執 : 잡을 집/ 睨 : 흘겨 볼, 엿볼 예/ 改 : 고칠 개/ 止 : 그칠 지.

○ 詩는 豳(悲巾反)風−伐柯(音哥)之篇이라. 柯는 斧柄이요 則은 法也요 睨는 邪視也라. 言人이 執柯伐木하야 以爲柯者ㅣ彼柯 長短之法이 在此柯耳나 然이나 猶有彼此之別이라.(彼列反下同) 故로 伐者ㅣ 視之猶以爲遠也로되 若以人治人則所以爲人之道ㅣ各在當(去聲)人之身하니 初無彼此之別이라. 故로 君子之治人也는 卽以其人之道로 還治其人之身하다가 其人이 能改어든 卽止不治하니 蓋責之以其所能知能行이요 非欲其遠人以爲道也라. 張子ㅣ所謂 以衆人望人則易(去聲)從이 是也라.

시詩는 『시경』 빈풍豳風의 벌가시伐柯詩이다. '가柯'는 도끼자루이고, '칙則'은 방법이고 '예睨'자의 뜻은 비스듬히 보는 것이다. 도끼자루를 잡고 나무를 베어 도끼자루를 만드는 사람이, 저 도끼자루의 길고 짧게 만드는 방법이 자기가 잡고 있는 도끼자루에 있건만, 그래도 이것과 저것의 구별이 있기 때문에, 베는 사람이 오히려 멀다고 생각한다. 그러나 만약 그 사람에게 있는 도로써 그 사람을 다스린다면, 사람이 되는 도가 각기 그 사람의 몸에 있으니, 처음부터 이것저것의 구별이 없는 것이다.

그러므로 군자의 사람을 다스림은 곧 그 사람의 도로써 도리어 그 사람의 몸을 다스리다가, 그 사람이 능히 고칠 수 있으면 곧 그쳐서 다스리지 않으니, 대체적으로 그가 능히 알 수 있고 능히 행할 수 있는 것으로써 책함이고, 그가 사람을 멀리함으로써 도를 하도록 하려함이 아니다. 장자張子가 말씀하신 '뭇 사람들의 것으로 사람들에게 바라면 따르기 쉽다'고 함이 이것이다.

- ◆ 豳(悲巾反): '豳'은 '비'자와 '건'자의 반절음('번→빈'으로 발음한다).
- ◆ 柯(音哥): '柯'는 '가'라고 발음한다.
- ◆ 別(彼列反이니 下同이라): '別'자는 '피'자와 '열'자의 반절음('펼→별'이라 발음한다). 아래에 나오는 '別'자도 같게 발음한다.
- ◆ 當(去聲): '當'자는 거성이다('해당한다'는 뜻이다).
- ◆ 易(去聲): '易'자는 거성이다('쉬울 이'자의 뜻이다).
- ※ 豳: 나라이름 빈, 얼룩질 반/ 巾: 수건 건/ 邪睨(사예): 곁눈으로 봄/ 흘겨봄/ 斧: 도끼 부/ 還: 도리어 환.

① 程子ㅣ 曰 執柯伐柯는 其則不遠이로되 人猶以爲遠하나니 君子之道는 本諸身하야 發諸心하니 豈遠乎哉아? 道初不遠於人之身하니 人之爲道而不近求之於其身이면 尙何所爲道리오? 故로 有伐柯睨視之譬라. 知道之不遠人이면 則人與己ㅣ 本均有也니 故로 以人治人이라.

정자께서 말씀하시기를 "도끼자루를 잡고 도끼자루를 벰은 그 방법이 멀리 있지 않지만, 사람들이 오히려 멀다고 한다. 군자의 도는 몸에서 근본해서 마음에 일어나니, 어찌 멀리 있겠는가? 도는 처음부터 사람의 몸에서 멀지 않으니, 사람이 도를 하면서 가깝게 자기의 몸에서 찾지 않는다면, 그러고서 어느 곳에서 도를 하겠는가? 그러므로 '도끼자루를 베며 비스듬히 보고 바라본다'는 비유가 있는 것이다. 도가 사람에게 멀리 있지 않음을 안다면, 도는 곧 사람들과 내가 본래 고르게 가지고 있을 것이다. 그러므로 그 사람의 도로써 그 사람을 다스리는 것이다."

② 朱子ㅣ 曰 緊要處는 全在道不遠人一句하니 言人人本自有許多道理나 只是不曾依得這道理하고 却做從不是道理處去라. 如人之孝는 他本有此孝로되 他却不曾行得這孝하고 却亂行從不孝處去니 君子ㅣ 治之는 非是別討箇孝去治他요 只是與他說你這箇ㅣ 不是你本有此孝어늘 却如何錯行從不孝處去오하야 其人이 能改면 卽是孝矣니 不是將別人底道理하야 治他라. 我但因其自有者하야 還以治之而已요 及我自治其身도 亦不是將他人底道理하야 來治我라 亦只是將我自有底道理하야 自治我之身而已라.

주자께서 말씀하시기를 "긴요한 곳은 전적으로 '도가 사람에게서 멀리 있지 않다'는 한 구절에 있으니, 사람마다 본래 스스로 많은 도리를 가지고 있으나, 단지 일찍이 이 도리를 따르지 않고 옳지 않은 도리를 따라 행동하고 있을 뿐이라 함을 말한 것이다.

예를 들어 사람의 효도함과 같은 것은, 그 사람이 본래 이러한 효도의 마음을 가지고 있지만, 단지 그 사람이 일찍이 이러한 효도를 행하지 않고 어지럽게 불효함을 따라 행해 갔을 뿐이다. 그러므로 군자의 다스림은 별개의 효도를 가져다가 그 사람을 다스리는 것이 아니고, 단지 그 사람과 함께 '네가 그렇게 하는 것이 네가 본래 가지고 있는 효도의 마음이 아닌데, 어째서 어긋나게 행동하여 불효한 행동을 하는가?' 하고 설득해서, 그 사람이 능히 고칠 수 있으면 이것이 곧 효도이다. 그러니 다른 사람의 도리를 가지고 그 사람을 다스리는 것이 아니고, 나는 단지 그가 스스로 가지고 있는 도리를 따라서 도리어 그 사람을 다스리는 것일 뿐이다. 내가 스스로 내 몸을 다스리는 것도 또한 다른 사람의 도리를 가지고 나를 다스리는 것이 아니고, 또한 내가 스스로 가지고 있는 도리를 가지고 스스로 내 몸을 다스리는 것일 뿐이다.

※ 你 : 너 니/ 錯 : 어긋날 착.

所以說執柯伐柯하야 其則不遠이니 執柯以伐柯는 不用更別去討法則이요 只那手中所執者ㅣ 便是則이라. 然이나 執柯以伐柯호되 睨而視之하야 猶以爲遠이어니와 若此箇道理는 人人具有하야 纔要做底면 便是初無彼此之別이라. 故로 中庸一書ㅣ 初間에 便說天命之謂性率性之謂道하니 只是說人人各具此箇道理하야 無有不足故耳요 從上頭說下來ㅣ 只是此意라.

그러므로 '도끼자루를 잡고 도끼자루를 벰에 그 방법이 멀리 있지 않다'고 말한 것이니, 도끼자루를 잡고 도끼자루를 벰은 다시 별다른 법칙을 찾을 필요는 없고, 단지 그 수중에 잡고 있는 것이 곧 법칙일 뿐이다. 그러나 도끼자루를 잡고 도끼자루를 베는데도 비스듬히 보고 바라보면서 오히려 멀다고 하지만, 이 하나의 도리는 사람마다 모두 갖추고 있어서, 하려고만 하면 처음부터 저것과 이것의 구별이 없는 것이다. 그러므로 『중용』의 처음에 바로 '하늘이 명령한 것이 성품이고, 성품을 따르는 것이 도道'라고 말했으니, 이것은 단지 사람마다 각기 이러한 도리를 갖추고 있어서 부족함이 없음을 말한 것이고, 『중용』의 처음부터 말해 내려온 것이 단지 이 뜻일 뿐이다."

※ 討 : 궁리할 토/ 纔 : 겨우 재/ 做 : 지을 주.

③ 君子는 以人治人하다가 改而止는 如水本東流나 失其道而西流를 從西邊遮障하야 得歸來東邊이면 便了라.

　'군자는 그 사람의 도로써 그 사람을 다스리다가 고치면 그친다' 함은, 예를 들면 물이 본래 동쪽으로 흐르는 것이었으나, 그 길을 잃어 서쪽으로 흘러가는 것을 서쪽으로부터 막아서 동쪽으로 돌아오게 하면 마치게 됨과 같은 것이다.

※ 邊 : 가, 부근 변/ 遮 : 막을 차/ 障 : 막을 장.


④ 陳氏ㅣ 曰 能改卽止는 不以高遠難行底責他요 只把他能知能行底하야 去治他라.

　진씨가 말하기를 "'고칠 수 있으면 곧 그친다' 함은 높고 멀어 실행하기 어려운 것으로 그 사람을 책하는 것이 아니고, 단지 그 사람이 능히 알 수 있고 능히 실행할 수 있는 것을 가지고 그 사람을 다스리는 것일 뿐이다."


⑤ 蒙齋袁氏ㅣ 曰 不曰我治人하고 而曰以人治人은 我亦人耳이며 道不離吾身하고 亦不離各人之身이니 吾有此則이면 人亦有此則이요 以則取則은 天則自然이니 非彼柯假此柯之比也라. 人有過焉이라도 能改則止니 若責人已甚이면 違天則矣라. 故로 曰 忠恕ㅣ 違道不遠이라.

　몽재원씨가 말하기를 '내가 그 사람을 다스린다'고 말하지 않고 '그 사람의 도로써 그 사람을 다스린다'고 말한 것은, 나도 또한 사람이며, 도는 내 몸에서 떠나지 않고 또한 사람들 각자의 몸에서도 떠나지 않기 때문이다. 내가 이 법칙이 있으면 사람도 또한 이 법칙이 있는 것이고, 법칙으로써 법칙을 취함은 하늘의 법칙이고 자연스러운 것이니, 저 도끼자루가 이 도끼자루의 법칙을 빌림에 비유할 것이 아니다. 사람이 허물이 있더라도 능히 고칠 수 있으면 그치는 것이니, 만약 남을 책하는 것이 이미 심했다면 하늘의 법칙을 위반한 것이다. 그러므로 3절에 '충忠과 서恕는 도와 거리가 멀지 않은 것이다'라고 한 것이다.

⑥ 潛室陳氏ㅣ 曰 衆人은 卽天生烝民凡厥庶民之謂요 只將他共有底道理治他니 乃天理人倫之類라. 若以蠢蠢昏昏者로 爲衆人이면 非張子意라.

잠실진씨가 말하기를 "장구에 장자張子가 말씀하신 '뭇 사람(衆人)'이라는 것은 곧 '하늘이 뭇 백성을 낸다' 함과 '모든 뭇 백성들이라'의 '뭇 백성'이라 함과 같은 말이고, 단지 그들이 함께 가지고 있는 도리를 가지고 그들을 다스린다 함일 뿐이니, 곧 '하늘 이치(天理)'와 '인륜人倫' 같은 것들이다. 만약 어리석고 어두운 사람으로써 '뭇 사람(衆人)'을 삼는다면 장자의 뜻이 아니다."

※ 蠢 : 어리석을 준, 꿈틀거릴 준.
※ 天生烝民 : 『시경』 대아편의 탕시蕩詩, 대아편의 증민시烝民詩에 출전
※ 烝 : 무리 증(蒸)/ 厥 : 그 궐/ 只 : 다만 지/ 將 : 가질 장/ 蠢蠢(준준) : 느리고 어리석음, 벌레가 꿈지럭 거림/ 昏昏(혼혼) : 어리석고 어두운 사람.

⑦ 雲峯胡氏ㅣ 曰 衆人이 同此性은 卽同此當然之則이니 以衆人望人은 不敢遽以聖人責人也라. 章句ㅣ 分三節하야 皆提起不遠人以爲道一句하니 第一節은 言以人治人하야 皆欲其不遠人以爲道요 第二節은 言己之施於人者ㅣ 不遠人以爲道요 第三節은 言雖聖人이라도 所以責之己者ㅣ 亦不遠人以爲道也라.

운봉호씨가 말하기를 "뭇 사람이 이 성품을 함께 가지고 있음은 곧 이 당연한 법칙을 함께 가지고 있음이니, 뭇 사람의 것으로써 사람에게 바람은 갑자기 성인의 도로써 사람을 책망하는 것이 아니다. 장구에서 세 절로 나누어 모두 '사람을 멀리함으로써 도

를 하는 것이 아니라'는 한 구절을 이끌어 냈으니, 첫 번째 절은 그 사람의 도로써 그 사람을 다스림을 말해서 모두 사람을 멀리함으로써 도를 하지 말 것을 요구했고, 두 번째 절은 내가 사람에게 베푸는 것이 그 사람을 멀리해서 도를 하는 것이 아님을 말했고, 세 번째 절은 비록 성인이라도 자신을 책망하는 것이 또한 사람을 멀리함으로써 도를 하는 것이 아님을 말한 것이다."

※ 遽 : 갑자기 거/ 責 : 책망할 책.


⑧ 東陽許氏ㅣ 曰 柯有彼此之異하니 尙猶是遠이어니와 道는 在人身而不可離니 又非柯之比라. 故로 敎者ㅣ 只消就衆人自身所有之道而治之耳니 行道者는 不假外求요 治人者도 無可外加라.

　동양허씨가 말하기를 "도끼자루는 저것과 이것의 다름이 있으니 아직은 오히려 먼 것이지만, 도는 사람의 몸에 있어서 떠날 수가 없으니, 또한 도끼자루에 비할 것이 아니다. 그러므로 가르치는 사람은 단지 뭇 사람들이 각자의 몸에 소유하고 있는 도에 나아가서 다스려야 할뿐이니, 도를 행하는 사람은 바깥에서 찾을 것이 없는 것이고, 사람을 다스리는 사람도 바깥에 있는 것으로 사람을 다스릴 수 없는 것이다."

※ 柯 : 도끼자루 가/ 消 : 사용할 소/ 假 : 빌릴 가.


備旨 何以見道之不遠人也오? 以治人言之면 豳風伐柯之詩에 有云ㅣ 人之伐柯也여! 人之伐柯也여! 其尺度長短之則이 取之當前하야 固不遠矣라. 然이나 卽詩言思之컨댄 執已成之柯하야 以伐未成之柯하니 自伐柯者로 邪目而視之면 不免有彼此之別하야 猶以爲遠하나니 若道則各在當人之身하야 取之己而自足하니 與伐柯之則이 在彼不在此者로 不同矣

라. 故로 君子之立敎以治人也는 卽以其人良知良能之道로 還治其人之身하고 而責其知且能焉하야 其人이 能率吾敎而改圖則君子는 必止而不治하고 不復以難知難能으로 責之矣니 是는 道不遠於人身이며 而不欲遠人以爲道也라.

"어떻게 도가 사람에게서 멀리 있지 않음을 알 수 있는가? 사람을 다스림으로써 말한다면, 『시경』 국풍편國風篇 빈풍豳風의 벌가伐柯시에 이르기를 '사람이 도끼자루를 벰이여! 사람이 도끼자루를 벰이여! 그 길고 짧은 척도의 법칙이 바로 앞에서 취할 수 있어 본래 멀지 않다'고 했다. 그러나 시의 말로 생각해 보면, 이미 이루어진 도끼자루를 잡고 이루어지지 않은 도끼자루를 벰이니, 도끼자루를 베는 사람으로부터 눈을 비스듬히 해서 보고 바라보면, 이것과 저것의 구별이 있음을 면치 못해서 오히려 멀다고 여긴다.

그러나 도는 각기 그 사람의 몸에 있어서 자기에게서 취해 스스로 만족하니, 도끼자루를 베는 법칙이 저기에 있고 여기는 없는 것과는 같지 않다. 그러므로 군자가 가르침을 세워 사람을 다스림은 곧 그 사람의 '참된 앎(良知)'과 '참된 능력(良能)'의 도를 써서, 도리어 그 사람의 몸을 다스리고, 그 사람이 알고 능히 할 수 있는 것을 책해서, 그 사람이 능히 나의 가르침을 따라 고치게 되면 군자는 반드시 그치어 다스리지 않고, 다시 능히 알기 어렵고 능히 하기 어려운 것으로 책망하지 않는 것이니, 이것은 도가 사람의 몸에서 멀리 있지 않음이며, 사람을 멀리함으로써 도를 하려하지 않음이다."

※ 豳 : 나라이름 빈, 얼룩질 빈/ 睨 : 기울일 사/ 圖 : 꾀할 도.

備旨補註 伐柯節旨 此는 卽人而得治人之道니 見道之不遠人也라. 睨는 邪視니 視所執之柯也요 視는 正視니 視所伐之柯也니 玩而字之字면 可見治人을 主敎人說이니 兼作君

作師라. 君子ㅣ 不是將別人的道理하야 治他요 又不是分我的道理하야 與他라. 故로 曰以人治人이라.

벌가(伐柯)절의 뜻 : 이 절은 사람에게서 사람을 다스리는 도를 얻음이니, 도가 사람에게서 멀리 있지 않음을 나타낸 것이다. '예(睨)'는 비스듬히 봄이니, 잡고 있는 도끼자루를 보는 것이고, '시(視)'는 바로 보는 것이니, 베는 나뭇가지를 보는 것이다. '말이을 이而'자 '갈 지(之)'자를 완미해보면, 사람 다스림을 사람을 가르치는 사람을 주로 해서 말한 것임을 알 수 있으니, 임금노릇과 스승 노릇을 겸해서 말한 것이다.

군자가 특별한 사람의 도리를 가지고 다른 사람을 다스리는 것이 아니고, 또한 나의 도리를 나누어서 다른 사람을 주는 것도 아니다. 그러므로 "그 사람의 도리로써 그 사람을 다스린다"고 말한 것이다.

※ 睨 : 비스듬히 볼 예/ 玩 : 익숙할 완.

改而止는 非將就非姑息이요 只是至善恰好하야 無可增損이니 若提撕警覺則固無止時也라. 天下에 無道外之人하니 未改면 安得不治며 天下에 無人外之道하니 旣改면 安得不止리오?

'잘못을 고치면 그친다' 함은 나날이 진보시킴도 아니고 임시 모면을 하는 것도 아니며, 단지 지극히 착하고 꼭 맞고 좋아서 더하거나 덜 것이 없음일 뿐이니, 가르쳐 인도하며 일깨워주고 깨우쳐주는 일은 참으로 그칠 때가 없는 것이다. 천하에 도의 밖에 있는 사람은 없으니 잘못을 고치지 않으면 어찌 다스리지 않을 것이며, 천하에는 사람밖에 있는 도가 없으니 이미 잘못을 고쳤으면 어찌 그치지 않겠는가?

※ 將就(장취) : 나날이 진보함/ 姑息(고식) : 임시 모면을 함/ 우선 당장에 탈없이 편안함/ 提撕(제시) : 후진을 가르쳐 인도함, 떨쳐 일으킴, 진작함.

**3** 忠恕ㅣ 違道不遠하니
　　충 서　　위 도 불 원

施諸己而不願을 亦勿施於人이니라.
시 저 기 이 불 원　　역 물 시 어 인

'충忠'과 '서恕'는 도와 거리가 멀지 않으니, 자기에게 베풀어서 원치 않는 것을 또한 남에게 베풀지 말 것이니라.

○ 盡己之心이 爲忠이요 推己及人이 爲恕라. 違는 去也니 如春秋傳(去聲)에 齊師ㅣ 違穀七里之違라. 言自此至彼ㅣ 相去不遠이요 非背(音佩)而去之之謂也니

자기의 마음을 다하는 것이 '충忠'이 되고, 자기를 미루어 남에게 미침이 '서恕'가 된다. '위違'는 거리라는 뜻이니, 춘추전에 '제齊나라 군사가 곡穀땅까지 거리가 7리다.'고 한 '위違'자와 같은 뜻이다. 여기서부터 저기까지의 거리가 멀지 않다는 것을 말함이고, 등지고 간다는 뜻이 아니니

- ◆ 傳(去聲): '傳'은 거성이다('책이름, 주석서'의 뜻).
- ◆ 背(音佩): '背'의 음은 '패→배'이다(등진다는 뜻이다).
- ※ 忠: 정성을 다할 충/ 恕: 헤아려 동정할 서/ 違: 거리 위(이곳과 저곳의 거리), 어길 위/ 穀: 땅이름 곡(穀), 곡식 곡.

① 左傳에 哀公二十七年에 晉荀瑤ㅣ 帥師伐鄭하야 次于桐丘어늘 鄭駟弘이 請於齊한대 乃救鄭할새 及留舒하니 齊地요 違穀七里라 穀人不知러니 及濮(水名)에 智伯이 聞之하고 乃還曰 我卜伐鄭이나 不卜伐齊라하니라. (智伯은 智襄子也니 卽荀瑤라)

『춘추좌전』 애공 27년조에 진晉나라 순요荀瑤가 군사를 거느리고 정鄭나라를 쳐서 동구桐丘에 주둔하고 있었다. 그래서 정鄭나라 사홍駟弘이 제齊나라에 구원을 청하니, 제나라가 정나라를 구

원하여 군사가 유서留舒에 이르렀는데 유서는 제나라 땅이고 곡穀땅과는 거리가 7리나 되었기 때문에, 곡땅 사람이 알지 못하더니, 복濮강에 이르렀을 때에 지백智伯이 듣고 곧 돌아오면서 말하기를 '내가 정나라를 치는 것만을 점쳤지 제나라를 칠 것은 점치지 못했다'고 했다.

◆ 지백(智伯)은 지양자(智襄子)니, 곧 순요(荀瑤)다.

道는 卽其不遠人者ㅣ 是也라.(此章은 以道不遠人으로 爲綱領이라. 故로 章句에 節節提掇이라.)

'도道'는 곧 '사람에게서 멀리 있지 않다'고 한 것이 이것이다.

◆ 此章은 以道不遠人으로 爲綱領이라 故로 章句에 節節提掇이라 : 이 장은 '도가 사람에게서 멀리 있지 않다'는 것으로 강령綱領을 삼기 때문에 장구에서 마디마디 이끌어 냈다.

施諸己而不願을 亦勿施於人은 忠恕之事也라.

'자기에게 베풀어 원치 않는 것을 남에게 베풀지 않음'은 '충忠'과 '서恕'의 일이다.

※ 施 : 베풀 시 / 勿 : 말 물.

① 朱子ㅣ 曰 忠者는 盡己之心하야 無少僞妄이니 只是盡自家之心하야 不要有一毫不盡이라. 須是十分盡得이라야 方始是盡이니 若七分盡得이나 三分未盡이면 也是不忠이요 恕者는 推己及物하야 各得所欲이니 知得我是要恁地면 想人亦要恁地하야 而今不可不敎他恁地요 三反五折이 便是推己及物이니라.

주자께서 말씀하시기를 "'충忠'은 자기의 마음을 다해서 조금도 거짓이나 망령됨이 없는 것이니, 단지 자기의 마음을 다하여 터럭 하나만큼의 다하지 않음도 없게할 뿐이다. 반드시 전부를 다해야만 비로소 다한 것이니, 만약 십분의 칠은 다했으나 나머지 삼을 다하지 못했으면 그것은 '충성되지(忠)' 못함이다. '서恕'는 자기를 미루어 남에게 미치게 해서 각기 하려하는 것을 얻게 함이니, 내가 이와 같이 하려함을 알았다면 남들도 또한 이와 같이 하려할 것임을 생각해서, 지금 다른 사람도 이와 같이 하도록 하지 않을 수 없는 것이고, 세 번을 되돌려 보고 다섯 번을 꺾어 쪼개 보는 것이 곧 자기를 미루어서 남에게 미침이다."

※ 盡 : 다할 진/ 僞 : 거짓 위/ 妄 : 망령될 망/ 恁地(임지) : 이와같은/ 折 : 꺾을 절.

② 問此只是恕어늘 如何作忠恕說이니잇고? 曰忠恕兩箇는 離不得이니 方忠時엔 未見得恕나 及至恕時엔 忠行乎其間이니 施諸己而不願을 亦勿施於人은 非忠者면 不能也니라.

묻기를 "이것은 단지 '서恕'일 뿐인데 어째서 '충忠'과 '서恕'라고 말했습니까?" 대답하시기를 "'충'과 '서' 두 가지는 서로 떠날 수 없는 것이다. 지금 막 '충'이 됐을 때는 '서'를 볼 수 없으나, '서'를 하는 때에 이르게 되면 '충'이 그 사이에 행해지니, '자기에게 베풀어 원치 않는 것을 또한 남에게 베풀지 않음'은 '충'이 된 사람이 아니면 할 수 없는 것이다."

③ 北溪陳氏 | 曰 忠은 是就心說이니 是는 盡己之心하야 無不眞實者요 恕는 是就待人接物處說이니 只是推己心之眞實者하야 以及人物而已라.

북계진씨가 말하기를 "'충忠'은 바로 마음에 대하여 말함이니, 이는 자기의 마음을 다해서 진실하지 않음이 없음이고, '서恕'는 바로 사람을 대하고 사물을 응접하는 곳에 나아가 말함이니, 단지

내 마음의 진실한 것을 미루어서 사람과 사물에 미치도록 함일 뿐이다."

④ 東陽許氏ㅣ 曰 行道之方은 惟在忠恕하니 自此行之則可至中庸之道라. 故로 曰違道不遠이라. 施諸己而不願을 亦勿施於人은 推己之恕也나 然이나 非忠爲本則亦無可推者矣니 蓋忠은 以心之全體言이요 恕는 就每事上言이라. 所接之事ㅣ 萬有不同이로되 皆自此心而推라. 然이나 應一事時에 盡己之心하야 推之則心之全體도 却又只在此라. 故로 恕非忠이면 無以本이요 忠非恕면 不能行이니 二者는 相須하야 缺一不可라. 所以經에 以施諸己兩句로 總言忠恕하고 而章句에 亦曰 施諸己而不願을 亦勿施於人은 忠恕之事也라.

동양허씨가 말하기를 "도를 행하는 방도는 오직 '충忠'과 '서恕'에 있으니, 이로부터 실행하면 중용의 도에 이를 수 있다. 그러므로 '도와 거리가 멀지 않다'고 했다. '자기에게 베풀어 원치 않는 것을 또한 남에게 베풀지 말라'는 것은 나를 미루어 본 '서'다. 그러나 '충'이 근본이 되지 않으면 또한 미룰 만한 것이 없는 것이니, 일반적으로 '충'은 마음의 전체로써 말함이고 '서'는 각각의 일에 나아가 말함이다.

응접하는 일들이 만 가지로 같지 않지만 모두가 이 마음으로부터 미루어 간다. 그러나 한 가지 일을 응접할 때에 나의 마음을 다해서 미루어 가게 되면, 마음의 전체도 또한 단지 여기에 있을 뿐이므로, '서'는 '충'이 아니면 근본을 삼을 수 없고, 충은 서가 아니면 행할 수 없는 것이니, 두 가지는 서로를 필요로 해서 하나가 빠져도 안 되는 것이다.

그래서 경문(經文)에 '자기에게 베풀어 원치 않는 것을 또한 남에게 베풀지 말라'는 두 구절로 '충忠'과 '서恕'를 모두 말하고, 장구에 또한 '자기에게 베풀어 원치 않는 것을 또한 남에게 베풀지 않음은 충과 서의 일이라'고 말한 것이다."
※ 推 : 미루어 볼 추/ 須 : 필요할 수/ 缺 : 모자랄 결.

以己之心으로 度(徒洛反)人之心에 未嘗不同하니 則道之不遠於人者를 可見이라. 故로 己之所不欲을 則勿以施於人이니 亦不遠人以爲道之事라.

　자기의 마음으로 남의 마음을 헤아림에 언제나 같지 않음이 없으니, 곧 도가 사람에게서 멀리 있지 않다는 것을 알 수 있다. 그러므로 자기가 하려하지 않는 것을 남에게 베풀지 않는 것이니, 또한 사람을 멀리하지 않고 도를 하는 일이다.

◆ 度(徒洛反) : '度'는 '도'자와 '락'자의 반절음('닥→탁'이라고 읽는다).

① 黃氏l 曰 此는 卽己之身而得待人之道니 待人之道는 不必遠求요 不過推己以及人而已라.
　황씨가 말하기를 "이것은 자기의 몸에 나아가 사람을 대하는 도를 얻음이니, 사람을 대하는 도는 반드시 멀리 찾을 필요가 없는 것이고, 나를 미루어서 남에게 미치게 하는 데에 지나지 않을 뿐이다."

張子l 所謂 以愛己之心으로 愛人則盡仁이 是也라.
　장자張子가 말씀하신 "자기를 사랑하는 마음으로 남을 사랑하면 '인仁'을 다 할 수 있다"는 것이 이것이다.

① 問論語中庸에 言忠恕不同한대 朱子l 曰盡己推己는 此言違道不遠이 是也니 是는 學者事라. 忠恕工夫l 到底면 只如

此릴새 曾子ㅣ 取此하사 以明聖人一貫之理耳라. 若聖人之忠恕면 只說得誠字與仁字니 盡字推字는 用不得이로되 若學者則須推라. 故로 程子ㅣ 曰以己及物은 仁也요 推己及物은 恕也니 違道不遠이 是也라하시니 自是兩端說이로되 此에 只說下學而上達은 是子思ㅣ 掠下敎人處라. 論語則曰一以貫之라하고 又曰勿者는 禁止之辭라하니 豈非學者事며 論語엔 分明言夫子之道하니 豈非聖人事리오?

"『논어』와 『중용』에 '충忠'과 '서恕'를 말한 것이 같지 않음은 무슨 이유입니까?"하고 물으니, 주자께서 말씀하시기를 "'자기를 다하고, 자기를 미룬다' 함은 여기서 말한 '도와 거리가 멀지 않다' 함이니, 이는 배우는 사람의 일인 것이다. '충'과 '서'의 공부가 끝에 이르게 되면 단지 이와 같게 될 뿐이기 때문에, 증자曾子께서 이것을 취해서 성인의 '하나로 꿰어지는 이치'를 밝히신 것이다.

만약 성인의 '충'과 '서'라면 단지 '정성 성誠'자와 '어질 인仁'자만 말하면 될 것이니, 다한다는 '진盡'자와 미룬다는 '추推'자는 쓸 것이 없을 것이지만, 만약 배우는 사람이라면 반드시 미루어야 하기 때문에, 정자程子께서 말씀하시기를 "자기로써 사물에 미침은 '인仁'이고, 자기를 미루어서 사물에 미침은 '서恕'이니, '도와 거리가 멀지 않다' 함이 이것이다"고 하셨으니, 이것은 두 가지로 나누어 말한 것이다. 그런데 여기에서는 단지 아래서(사람의 일을) 배워 위로(하늘에) 통하는 것만을 말한 것은 자사께서 잘라내어 사람들을 가르치신 곳이다.

『논어』에서 곧 '하나로써 꿴다'고 말하고, 또 '물勿'자는 금지하는 말이라'고 말했으니, 어찌 배우는 사람의 일이 아니며, 『논어』에 분명히 '공자님의 도'라고 말했으니, 어찌 성인의 일이 아닌가?"

※ 『논어』 이인편에 "子ㅣ 曰 參乎아! 吾道는 一以貫之니라. 曾子ㅣ 曰 唯라(공자께서 말씀하시기를 '증참아. 우리 도는 한가지 이치가 만가지 일을 꿰뚫고 있다' 하시니, 증자께서 '예'하고 바로 답하셨다)"

※ 須:반드시 수/ 掠:벨 략.

② 問到得忠恕면 己是道어늘 如何云違道不遠이니잇고? 曰仁은 是道요 忠恕는 正是學者下工夫處니 施諸己而不願을 亦勿施於人는 子思之說로 正是工夫요 夫子之道ㅣ 忠恕而已矣는 却不是恁地로되 曾子ㅣ 只是借這箇說이니 維天之命이 於穆不已와 乾道變化에 各正性命은 便是天之忠恕요 純亦不已와 萬物各得其所는 便是聖人之忠恕요 施諸己而不願을 亦勿施於人은 便是學者之忠恕니라.

묻기를 "'충忠'과 '서恕'에 이르게 되면 이미 이것이 도인데 어째서 '도와 거리가 멀지 않다'고 말했습니까?" 대답하시기를 "'인仁'은 곧 '도'고 '충'과 '서'는 바로 배우는 사람이 공부를 하는 곳이니, '자기에게 베풀어 원치 않는 것을 또한 남에게 베풀지 않음'은 자사의 말씀으로 이것이 바로 공부고, '공자님의 도는 충과 서일 뿐이라'고 함은 곧 그런 것만은 아니지만, 증자曾子께서 단지 이 하나의 말을 빌리심일 뿐이다.

『중용』 26장에서 '하늘의 명이 아! 심원하여 그치지 않는구나!' 함과 『주역周易』 건괘 단전에서 '건乾의 도가 변화해서 각기 성품(性)과 명命을 바르게 한다' 함은 곧 하늘의 '충'과 '서'고, 『중용』 26장의 '순수함이 또한 그치지 않는다.' 함과 『주역』 계사전 하 2장의 '만물이 각각 그 처소를 얻음'은 곧 성인의 '충'과 '서'고, 여기에 '자기에게 베풀어 원하지 않는 것을 또한 남에게 베풀지 말라' 함은 곧 배우는 사람의 '충'과 '서'다."

※ 維天之命이 於穆不已 : 원래는 『시경』의 주송周頌 유천지명(維天之命)시에 보이는 내용으로, 『중용』 26장에서 인용한 것임.
※ 於:감탄할 오/ 穆:깊고 멀 목/ 已:말 이.

③ 凡人은 責人處急하고 責己處緩하며 愛己則急하고 愛人則

緩이니 若拽轉頭來면 便自道理流行이니라.

 보통 사람은 남을 책망하는 것은 급하고 자기를 책망하는 것은 늦으며, 자기를 사랑함은 급하고 남을 사랑함은 늦으니, 만약 이것을 바꾸어서 한다면 자연히 도리가 흘러 통하게 될 것이다.

※ 緩: 느릴 완/ 拽: 끌 예/ 轉: 옮길 전.


④ 潛室陳氏ㅣ 曰 此는 因恕而言仁耳니 恕는 是求仁之事라. 推愛己之心하야 以愛人은 恕者之事也요 以愛己之心으로 愛人은 仁者之事也니 忠恕는 違道不遠하야 轉一過면 卽仁矣라. 故로 張子ㅣ 以仁言이라.

 잠실진씨가 말하기를 "이것은 '서恕'로 인해서 '인仁'을 말한 것이니, '서'는 바로 '인仁'을 찾는 일이다. 자기를 사랑하는 마음을 미루어 남을 사랑함은 '서'를 하는 사람의 일이고, 자기를 사랑하는 마음으로 남을 사랑함은 '어진(仁)' 사람의 일이니, '충'과 '서'는 도와 거리가 멀지 않아서 한 바퀴를 돌아 지나가면 곧 '인仁'이다. 그러므로 장자張子가 '인仁'으로 말씀하신 것이다."

※ 違: 거리 위/ 轉: 구를 전.


⑤ 雙峰饒氏ㅣ 曰 道는 是天理요 忠恕는 是人事나 天理ㅣ 不遠於人事라 故로 曰道不遠人이요 人事盡則可以至天理故로 曰忠恕違道不遠이니 其理ㅣ 甚明이라.

 쌍봉요씨가 말하기를 "'도'는 하늘의 이치이고 '충'과 '서'는 사람의 일이나, 하늘의 이치는 사람의 일에서 멀리 있지 않기 때문에 '도가 사람에게서 멀리 있지 않다'고 말한 것이고, 사람의 일을 다하면 하늘의 이치에 이를 수 있기 때문에 '충과 서는 도와 거리가 멀지 않다'고 말한 것이니, 그 이치가 매우 분명하다."

※ 遠: 멀 원/ 甚: 매우 심.

⑥ 退溪ㅣ 答栗谷曰 饒氏ㅣ 道是天理忠恕是人事之說은 舊亦每疑之러니  今來喩非之而引朱子仁是道忠恕是學者下工夫處一語하야 以爲證하니 此意甚善이라.

   퇴계선생이 율곡선생에게 답해 말씀하시기를 "쌍봉요씨의 '도는 하늘의 이치이고, 충과 서는 사람의 일'이라는 학설이 옛날에도 항상 의심이 가더니, 지금 보내신 서신에서 잘못된 말이라고 하면서, 주자의 '어짊은 곧 도이고, 충과 서는 배우는 사람이 공부를 하는 곳이다'라는 한 말씀을 인용해서 증거로 삼았으니, 이 뜻이 매우 훌륭합니다."

※ 舊 : 옛 구/ 每 : 매양 매/ 疑 : 의심 의/ 喩 : 깨우칠 유.

備旨 以施人言之면 道本根於人心이로되 但人爲私意所間하야 惟知有己하고 不知有人이라. 故로 施之於人者ㅣ 多不得其當而去道日遠이니  若本乎忠而行之以恕면 雖曰出於勉强하야 未能與道爲一이라도 然이나 由此而行하면 心公理得하리니 其去道也ㅣ 不遠矣리라. 忠恕之事는 何如오? 不過推己之心하야 以及人耳라. 如人이 以無道施諸己면 此는 己所不願也니 則以己之心으로 度人之心하야 亦勿以施於人焉이라. 可見忠恕之事는 亦我之所能知能行이니 道豈遠於人哉리오?

   "사람에게 베푸는 것으로 말하면 도가 본래 사람의 마음에 가까운 것이지만, 단지 사람의 사사로운 뜻이 사이에 끼게 되어서 오직 자기가 있음만을 알고 남이 있음을 모른다. 그러므로 남에게 베풂이 마땅함을 얻지 못하는 것이 많고 도와 거리가 날로 멀어지는 것이다. 만약 '충忠'에 근본해서 '서恕'로써 실행한다면, 비록 억지로 하게 돼서 능히 도와 하나가 되지 못한다 하더라도, 이것을 따라 행하면 마음이 공변되어 이치를 얻게 될 것이니, 도와 거리가 멀지 않을 것이다.

   '충'과 '서'의 일은 어떤 것인가? 자기의 마음을 미루어 남에게 미치도록 하는 것에 지나지 않을 뿐이다. 예를 들어 만일 남이 무도함으로 자기에게 베푼다면 이는 자기의 원하는 바가 아니니, 곧 자기의 마음으로 남의 마음을 헤아려서 또한 남에게 베풀지 말아야 하는 것이다. '충'과 '서'의 일은 또한 내가 능히 알 수 있고 능히 실행할 수 있는 것임을 알 수 있으니, 도가 어찌 사람에게 멀리 있겠는가?"

❋ 度 : 헤아릴 탁 / 豈 : 어찌 기.

備旨補註 忠恕節旨　此는 卽己之身而得待人之道니 尤見道之不遠人也라. 忠恕句는 且虛요 下에 正言忠恕之事하니 忠恕는 是學者下工夫處며 主去私說이라. 施諸己二句는 是恕나 註에 總言忠恕者는 無忠이면 做恕不出也라.

　충서위도불원(忠恕違道不遠)절의 뜻 : 이것은 자기의 몸에 나아가 사람을 대접하는 도리를 얻음이니, 더욱 도가 사람에게서 멀리 있지 않음을 알 수 있다. 충서忠恕의 구절은 또한 가상적으로 말한 것이고, 아래에서 바로 충서의 일들을 말했으니, 충서는 바로 배우는 사람이 공부를 해야 할 곳이며, 사사로움을 버리는 것을 위주로 말했다. '자기에게 베푼다(施諸己)'는 두 구절은 바로 '서恕'의 일이나, 장구에서 '충忠'과 '서恕'를 모두 말한 것은, '충'이 없으면 '서'를 만들어낼 수 없기 때문이다.

❋ 去 : 버릴 거 / 做 : 지을 주.

**4** 君子之道ㅣ 四에 丘未能一焉이로니
　　　군자지도　사　구미능일언

所求乎子로 以事父를 未能也하며
소구호자　이사부　미능야

所求乎臣으로 以事君을 未能也하며
소구호신　이사군　미능야

所求乎弟로 以事兄을 未能也하며
소구호제　이사형　미능야

所求乎朋友로 先施之를 未能也로니
소구호붕우　선시지　미능야

庸德之行하며 庸言之謹하야 有所不足이어든
용덕지행　용언지근　유소부족

不敢不勉하며 有餘어든 不敢盡하야 言顧行하며
불감불면　유여　불감진　언고행

行顧言이니 君子胡不慥慥爾리오!
행고언　군자호부조조이

(子臣弟友四字에 絶句라)

　군자의 도가 넷인데 내(공자)가 한 가지도 능히 하지 못한다. 자식들에게 바라는 것으로 부모를 섬김을 능히 하지 못하며, 신하들에게 바라는 것으로 임금을 섬김을 능히 하지 못하며, 아우에게 바라는 것으로 형을 섬김을 능히 하지 못하며, 벗들에게 바라는 것으로 먼저 베풀어 줌을 능히 하지 못한다. 평상의 덕德을 행하며 평상의 말을 삼가해서, (덕이) 부족한 것이 있으면 감히 힘쓰지 않음이 없으며, (말이) 남음이 있으면 감히 다하지 못해서, 말이 행동을 돌아보고 행동은 말을 돌아볼 것이니, 군자의 모습이 어찌 독실하지 아니한가!

　◆ 子臣弟友四字에 絶句라 : 子, 臣, 弟, 友의 네 글자에서 구절을 끊는다.
　※ 丘 : 공자의 이름 구/ 求 : 나무랄 구/ 謹 : 삼갈 근/ 勉 : 힘쓸 면/ 顧 : 돌아볼 고/ 胡 : 어찌 호/ 慥慥(조조) : 독실한 모양. 성의 있는 모양.

● 求는 猶責也라. 道不遠人하니 凡己之所以責人者는 皆道

之所當然也라. 故로 反之하야 以自責而自修焉이라.

 '구求'자는 책망한다는 뜻과 같다. 도가 사람에게서 멀리 있지 않으니, 내가 남에게 책망하는 모든 것은 모두가 도의 당연한 것들이다. 그러므로 돌이켜서 자신을 책하고 자신을 닦는 것이다.

 ※ 猶 : 같을 유/ 反 : 돌이킬 반/

① 黃氏l 曰 此는 卽人之身而得治己之道니 治己之道는 初不難見이요 觀其責人者而已라.
 황씨가 말하기를 "이것은 다른 사람의 몸에서 자기를 다스리는 도를 얻음이니, 자기를 다스리는 도는 처음부터 알기 어려운 것이 아니고, 자기가 남에게 책망하는 것을 살펴봐야 할뿐이다."

庸은 平常也요 行者는 踐其實이요 謹者는 擇其可라. 德不足而勉則行益力이요 言有餘而訒(忍也며 難也라)則謹益至니 謹之至則言顧行(去聲이니 行顧言行之行과 同이라)矣요 行之力則行顧言矣라. 慥慥는 篤實貌라. 言君子之言行이 如此니 豈不慥慥乎는 贊美之也라. 凡此는 皆不遠人以爲道之事니

 '용庸'자는 평상平常의 뜻이고, '행한다(行)' 함은 그것을 실천함이고, '삼간다(謹)' 함은 그 옳은 것을 가림(擇)이다. 덕이 부족한데 덕을 힘써 기른다면 행함이 더욱 힘차게 될 것이고, 말이 남음이 있는데 참는다면 삼감이 더욱 지극할 것이니, 삼감이 지극하면 말이 행동을 돌아보게 되고, 행함이 힘차면 행동이 말을 돌아보게 될 것이다. '조조慥慥'는 독실한 모습이다. 군자의 말과 행동이 이와 같다는 말이니, '어찌 독실하지 아니한가!'라고 함은 칭찬하여 아름답게 여김이다. 이 모든 것은 모두가 사람을 멀리하지 않고 도를 하는 일들이니,

※ 庸 : 평상 용/ 踐 : 실천할 천/ 謹 : 삼갈 근/ 擇 : 가릴 택/ 可 : 옳을 가/ 訒 : 참을 인/ 慥 : 착실할 조/ 貌 : 모습 모.

① 三山陳氏ㅣ 曰 人之言은 常有餘하고 行은 常不足하니 言顧行則言之有餘者를 將自損이요 行顧言則行之不足者를 將自勉이라. 此章은 語若雜出而意脉이 貫通하고 反復於人己之間者ㅣ 詳盡明切而有序로되 其歸는 不過致謹於言行하야 以盡其實耳라.

삼산진씨가 말하기를 "사람의 말이라는 것은 항상 남음이 있고 행동은 항상 부족한 것이니, 말이 행동을 돌아본다면 남음이 있는 말을 장차 스스로 덜어내게 될 것이고, 행동이 말을 돌아본다면 부족한 행동을 장차 스스로 힘써 채우게 될 것이다. 이 장은 말이 여러 가지가 섞여 나온 것 같지만, 뜻의 맥이 서로 통하고, 남과 자기 사이를 반복해서 오간 것이 모두 자세하고 밝고 절실하여 차례가 있다. 그러나 그 귀결점은 말과 행동을 지극하게 삼가서 그 성실함을 다하는 데에 있을 뿐이다."

※ 脉 : 맥락 맥(脈)/ 貫 : 꿸 관.

張子ㅣ 所謂 以責人之心으로 責己則盡道ㅣ 是也라.

장자張子가 말씀한 바 '남을 책망하는 마음으로 자기를 책하면 도를 다하게 된다'는 것이 이런 것이다.

① 朱子ㅣ 曰 未能一焉은 固是謙辭나 然이나 亦可見聖人之心이 有未嘗滿處라. 所求乎子로 以事父를 未能也는 每常人은 責子必欲其孝於我나 然이나 不知我之所以事父者ㅣ 曾孝否乎아하야 以我責子之心으로 而反推己之所以事父ㅣ 此便是則也요 所求乎臣으로 以事君을 未能也는 常人은 責臣必

欲其忠於我나 然이나 不知我之所以事君者ㅣ 盡忠否乎아하야 以我責臣之心으로 而反之於我則其則이 在此矣라. 又曰 事父未能은 須要如舜之事父라야 方盡得子之道요 事君未能은 須要如周公之事君이라야 方盡得臣之道니 若有一毫不盡이면 便是道理有所欠缺이며 便非子與臣之道矣라. 無不是如此는 只緣道理當然하야 自是住不得이니라.

주자께서 말씀하시기를 "'한 가지도 잘 하지 못한다' 하심은 참으로 겸손의 말씀이다. 그러나 또한 성인의 마음이 항상 차지 않는 곳이 있음을 알 수 있다. '자식들에게 바라는 것으로 부모를 섬김을 잘 하지 못한다' 함은 보통 사람들은 항상 자손들이 반드시 나에게 효도할 것을 바란다. 그러나 내가 부모를 섬긴 것이 '효도를 했는가? 안 했는가?'를 생각해서 내가 아들에게 바라는 마음으로써 돌이켜서 자기가 부모를 섬기는 데에 미루어 가는 것이, 이것이 바로 도를 행하는 방법이라는 것을 모른다.

'신하에게 바라는 것으로 임금 섬김을 잘 하지 못한다' 함은 보통 사람들은 신하들이 반드시 자기에게 충성하기를 바란다. 그러나 자기가 임금을 섬기는 것이 '충성을 다했는가? 다하지 않았는가?'를 생각하여, 자기가 신하들에게 바라는 마음으로써 자기를 돌이켜 보면 그 법이 여기에 있다는 것을 모른 것이다.

또 말씀하시기를 '부모를 잘 섬기지 못했다' 함은 반드시 순임금이 어버이를 섬기는 것과 같이 해야만 자식된 도리의 다함을 얻게 될 것이고, '임금을 잘 섬기지 못했다' 함은 반드시 주공周公이 임금을 섬기는 것과 같이 해야만 신하된 도리의 다함을 얻을 것이니, 만약 터럭 하나만큼이라도 다하지 못함이 있다면 이는 바로 도리가 빠짐이 있음이며, 신하와 자식의 도리가 아니다. 모든 일이 이와 같지 않은 것이 없음은 단지 도리가 당연해서 스스로 멈출 수 없기 때문이다."

※ 謙 : 겸손할 겸/ 曾 : 이에 증/ 事 : 섬길 사/ 欠缺(흠결) : 모자라고 부족함/

② 南軒張氏ㅣ 曰 此章大意는 謂道雖不遠人이나 而其至則 聖人도 亦有所不能이며 而實亦不遠於人이라. 故로 君子ㅣ 只 於言行上에 篤實做工夫니 此乃實下手處라.

　남헌장씨가 말하기를 "도가 비록 사람에게서 멀리 있지 않으나, 그 지극한 것은 성인도 또한 능히 할 수 없는 것이 있기 때문에, 그 실상은 또한 사람에게서 멀리 있지 않은 것이다. 그러므로 군자는 단지 말과 행동 위에서 독실히 공부를 하는 것이니, 이것이 바로 실질적으로 손을 대야 할 곳이라는 것이 바로 이 장의 큰 뜻이다."


③ 格庵趙氏ㅣ 曰 我之所望於人者ㅣ 卽我所當自盡之則이요 不是將他人道理하야 來治我니 蓋以得於天之所同然者로 而自治其身耳라.

　격암조씨가 말하기를 "내가 남에게 바라는 것이 곧 내가 마땅히 스스로 다해야 할 법이고, 다른 사람의 도리를 가지고 와서 나를 다스리는 것이 아니다. 그러므로 일반적으로 하늘에서 얻은, 사람들과 내가 똑같이 가지고 있는 그러한 이치로써 스스로 자기의 몸을 다스리는 것이다."


④ 雙峰饒氏ㅣ 曰 施諸己而不願二句는 是恕之事요 君子道四一節은 是忠之事니 所以爲恕之本者也라. 忠爲恕之本하니 先論勿施於人而後에 反之하야 以責其所以盡己者요 語意尤有力이라. 大學에 自明明德於天下而反推之하야 至於誠意致知하고 中庸에 自獲上治民而反推之하야 至於誠身明善은 皆此意라.

　쌍봉요씨가 말하기를 "'자기에게 베풀어 원치 않는 것'이라는 두 구절(3절)은 바로 '서恕'의 일이고, '군자의 도가 넷'이라는 한 절(4절)은 곧 '충忠'의 일이니, '서'의 근본이 되는 것이다. '충'은 '서'의 근본이 되니, 먼저 '남에게 베풀지 말라'는 것을 논한 뒤에 돌이켜서 자기의 도리를 다하는 것으로써 책망한 것이고, 말의 뜻이 더욱 힘이 있다. 『대학』에 '밝은 덕을 천하에 밝힘'으로부터 돌이켜 미루어가서 '뜻을 성실히 하고, 앎을 지극히 이루는' 데에까지 이르렀고, 『중용』에 '윗사람에게 얻고, 백성을 다스린다'는 데로부터 돌이켜 미루어가서 '몸을 성실히 하고, 착함을 밝히는' 데에까지 이름은 모두 이런 뜻이다.

⑤ 朱氏伸이 曰 言未能者는 欲先盡己也니 能盡乎己則恕可推矣라.

주신朱伸이 말하기를 "'잘 하지 못한다'고 말씀하신 것은 먼저 자기의 도리를 다하게 하려 함이니, 능히 자기의 도리를 다할 수 있으면 '서恕'를 미루어 갈 수 있다."

⑥ 雲峯胡氏ㅣ 曰 論語에 說忠恕하니 是는 曾子ㅣ 借此二字하야 形容聖人至妙處요 此는 則是子思ㅣ 就此二字하야 說歸聖道至實處라. 推愛己之心하야 愛人은 推己及物之恕也니 而忠卽行乎其間이요 以責人之心으로 責己는 發己自盡之忠也니 而恕則不外乎此라. 君臣父子兄弟朋友之倫은 人人性分之所固有者어늘 而曰丘未能一焉이라하시고 亦曰吾之反求諸己ㅣ 未能如其所以責人者爾라하시니 學者之心은 常如聖人하야 以爲未能則必深體而力行之하야 惟恐庸言之不謹而言未能顧其行하며 惟恐庸德之未行而行未能顧其言이니 此皆盡己之心而恕之本也라. 饒氏ㅣ 謂夫子責己以勉人이라하니 前四語는 是責己요 庸德以下는 是勉人이라.

운봉호씨가 말하기를 "『논어』에 '충忠'과 '서恕'를 말한 것은 증자께서 이 두 글자를 빌어서 성인의 지극히 오묘한 곳을 형용한 것이고, 여기는 자사께서 이 두 글자에 나아가 성인의 도의 지극히 성실한 곳으로 말해 돌아온 것이다. 자기를 사랑하는 마음을 미루어서 남을 사랑함은 자기를 미루어 사물에 미치는 '서'니, '충'은 그 사이에서 행해지는 것이고, 남을 책하는 마음으로 자기를 책함은 자기를 일으켜서 스스로 최선을 다하는 '충'이니, '서'가 여기서 벗어나지 못하는 것이다.

　임금과 신하·어버이와 자식·형과 아우·벗과 벗들의 인륜은, 사람마다 성품(性)의 분야에 고유한 것인데도, 공자께서 '나는 하나도 잘 하지 못한다'고 하시고, 또한 '내가 돌이켜서 나에게 찾음이 능히 남에게 바라는 것과 같이 잘 하지 못한다'고 하셨다. 배우는 사람의 마음은, 항상 성인의 마음과 같이해서 자기가 잘 하지 못한다고 생각하면, 반드시 깊이 몸으로 본받아 힘써 실행하여, 오직 평상의 말을 삼가지 못하고 말이 행동을 돌아보지 못함을 두려워하며, 오직 평상의 덕을 실행하지 않고 행동이 그 말을 돌아보지 못할까 두려워해야 할 것이니, 이는 모두 자기의 마음을 다하는 것이며 '서恕'의 근본이다. 요씨饒氏가 말하기를 '공자께서 자기를 책망하시어 사람들을 권면勸勉시키신 것이라'고 하니, 앞에 있는 네 말은 자기를 책망하신 것이고, '평상의 덕'이라고 한 이하는 사람들을 권면시키심이다."

備旨　且以責己言之면 丘固學爲君子者也나 君子盡倫之道ㅣ 有四에 丘尙未能一焉이로니 四者는 維何如오? 吾所責乎子者孝나 然이나 反求我所以事父者면 未能盡孝也하며 吾所責乎臣者ㅣ 忠이나 然이나 反求我所以事君者면 未能盡忠也하며 吾所責乎弟者ㅣ 恭이나 然이나 反求我所以事兄者면 未能盡恭也하며 吾所責乎朋友者ㅣ 信이나 然이나 反求我所以先施於友者면 未能盡信也로니 君子之道를 吾所未能如

此나 然이나 丘所未能者는 皆君子所已能也라.

 "또한 자기를 책함으로써 말한다면 나(공자)도 배워서 군자가 되려는 사람이나, 군자의 인륜을 다하는 도리가 네 가지가 있는데 내가 아직 한 가지도 잘 하지 못한다. 네 가지는 무엇인가? 내가 자식들에게 바라는 것이 효도이나, 내가 부모를 섬기는 것을 돌이켜 보면 능히 효도를 다하지 못했으며, 내가 신하들에게 바라는 것은 충성이나, 내가 임금을 섬기는 것을 돌이켜 보면 능히 충성을 다하지 못했으며, 내가 아우들에게 바라는 것은 공손함이나, 내가 형을 섬기는 것을 돌이켜 보면 능히 공손함을 다하지 못했으며, 내가 벗들에게 바라는 것은 신의이나, 내가 먼저 벗들에게 베푸는 것을 돌이켜 보면 신의를 다하지 못했으니, 군자의 도를 내가 능히 하지 못함이 이와 같다. 그러나 내가 능히 하지 못하는 것은 모두 군자가 이미 능히 하는 것들이다."

※ 維 : 바 유/ 恭 : 공손할 공.

君子ㅣ 以子臣弟友之道로 體於身은 庸德也니 則行之而踐其實하고 以子臣弟友之道로 宣於口는 庸言也니 則謹之而擇其可하야 行易至於不足이어든 則不敢不勉以自力謹하며 猶恐其有餘어든 則不敢盡以自嚴이니 如是則所言이 皆必其所行而顧行하며 所行이 必逮其所言而顧言하리니 君子ㅣ 胡不德皆實踐하고 言皆篤論而慥慥矣乎리오? 吾當以是爲則而自勉矣라. 夫此子臣弟友之道는 我與人之所共知共能者니 道不遠人이 不益明哉아!

 "군자가 자식·신하·아우·벗의 도리를 몸소 실천함은 평상의 덕이니 행하여 실천하고, 자식·신하·아우·벗의 도리를 입으로 말함은 평상의 말이니, 삼가 그 옳은 것을 가려서, 행동이 말보다 부족하기 쉬우면 감히 힘써서 스스로 부지런히 하지 않음이 없게 하며, 말이 오히려 남음이 있을까 두려우면 감히 말을 다하지 못하고 스스로 엄격하게 하는 것이니, 이와 같이 하면 말하는 것이 반드시 모두 그가 실행한 것이어서 말이 행동을 돌아보게 될 것이며, 행동하는 것이 반드시 그 말을 따라서, 행동이 말을 돌아보게 될 것이다. 그렇다면 군자가 어찌 덕을 모두 실천하고 말을 모두 독실히 해서 독실한 모습이 바깥에 나타나지 않겠는가? 나는 마땅히 이것으로 법을 삼아 스스로 힘쓸 것이다. 이 모든 자식·신하·아우·벗의 도리는 나와 사람들이 함께 알고 함께 능히 할 수 있는 것들이니, 도가 사람에게 멀리 있지 않다 함이 더욱 명백하지 않은가?"라고 하셨다.

※ 宣 : 생각을 말할 선/ 易 : 쉬울 이/ 嚴 : 엄할 엄/ 逮 : 미칠 체/ 顧 : 돌아볼 고/ 胡 : 어찌 호.

**備旨補註 道四節旨** 此는 卽己之身而得自治之道니 愈見道之不遠人也라. 未能은 非以不能으로 自諉요 聖人이 實見道之無窮하야 無可自足之時하고 有未能而願學之意라. 庸德以下에 正貼君子는 作一氣讀이요 慥慥句는 特倒裝文法耳니 自修意找在言外라.

군자지도사(君子之道四)절의 뜻 : 이것은 자기의 몸에 나아가서 자신을 다스리는 도를 얻음이니, 더욱 도가 사람에게서 멀리 있지 않다는 것을 알 수 있다. '능히 하지 못한다(未能)' 함은 능히 하지 못함으로 스스로 핑계를 대는 것이 아니고, 성인이 실제로 도가 끝이 없음을 봐서 스스로 만족할 수 있는 때가 없고, 능숙하게 하지 못해서 배우기를 원하는 뜻이 있는 것이다. '평상의 덕(庸德)'이라는 아래에 바로 '군자君子'라고 붙인 것은 한번 강조해서 읽도록 함이고, '독실히 한다(慥慥)'는 구절은 특히 도치의 문법이니, 스스로 닦는다(自修)는 뜻이 말 밖에 보충되어 있는 것이다.

※ 愈 : 더욱 유/ 諉 : 핑계할 위/ 貼 : 붙일 첩/ 氣 : 기세 기/ 慥 : 착실할 조/ 裝 : 수식할 장/ 找 : 보충할 조/

道雖可言이나 使不能行而徒言이면 卽不可니 謹者는 戒其不可者不言也요 行然後에 知不足하고 謹然後에 知有餘니 足字는 甚細하야 萬分中에 有一分未盡이면 亦是不足이요 兩不敢은 卽戒謹恐懼意니 不敢盡은 卽可言者도 亦不盡言俱照라.

비록 도를 말할 수는 있지만, 만일 능히 행할 수 없으면서 헛된 말만 한다면 옳지 않은 것이니, '삼간다'는 것은 그 할 수 없는 것은 말하지 말라고 경계시킴이다. 행한 뒤에 행함이 부족함을 알고 삼간 뒤에 말이 남음이 있음을 알 것이니, '족하다(足)'는 글자는 매우 미세해서 만분의 일이라도 다하지 못한 것이 있으면 또한 족하지 못한 것이다. 두 개의 '감히 하지 못한다(不敢)' 함은 곧 경계하고 삼가고 두려워하고 무서워함의 뜻이니, '감히 다하지 못한다' 함은 곧 말할 수 있는 것도 또한 다 말하여 모두 밝히지 못함이다.

※ 徒 : 헛될 도/ 恐 : 두려울 공/ 懼 : 두려울 구/ 俱 : 함께 구/ 照 : 비출 조.

註에 深一步하야 講言顧行兩句하니 是는 以用功言이며 乃承上文意衍之하야 正所謂慥慥也니 慥慥는 專篤切實하야 無一毫馳騖精神하고 無一毫虛浮意氣라. 胡不은 口氣贊美中에 寓願望意니 不可只誇君子라.

장구에 한 걸음 깊게 나아가 '말이 행동을 돌아본다'는 두 구절을 강론했으니, 이것은 공부를 하는 것으로써 말한 것이며, 윗글의 뜻을 이어 부연해서 바로 '독실히 한다(慥慥)' 함을 말한 것이다. '독실히 한다' 함은 오로지하고 돈독하고 절실해서 터럭 하나만큼도 달리거나 달아나는 정신이 없고, 터럭 하나 만큼도 헛되이 떠다니는 뜻과 기운이 없음이다. '어찌…하지 않겠는가?(胡不)'는 말로 칭찬하는 속에 원하고 바라는 뜻이 붙어 있는 것이니, 단지 군자를 자랑한 것만으로 생각해서는 안될 것이다.

※ 衍 : 부연할 연/ 馳 : 달릴 치/ 騖 : 달릴 무/ 浮 : 뜰 부/ 寓 : 붙을 우/ 誇 : 자랑할 과.

● **右**는 **第十三章**이라.
이상은 열 세 번째 장이다.

**道不遠人者**는 **夫婦所能**이요 **丘未能一者**는 **聖人所不能**이니 **皆費也而其所以然者則至隱**이 **存焉**이라. **下章**도 **放**(上聲與倣同)**此**라.

'도가 사람에게서 멀리 있지 않다'는 것은 필부 필부도 할 수 있는 것이고, '내가 한 가지도 능히 하지 못한다' 함은 성인도 능히 할 수 없는 것이니, 모두가 광대한(費) 것이고, 그것이 그렇게 되는 까닭은 곧 지극히 은미함이 존재하는 것이다. 아랫 장도 이와 같다.

◆ 放(上聲與倣同) : '放'자는 상성이고('모방한다'는 뜻), '倣'자와 같다.

① **雙峰饒氏**ㅣ **曰 此章**은 **實承上章**이라. **上章**에 **說道如此費**하니 **恐人以濶遠求道故**로 **此章**에 **說道不遠人**이니 **上章**은 **以費隱으로 明道之體用**이요 **而此章**은 **以忠恕違道不遠으로 繼之**하야 **以明學者入道之方**이라. **蓋卽夫子**ㅣ **告曾子以一貫而曾子告門人以忠恕之意也**니 **意컨댄 子思**ㅣ **得其傳於曾子而於此**에 **發明之歟**인저!

쌍봉요씨가 말하기를 "이 장은 사실상 윗 장을 이어 말한 것이다. 윗 장에서 도가 이와 같이 광대함을 말했으니, 사람들이 넓고 먼 곳에서만 도를 찾을까 염려되셨기 때문에, 이 장에서 '도가 사람에게 멀리 있지 않다' 함을 말씀하신 것이다. 윗 장은 '광대하고 은미하다(費隱)'는 것으로써 도의 본체와 작용을 밝히고, 이 장은 '충과 서가 도와 거리가 멀지 않다' 함으로 이어서 배우는 사람이 도에 들어가는 방도를 밝힌 것이다. 아마도 이것이 곧 공자님이 증자에게 '하나로 꿴다'고 말씀하신 것을 증자께서 문인들에게 '충서(忠恕)'의 뜻으로 말씀하신 것일 것이니, 생각컨대 자사께서 그 전하심을 증자에게 얻으셔서 여기에 밝히셨을 것이다.

※ 濶 : 넓을 활/ 歟 : 어조사 여.

② 新安陳氏ㅣ 曰 丘未能一은 固聖人謙辭나 然이나 實足以見聖人愈至而愈不自至之誠이라. 如朱子ㅣ 所謂必如舜之事父周公之事君이라야 方爲盡道니 語其極誠인댄 聖人도 所不敢自以爲能也라.

　신안진씨가 말하기를 "'내가 한 가지도 능히 하지 못한다' 하심은 본래 성인의 겸양의 말씀이지만, 그러나 실상 성인이 지극하면 할수록 스스로 지극하다고 생각하지 않으시는 성실함을 충분히 알 수 있는 것이다. 주자가 말씀하신 '반드시 순임금이 아버지를 섬김과 주공이 임금을 섬김과 같이 해야만 도를 다한 것이 된다' 함과 같을 것이니, 그 지극히 성실함으로 말한다면 성인도 감히 스스로 능하다고 말할 수 없는 것이다."

# 第14章

**1** 君子는 素其位而行이요 不願乎其外니라.
         군 자   소 기 위 이 행     불 원 호 기 외

군자는 본래 자신이 처하고 있는 위치에 따라 행하고 그 밖의 것을 원하지 않느니라.

○ 素는 猶見(形甸反下同)在也라.(如今人言素來之意라)

'소(素)'자의 뜻은 현재라는 것과 같다.

- ◆ 見(形甸反下同) : '見'자는 '형'자와 '전'자의 반절음('현'이라고 읽는다)이니, 아래에 나오는 '見'자도 같이 발음한다.
- ◆ 如今人言素來之意라 : 요새 사람들이 말하는 '본래'라는 말과 같다.

言君子ㅣ 但因見在所居之位而爲其所當爲하고 無慕乎其外之心也라.(此二句는 一章之綱이니 下文에 分應之라)

군자는 단지 현재 처하고 있는 위치에 따라 마땅히 해야할 것을 하고, 그 밖의 것을 사모하는 마음이 없다는 말이다.

- ◆ 此二句는 一章之綱이니 下文에 分應之라 : 이 두 구절은 이 장의 벼리(綱)가 되는 것이니, 아랫 글에서 나누어 말을 했다.
- ※ 但 : 다만 단/ 慕 : 사모할 모/ 應 : 응할 응.

**備旨** 子思ㅣ 自立言하사 以明費之小也하야 曰凡人所處之位不同하야 莫不各有當盡之道하니 君子ㅣ 但因見在所居之位而行하고 未嘗於位之外에 別有所願慕라하시니 蓋本分內는 其道不可不盡이요 而本分外는 皆非道之當然也라.

자사께서 스스로 말씀하시어 광대한 것 중에 작은 것을 밝혀 "모든 사람이 현재 처하고 있는 위치가 같지 않아서, 각각 마땅히 해야 할 도리가 없는 것이 없으니, 군자는 단지 현재의 처하고 있는 위치를 따라 행할 뿐이고, 일찍이 현재의 위치를 벗어나 별도로 원하고 사모함이 있는 것이 아니다."고 하셨으니, 대체적으로 본분의 안에 있는 것은 그 도리를 다하지 않을 수 없고, 본분의 바깥에 있는 것은 모두가 도리道理의 당연한 것이 아닐 것이다.

※ 願 : 원할 원/ 慕 : 사모할 모.

備旨補註 素位章旨 此章은 言素位之學하야 歸重在反身上이니 首節은 是綱이요 二三節은 分應이요 四節은 一束이요 末節은 結證之라. 上章은 在人身上說이나 然이나 曰人則已過未來ㅣ 皆人所當盡也라 故로 此에 就身所處之位言이니 則益切矣라.

군자소기위이행(君子素其位而行)장의 뜻 : 이 장은 본래 자신이 처하고 있는 위치에서의 학문을 말해서, 중점을 자기 몸을 반성하는 데에 돌린 것이다. 첫 번째 절은 이 장의 벼리가 되는 것이고, 2절과 3절은 경우에 따라 각기 나누어 설명한 것이고, 4절은 하나로 묶어서 말한 것이고, 끝절은 장을 끝맺고 이것을 증명한 것이다.

윗장(13장)은 사람의 몸을 주로 해서 말을 한 것이나, '사람'이라고 말하면 이미 지나간 것과 미래를 사람이 모두 마땅히 다해야 할 것이기 때문에, 여기서는 몸이 처하고 있는 위치에 나아가 말을 한 것이니, 더욱 절실한 것들이다.

※ 歸 : 돌아올 귀/ 束 : 묶을 속/ 益 : 더할 익/ 切 : 절실할 절.

備旨補註 素位節旨 位字는 兼有定無定二意니 素位而行

者는 卽其位而道行於其中也요 外는 指過去未來라. 不願은 是不留戀不將迎이니 正素位而行之專一處라.

　군자소기위이행(君子素其位而行)절의 뜻 : '위(位)'자는 정함이 있음과 정함이 없음의 두 가지 뜻을 겸해서 가지고 있는 것이니, '본래 있는 위치대로 행한다' 함은 그 지위에 나아가 도가 그 가운데에 행해짐이고, '바깥(外)'이라는 것은 과거와 미래를 가리킨 것이다. '원하지 않는다(不願)' 함은 바로 머뭇거리고 연연하며 보내고 맞아들이려 하지 않음이니, 바로 본래 있는 위치대로 행함의 전일(專一)한 곳이다.

※ 留 : 머뭇거릴 류/ 戀 : 연연할 연/ 將 : 보낼 장/ 迎 : 맞이할 영.

**2** 素富貴하얀 行乎富貴하며
　　소 부 귀　　행 호 부 귀

素貧賤하얀 行乎貧賤하며
소 빈 천　　행 호 빈 천

素夷狄하얀 行乎夷狄하며
소 이 적　　행 호 이 적

素患難하얀 行乎患難이니 (難去聲)
소 환 난　　행 호 환 난

君子는 無入而不自得焉이니라.
군 자　무 입 이 부 자 득 언

본래 부귀했으면 부귀로 행하며, 본래 빈천했으면 빈천으로 행하며, 본래 이적 夷狄이었으면 이적으로 행하며, 본래 환난에 처했으면 환난으로 행하는 것이니, 군자는 들어가는 곳마다 스스로 만족하지 못함이 없느니라.

- ◆ '難'자는 거성이다('어렵다'는 뜻).
- ※ 自得(자득) : 스스로 마음에 흡족하게 여김.

○ 此는 言素其位而行也라.

이것은 본래 자신이 처하고 있는 위치에 따라 행함을 말한 것이다.

① 北溪陳氏ㅣ 曰 素富貴하얀 行乎富貴는 如舜之被袗衣鼓琴호되 若固有之ㅣ 是也요 素貧賤하얀 行乎貧賤은 如舜之飯糗茹草하야 若將終身이 是也요 行乎夷狄은 如孔子欲居九夷曰何陋之有ㅣ 是也요 行乎患難은 如孔子ㅣ 曰天이 未喪斯文이신댄 匡人이 其如予에 何ㅣ 是也라. 蓋君子는 無所往而不自得이니 惟爲吾之所當爲而已라.

북계진씨가 말하기를 "본래 부귀했으면 부귀로 행한다' 함은 순임금이 홑옷을 입고 거문고를 연주하시되 본래부터 그러했던 것과 같이 하심이 이런 것이고, '본래 빈천했으면 빈천으로 행한다' 함은 순임금이 마른 밥과 야채를 잡수시면서 평생을 마칠 것 같이 하심이 이런 것이고, '이적으로 행한다' 함은 공자님이 구이九夷에 살려고 하시면서 '누추할 것이 무엇이 있겠느냐?'고 하신 것과 같은 것이 이것이고, '환난으로 행한다' 함은 공자님이 '하늘이 이 글을 망하게 하려하지 않으신다면 광匡땅의 사람이 나에게 어떻게 하겠느냐?'고 하신 것이 이런 것이다. 일반적으로 군자는 가는 곳마다 스스로 얻지 못함이 없는 것이니, 오직 내가 마땅히 해야 할 것을 할뿐이다."

※ 『맹자』진심장 하에 "孟子丨曰 舜之飯糗茹草也에 若將終身焉이러시니, 及其爲天子也하샨 被袗衣鼓琴하시며 二女果를 若固有之러시다(맹자께서 말씀하시기를 '순임금이 마른 밥과 야채를 먹을 때는 그대로 평생을 마치실 것 같이 하시더니, 천자가 되셔서는 홑옷을 입고 거문고를 타시며 두 여자가 모시는 것을 본래부터 그러했던 같이 하셨다.')"

※ 『논어』자한편에 "子丨欲居九夷러시니 或이 曰 陋커니 如之何잇고? 子丨曰 君子丨 居之면 何陋之有리오?(공자께서 구이에 살려고 하시니, 혹자가 말하기를 '그곳은 누추하니, 어찌 하시렵니까?' 공자께서 답하시기를 '군자가 거주한다면 교화가 될 것이니, 무슨 누추함이 있겠는가?')"

※ 『논어』자한편에 "子丨 畏於匡이러시니, 曰 文王이 旣沒하시니 文不在玆乎아? 天之將喪斯文也신댄 後死者丨 不得與於斯文也어니와 天之未喪斯文也시니 匡人이 其如予에 何리오(공자께서 광땅에서 경계심을 품고 계시더니, '문왕이 이미 돌아가셨으니, 文이 내 몸에 있지 아니하냐? 하늘이 장차 이 文을 없애려 하셨다면 나 자신이 이 문에 참여하지 못하였을 것이다. 그러나 하늘이 이 문을 없애려 하지 않으실 것이니, 광땅 사람들이 나를 어떻게 하겠느냐)?"

※ 被 : 입을 피/ 袗 : 홑옷 진/ 鼓 : 칠 고/ 琴 : 거문고 금/ 飯 : 먹을 반/ 糗 : 마른 밥 후(구), 미싯가루 후(구)/ 茹 : 먹을 여/ 草 : 풀 초/ 陋 : 더러울 루/ 喪 : 없앨 상/ 斯 : 이 사.

② 雙峰饒氏ㅣ 曰 四者之中에 只有富貴是順境이요 三者는 皆逆境이라. 問上言四事하고 下文在上位以下에 只暗說富

貴貧賤은 如何니잇고? 曰人之處世ㅣ 不富貴則貧賤이며 如夷狄患難은 不常有之라. 素夷狄은 謂適然陷於夷狄이니 如蘇武洪忠宣事라. 問入字는 是入四者之中否아? 曰入字는 濶하니 上四者는 特擧其槪요 隨其所在而樂存焉이니라.

쌍봉요씨가 말하기를 "네 가지 중에서 단지 부귀만이 순조로운 경우이고, 세 가지는 모두가 역경이다." 묻기를 "위에서는 네 가지 일을 말하고 아랫 글의 '윗자리에 있어서는'이라고 한 이하에는 단지 부귀와 빈천만을 암시하여 말함은 어떻게 된 것입니까?" 대답하기를 "사람이 세상에 사는 것이 부귀하지 않으면 빈천하고, 이적과 환난에 처함과 같은 것은 항상 있는 일이 아니다. '본래 이적이면(素夷狄)'이라는 것은 마침 이적에 빠졌음을 말함이니, 소무蘇武와 홍충선洪忠宣의 일과 같은 것이다."

묻기를 "들어간다는 '입入'자는 네 가지 속에 들어간다는 것을 말함이 아닙니까?" 대답하기를 "'입入'자의 뜻은 광범위한 것이니, 위의 네 가지는 특히 그 개괄적인 것만을 들은 것일 뿐이고, 자기가 처해 있는 곳에 따라 즐거움이 존재하는 것이다."

※ 소무(蘇武) : 한나라 무제 천한天漢 원년에 소무 장승 상혜 등을 흉노에 사신으로 보냈다. 흉노의 선우가 이들을 가두고는 온갖 감언이설과 협박으로 항복을 권유했는데도 굴하지 않자, 음식도 주지 않은 채 움막 속에 지내게 하고, 그래도 살아남자, 사람도 없고 오직 추위와 삭막한 벌판만 있는 북해에 양을 기르게 하면서 "숫양에게서 젖이 나오면 풀어주겠다"고 하였다. 들쥐나 풀열매를 먹으면서 연명하다가 19년 후인 소제昭帝 때 양국의 화친으로 겨우 귀국하여, 관내후가 되었다. 후에 명신名臣을 기리는 기린각에 그의 초상이 걸리는 등, 목숨으로 절개를 지킨 모범으로 기림을 받았다.

※ 홍충선(洪忠宣, 1088-1145) : 송나라 파양鄱陽사람으로 자는 광필光弼이고, 이름은 호(皓)이며, 충선은 시호이다. 금나라에 사신으로 갔다가 15년간 억류되었고, 풀려나와서는 당시의 권신 진회秦檜의 미움을 사서 원주袁州지사로 가다가 길에서 죽었다. 저서에 『鄱陽集』, 『帝王通要』, 『姓氏旨南』, 『松漠紀聞』, 『全國文具錄』 등이 있다.

※ 暗 : 암시할 암/ 夷狄(이적) : 오랑캐(동쪽 오랑캐 이, 북쪽 오랑캐 적).

③ 倪氏ㅣ 曰 順居는 一이요 逆居는 三이니 以見人少有不經憂患者로되 君子는 居易俟命은 以能視順逆爲一也라.

　예씨가 말하기를 "순조로운 삶은 하나이고 역경의 삶은 셋이니, 우환을 겪지 않는 사람이 적음을 알 수 있다. 그런데도 군자가 마음 편히 거처하면서 천명을 기다림은, 순조로운 삶과 역경을 하나로 볼 수 있기 때문이다."

※ 易 : 쉬울 이/ 俟 : 기다릴 사.


④ 退溪ㅣ 曰 行乎富貴之行은 與論語雖蠻貊之邦이라도 行矣之行으로 同이요 又如子張聞達章註에 德孚於人하야 行無不得之行이라.

　퇴계가 말씀하기를 "'부귀한 대로 행한다'의 '행行'자는 『논어』의 '비록 오랑캐의 나라라도 행한다'는 '행行'자와 같고, 또한 '자장이 통달에 대해 물음(子張問達)'의 글 주석에 '덕이 사람들의 믿음을 받아 행함에 얻어지지 않음이 없다'의 '행'자와 같은 것이다."

※ 『논어』 위령공편에 "子張이 問行한대 子ㅣ 曰 言忠信하며 行篤敬이면 雖蠻貊之邦이라도 行矣어니와 言不忠信하며 行不篤敬이면 雖州里나 行乎哉아(자장이 행함을 여쭙자, 공자께서 답하시기를 '말이 충성되고 믿음이 있으며, 행실이 돈독하고 공경하면, 비록 오랑캐의 나라라도 행해질 수 있거니와, 말이 충성스럽지 못하고 믿음이 없으며, 행실이 돈독하지 못하고 공경하지 않으면 주와 리라 하더라도 행해질 수 있겠는가)?"

※ 『논어』 안연편 "子張이 問 士ㅣ 何如라야 斯可謂之達矣니잇고(자장이 묻기를 '선비가 어떠하여야 통달한다고 이를 수 있습니까?')"를 풀이한 주자장구에 "達者는 德孚於人하야 而行無不得之謂라(통달이란 덕이 사람들의 믿음을 받아 행함에 이루지 못함이 없음을 이른다)".

※ 蠻貊(만백) : 오랑캐(남방 오랑캐 만, 북방 오랑캐 백)/ 邦 : 나라 방/ 孚 : 믿을 부.


⑤ 沙溪ㅣ 曰 富貴貧賤患難之中에 爲其所當爲也니 退溪說은 可疑라.

사계가 말씀하기를 "부귀·빈천·환난 중에서 그 마땅히 해야 할 것을 한다는 것이니, 퇴계의 논설은 의심스럽다."

備旨 素位而行을 何以見之오? 如見在富貴之位則行乎富貴所當行之道하며 見在貧賤之位則行乎貧賤所當行之道하며 見在夷狄之位則行乎夷狄所當行之道하며 見在患難之位則行乎患難所當行之道하야 道隨往而在하고 心隨往而樂하니 君子는 蓋無入而不自得焉이라. 所謂素位而行은 如此라.

본래 자신이 처해 있는 위치대로 행함을 어떻게 알 수 있는가? 만일 현재 부귀한 위치에 있다면 부귀한 사람이 마땅히 행해야 할 도리를 행하며, 현재 빈천한 위치에 있다면 빈천한 사람이 마땅히 행해야 할 도리를 행하며, 현재 이적의 위치에 있다면 이적이 마땅히 행해야 할 도리를 행하며, 현재 환난의 위치에 있다면 환난에서 마땅히 행해야 할 도리를 행해서, 도가 가는 곳에 따라 있고 마음이 가는 곳에 따라 즐거우니, 군자는 대체적으로 들어가는 곳마다 스스로 만족하지 못함이 없는 것이다. 이른바 '본래 자신이 처해 있는 위치대로 행한다' 함은 이와 같은 것이다.

備旨補註 素富節旨 四者는 特擧其槪行이니 有因位盡道意요 無入句는 承上放開說이라. 自得은 從憂勤盡道來니 道盡而心乃無愧怍이라.

소부귀(素富貴)절의 뜻 : 네 가지는 특히 그 개괄적인 행동을 예로 들은 것이니, 위치에 따라 도를 다하는 뜻이 있는 것이고, '들어가는 곳마다 스스로 만족하지 않음이 없다(無入)'는 구절은 위의 말을 이어서 터놓고 하는 말이다. '스스로 만족한다(自得)' 함은 근심하고 부지런히 해서 도를 다함으로부터 얻은 것이니, 도를 다해서 곧 마음에 부끄러움이 없게 됨이다.

※ 放 : 놓을 방/ 從 : 따를 종/ 勤 : 부지런할 근/ 愧 : 부끄러울 괴

**3** 在上位하야 不陵下하며
재 상 위　　　불 릉 하

在下位하야 不援上이요
재 하 위　　　불 원 상

正己而不求於人이면 則無怨이니
정 기 이 불 구 어 인　　　즉 무 원

上不怨天하며 下不尤人이니라.(援平聲)
상 불 원 천　　　하 불 우 인

윗자리에 있으면서 아랫사람을 능멸하지 않으며, 아랫자리에 있으면서 윗사람을 당겨 잡지 않고, 자기를 바르게 하고 남에게 요구하지 않으면 원망이 없을 것이니, 위로는 하늘을 원망하지 않으며, 아래로는 사람을 허물하지 않느니라.

◆ '援'은 평성이다('당긴다'는 뜻).

○ 此는 言不願乎其外也라.

이것은 그 바깥에 있는 것을 원하지 않음을 말한 것이다.

① 陳氏ㅣ 曰 吾居上位則不陵忽乎下하며 吾居下位則不攀援於上하며 惟反自責於己하야 初無求取於人之心이니 自然無怨이라. 蓋有責望於天而不副所望則怨天이요 有求取於人而人不我應則尤人이로되 君子는 無責望於天之心하고 無求取於人之意하니 又何怨尤之有리오? 此處에 見君子胸中이 多少灑落明瑩하야 眞如光風霽月하고 無一點私累라.

진씨가 말하기를 "내가 윗자리에 있으면 아랫사람을 능멸하고 소홀히 하지 않으며, 내가 아랫자리에 있으면 윗사람을 잡아 당겨 응원 받지 않으며, 오직 돌이켜 자기를 스스로 책망해서 처음부터 남에게 요구하고 취하는 마음이 없으면, 자연히 원망이 없게 될 것이다.

일반적으로 하늘에 바라고 책하는 것이 있는데, 바라는 것과 부합되지 않으면 하늘을 원망하게 되고, 사람에게 요구하고 취하는 것이 있는데, 사람이 나에게 응해주지 않으면 사람을 원망하게 되는 것이다. 그러나 군자는 하늘에게 바라고 책하는 마음이 없고, 사람에게 요구하고 취하는 뜻이 없으니, 또한 무슨 원망이 있겠는가? 이곳에서 군자의 가슴속이 얼마나 깨끗하고 시원하며 밝고 빛나서, 참으로 비가 갠 뒤에 맑은 바람과 밝은 달 같이 한 점 사사로운 더럽힘이 없음을 알 수 있다."

※ 陵 : 능멸할 릉/ 忽 : 소홀할 홀/ 攀 : 붙잡을 반/ 援 : 당길 원/ 灑落(쇄락) : 인품이 깨끗하고 시원함/ 瑩 : 빛날 영/ 霽 : 갤 재/ 累 : 더러울 루.

備旨 不願乎外를 何以見之오? 吾居上位則下爲其外而不作威以陵下하며 吾居下位則上爲其外而不附勢以援上이라. 夫陵下不得申己之勢면 必怨其下하고 援上不得遂己之欲이면 必怨其上이로되 今惟正其在上在下之己하고 而初無求乎人하니 則自然無怨하고 其中心이 泰然이라. 上無責望於天之意하야 雖不得於天而不怨天하며 下無求取於人之意하야 雖不合夫人而不尤人이니 所謂不願乎外ㅣ 如此라.

　　바깥의 것을 원하지 않음을 어떻게 알 수 있는가? 내가 윗자리에 있으면 아래는 바깥이 되는데, 위엄을 부려서 아랫사람을 능멸하지 않으며, 내가 아랫자리에 있으면 위는 바깥이 되는데, 권세에 붙어 윗사람을 당겨 잡지 않는 것이다.
　　일반적으로 아랫사람을 능멸하다가 자기의 권세를 펼 수 없으면 반드시 그 아랫사람을 원망하고, 윗사람을 당겨 잡다가 자기의 하려는 것을 이루지 못하면 반드시 그 윗사람을 원망하는 것인데, 지금 오직 윗자리에 있고 아랫자리에 있는 자기자신만을 바르게 하고, 처음부터 다른 사람에게 요구하는 것이 없으니, 곧 자연히 원망이 없고 그 속마음이 태연한 것이다. 위로는 하늘에게 바라고 책하는 일이 없어서 비록 하늘을 얻지 못해도 원망하지 않고, 아래로는 사람에게 요구하고 취하는 뜻이 없어서 비록 사람들과 합치되지 않는다 하더라도 사람을 허물하지 않으니, 이른바 '바깥에 있는 것을 원하지 않음'이 이와 같은 것이다.

❈ 遂 : 이룰 수/ 尤 : 허물할 우.

備旨補註 在上節旨   陵은 是求人順我요 援은 是求人庇我니 卽願外處요 正己는 又要不求人이라야 乃見正己之盡이라. 末二句는 更深一層이요 非贊辭라.

재상위(在上位)절의 뜻 : '능멸함(陵)'은 바로 남이 나를 순히 따를 것을 구함이고, '당겨 잡음(援)'은 바로 남이 나를 비호해주기를 구함이니, 곧 바깥에 있는 것을 원하는 것이다. '자기를 바르게 함(正己)'은 또한 남에게 구함을 필요로 하지 않아야만, 곧 자기를 바르게 하는 도를 다했음을 알 수 있는 것이다. 끝에 있는 두 구절(上不怨天하며 下不尤人)은 다시 한 층 더 깊이 말한 것이고 칭찬한 말이 아니다.

❈ 庇 : 비호할 비/ 贊 : 칭찬할 찬.

**4** 故로 君子는 居易以俟命하고
　　고　군자　거이이사명

小人은 行險以徼幸이니라. (易去聲)
소 인　행험이요행

그러므로 군자는 평이한 데에 거처해서 천명을 기다리고, 소인은 위험한 것을 행해서 요행을 바라느니라.

◆ '易'자는 거성이다('쉬울 이'의 뜻이다).
※ 徼幸(요행) : 노력은 하지않고 운이 좋기만 바람.

○ 易는 平地也니(易與險對) 居易는 素位而行也요 俟命은 不願乎外也라.

'이易'자의 뜻은 평평한 곳을 말하니, '평이한 데에 거처한다(居易)' 함은 '본래 자기가 처해 있는 위치에 따라 행함(素其位而行)'이고, '천명을 기다린다(俟命)' 함은 '바깥에 있는 것을 원하지 않음(不願乎外)'이다.

◆ '易(쉬울 이)'자는 '險(험할 험)'자와 상대가 된다.

① 問君子居易俟命은 與大易樂天知命으로 相似否아? 潛室陳氏ㅣ 曰居易俟命은 學者事요 樂天知命은 聖人事니라.

묻기를 "'군자는 평이한 데에 거처해서 천명을 기다린다' 함은 주역에 '하늘을 즐기고 명을 안다'는 것과 서로 비슷하지 않습니까?" 잠실진씨가 말하기를 "'평이한 데에 거처하여 명을 기다린다' 함은 배우는 사람의 일이고, '하늘을 즐기고 천명을 안다' 함은 성인의 일이다."

② 格庵趙氏ㅣ 曰 君子胸中은 平易하야 所居而安하고 素位而

行也니 富貴貧賤을 惟聽天之所命하고 不願乎外也라.

　격암조씨가 말하기를 "군자의 가슴속은 평이해서, 거처하고 있는 바를 편안히 하고, 본래 자기가 처해 있는 위치대로 행하니, 부귀와 빈천을 오직 하늘의 명에 맡기고, 바깥의 것(요행)은 원하지 않는다."

徼(堅堯反)는 求也요 幸은 謂所不當得而得者라.

　'요徼'자의 뜻은 구함이고, '요행幸'은 마땅히 얻지 못할 것을 얻은 것을 말한다.

- ◆ 徼(堅堯反) : '徼'는 '견'자와 '요'자의 반절음('교→요'라고 읽는다).
- ※ 徼 : 구할 요/ 幸 : 운좋을 행.

① 朱子ㅣ 曰 言强生意智하야 取所不當得이라.

　주자께서 말씀하시기를 "억지로 계략과 지혜를 써서 마땅히 얻지 못할 것을 취함을 말한다."

② 朱氏伸이 曰 易者는 中庸也요 俟命者는 待其分之所當得이라 故無怨尤요 險者는 反中庸也요 徼幸者는 求其理之所不當得이라 故로 多怨尤라.

　주신이 말하기를 "'평이하다'는 것은 중용中庸이고, '천명을 기다림'은 그 분수에 마땅히 얻어야 할 것을 기다림이다. 그러므로 원망과 허물함이 없는 것이요, 위험한 것은 중용과 반대되는 것이고, 요행을 바라는 것은 그 이치로는 마땅히 얻을 수 없음을 바라는 것이다. 그러므로 원망과 허물함이 많은 것이다."

備旨 惟素其位而不願外라 故로 君子는 心中平易하야 所處

而安하고 至於窮通得喪하야는 唯聽天之所命也요 若小人則 騁私智하야 行乎傾險之塗하야 以徼求苟得之幸而已라.

　오직 본래 자기가 처해 있는 위치대로 행하고 바깥에 있는 것(요행)을 원치 않기 때문에, 군자는 마음속이 평이해서 거처하는 바를 편안히 하고, 궁하고 통함과 얻고 잃음에 이르러서는 오직 하늘의 명에 맡길 뿐이고, 소인은 사사로운 지혜에 의지하여 기울어지고 위험한 길을 가서, 구차하게 얻는 요행을 바랄 뿐이다.

※ 騁 : 제멋대로 할 빙/ 傾 : 기울 경/ 險 : 험할 험/ 塗 : 길 도/ 徼 : 구할 요/ 苟 : 구차할 구.

**備旨補註 居易節旨** 此는 合言以束上意라. 俟命은 不在居易外니 順理ㅣ 便是平地요 逆理ㅣ 便是險道라. 小人句는 輕이라.

　거이사명(居易俟命)절의 뜻 : 이것은 종합하여 말해서 위의 뜻을 하나로 묶은 것이다. '명을 기다림(俟命)'은 '평이한 데에 거처하는 것(居易)'의 밖에 있지 않는 것이니, 이치를 순히 함이 곧 평지이고 이치를 거스름이 곧 험한 길이다. '소인小人'이라고 한 구절은 위의 '군자'의 구절과 대구로, 중점이 있는 것은 아니다.

**5** 子ㅣ 曰 射有似乎君子하니
　　자　왈　사유사호군자

失諸正鵠이요 反求諸其身이니라.
실 저 정 곡　　반 구 저 기 신

(正은 音征이요 鵠은 工毒反이라)
공자께서 말씀하시기를 "활쏘기는 군자와 비슷한 점이 있으니 정곡을 맞추지 못하면 돌이켜 자신에게서 반성을 구하느니라."

◆ '正'은 '정'이라 발음하고, '鵠'은 '공'자와 '독'자의 반절음('곡'이라고 발음한다).

○ 畫(胡卦反)布曰正이요 棲皮曰鵠이니 皆侯之中射之的也라.

베(布)에다 표적을 그린 것을 '정正'이라 말하고, 가죽을 붙여 놓은 것을 '곡鵠'이라고 말하니, 모두 과녁의 가운데이며 활을 쏘는 표적이다.

◆ 畫(胡卦反) : '畫'는 '호'자와 '괘'자의 반절음('화→화'라고 발음한다).
※ 畫 : 그릴 화/ 布 : 베 포/ 棲 : 붙일 서, 깃들일 서/ 侯 : 과녁 후/ 射 : 쏠 사/ 的 : 표적 적.

① 詩傳에 侯는 張布而射之者也요 正은 設的於侯中而射之者也니 大射則張皮侯而設鵠하고 賓射則張布侯而設正이라 하니라.

『시경』 제풍齊風 의차시猗嗟詩의 주자장구에 "'후侯'는 베(布)를 펴놓고 활을 쏘는 것이고, '정正'은 표적을 '후' 가운데에 설치하고 활을 쏘는 것이다. 대사大射에서는 가죽 '후'를 펴놓고 '곡鵠'을 설치하고, 빈사賓射에서는 베로 만든 '후'를 펴놓고 '정'을 설치한다."고 했다.

② 雙峰饒氏ㅣ 曰 正은 乃是鴊字니 小而飛最疾하야 最難射라

所以取爲的이라. 鵠은 取革置於中이요 正則畫於布以爲的이라.

쌍봉요씨가 말하기를 "'정正'은 곧 '새매 정鴊'자니, 작으면서 가장 빨리 날아서 쏘기 어렵기 때문에 취해서 표적으로 삼은 것이다. '곡鵠'은 가죽을 가운데에 설치하고, '정正'은 베에다 그려 표적을 만든다."

※ 正鳥 : 새매 정/ 疾 : 빠를 질.

子思ㅣ 引此孔子之言하사 以結上文之意하시니라.

자사께서 공자님의 말씀을 인용하시어 윗 글의 뜻을 맺으신 것이다.

① 陳氏ㅣ 曰 射有不中이면 只是自責이니 如君子ㅣ 行有不得이어든 反求諸己라. 蓋以證上文正己而不求於人이니 是亦不願乎其外之意也라.

진씨가 말하기를 "활을 쏴서 맞히지 못함이 있으면 단지 스스로를 책망할 뿐이니, 군자가 행해서 얻지 못함이 있으면 돌이켜 원인을 자기에게서 찾음과 같다. 아마도 윗 글(3절)에 '자기를 바르게 하고 남에게 요구하지 않는다' 함을 증명함일 것이니, 이 또한 자기의 처지 바깥에 있는 것을 원하지 않는 뜻이다."

備旨 孔子ㅣ 有言曰 凡人之射ㅣ 有似乎君子之道하니 何오? 則射而失諸正與鵠이면 則反求於吾身하야 以爲內志未正하야 外體未直而初無尤人之心也라하시니 觀於此言이면 而君子之素位而行하야 不願乎外ㅣ 何以異哉아!

공자님이 말씀하시기를 "사람들이 활을 쏨이 군자의 도와 비슷한 점이 있으니, 어떤 것인가? 활을 쏴서 표적을 맞추지 못하면, 돌이켜 자기의 몸에서 잘못을 찾아, 자기의 속마음이 바르지 못해서 바깥 몸이 곧지 못한 것이라고 하고, 처음부터 남에게 허물을 돌리는 마음이 없음이라."고 하셨으니, 이 말을 본다면 군자가 본래 자기가 처해 있는 위치대로 행동해서 바깥에 있는 것을 원하지 않음과 무엇이 다르겠는가?"

備旨補註 射有節旨 主君子說이니 不可說君子有似於射라. 失은 是偶然之失이니 方切君子ㅣ 知射之似君子者ㅣ 在反求諸身이니 則君子之反身을 可知矣라. 反身에 正見其正己處니 若不能反身이면 是는 逐遇요 非素位며 是는 諉命이요 非俟命也라.

사유사호군자(射有似乎君子)절의 뜻 : 군자를 위주로 말한 것이니, 군자가 활쏘는 일과 같은 것이 있다고 말할 수는 없는 것이다. '잃는다(失)' 함은 바로 우연한 실수이니, 올바른 군자가 활쏘기가 군자의 모습과 비슷하다는 것을 안다는 것은 바로 '反求諸身'에 있는 것이니 이에 군자의 '反身'을 알 수 있다. '몸을 돌이켜 반성함'에서 바로 군자가 자기를 바르게 하는 곳을 볼 수 있으니, 만약 능히 몸을 반성할 수 없다면 만나는 곳을 따라감이지 본래의 위치대로 함이 아니며, 명(命)을 핑계댐이지 명(命)을 기다림이 아니다.

※ 逐 : 쫓을 축/ 諉 : 핑계댈 위.

○ 右는 第十四章이라.

이상은 열 네 번째 장이다.

子思之言也니 凡章首에 無子曰字者는 放此하니라.

자사의 말씀이니, 모든 장의 첫머리에 '자왈子曰'이라는 글자가 없는 것들은 이와 같다.(모두 자사의 말씀이다.)

① 雙峰饒氏│ 曰 上章道不遠人은 是就身上說이요 此章素位而行은 是就位上說이니 此는 身放開一步라. 然이나 位是此身所居之地니 猶未甚遠이로되 下章은 言行遠登高하야 卑近이 可以至於高遠이니 迤逦放開去라.

　쌍봉요씨가 말하기를 "윗 장에 '도가 사람에게서 멀리 있지 않다' 함은 곧 몸을 위주로 말함이고, 이 장에 '본래 자기가 처해 있는 위치대로 행한다' 함은 위치를 위주로 말함이니, 이는 몸에서 한 발짝 방출되어 전개되어 나온 것이다. 그러나 위치는 바로 몸이 거처하는 곳이니, 그래도 매우 먼 곳은 아니지만, 아랫 장에는 '먼 데를 가고 높은 데를 오른다'고 말해서 낮고 가까운 것이 높고 먼 데까지 이를 수 있음을 말했으니, 잇달아 비스듬히 전개해 간 것이다."

※ 迤 : 잇달을 이/ 逦 : 비스듬히 갈 이

# 第15章

**1** 君子之道는 辟如行遠必自邇하며
군 자 지 도　　　비 여 행 원 필 자 이

辟如登高必自卑니라.
비 여 등 고 필 자 비

군자의 도는, 비유한다면 먼 데를 가려면 반드시 가까운 데로부터 함과 같으며, 높은 데를 오르려면 반드시 낮은 데로부터 함과 같으니라.

○ 辟는 譬와 同이라.

'비辟'자는 '비譬'자와 같다.

※ 辟 : 비유할 비 / 譬 : 비유할 비.

① 新安陳氏ㅣ 曰 承上章하야 言道無不在而進道則有序니 以君子之道로 提起하야 言凡君子之道는 皆當如此也라.

신안진씨가 말하기를 "윗 장을 이어서, 도가 있지 않은 곳이 없으나 도에 나아감은 차례가 있음을 말한 것이니, 군자의 도로써 말을 일으켜서, 군자의 도는 모두가 마땅히 이와 같이 해야 함을 말한 것이다."

備旨 子思ㅣ 自立言以明費之小也하사 曰君子之道ㅣ 雖無所不在나 而其進爲則有序하야 盡性至命이 必本於人倫日用之常하고 精義入神이 必基於灑掃應對之末하니 辟如行遠者ㅣ 不自遠始而必自邇하며 辟如登高者ㅣ 不自高始而必自卑라하시니 求道者ㅣ 可不知所從事哉아!

자사께서 스스로 훈계의 말씀을 남겨 광대함(費) 중에 작은 점을 밝혀 말씀하시기를 "군자의 도가 비록 있지 않은 곳이 없지만, 도에 나아가고 실행함은 차례가 있어서, '성품을 다하고(盡性), 천명에 이르름(至命)'이 반드시 일상에 쓰는 인륜에 근본을 두고, 의리를 정밀히 하여 신의 경지에 들어감(精義入神)이 반드시 물 뿌리고 쓸고 사람을 응대하는 작은 것들에 기본을 둔다. 그러므로 비유한다면 먼 데를 가는 사람이 먼 데로부터 시작하지 않고 반드시 가까운 데로부터 하며, 높은 데에 오르는 사람이 높은 데로부터 시작하지 않고 반드시 낮은 데로부터 하는 것과 같다."고 하시니, 도를 찾는 사람이 종사해야 할 곳을 몰라서야 되겠는가?

※ 灑 : 물 뿌릴 쇄 / 掃 : 쓸 소 / 邇 : 가까울 이.

**備旨補註 譬如章旨** 此章은 言進道有序니 在首節兩辟如는 托出이요 下는 乃擧一事以明이라. 上章은 在身所處之位上說이나 然이나 曰位則遠邇高卑ㅣ 皆位니 所有事也라. 故로 此에 就推行之序言이니 則愈切矣라.

비여행원필자이(譬如行遠必自邇)장의 뜻 : 이 장은 도에 나아감이 차례가 있음을 말한 것이다. 첫머리 절에 있는 두 개의 '비여(譬如)'는 비유를 해서 말의 서두를 꺼낸 것이고, 아래(2절, 3절)는 곧 하나의 일을 들어 밝힌 것이다. 윗 장(14장)은 몸이 현재 처해 있는 자리에서 말한 것이지만 '자리(位)'라고 말하면 멀고 가까우며 높고 낮은 것이 모두 자리니, 해야 할 일이 있는 것이다. 그래서 여기서 미루어 실행하는 순서를 가지고 말한 것이니, 더욱 절실한 것이다.

※ 托 : 의지할 탁 / 愈 : 더욱 유.

**備旨補註 譬如節旨** 高遠卑邇는 是說兩頭요 兩必自字ㅣ

最重이니 有步步從此而進之意며 舍此便不能進之意라. 境界不易到l 爲遠하고 地位不易及이 爲高라.

　비여행원필자이(譬如行遠必自邇)절의 뜻 : '높고 멀며 낮고 가까움'은 두 끝을 말한 것이고, 두 개의 '반드시 ~로부터(必自)'자가 가장 중요하니, 걸음걸음마다 이것을 따라 나아가는 뜻이 있으며, 이것을 놓아두고는 곧 나아갈 수 없다는 뜻이 있는 것이다. 경계에 쉽게 이르지 못하는 것이 먼 것(遠)이 되고, 지위에 쉽게 미칠 수 없는 것이 높은 것(高)이 된다.

**2** 詩曰 妻子好合이 如鼓瑟琴하며
시 왈 처 자 호 합    여 고 슬 금

兄弟旣翕하야 和樂且耽이라.
형 제 기 흡    화 락 차 담

宜爾室家하며 樂爾妻帑라하야늘
의 이 실 가    낙 이 처 노

(好는 去聲이요, 耽은 詩作湛하니 亦音耽이요, 樂은 音洛이라.)
　시경에 말하기를 "처와 자식사이가 좋게 화합함이 거문고를 타는 듯하며, 형제 사이도 이미 화합해서 화락하고 또 즐겁다. 너의 집안을 화목하게 하며, 너의 처와 자손들을 즐겁게 했구나!"라고 했는데,

◆ 好는 去聲이요, 耽은 詩作湛하니 亦音耽이요, 樂은 音洛이라. : '好'자는 거성이고('좋아한다'는 뜻), '耽'은 시경에 '湛'자로 되어 있으니, 또한 음이 '담'이고, '樂'자는 음이 락이다.

※ 翕 : 화합할 흡/ 耽 : 즐거울 담(탐)/ 爾 : 너 이/ 帑 : 자손 노.

◯ 詩는 小雅常棣之篇이라. 鼓瑟琴은 和也요 翕은 亦合也요 耽도 亦樂也라. 帑(與孥로 通이라)는 子孫也라.

　'시詩'는 『시경』 소아小雅편 상체常棣시다. '거문고를 탄다'는 것은 조화로움을 이룸이고, '흡翕'의 뜻도 또한 화합함이고, '담耽'자의 뜻도 또한 즐겁다는 뜻이다. '노孥'자의 뜻은 자손의 뜻이다.

◆ 帑(與孥通) : '帑'는 '孥'자와 서로 통용해서 쓴다.
※ 棣 : 산앵두나무 체.

備旨 且擧倫常中一事言之라. 詩小雅常棣之篇에 曰妻子情好契合하야 如鼓瑟琴하니 和之至也요 兄弟友愛旣翕하야 和樂且耽하니 樂之極也라. 如是則有以宜爾之室家而胥浹洽矣요 如是則有以樂爾之妻帑而卜悠長矣라하니 詩之所言이 如此라.

또한 일상 윤리 중의 한 가지 일을 들어 말한 것이다. 『시경』 소아小雅편 상체常棣시에 말하기를 "처와 자식사이가 정이 좋게 화합하여 거문고를 타는 듯하니 화합이 지극함이고, 형제간이 우애함으로 이미 화합하여 화락하고 또한 즐거우니 즐거움이 지극함이다. 이와 같으면 너의 집안 전체가 화목해서 가족 서로간의 정이 두루 미치게 될 것이고, 이와 같으면 너의 처와 자손이 즐거워서 오래도록 보존됨을 점지하게 될 것이다"고 했으니, 『시경』에 말한 것이 이와 같다.

※ 契 : 맞을 계/ 悠長(유장) : 오래하고 길게 함.

備旨補註 妻子節旨 引詩I 妻子兄弟를 平列이나 不拘詩旨라. 鼓는 是彈이요 耽은 是樂之久라. 按室은 謂夫婦所居하고 家는 謂一門之內하니 似不當以宜室家로 分貼兄弟니 不若總承爲穩이라.

처자호합(妻子好合)절의 뜻 : 인용한 시가 처자와 형제를 평등하게 열거했으나 시의 뜻에 구애받지 않았다. '고鼓'는 탄다는 뜻이고, '즐겁다(耽)' 함은 오래도록 즐김이다. 살펴보건대 '실室'은 부부가 거처하는 곳을 이르고, '가家'는 한 집안을 이르니, '너의 실가를 마땅하게 한다(宜爾室家)' 함으로 형제에게 해당하는 것으로 나누어 배속함은 마땅치 않고, 전체(처자와 형제)를 받는 말로 보는 것이 타당할 것이다.

※ 拘 : 구애받을 구/ 彈 : 탄주할 탄/ 按 : 살필 안/ 貼 : 붙일 첩/ 穩 : 온당할 온.

### 3 子ㅣ 曰 父母는 其順矣乎신져!
자 왈 부모 기 순 의 호

공자께서 말씀하시기를 "부모는 아마도 편안하고 즐거워하실 것이로다!"

○ 天子ㅣ 誦此詩而贊之曰 人能和於妻子하고 宜於兄弟 如此면 則父母其安樂(音洛)之矣라하시니 子思ㅣ 引詩及此語 하사 以明行遠自邇登高自卑之意하시니라.

공자께서 이 시를 외우시고 칭찬하시기를 "사람이 능히 처와 자식을 화합시키고 형제에게 마땅히 할 수 있음이 이와 같다면, 부모는 아마도 편안하고 즐거우실 것이라"고 말씀하셨으니, 자사께서 『시경』의 이 말씀을 인용하시어 "먼 데를 가려면 가까운 데로부터 하고, 높은 데를 오르려면 낮은 데로부터 해야한다"는 뜻을 밝히신 것이다.

◆ 樂(音洛) : '樂'은 '락'이라고 발음한다.

① 三山陳氏ㅣ 曰 行遠自邇하고 登高自卑하니 凡君子之道는 其推行之序ㅣ 皆然이로되 引詩以明之는 特擧一事而言耳라.
삼산진씨가 말하기를 "먼 데를 가려면 가까운 데로부터 하고, 높은 데를 오르려면 낮은 데로부터 하니, 군자의 도라는 것은 그 미루어 행하는 순서가 모두 그러한 것이다. 그러나 시경을 인용해서 밝힌 것은 특히 그 중 한 가지 일만을 들어 말한 것일 뿐이나."

② 雙峰饒氏ㅣ 曰 行遠自邇登高自卑는 說得闊이로되 只引詩 來形容하니 却是切이라. 惟妻子好合이 如鼓瑟琴이라 故로 能 宜爾室家하고 惟兄弟旣翕하야 和樂且耽이라 故로 能樂爾妻 孥니 室家宜妻孥樂은 皆下面事요 父母順은 是上面事라. 欲

上面順인댄 須下面和라야 始得이니 卽行遠自邇登高自卑之意니라.

　쌍봉요씨가 말하기를 "'먼 데를 가려면 가까운 데로부터 하고 높은 데를 오르려면 낮은 데서부터 한다' 함은 일반적으로 넓게 말한 것이지만, 시를 인용하여 형용하니 더욱더 절실하다. 오직 처와 자식이 좋게 화합함이 거문고를 타는 것과 같았기 때문에 능히 너의 집안을 마땅하게 할 수 있고, 오직 형제가 이미 화합하여 화락하고 또한 즐겁기 때문에 능히 너의 처와 자식을 즐겁게 할 수 있었던 것이니, 집안을 마땅히 하고 처와 자식을 즐겁게 함은 모두가 아랫 면의 일이고, 부모가 편안하고 즐거우심은 곧 윗 면의 일인 것이다. 윗 면이 편안하고 즐겁게 하려면 반드시 아랫 면이 화합해야만 비로소 얻게 되는 것이니, 곧 '먼 데를 가려면 가까운 데로부터 하고 높은 데를 오르려면 낮은 데로부터 하는' 뜻이다."

※ 闊 : 넓을 활/ 孥 : 자손 노.


③ 新安陳氏ㅣ 曰 兄弟妻子之間에 日用常行之事는 道無不在하니 不可忽其爲卑近이요 雖高遠이라도 實自於此니 堯舜之道ㅣ 孝弟而已는 正此意也라. 子思ㅣ 引詩及夫子贊詩語는 蓋偶指一事而言이요 非以自邇自卑之義ㅣ 爲止於此詩所云而已也라.

　신안진씨가 말하기를 "형제와 처자 사이에 일상의 쓰고 행하는 일들은 도가 있지 않은 곳이 없으니, 그것이 비근하다고 해서 소홀히 할 수는 없는 것이고, 비록 높고 먼 것이라도 실상 여기에서부터 시작되는 것이니, '요·순의 도는 효도하고 공손함 뿐이라'는 것이 바로 이 뜻이다. 자사께서 시와 공자님이 이 시를 찬양하신 말씀을 인용하신 것은, 우연히 이 하나의 일을 가리켜서 말씀하신 것일 뿐이고, '가까운 데로부터 하고 낮은 데로부터 한다'는 뜻이 단지 이 시에 말한 것에만 그치고 말 뿐이 아니다."

[備旨] 孔子ㅣ 讀此詩而慨然曰 妻子不和하고 兄弟不宜는 皆貽父母之憂니 人能和妻子宜兄弟如此면 則父母其安樂而無不順矣乎인저하시니 由詩及聖言觀之면 必能和妻子宜兄弟而後에 父母順이니 是亦行遠自邇登高自卑之一事也라. 然則學者之於道에 忽意卑邇而馳心高遠이면 其能至乎哉아!

 공자께서 이 시를 읽으시고 감격하시어 말씀하시기를 "처자가 화합하지 못하고 형제가 마땅히 하지 못함은 모두 부모에게 근심을 끼치는 것이니, 사람이 능히 처자를 화합시키고 형제를 마땅히 함이 이와 같다면, 부모는 아마도 편안하고 즐거우실 것이라"고 하셨다. 시경과 성인의 말씀으로 말미암아 살펴본다면, 반드시 능히 처자를 화합시키고 형제에게 마땅히 한 뒤에야 부모가 편안하고 즐거우심이니, 이는 또한 '먼 데를 가려면 가까운 데로부터 하고 높은 데를 오르려면 낮은 데로부터 함'의 한 가지 일이다. 그렇다면 배우는 사람이 도를 행함에, 비근한 것에 뜻을 소홀히 하고 높고 먼 데로만 마음이 달려간다면, 그가 능히 도에 이를 수 있겠는가?

※ 宜 : 마땅할 의/ 貽 : 끼칠 이/ 邇 : 가까울 이/ 馳 : 달릴 치.


[備旨補註 父母節旨] 妻子兄弟는 喩卑邇요 父母는 喩高遠이라. 順은 卽註安樂意니 此情此理는 究不越人人意中이라. 其字矣乎字에 猶聞唱嘆之音이라.

 부모기순의호(父母其順矣乎)절의 뜻 : 처자와 형제는 낮고 가까운 것을 비유한 것이고, 부모는 높고 먼 것에 비유된 것이다. '순順'자의 뜻은 곧 장구에 말한 편안하고 즐겁다는 뜻이니, 이 정情

과 이치(理)라는 것은 궁극적으로 사람 사람의 의중을 넘지 않는 것이다. '기其'자와 '의호矣乎'자에서 아직도 읊고 감탄하는 소리가 들리는 것 같다.

● 右는 第十五章이라.
이상은 열 다섯 번째 장이다.

① 雙峰饒氏ㅣ 曰 自道不遠人而下로 至此凡三章은 皆近裏就實이니 學者所當用功이라.
　쌍봉요씨가 말하기를 "'도가 사람에게 멀리 있지 않다(13장)'는 것 이하로부터 여기까지 이르는 세 장(13~15장)은, 모두가 가까운 데에서 실질적인 데로 나아감이니, 배우는 사람이 마땅히 공부를 해야 할 곳들이다."

② 東陽許氏ㅣ 曰 此章은 專言行道必自近始니 未有目前日用細微處ㅣ 不合道而於遠大之事能合道者也라. 君子之道는 其理勢ㅣ 必當如此라 故로 於費隱之後에 十三章은 先言修己治人을 必恕以行之而謹其庸德庸言하고 次十四章은 則言正己不求於外하고 此章은 則言自近及遠하니 是는 言凡行道ㅣ 皆當如是也라. 引詩는 本是比喩說이나 然이나 於道中에 言治家則次序ㅣ 又如此라.
　동양허씨가 말하기를 "이 장은 전적으로 도를 행함이 반드시 가까운 데로부터 시작함을 말한 것이니, 눈앞의 일상에 쓰는 작은 곳은 도에 어긋나게 하면서, 멀고 큰 일은 능히 도에 합치되게 할 수 있는 사람은 없는 것이다. 군자의 도는 그 이치와 형세가 반드시 마땅히 이와 같을 것이기 때문에, '광대하고 은미하다(費隱)' 장

(12장) 뒤에 있는 열세 번째 장은, 먼저 자기를 닦고 남을 다스림을 반드시 서恕로써 행하고 평상의 덕과 평상의 말을 삼가라고 말하고, 다음에 있는 열 네 번째 장은 자기를 바르게 하고 그 밖에 있는 것을 요구하지 말것을 말하고, 이 장(15장)은 가까운 데로부터 먼 데에 미침을 말했으니, 이는 도를 행함이 모두 마땅히 이와 같이 해야 함을 말한 것이다. 인용한 시詩는 본래 비유하여 말한 것이다. 그러나 도 가운데서 집을 다스림을 말한다면 그 차례가 또한 이와 같은 것이다."

※ 喩 : 깨우칠 유, 비유할 유

# 第16章

**1** 子ㅣ 曰 鬼神之爲德이 其盛矣乎인져!
자 왈 귀 신 지 위 덕   기 성 의 호

공자께서 말씀하시기를 "귀신의 덕이 성대하도다!"

● 程子ㅣ 曰 鬼神은 天地之功用而造化之迹也라.

정자께서 말씀하시기를 "귀신은 하늘•땅의 공과 작용(功用)이고, 조화의 자취다."

① 朱子ㅣ 曰 功用은 只是論發見者니 如寒來暑往 日往月來 春生夏長이 皆是라.

주자께서 말씀하시기를 "'공과 작용(功用)'이라는 것은 단지 발현된 것을 논한 것일 뿐이니, 예를 들면 추위가 오면 더위가 가며, 해가 지면 달이 뜨며, 봄에 나고 여름에 성장함과 같은 것들이 모두 공과 작용이다."

※ 見 : 나타날 현/ 寒 : 찰 한/ 暑 : 더울 서.

② 風雨霜露日月晝夜ㅣ 此鬼神之迹也라.

비오고 바람불며 서리내리고 이슬내리며 해뜨고 달뜨며 낮이 되고 밤이 됨이, 이것이 귀신의 자취다.

※ 霜 : 서리 상/ 露 : 이슬 로/ 迹 : 자취 적.

③ 造化之妙를 不可得而見이나 於其氣之往來屈伸者에 足以見之니 微鬼神則造化無迹矣리라. 問何謂迹이닛고? 曰鬼神은 是天地間造化며 只是二氣屈伸往來라. 神은 是陽이요 鬼는 是陰이니 往者屈하고 來者伸하야 便有箇迹恁地니라.

조화의 오묘함을 볼 수는 없으나, 그 기운이 가고 오고 굽히고 펴지는 것에서 족히 볼 수 있으니, 귀신鬼神이 아니면 조화가 자취가 없을 것이다.

묻기를 "어떤 것을 자취라고 말합니까?" 대답하시기를 "귀신은 바로 하늘·땅 사이의 조화며, 단지 두 기운이 굽히고 펴고 가고 오는 것일 뿐이다. 신神은 바로 양陽이고 귀鬼는 바로 음陰이니, 가는 것은 굽혀지고 오는 것은 펴져서 곧 이와 같은 하나의 자취가 있게 되는 것이다."

※ 屈 : 굽힐 굴/ 伸 : 펼 신/ 微 : 없을 미(≒無)/ 迹 : 자취 적/ 恁地(임지) : 이와 같은.

④ 北溪陳氏ㅣ 曰 造化之迹은 以陰陽流行著見於天地間者로 言之라.

북계진씨가 말하기를 "조화의 자취는 음양陰陽이 유행해서 하늘과 땅 사이에 나타나는 것으로써 말한 것이다."

張子ㅣ 曰 鬼神者는 二氣之良能也니라.

장자가 말씀하기를 "귀신은 두 기운의 참된 능력(良能)이다."

① 朱子ㅣ 曰 良能은 是說往來屈伸이니 乃理之自然이요 非有安排措置라. 二氣는 則陰陽이요 良能은 是其靈處라.

주자께서 말씀하시기를 "'참된 능력(良能)'이라는 것은 바로 가고 오고 굽히고 펴짐을 말한 것이니, 곧 이치의 자연스러운 것이고, 안배하고 조치함이 있는 것은 아니다. '두 기운(二氣)'이라는 것은 곧 음양陰陽이고, '참된 능력'이라는 것은 바로 두 기운의 영험한 곳이다."

※ 安排(안배) : 잘 배치함/ 靈 : 신령할 령.

② 鬼神은 論來에 只是陰陽屈伸之氣니 謂之陰陽도 亦可也나 然이나 必謂之鬼神者는 以其良能功用而言也라.
　귀신은 논한다면 단지 음양의 굽히고 펴는 기운일 뿐이니, 음양이라고 하여도 또한 옳다. 그러나 반드시 귀신이라고 이르는 것은 그것의 참된 능력의 공과 작용을 가지고 말한 것이다.

③ 屈伸往來는 是二氣自然能如此라. 一伸이면 去便生許多物事하고 一屈이면 來便無了一物하니 便是良能功用이요 便是陰陽往來라.
　굽히고 펴고 가고 오는 것은 바로 두 기운이 자연히 능히 이와 같이 할 수 있음이다. 한번 펴게 되면 나아가서 많은 사물과 일들을 낳고, 한번 굽히게 되면 돌아와서 한 사물도 없게 하니, 이것이 곧 참된 능력의 공과 작용이고, 이것이 바로 음양의 가고 옴이다.

④ 雙峰饒氏 | 曰造化之迹은 指其屈伸者而言이요 二氣良能은 指其能屈能伸者而言이니 程子는 只說他屈伸之迹하고 不說他靈處로되 張子는 說得精이라.
　쌍봉요씨가 말하기를 "'조화의 자취'는 그것의 굽히고 펴는 것을 가리켜서 말한 것이고, '두 기운의 참된 능력'이라는 것은 그것이 능히 굽힐 수 있고 능히 펼 수 있음을 가리켜서 말한 것이다. 정자程子는 단지 귀신의 굽히고 펴는 자취만을 말씀하고 귀신의

영험한 곳을 말씀하지 않았으나, 장자張子는 정밀하게 말씀을 한 것이다."

**愚는 謂以二氣言則鬼者는 陰之靈也요 神者는 陽之靈也며**
나의 생각으로는, 두 기운으로써 말한다면 귀鬼는 음陰의 영험함이고 신神은 양陽의 영험함이며,

> ① 朱子ㅣ 曰 二氣는 謂陰陽對待하야 各有所屬이니 如氣之呼吸者는 爲魂하니 魂則神也而屬乎陽하고 耳目口鼻之類는 爲魄하니 魄은 卽鬼也而屬乎陰이라.
> 주자께서 말씀하시기를 "'두 기운(二氣)'이라는 것은 음과 양이 상대가 되어 기다리면서 각기 소속이 있음을 이름한 것이다. 예를 들면 기의 호흡은 혼이 되니, 혼은 신이고 양陽에 속하며, 귀 눈 입 코의 종류는 백魄이 되니, 백은 곧 귀鬼이고 음陰에 속하는 것과 같은 것이다."

> ② 北溪陳氏ㅣ 曰 靈은 只是自然屈伸往來하야 恁地活爾라.
> 북계진씨가 말하기를 "영험하다 함은 곧 저절로 굽히고 펴며 가고 와서 이곳에서 살아 있음이다."

**以一氣言 則至而伸者ㅣ 爲神하고 反而歸者ㅣ 爲鬼로되 其實은 一物而已라하노라.**
하나의 기운으로써 말한다면 와서 펴지는 것은 신神이 되고, 되돌아서 돌아가는 것은 귀鬼가 된다. 그러나 그 실상은 하나의 사물일 뿐이다.

① 張子ㅣ 曰 物之初生엔 氣日至而滋息하고 物生旣盈엔 氣日反而遊散하니 至之謂神은 以其伸也요 反之謂鬼는 以其歸也라. 天地不窮은 寒暑耳요 衆動不窮은 屈伸耳니 鬼神之實은 不越乎二端而已矣니라.

장자張子가 말씀하기를 "사물이 처음 날 때는 기운이 날마다 와서 점점 불어나고, 사물이 나서 이미 가득 차게 되면 기운이 날마다 되돌아가서 산산이 흩어지게 되니, 오는 것을 '신神'이라 이름은 그것이 펴지기 때문이고, 되돌아가는 것을 '귀鬼'라 이름은 그것이 돌아가기 때문이다. 하늘·땅이 끝없이 운행함은 추위와 더위 때문이고, 여러 가지 움직임이 끝이 없음은 굽히고 폄 때문이니, 귀신鬼神의 실체는 두 끝을 넘지 못할 뿐이다."

② 朱子ㅣ 曰 二氣之分은 實一氣之運이로되 以二氣言이면 陰之靈은 爲鬼하고 陽之靈은 爲神이며 以一氣言則方伸之氣도 亦有伸有屈하니 其方伸者는 神之神이요 其旣伸者는 神之鬼며 旣屈之氣도 亦有屈有伸하니 其旣屈者는 鬼之鬼요 其來格者는 鬼之神이니라.

주자께서 말씀하시기를 "두 기운으로 나뉨은 실상 한 기운이 운행함이다. 그러나 두 기운으로써 말한다면, 음陰의 영(靈)은 귀鬼가 되고, 양陽의 영(靈)은 신神이 되며, 한 기운으로써 말하면, 지금 막 펴져서 나오고 있는 기운에도 또한 펴짐이 있고 굽힘이 있으니, 지금 막 펴져서 나오는 것은 신의 신이고, 이미 펴진 것은 신의 귀이며, 이미 굽혀진 기운에도 또한 굽히고 폄이 있으니, 이미 굽혀진 것은 귀의 귀이고, 와서 모양을 이룬 것은 귀의 신이다."

③ 天地間은 如消底는 是鬼요 息底는 是神이며 生底는 是神이

요 死底는 是鬼며 四時에 春夏는 爲神하고 秋冬은 爲鬼하며 人之語는 爲神하고 黙은 爲鬼하며 動은 爲神하고 靜은 爲鬼하며 呼는 爲神하고 吸은 爲鬼라.

하늘과 땅 사이에서는 예를 들자면 소멸되는 것은 귀鬼고, 불어 나는 것은 신神이며, 생겨나는 것은 신이고, 죽는 것은 귀이다. 사시四時에는 봄과 여름은 신이 되고, 가을과 겨울은 귀가 된다. 사람으로 말하면 말함은 신이 되고, 침묵함은 귀가 되며, 움직임은 신이 되고, 고요함은 귀가 되며, 숨을 불어냄은 신이 되고, 들이마심은 귀가 된다.

※ 消 : 사라질 소/ 息 : 불어날 식.

④ 新安陳氏ㅣ 曰 二氣는 以陰陽之對待者言이요 一氣는 以陰陽之流行者言이라.

신안진씨가 말하기를 "두 기운이라는 것은 음陰과 양陽이 상대가 되어 기다림으로써 말한 것이고, 한 기운이라는 것은 음양의 흘러 행함으로 말한 것이다."

## 爲德은 猶言性情功效라.

'덕(爲德)'이라는 것은 성정性情과 공효功效라고 말함과 같다.

① 朱子ㅣ 曰 性情은 乃鬼神之情狀이요 能使天下之人으로 齊明盛服하야 以承祭祀ㅣ 便是功效라.

주자께서 말씀하시기를 '성정性情'은 곧 귀신의 정상(情狀)이고, 능히 천하의 사람들로 하여금 재계하고 깨끗이 하여 옷을 성대히 입고 제사를 잇게 하는 것이 바로 '공효功效'다.

② 視不見 聽不聞은 是性情이요 體物而不可遺는 是功效라.
　봐도 보이지 않고 들어도 들리지 않음은 바로 성정性情이고, 사물의 몸체가 되어서 빠뜨릴 수 없음은 바로 공효功效다.

③ 性情은 便是二氣之良能이요 功效는 便是天地之功用이니 人은 須是於良能功用上에 認取其德이라. 鬼神之德은 言鬼神實然之理라.
　성정性情은 곧 두 기운의 참된 능력(良能)이고, 공효는 곧 하늘과 땅의 공과 효용이니, 사람은 반드시 이 참된 능력과 공과 효용 위에서 그 덕을 알고 취해야 할 것이다. '귀신의 덕'이라는 것은 귀신이 실제로 그렇게 되는 이치를 말한 것이다.

④ 蛟峯方氏ㅣ 曰 性情은 言其體요 功效는 言其用이니 易에 曰鬼神之情狀이라하니 情은 卽性情이요 狀은 卽功效也라. 鬼神이 生長斂藏하니 是孰使之然고? 是는 他性情이 如此요 若生而成春하고 長而成夏하며 斂而成秋하고 藏而成冬은 便是鬼神之功效라.
　교봉방씨가 말하기를 "성정性情은 그 본체를 말함이고 공효功效는 그 작용을 말한 것이다. 『주역』 계사전 상 4장에 말하기를 '귀신의 정상(情狀)'이라고 했으니, 정情은 곧 성정이고 상(狀)은 곧 공효다. 귀신이 낳고 키우고 거두고 감추니, 누가 이것을 그렇게 시키는 것일까? 이는 귀신의 성정이 이와 같이 함이고, 생겨나면 봄이 되고 자라면 여름이 되고, 거두면 가을이 되고 감추면 겨울이 됨과 같은 것은, 이는 바로 귀신의 공효다."

備旨 子思ㅣ 引夫子之論鬼神하사 以明道之兼費隱包小大

也라. 夫子ㅣ 有曰天地間에 屈伸往來는 總是陰陽之氣요 而氣之靈者를 則謂之鬼神이라. 其爲德也ㅣ 流行乎天地하야 至無而含至有하고 至虛而統至實하니 其盛을 而不可加矣乎인저!

　자사께서 공자님의 귀신을 논하신 것을 인용하시어, 도가 광대하고 은미함을 겸하고 크고 작은 것을 포함하고 있음을 밝히신 것이다. 공자님이 말씀하시기를 "하늘과 땅 사이에 굽히고 펴고 가고 오는 것은 모두 음양의 기운이고, 기운의 영험함을 귀신이라 이른다. 귀신의 덕이 하늘과 땅 사이에 흘러 행해서, 지극히 없으면서 지극히 있음을 포함하고, 지극히 비어 있으면서 지극히 실한 것을 거느리고 있으니, 그 성대함을 더 보탤 수가 없구나!"고 하셨다.

　備旨補註 鬼神章旨　此章은 卽鬼神하야 以明道不可離之意니 首節은 嘆鬼神之德之盛이나 且虛說이요 次節은 正見其盛이요 三節은 驗其盛이요 四節은 證其盛이요 末節은 推其所以盛也라.

　귀신(鬼神之爲德)장의 뜻 : 이 장은 귀신으로써 '도를 떠날 수 없다' 함의 뜻을 밝힌 것이다. 첫머리 절은 귀신의 덕이 성대함을 찬탄한 것이지만, 또한 가상적으로 말한 것일 뿐이고, 다음 절(2절)은 바로 귀신의 성대함을 나타낸 것이고, 세 번째 절은 귀신의 성대함을 경험한 것이고, 네 번째 절은 귀신의 성대함을 증명한 것이고, 끝 절(5절)은 귀신의 성대한 이유를 미루어 밝힌 것이다.

　備旨補註 鬼神節旨　鬼神은 二氣之分이나 實一氣之合이니 二氣는 以陰陽對待言이요 一氣는 以陰陽流行言이라. 註에 云性情은 是良能이요 功效는 是功用이라. 盛字ㅣ 在下體物不

遺上은 見其所以盛이 則誠也라.

　귀신지위덕(鬼神之爲德)절의 뜻 : 귀신은 두 기운으로 나뉘어짐이나 실상 한 기운(一氣)으로 합쳐진 것이니, 두 기운이라는 것은 음양陰陽이 서로 대가 되어 기다림으로써 말한 것이고, 한 기운이라는 것은 음양이 흘러 행하는 것으로써 말한 것이다.

　장구에 말한 '성품과 정(性情)'이라는 것은 바로 참된 능력(良能)이고, '공효功效'라는 것은 바로 공용功用이다. 성대하다는 '성盛'자가 아랫 절의 '사물의 몸체가 되어 빠뜨릴 수 없다'의 앞에 있는 것은 그 성대한 까닭이 곧 성실함임을 나타낸 것이다.

### 2 視之而弗見하며 聽之而弗聞이로되
시 지 이 불 견　　　청 지 이 불 문

### 體物而不可遺니라.
체 물 이 불 가 유

귀신은 봐도 보이지 않으며 들어도 들리지 않지만 사물의 몸체가 되어 빠뜨릴 수 없느니라.

○ 鬼神이 無形與聲이나 然이나 物之終始ㅣ 莫非陰陽合散之所爲니

귀신이 형체도 없고 소리도 없다. 그러나 사물의 마치고 시작됨이 음과 양의 합하고 흩어짐으로 이루어지지 않는 것이 없으니,

① 新安陳氏ㅣ 曰 陰陽之合은 爲物之始하고 陰陽之散은 爲物之終이라.
　신안진씨가 말하기를 "음양의 합함은 사물의 시작이 되고, 음양의 흩어짐은 사물의 마침이 된다."

是ㅣ 其爲物之體 而物之所不能遺也라. 其言體物은 猶易所謂幹事라.

이것이 귀신이 사물의 몸체가 됨이고 사물이 능히 빠뜨릴 수 없음이다. 『중용』에서 '사물의 몸체가 된다'고 말함은 『주역』 건괘乾卦 문언전文言傳에 이른바 '일의 줄거리가 된다'는 말과 같은 것이다.

※ 『주역』 건괘 문언전에 "文言曰 元者는 善之長也요 亨者는 嘉之會也요 利者는 義之和也요 貞者는 事之幹也요... (문언전에 말하기를 원元은 선善의 으뜸이요, 형亨은 아름다움의 모임이요, 이利는 의義에 화함이요, 정貞은 일의 근간이요...)

① 問體物而不可遺한대 朱子ㅣ 曰只是這一箇氣로되 入毫釐絲忽裏去도 也是這陰陽이며 包羅天地도 也是這陰陽이니 有是理면 便有是氣하고 有是氣면 便有是理하야 無非實者니라.

"사물의 몸체가 되어 빠뜨릴 수 없다 함"을 물으니, 주자께서 말씀하시기를 "단지 이 하나의 기운일 뿐이지만, 터럭끝 같이 미세한 속으로 파고 들어가는 것도 바로 이 음양이며, 하늘과 땅을 싸고 망라하는 것도 바로 이 음양이니, 이 이치가 있으면 곧 이 기운이 있고, 이 기운이 있으면 곧 이 이치가 있어서, 채워지지 않는 것이 없느니라."

※ 毫釐(호리) : 극히 적은 양/ 裏 : 속 리/ 包 : 쌀 포/ 羅 : 망라할 라.

② 天下에 豈有一物不以此爲體리오? 天地之升降과 日月之盈縮과 萬物之消息變化ㅣ 無一非鬼神之所爲者라. 是以로 鬼神이 雖無形聲而遍體乎萬物之中하야 物莫能遺也라.

천하에 어찌 한 사물이라도 이것으로 몸체를 삼지 않는 것이 있겠는가? 하늘·땅의 오르고 내림과 해와 달의 차고 기울음과 만물의 소멸되고 불어나는 변화가, 한가지라도 귀신의 하는 바가 아님이 없다. 그러므로 귀신이 비록 형체와 소리는 없지만, 만물속에서 두루 몸체가 되어 사물이 능히 빠뜨릴 수 없는 것이다.

※ 升 : 오를 승/ 降 : 내릴 강/ 盈 : 찰 영/ 縮 : 쭈구러질 축/ 遍 : 두루 편/ 遺 : 빠뜨릴 유.

③ 此三句는 指鬼神之德而言이니 視不見聽不聞하야 無形聲臭味之可聞可見也나 然이나 却體物而不遺하니 則甚昭然而不可揜也라. 所謂體物者는 固非先有是物而後體之며 亦非有體之者而後에 有是物이라. 萬物之體는 卽鬼神之德이며 猶云卽氣而不可離也니 可離則無物矣라. 所謂不可遺者는 猶云無闕遺滲漏니 蓋常自洋洋生活하야 不問乎晦明代謝

也라. 物之聚散始終은 無非二氣之往來伸屈이니 是鬼神之德이며 爲物之體而無物能遺之也라.

　이 세 구절은 귀신의 덕을 가리켜 말한 것이니, '봐도 보이지 않고 들어도 들리지 않아 형체와 소리 냄새와 맛으로는 듣거나 볼 수 없음이다. 그러나 사물의 몸체가 되어 빠뜨릴 수 없으니, 곧 매우 밝게 드러나서 가릴 수 없음이다. 이른바 '사물의 몸체가 된다'는 것은, 본래 이러한 사물이 먼저 있은 뒤에 몸체가 되는 것이 아니며, 또한 몸체로 삼는 것이 있은 뒤에 이 사물이 있음도 아니다. 만물의 몸체는 그것이 곧 귀신의 덕이며, 그것이 '곧 기운이고 떠날 수 없다' 함과 같은 것이니, 떠날 수 있다면 사물이 없는 것이다.

　이른바 '빠뜨릴 수 없다' 함은 '생략되고 빠지고 새나가는 것이 없다' 함과 같은 것이니, 일반적으로 항상 스스로 양양洋洋히 살아 움직여서, 어두울 때나 밝을 때나 교대하여 들어올 때나 물러갈 때에 틈새가 없음이다(잠깐이라도 끊김이 없는 것이다). 사물들의 모이고 흩어지고 시작하고 마침은, 모두 두 기운의 가고 오고 펴고 굽힘이 아닌 것이 없으니, 이것이 바로 귀신鬼神의 덕이며, 사물의 몸체가 되어서 능히 빠뜨릴 수 있는 사물이 없음이다.

※ 聲: 소리 성/ 臭: 냄새 취/ 味: 맛 미/ 昭: 밝을 소/ 揜: 가릴 엄/ 闕: 빠질 궐/ 滲: 샐 삼/ 漏: 샐 루/ 晦: 어두울 회.

④ 不見不聞은 此正指隱處니 如前後章은 只擧費以明隱이라.

　'보이지 않고 들리지 않는다' 함은 바로 은미한 곳을 가리킨 것이니, 이 장의 앞뒤에 있는 장과 같은 것은, 단지 '광대한 것(費)'을 예를 들어서 '은미한 것(隱)'을 밝힌 것일 뿐이다.

⑤ 雙峰饒氏ㅣ 曰 前章은 詳於費而不及隱하니 引而不發之

意也요 此章은 推隱而達於費하니 以發前章未發之意也라. 然이나 弗見弗聞이 已足以形容其隱矣어늘 而復以體物而不可遺言者는 明隱非空無之謂也라. 故로 下文에 言微之顯而復以誠之不可揜으로 申之니 明隱之所以不能不費者는 正以其實理之不可揜故也라. 又曰道는 是形而上者요 鬼神은 是形而下者나 此章에 卽鬼神之費隱하야 以明道之費隱하니 言觀鬼神之體至隱而其用이 至費如此면 則道之用이 所以至費者ㅣ 豈非有至隱以爲之體乎아라.

쌍봉요씨가 말하기를 "앞 장은 도의 광대한 것(費)에는 자세히 했으나 은미한 것(隱)에는 미치지 않았으니, 인용만 하고 밝히지 않는 뜻이고, 이 장은 은미한 것을 미루어 광대함에까지 이르렀으니, 앞장의 밝히지 않은 뜻을 밝힌 것이다. 그러나 '보이지 않고 들리지 않는다'는 말이 이미 그것의 '은미함'을 충분히 형용했는데도, 다시 '사물의 몸체가 되어 빠뜨릴 수 없다' 함으로써 말한 것은, '은미함'은 비어있고 없음을 말함이 아님을 밝힌 것이다. 그러므로 아랫 글에 은미한 것이 드러남을 말하고, 다시 성실함을 가릴 수 없음으로써 거듭 말한 것이니, 은미한 것이 광대하지 않을 수 없는 것은 바로 그 진실한 이치를 가릴 수 없기 때문임을 밝힌 것이다.

또 말하기를 도는 곧 형상의 위에 있는 것이고 귀신은 곧 형상의 아래에 있는 것이지만, 이 장에서 귀신의 광대하고 은미한 곳에 나아가서 도의 광대하고 은미함을 밝혔으니, 귀신의 본체는 지극히 은미하나 그 작용이 지극히 광대함이 이와 같음을 본다면, 도의 작용이 지극히 광대한 이유가 어찌 지극히 은미함으로 본체를 삼음이 있기 때문이 아니겠는가? 함을 말한 것이다."

⑥ 朱氏伸이 曰 視弗見聽弗聞은 德之微也요 體物不可遺는 德之顯也라.

주신이 말하기를 "'봐도 보이지 않고 들어도 듣기지 않음'은 덕의 은미함(隱)이고, '사물의 몸체가 되어 빠뜨릴 수 없음'은 덕의 드러남이다."

⑦ 新安陳氏ㅣ 曰 鬼神은 爲物之體故로 此에 曰體物이니 猶貞爲事之幹이라. 故로 乾卦文言에 曰貞固足以幹事라하고 張子ㅣ 曰 天이 體物而不遺는 猶仁이 體事而無不在也라하니 味其語意면 可互相發明이라.

　신안진씨가 말하기를 "귀신은 사물의 몸체가 되기 때문에 여기서 '사물의 몸체가 된다(體物)'고 말한 것이니, '정(貞)은 일의 줄거리가 된다'고 함과 같은 것이다. 그러므로 『주역』건괘 문언전에 '굳건하고 바름은 족히 일의 줄기가 될 수 있다'고 말했고, 장자張子는 '하늘이 사물의 몸체가 되어 빠뜨리지 않음은, 인仁이 사물의 몸체가 되어 있지 않은 곳이 없음과 같다'고 말씀했으니, 그 말들의 뜻을 음미하면 뜻이 서로 밝혀질 수 있을 것이다."

備旨 何以見其德之盛也오? 蓋凡物之有形者는 視之可見也로되 鬼神은 無形하니 視之而弗見焉이며 凡物之有聲者는 聽之可聞也로되 鬼神은 無聲하니 聽之而弗聞焉이라. 然이나 鬼神雖無形聲이나 而實遍體乎形聲之中하야 陰陽一合而物以之始하고 陰陽一散而物以之終하니 物自不可得而遺焉이라. 其德之盛也ㅣ 爲何如哉아?

　어떻게 귀신의 덕이 성대함을 알 수 있는가? 일반적으로 모든 형체가 있는 사물들은 보면 볼 수가 있지만, 귀신은 형체가 없으니 봐도 보이지 않으며, 모든 소리가 있는 사물들은 들으면 들을 수가 있지만, 귀신은 소리가 없으니 들어도 듣기지 않는다. 그러나 귀신이 비록 형체와 소리가 없지만 실상 형체와 소리 속에 두루 몸체를 이루어서, 음양이 한번 합쳐지면 사물이 시작되고, 음양이 한번 흩어지면 사물이 마치게 되니, 사물이 스스로 빠뜨릴 수가 없는 것이다. 그 덕의 성대함이 어떠한가?

<mark>備旨補註 視之節旨</mark> 此三句는 一連說이니 歸重在體物句라. 鬼神이 無形而 能形天下之形하고 無聲而能聲天下之聲하니 不是先有物而後體之요 鬼神이 卽在物中作個骨子一般이며 鬼神은 是主요 物은 是賓이라.

　시지이불견(視之而弗見)절의 뜻 : 이 세 구절은 하나로 연결된 말이니, 중점을 '사물의 몸체가 된다'는 구절에 돌린 것이다. 귀신이 형체가 없지만 능히 천하의 형체가 있는 것을 형체나게 하고, 소리가 없지만 능히 천하의 소리를 소리나게 하니, 이는 먼저 사물이 있은 뒤에 귀신이 몸체가 됨이 아니고, 귀신이 그 사물 속에 있어서 뼈대가 됨과 같은 것이며, 귀신은 바로 주인이고 사물은 손님인 것이다.

**3** 使天下之人으로 齊明盛服하야
　　　사 천 하 지 인　　　재 명 성 복

以承祭祀하고 洋洋乎如在其上하며
이 승 제 사　　　양 양 호 여 재 기 상

如在其左右니라. (齊側皆反)
여 재 기 좌 우

천하 사람으로 하여금 재계하고 깨끗이 하며 의복을 성대히 입어 제사를 받들게 하고, 양양(洋洋)히 그 위에 있는 듯 하며, 그 좌우에 있는 듯 하느니라.

◆ '齊'자는 '측'자와 '개'자의 반절음('채→재'라고 읽는다). 齊(재계할 재≒齋)
※ 洋洋(양양) : 성대한 모양.

○ 齊(音齋下其齊同)之爲言은 齊也니 所以齊不齊而致其齊也요(出禮記祭統篇이니 謂齊其不齊之思慮하야 以極致其齊也라) 明은 猶潔也요, (明潔其心이라)

'재계한다(齊)' 함은 가지런히 하는 것이니, 가지런하지 못한 생각을 가지런히 해서 가지런함을 지극히 하는 것이고, '명명'자의 뜻은 깨끗하다는 것과 같고,

◆ '齊'는 '재'라고 발음하고, 아래에 나오는 '齊'자도 같이 발음한다.
◆ 出禮記祭統篇이니 謂齊其不齊之思慮하야 以極致其齊也라 : 예기禮記 제통편(祭統篇)에 나와 있는 것이니, 그 가지런하지 못한 생각을 가지런히 해서 그 가지런함을 지극히 하는 것이다.
◆ 明潔其心이라 : 그 마음을 밝고 깨끗하게 함이다.
※ 『예기』 제통편에는 "齊不齊而致其齊也"가 "齊不齊以致齊者也(가지런하지 못한 마음을 정리해서 차분한 심경에 이르는 것이다)"로 되어있다.
※ 齊 : 재계할 재(齋). 潔 : 깨끗할 결.

① 陳氏ㅣ曰 齊明은 是肅於內요 盛服은 是肅於外니 內外交致之功也라.

진씨가 말하기를 "'재계하고 깨끗이 함'은 안을 엄숙하게 하는 것이고, 의복을 성대히 함은 바깥을 엄숙히 함이니, 안과 밖을 함께 지극하게 공을 들이는 것이다."

洋洋은 流動充滿之意니 能使人畏敬奉承而發見(形甸反下同) 昭著ㅣ 如此는 乃其體物而不可遺之驗也라.

　'양양洋洋'은 흘러 움직여서 가득 차는 뜻이니, 능히 귀신이 사람으로 하여금 두려워하고 공경하여 받들도록 하며 발현되고 밝게 드러남이 이와 같을 수 있음은, 곧 사물의 몸체가 되어 빠뜨릴 수 없는 증거이다.

◆ 見(形甸反下同) : '見'자는 '형'자와 '전'자의 반절음('헌→현'이라고 읽는다). 아래에 나오는 '현'자도 마찬가지이다.

① 問洋洋如在其上 如在其左右는 似不是感格意思니 是自然如此니잇고? 朱子ㅣ 曰 固是나 然이나 亦須自家有以感之라야 始得이니라.

　묻기를 "'양양洋洋히 그 위에 있는 듯 그 좌우에 있는 듯하다'함은 감응되어 강림한다는 뜻이 아닌 듯 하니, 그러면 이는 자연히 이와 같이 된다는 것입니까?" 주자께서 말씀하시기를 "참으로 옳은 말이다. 그러나 또한 반드시 자기가 감동시킴이 있어야만 비로소 될 수 있을 것이다."

② 雙峰饒氏ㅣ 曰 使天下之人의 使字ㅣ 最好看이니 見得他靈處라.

　쌍봉요씨가 말하기를 "'천하 사람으로 하여금(使天下之人)'의 '하여금 사使'자를 가장 잘 봐야 할 것이니, 여기서 귀신의 영험한 곳을 볼 수 있다."

③ 陳氏ㅣ 曰 承祭祀는 如天子祭天地와 諸侯祭社稷과 大夫祭五祀와 士祭其先之類니 隨所當祭者하야 誠敬以集自家精神 則彼之精神이 亦集하리니 便洋洋流動充滿하야 如神在焉이니라.
　진씨가 말하기를 "제사를 받들음은 천자가 하늘·땅에 제사함과 제후가 사직(社稷)에 제사함과, 대부가 오대(五代) 조상에 제사함과, 사(士)가 자기의 선조를 제사하는 것들과 같은 것이다. 마땅히 제사지내야 할 것을 따라 정성스럽고 경건하게 자기의 정신을 집중하면, 제사를 받는 조상의 정신이 또한 모이게 될 것이니, 곧 양양히 흘러 움직이고 가득 차서 신이 있는 듯 하게 되는 것이다."

④ 新安陳氏ㅣ 曰 此章에 自體物而不可遺以上은 所說鬼神이 所包甚濶하니 凡天地造化日月風雨霜露雷霆과 四時寒暑晝夜와 潮水消長과 草木生落과 人生血氣盛衰와 萬物生死ㅣ 無非鬼神이요 自使人齊明以下는 方是就無所不包之鬼神中하야 提出所當祭祀之鬼神來說니 見得鬼神이 隨祭而隨在하야 流動充滿하고 昭著發見하야 無所不在라 所謂體物而不可遺者를 豈不可驗之於此哉아?
　신안진씨가 말하기를 "이 장에 '사물의 몸체가 되어 빠뜨릴 수 없다(體物而不可遺)' 함의 위로는(1절, 2절) 귀신을 말한 것에 포함된 바가 매우 넓으니, 하늘·땅의 조화와 해뜨고 달뜸과, 바람불고 비옴과 서리 내리고 이슬이 옴과, 우레 치고 번개 침과, 사시四時의 춥고 더움과 낮이 되고 밤이 됨과, 조수의 물러나고 밀려옴과 초목의 나고 떨어짐과, 사람의 삶에 혈기의 왕성하고 쇠약함

과, 만물이 나고 죽음 등 모든 것이 귀신이 아닌 것이 없고, '사람으로 하여금 재계하고 깨끗이 하여 의복을 성대히 하게 한다(使人齊明盛服)'는 것 아래로는(3절, 4절, 5절) 그 포함하지 않음이 없는 귀신 가운데에서 마땅히 제사를 지내야하는 귀신을 끄집어내어 말한 것이니, 귀신이 제사를 지냄에 따라 존재해서, 흘러 움직여 가득 차고 밝게 드러나 나타나서, 있지 않은 곳이 없음을 알 수 있다. 이른바 '사물의 몸체가 되어 빠뜨릴 수 없다(體物而不可遺)'고 함을 어찌 여기서 증거할 수 없겠는가?"

※ 霆 : 벼락 정/ 潮 : 조수 조/

⑤ 東陽許氏 | 曰 如在上如在左右는 此是於祭祀時에 見體物不可遺處니 所以章句에 言乃其體物不可遺之驗이라.

　동양허씨가 말하기를 "'위에 있는 듯 하고, 왼쪽 오른 쪽에 있는 듯 하다' 함은 바로 제사할 때에 사물의 몸체가 되어 빠뜨릴 수 없음을 나타낸 것이다. 그래서 장구에 '곧 사물의 몸체가 되어 빠뜨릴 수 없는 증거라'고 말한 것이다."

⑥ 前에 以天地造化二氣一氣로 言은 是는 言鬼神之全이요 後所謂承祭祀者는 如天神地祇人鬼와 及諸祀ㅣ 亦皆鬼神이니 却是從全體中 指出祭祀者하야 使人으로 因此識其大者라.

　앞의 장구에서 하늘·땅 조화의 두 기운과 한 기운으로써 말함은 귀신鬼神의 전체를 말한 것이고, 뒤에 말한 '제사를 받든다'는 것은 하늘의 신과 땅 귀신과 사람의 귀신과 기타 모든 제사를 지내는 것들도 또한 모두 귀신이니, 이는 곧 전체 귀신 가운데에서 제사를 지내는 것만을 지적해 내서 사람들에게 그 성대함을 알게끔 함이다.

孔子ㅣ 曰 其氣ㅣ 發揚于上하야 爲昭明焄(音熏)蒿悽愴(初亮反)하니 此는 百物之精也요 神之著也라하시니(禮記祭義篇에 孔子ㅣ 答宰我問鬼神之語라) 正謂此爾라.

공자께서 말씀하시기를 "그 기운이 위로 피어나고 드날려서 밝게 드러나며, 쑥 향기 서려 올라 사람의 마음을 오싹하고 두렵게 만드니, 이것은 여러 가지 사물의 정기(精)이고, 신神의 나타남이라"고 하셨으니, 바로 이것을 이르신 것이다.

- ◆ 焄(音熏) : '焄'은 '훈'이라고 발음한다.
- ◆ 愴(初亮反) : '愴'은 '초'자와 '량'자의 반절음('챵→창'이라고 읽는다).
- ◆ 禮記祭義篇에 孔子ㅣ 答宰我問鬼神之語라 : 예기禮記 제의편(祭儀篇)에 공자님이 재아(宰我)가 귀신을 묻는 말에 대답하신 것이다.
- ※ 揚 : 드날릴 양/ 焄蒿悽愴(훈호처창) : 쑥향기가 서려 올라 사람의 기분을 신비하게 함/ 著 : 드러날 저.

① 朱子ㅣ 曰 鬼神之露光景이 是昭明이요 其氣蒸上하야 感觸人者ㅣ 是焄蒿요 使人精神으로 凜然悚然하야 如漢書에 所謂神君至에 其風颯然之意ㅣ 是悽愴이라.

주자께서 말씀하시기를 "귀신이 빛나는 모습을 드러냄이 곧 '밝게 드러남(昭明)'이고, 그 기운이 위로 증발하여 사람에게 감촉을 느끼게 함이 '쑥 향기가 서려 오름(焄蒿)'이고, 사람의 정신을 서늘하고 두렵게 만들어서 한서(漢書)에 이른바 '신(神君)이 이르름에 그 바람이 서늘하다.' 함과 같은 뜻이 바로 '오싹하고 두려움(悽愴)'이다."

※ 露 : 드러날 로/ 蒸 : 증발할 증/ 觸 : 닿을 촉/ 蒿 : 쑥 호/ 凜 : 두려워할 름/ 悚 : 공경할 송/ 颯 : 서늘할 삽/ 悽 : 슬퍼할 처/ 愴 : 슬퍼할 창.

② 問鬼神章首尾에 皆主二氣屈伸往來而言이어늘 而中間洋洋如在其上에 乃引其氣發揚于上하야 爲昭明焄蒿悽愴하니

此는 乃人物之死氣니 似與前後意不合은 何也니잇고? 曰死ㅣ
便是屈이요 感召得來ㅣ 便是伸이라. 祖宗氣ㅣ 只存在子孫身
上이라가 祭祀時에 只是這氣ㅣ 便自然又伸하야 自家極其誠
敬이면 肅然如在其上이니 是甚物那得不是伸이리오? 此便是
神之著也니라.

 묻기를 "장구에서 귀신장(16장) 처음(1절)과 끝(5절)에 모두 두
기운의 굽히고 펴고 가고 옴을 위주로 해서 말했는데, 중간에 '양
양(洋洋)히 그 위에 있는 듯 하다'고 한 절(3절)에서 '그 기운이 위
로 피어올라서, 밝게 드러나고 쑥 향기 서려 올라 사람의 마음을
오싹하고 두렵게 만든다.' 함을 인용했으니, 이는 곧 사람과 사물
의 죽은 기운으로, 앞 글과 뒷 글의 뜻과는 맞지 않는 것 같음은
어째서입니까?"

 대답하시기를 "죽음은 곧 굽힘이고 감응해서 불려옴은 곧 펴짐
이다. 조상의 기운이 단지 자손의 몸 위에만 있다가, 제사를 지낼
때에 이 기운이 곧 자연히 다시 펴져서, 자기의 정성과 공경함을
지극히 하면 엄숙하게 그 위에 있는 듯 함일 뿐이니, 이 어느 것
이 펴짐이 아니겠는가? 이것이 바로 신의 드러남이다."

③ 栗谷ㅣ 曰 百物二字는 不必太拘니 專指人之死而言無疑
라.

 율곡이 말씀하기를 "'여러 가지 사물(百物)'이라는 두 글자는 너
무 구애받을 것은 없으니, 전적으로 죽은 사람을 가리켜 의심할
것이 없다 함을 말한 것이다."

備旨 何以驗其體物而不可遺也오? 且以顯然易見者言之
하면 鬼神之靈이 能使天下之人으로 各隨所當祭者하야 內齊
明以潔其心하며 外盛服以潔其體하야 以奉承祭祀焉하니 斯

時也에 吾見洋洋乎流動充滿하야 如在其上而上皆鬼神也며 如在其左右而左右皆鬼神也라하시니 其發見昭著ㅣ 如此하니 所謂體物不可遺者를 於此에 驗矣라.

"어떻게 그것이 사물의 몸체가 되어 빠뜨릴 수 없음을 증거할 수 있는가? 또한 드러나서 알기 쉬운 것으로써 말해 보면, 귀신의 영험함이 능히 천하의 사람들로 하여금 각각 자기가 마땅히 제사지내야 할 것을 따라, 안으로는 재계하고 깨끗이 하여 그 마음을 정결하게 하고, 밖으로는 성대한 의복을 입어 그 몸을 정결하게 하여 제사를 받들도록 만든다. 이 때에 양양히 흘러 움직이고 가득차서 제사지내는 위에 있는 듯하니, 위에 있는 것이 모두가 귀신이고, 그 왼쪽 오른쪽에 있는 듯하니 왼쪽 오른쪽에 있는 것이 모두 귀신임을 내가 보았다."고 하셨다. 귀신이 발현되어 나타나고 밝게 드러남이 이와 같으니, 이른바 '사물의 몸체가 되어 빠뜨릴 수 없다' 함을 여기서도 증거할 수 있다.

**備旨補註 使天節旨** 此는 就上鬼神中하야 提出最易見者言이니 使字最好正見得他靈處요 如在二句는 言其無處不是鬼神이라.

　사천하지인(使天下之人)절의 뜻 : 이것은 위에서 (2절) 말한 귀신 속에서 가장 보기 쉬운 것을 끌어내서 말한 것이니, '…하도록 한다(使)'는 글자가 가장 귀신의 영험함을 보기 좋은 곳이고, '있는 듯하다(如在)'의 두 구절은 귀신이 있지 않은 곳이 없음을 말한 것이다.

**4** 詩曰 神之格思를 不可度思온 矧可射思아!
　　시 왈　신 지 격 사　　불 가 탁 사　　신 가 역 사

(度은 待洛反이요 射은 音亦이니 詩에 作斁이라)
시경에 이르기를 "신神의 이르름을 헤아릴 수 없는데, 하물며 신을 싫어할 수 있으랴!"

- ◆ '度'자의 음은 '대'와 '낙'의 반절음이고('닥→탁'이라고 읽는다), '射'자는 음이 역이니, 시경에는 '斁'자로 되어 있다.
- ❈ 格 : 이르를 격/ 思 : 어조사 사/ 度 : 헤아릴 탁/ 矧 : 하물며 신(인)/ 射 : 싫어할 역(≒斁)/ 怠 : 게으를 태.

○ 詩는 大雅–抑之篇이라. 格은 來也요 矧은 況也요 射은 厭也니 言厭怠而不敬也요 思는 語辭라.

시는 대아大雅편의 억抑시다. '격格'자의 뜻은 온다는 뜻이고, '신(矧)'자의 뜻은 '하물며'의 뜻이고, '역射'자의 뜻은 싫어함이니, 싫어하고 태만히 해서 공경하지 않음을 말하고, '사思'자는 어조사다.

① 陳氏ㅣ 曰 言神明之來ㅣ 視不見 聽不聞하니 皆不可得而測度이온 矧可厭斁而不敬乎아라.

진씨가 말하기를 "신명神明의 오는 것이 봐도 보이지 않고 들어도 들리지 않으니, 모두 예측할 수가 없는데, 하물며 싫어해서 불경할 수 있겠느냐는 말이다."

② 退溪ㅣ 曰 指其發見昭著 則洋洋如在요 指其靈妙不測이면 不可度思라.

퇴계가 말씀하기를 "귀신이 발현해서 밝게 드러난 것을 가리키면 '양양히 있는 듯함'이고, 귀신이 영험하고 오묘해서 헤아릴 수 없는 것을 가리키면 '헤아릴 수 없음'이다."

備旨 大雅抑之詩에 有言曰神之來格思ㅣ 在彼在此하야 不可得而測度思니 是雖極其誠敬이라도 猶懼有失이온 矧可厭射思而不敬乎아하니 夫此屋漏之地도 且曰不可度則信乎洋洋如在者ㅣ 無定迹矣오 曰不可射則信乎必齊明盛服하야 以承祭祀矣니 鬼神體物不遺之驗이 夫豈諲也哉아?

『시경』 대아편의 억시에 "신神의 옴이 저기도 있다 여기도 있다해서 예측할 수가 없으니, 이는 비록 정성과 공경을 다한다 하더라도 오히려 잃을까 두려운 것인데, 하물며 싫어하고 불경할 수 있으랴!"고 말한 것이 있다. 이와 같이 집 한 귀퉁이의 사람이 잘 보지 않는 곳에서도 또한 '헤아릴 수 없다'고 말했다면, 양양히 위와 좌우에 있는 듯 한 것은 참으로 정해진 자취가 없을 것이고, 또한 시에 '싫어할 수 없다'고 말했다면, 참으로 반드시 재계하고 깨끗이 하여 의복을 성대히 하고 제사를 받들어야 할 것이니, 귀신이 사물의 몸체가 되어 빠뜨릴 수 없음의 증거가 어찌 속임수이겠는가?

※ 懼 : 두려울 구/ 屋漏(옥루) : 방의 서북 귀퉁이, 집의 잘 보이지 않는 구석진 곳/ 諲 : 속일 무.


備旨補註 神之節旨 上節에 雖已足驗體物不遺나 猶恐人僅於承祭時知有鬼神이라. 故로 更卽屋漏而鬼神亦無不在者로 言之라.

신지격사(神之格思)절의 뜻 : 윗 절에서 비록 이미 충분히 사물의 몸체가 되어 빠뜨림이 없음을 경험했으나, 그래도 사람들이 겨우 제사를 받들 때에만 귀신이 있음을 알까 두렵기 때문에, 다시 집의 서남쪽 모퉁이 깊숙한 곳에 나아가서 귀신이 또한 있지 않은 곳이 없음을 말한 것이다.

[5] 夫微之顯이니 誠之不可揜이 如此夫인져!(夫音扶)
　　부미지현　　성지불가엄　　여차부

은미한 것이 드러남이니, 성실함을 가릴 수 없음이 이와 같은져!

◆ 夫(夫音扶) : '夫'는 '부'라고 발음한다.

○ 誠者는 眞實無妄之謂라.(此誠字는 指鬼神之實理而言이라) 陰陽合散이 無非實者라 故로 其發見之不可揜이 如此라.

'성실함(誠)'은 진실하고 망령됨이 없음을 이른다. 음양의 합하고 흩어짐이 성실하지 않음이 없기 때문에, 귀신이 발현되어 가려막을 수 없음이 이와 같은 것이다.

◆ 此誠字는 指鬼神之實理而言이라 : 여기의 '성실할 성誠'자는 귀신鬼神의 진실한 이치를 가리켜서 말한 것이다.

① 延平李氏ㅣ 曰 中庸에 發明微顯之理 於承祭祀時爲言者는 只謂於此時에 鬼神之理ㅣ 昭然易見이니 令學者有入頭處爾라.

연평이씨가 말하기를 "『중용』에 은미한 것이 나타나는 이치를 제사를 받드는 때에 밝혀 말한 것은, 단지 이때에 귀신의 이치가 밝게 드러나 보기 쉬움을 말한 것일 뿐이니, 배우는 사람이 머리를 들여놓을 곳이 있게끔 함이다."

② 朱子ㅣ 曰 鬼神은 只是氣之屈伸이요 其德則天命之實理니 所謂誠也라.

주자가 말씀하기를 "귀신은 단지 이 기운의 굽히고 폄일 뿐이고, 그 덕은 하늘이 명한 진실한 이치이니, 이른바 '성실함(誠)'이다."

③ 鬼神은 主乎氣하야 爲物之體하고 物은 主乎形하야 待氣而生하니 蓋鬼神은 是氣之精英이라. 所謂誠之不可掩者는 誠은 實也니 言鬼神是實有者也라. 屈은 是實屈이며 伸은 是實伸이니 合散이 無非實者라. 故로 其發見昭昭不可掩이 如此라.

 귀신은 기운을 주로 해서 사물의 몸체가 되고, 사물은 형체를 주로 해서 기운을 기다려 생겨나오니, 일반적으로 귀신은 바로 기운의 정영(精英)이다. 이른바 '성실함을 가려막을 수 없다' 함은 '성실함(誠)'은 진실한 것이니, 귀신이 실제 있는 것임을 말한 것이다. '굽힘'은 바로 실제로 굽힘이며, '폄'은 바로 실제로 폄이니, 합하고 흩어짐이 진실하지 않음이 없는 것이다. 그러므로 그 발현되고 밝게 드러나서 가려막을 수 없음이 이와 같은 것이다.

※ 정영(精英) : 사물의 가장 순수하고 아름다운 곳.


④ 上下章에 恁地說이라가 忽挿一段鬼神洋洋如在其上하며 如在其左右하야 在這裏는 也是鳶飛魚躍意思라. 所以末梢에 只說微之顯이니 誠之不可掩이 如此夫라.

 윗 장과 아랫 장에서 일반적으로 사람이 행해야 할 일을 말하다가, 갑자기 '귀신이 양양히 그 위에 있는 듯하며, 그 좌우에 있는 듯하다'의 한 단락을 이 속에 꽂아 넣은 것은, 바로 '솔개가 날고 고기가 뛴다'고 말한 뜻과 같은 것이다. 그래서 끝에서 단지 '은미한 것이 드러남이니, 성실함을 가려막을 수 없음이 이와 같다.'고 말한 것이다.

※ 挿 : 꽂을 삽(=揷)/ 裏 : 속 리/ 鳶 : 솔개 연/ 躍 : 뛸 약/ 梢 : 끝 초/ 掩 : 가릴 엄.


⑤ 陳氏ㅣ 曰 此理雖隱微而甚顯은 以陰陽之往來屈伸이 皆是眞實而無妄이니 所以發見之不可揜이 如此라. 詩云三句는 視弗見 聽弗聞意요 微之顯 誠之不可揜은 說如在上在左

右意라.

　진씨가 말하기를 "이 이치가 비록 은미하나 매우 밝게 드러나는 것은, 음양의 가고 오며 굽히고 폄이 모두가 진실하고 망령됨이 없기 때문이다. 그래서 발현되어 가려막을 수 없음이 이와 같은 것이다. 시詩에서 말한 세 구절은 '봐도 보이지 않고 들어도 듣기지 않음'의 뜻이고, '은미함의 드러남이니, 성실함을 가려막을 수 없다' 함은 '위에 있는 듯하고 좌우에 있는 듯하다' 함을 설명한 것이다."

⑥ 雙峰饒氏ㅣ 曰 中庸에 誠之一字ㅣ 方見於此하니 蓋爲自此以後言誠張本也라. 後章 誠字도 卽此章誠字로되 但此章誠字는 是費之所以然處니 以理言也요 後章誠字는 是以貫衆費而有諸己處니 以德言也나 皆所謂隱也라.

　쌍봉요씨가 말하기를 "『중용』에 '성실할 성誠'자 한 자가 여기에서 방금 나타났으니, 아마도 이 뒤에 성誠을 말할 근본으로 삼기 위함일 것이다. 뒷 장에 '성실할 성'자도 곧 이 장의 '성실할 성'자와 같은 것이지만, 단지 이 장의 '성실할 성'자는 바로 '광대함(費)'의 그렇게 되는 원인이니 이치로 말한 것이고, 뒷 장의 '성실할 성'자는 바로 여러 광대한 것들을 꿰어서 자기에게 두게 하는 곳이니, 덕으로 말한 것이다. 그러나 모두 이른바 '은미함(隱)'에 해당되는 것이다."

⑦ 雲峯胡氏ㅣ 曰 誠者는 中庸一書之樞紐而首於此章에 見之하니 漢儒는 皆不識誠字하고 宋李邦直이 始謂不欺之謂誠이라하고 徐仲車는 謂不息之謂誠이로되 至子程子하야 始曰無妄之謂誠이라하시고 子朱子ㅣ 又加以眞實二字하시니 誠之說이 盡矣라. 六經에 言誠이 自商書始나 書는 但言鬼神享人之

誠이로되 而中庸은 直言鬼神之誠하니 其旨ㅣ 微矣라.

운봉호씨가 말하기를 "'성실함(誠)'은 『중용』 전체의 중요한 핵심인데 이 장에서 처음으로 나타났다. 그래서 한나라(漢) 때의 선비들은 모두 '성실할 성誠'자를 알지 못했고, 송나라(宋) 때의 이방직(李邦直)이 처음으로 '속이지 않는 것을 성실함이라'고 했고, 서중거(徐仲車)는 '쉬지 않는 것이 성실함이라'고 말했으되, 정자程子에 이르러서 처음으로 '망령됨이 없음을 성실함이라 이른다'고 말씀하시고, 주자朱子께서 또한 '진실(眞實)'의 두 글자를 더하셨으니, '성실함'에 대한 설명이 모두 갖추어지게 됐다.

육경六經에 '성실함'을 말한 것이 『서경(商書)』으로부터 시작이 됐다. 그러나 『서경』에서는 단지 귀신이 사람의 성의에 흠향하는 것만을 말했을 뿐이나, 『중용』에서는 곧바로 귀신의 성실함을 말했으니, 그 뜻이 미세하다할 것이다.

※ 樞紐(추뉴) : 핵심, 지도리.


鬼神者는 造化陰陽之氣요 誠者는 卽造化陽陰之理也니 實有是理則實有是氣하야 其體ㅣ 甚微나 其用이 甚顯하니 視不見聽不聞은 微也며 前之所謂隱也요 體物而不可遺는 顯也며 前之所謂費也라. 前言君子之道는 以人道言이요 此言鬼神之德은 以天道言이니 人道는 其用也라 故로 先言用之費而體之隱者ㅣ 卽在費之中이요 天道는 其體也라 故로 先言體之微 而用之顯者ㅣ 亦不出乎微之外하니 言固各有當也라.

귀신은 조화를 행하는 음양의 기운이고, '성실함(誠)'은 조화를 행하는 음양의 이치이다. 그러므로 이 이치가 실제로 있으면 이 기운이 실제로 있어서, 그 본체는 매우 은미하나 그 작용은 매우 드러나니, '봐도 보이지 않고 들어도 들리지 않음'은 미세함이고 앞에서 말한 '은미함'이며, 사물의 몸체가 되어 빠뜨릴 수 없음은 나타남이고 앞에서 말한 '광대함'이다.

앞에서 말한 군자의 도는 사람의 도로써 말한 것이고, 여기서 말한 귀신의 덕은 하늘의 도로써 말한 것이니, 사람의 도는 그 작용이기 때문에 먼저 작용의 광대함을 말했으나 본체의 은미한 것이 광대함 속에 있고, 하늘의 도는 본체이기 때문에 먼저 본체의 은미함을 말했으나 작용의 드러남이 또한 은미한 것의 밖으로 벗어나지 못하니, 말이 참으로 각각 마땅함이 있는 것이다.

體物而不可遺는 章句에 以爲體物은 猶易所謂幹事라하니 木非幹이면 不立이요 築非幹이면 易傾이라. 幹字로 釋體字는 最有力하니 此는 是指鬼神之顯處하야 以示人이라. 人之齊明盛服은 鬼神未嘗使之로되 而若有使之者요 洋洋如在는 鬼神精爽이 直與人之齊明相接이니 章句에 謂此卽其體物而不可遺之驗也라. 蓋前此는 所謂鬼神無所不包요 此는 又就無所不包之中하야 提出當祭祀之鬼神來說하니 是는 又指鬼神之最顯處하야 示人이라. 然이나 此는 其顯也니 必有所以顯者일새 末에 斷之曰微之顯이니 誠之不可掩이 如此夫라.

'사물의 몸체가 되어 빠뜨릴 수 없다' 함은, 장구에 말하기를 "'사물의 몸체가 됨'은 『주역』에 이른바 '일의 줄거리가 된다'는 것과 같다"고 했으니, 나무는 줄기가 아니면 서지 못하고 건축물은 기둥이 아니면 기울기 쉽다. '간(幹)'자로 '체體'자를 해석한 것은 가장 유력한 것이니, 이것은 귀신의 드러난 곳을 지적하여 사람에게 보인 것이다. 사람이 재계하고 깨끗이 하여 성대하게 의복을 입음은 귀신이 시킨 것은 아니지만 시킴이 있는 것 같고, 양양히 위와 좌우에 있는 듯 함은 귀신의 상쾌한 정기가 바로 사람의 재계하고 깨끗이 함과 서로 응접함이니, 장구에 이것을 일러 '곧 귀신이 사물의 몸체가 되어 빠뜨릴 수 없음의 증거라'고 한 것이다. 대개 이 앞은 이른바 '귀신의 포함하지 않음이 없다' 함이고, 여기서는 또한 포함되지 않음이 없는 가운데에서 마땅히 제사를 지내야 할 귀신을 끌어내서 말한 것이니, 이는 또한 귀신의 가장 드러난 곳을 가리켜서 사람들에게 보여주신 것이다. 그러나 이것은 그것의 드러남이니, 반드시 드러나도록 한 것이 있을 것이기 때문에, 끝에서 결론지어 말하기를 '은미한 것이 드러남이니, 성실함을 가려막을 수 없음이 이와 같다'고 한 것이다.

※ 體 : 몸체될 체/ 遺 : 빠뜨릴 유/ 幹 : 줄기 간/ 築 : 축조물 축/ 傾 : 기울 경/ 爽 : 시원할 상.

鬼神은 無聲無形하니 於天下之物에 如之何其體之며 於天下之人에 又如之何其使之顯이리오? 然이나 一至誠之不可掩이 如此也니 凡物之終始는 莫非陰陽合散之所爲而陰陽合散은 莫非眞實無妄之理라. 後世에 此理不明하야 有頤鬼神於佛老而競爲淫祀하야 以徼福者하니 一何怪誕不經이 至此哉아? 嗚呼라! 使天下後世로 而皆知天命之性則知佛氏之空者ㅣ 非性矣요 皆知率性之道則知老氏之無者ㅣ 非道矣요 皆知鬼神之誠則知後世淫祀之幻妄者ㅣ 非誠矣리라. 朱子ㅣ 以爲憂之也深而慮之也遠은 信哉로다!

귀신은 소리도 없고 형체도 없으니, 천하의 사물에 어떻게 몸체가 되며, 천하 사람에게 또한 어떻게 드러나게 하겠는가? 그러나 '지극히 성실함(至誠)' 하나의 가려막을 수 없음이 이와 같은 것이니, 모든 사물의 시작과 끝은 음양이 합하고 흩어짐의 하는 바가 아닌 것이 없고, 음양의 합하고 흩어짐은 진실하고 망령됨이 없는 이치가 아닌 것이 없다.

후세에 이 이치를 밝히지 못해서, 부처(佛)와 노자老子의 귀신을 봉양하여 다투어 분에 넘치는 제사를 지내며 복을 구하는 사람들이 있으니, 어찌 하나같이 괴이하고 허황되어 상도를 행하지 못함이 여기에까지 이르렀는가? 슬프다! 만일 천하 후세의 사람들이 모두 하늘이 명한 성품을 알게 된다면 불도의 공(空)이 성품이 아님을 알 것이고, 모두 성품을 따르는 도를 알게 된다면 노자老子의 무(無)가 도가 아님을 알 것이고, 모두 귀신의 성실함을 알게 된다면 후세의 분에 넘치는 제사를 지내며 환상을 하고 망령된 행동을 하는 자들이 성실함이 아니라는 것을 알 것이다. 주자朱子께서 '근심하심이 깊고 염려하심이 원대하다'고 하신 말씀은 참으로 옳은 말씀이다."

❋ 徼 : 구할 요/ 誕 : 허황할 탄/ 使 : 만일 사/

⑧ 新安陳氏ㅣ 曰 末二句는 又該貫上章首五句去니 雖因祭祀而發이나 不止爲祭祀言也라. 視弗見聽弗聞하니 鬼神之妙를 雖無形而難知로되 其爲體物而不可遺하니 則顯著而可見이라. 微字는 與誠字對하고 顯字는 與不可掩對하니 自其妙言之曰微요 自其實言之曰誠이며 鬼神之德은 誠而已矣라. 實有是理라 故로 實有是陰陽之氣하고 實有是氣면 則實有是鬼神이니 其所以爲物之體而不可遺와 其所以洋洋如在之發見 顯著而不可掩者ㅣ 無非以其實故也라. 鬼神之德이 豈有出於誠之外者哉리오?

신안진씨가 말하기를 "끝 두 구절은 또 윗 장 첫머리에 있는 다섯 구절을 모두 포괄해 간 것이니, 비록 제사로 인해서 밝힌 것이지만 단지 제사만을 위해서 말한 것이 아니다. 봐도 보이지 않고 들어도 들리지 않으니 귀신의 오묘함을 비록 형체가 없어 알기 어렵지만, 귀신은 사물의 몸체가 되어 빠뜨릴 수 없으니 곧 드러나고 나타나서 알 수 있는 것이다.

'미세하다(微)'는 글자는 '성실하다(誠)'는 글자와 대가 되고, '드러난다(顯)'는 글자는 '가려막는다(掩)'는 글자와 대가 되는 것이니, 귀신의 오묘함으로부터 말하면 '미세하다(微)'고 말하고 진실함으로부터 말하면 '성실하다(誠)'고 말하는 것이며, 귀신의 덕은 성실함일 뿐이다. 실제로 이런 이치가 있기 때문에 실제로 이런 음양의 기운이 있고, 실제로 이런 기운이 있으면 실제로 이런 귀신이 있는 것이니, '귀신이 사물의 몸체가 되어 빠뜨릴 수 없음'과 '귀신이 양양히 있는 듯이 발현되어 드러나고 나타나 가려막을 수 없음'이 그 성실함 때문이 아닌 것이 없다. 귀신의 덕이 어찌 성실함의 밖으로 벗어나는 것이 있겠는가?"

備旨 夫鬼神은 不見不聞하니 則微矣어늘 而乃體物不遺하야 若是其顯而不可掩은 何哉아? 蓋鬼神은 是氣之屈伸 而其爲德은 天命之實理니 所謂誠也라. 一誠之始하고 一誠之終이라. 故로 發見流行於萬物之間而不可掩이 有如此라. 夫鬼神之德이 爲何如哉아? 知此則知道之所以費而隱矣니 人其可須臾離道乎哉리오?

　귀신은 보이지도 않고 들리지도 않으니, 곧 은미한 것인데, 사물의 몸체가 되어 빠뜨릴 수가 없어서, 이와 같이 드러나 가리고 덮을 수 없음은 무슨 이유인가? 대개 귀신이라는 것은 바로 기운의 굽히고 펴짐이고, 그 덕은 하늘이 명한 진실한 이치이니, 이른바 '성실함(誠)'이다. 하나의 성실함으로 시작하고 하나의 성실함으로 마치기 때문에, 만물의 사이에서 발현되고 유행해서 가려막을 수 없음이 이와 같을 수 있는 것이다. 귀신의 덕이 어떠한가? 이것을 알면 도의 광대하고도 은미한 까닭을 알 것이니, 사람이 잠시도 도를 떠날 수가 있겠는가?

備旨補註 夫微節旨 上文은 皆微之顯不可掩處니 此에 只指出誠字來하야 咏嘆之라. 玩夫字컨댄 如此夫字는 語氣ㅣ 便見微之顯이니 要看之字라. 猶云不見之見 不聞之聞이니 卽微卽顯之意며 須從微側하야 注顯落下라야 方順鬼神이니 乃陰陽合散之氣요 誠은 卽陰陽合散之理니 惟誠이라 故로 不

可揜이라. 此는 德之所以盛而體物不遺也니 中庸誠字ㅣ 發端於此라.

　부미지현(夫微之顯)절의 뜻 : 윗 글은 모두 미세한 것이 드러나 감출 수 없는 곳이니, 여기서(5절)는 단지 '성실할 성(誠)'자를 지적해 내서 읊조리고 감탄한 것이다. '부(夫)'자를 감상해보면, '이와 같은져!(如此夫)'의 '부(夫)'자는 어감이 은미한 것이 드러남을 나타냄이니, '갈 지(之)'자를 살펴보는 것이 중요하다. '보지 않고 보며, 듣지 않고 듣는다'고 함의 '갈 지(之)'자와 같은 것이니, 곧 은미한 것이 드러난다는 뜻이며, 반드시 은미한 측면으로부터 드러나는 방향으로 향해 가야만 귀신과 순히 되니, 음양의 합하고 흩어지는 기운이고, 성실함은 곧 음양이 합하고 흩어지는 이치이니, 오직 성실함 때문에 감출 수가 없는 것이다. 이것이 덕이 성대하고 사물의 몸체가 되어 빠뜨리지 않는 이유니, 『중용』의 '성실할 성(誠)'자가 여기서 발단이 됐다.

● 右는 第十六章이라.

이상은 열 여섯 번째 장이다.

不見不聞은 隱也나 體物如在則亦費矣니 此前三章은 以其費之小者而言이요 此後三章은 以其費之大者而言이요 此一章은 兼費隱包大小而言하니라.

　보이지 않고 들리지 않음은 은미함(隱)이나, 사물의 몸체가 되어 있는 듯 함은 또한 광대함(費)이니, 이 앞 세 장(13~15장)은 광대함 중에 작은 것으로써 말한 것이고, 이 뒤 세 장(17~19장)은 광대함 중에 큰 것으로써 말한 것이며, 이 한 장은 광대함과 은미함을 겸하고 크고 작음을 포괄해서 말한 것이다.

① 胡氏ㅣ 曰 此前三章은 說費之小處니 言日用之間道無不在요 此後三章은 說費之大處니 言道之至近而放乎至遠이요 中間此一章은 以鬼神之微顯으로 明道之費隱而包大小之義하니 所以發上章未發之蘊 而貫前後六章之指하고 且爲下文諸章之論誠者張本也라.

호씨가 말하기를 "이 앞의 세 장은 광대함 속에 있는 작은 것을 말한 것이니, 일상의 쓰임에 도가 있지 않은 곳이 없음을 말한 것이고, 이 뒤 세 장은 광대함 속에 있는 큰 곳을 말한 것이니, 도가 지극히 가까우면서도 지극히 먼데에까지 방출됨을 말한 것이다. 중간에 있는 이 한 장은 귀신의 미세하고 드러남으로써 도의 광대하고 은미함을 밝혀서 크고 작은 뜻들을 포괄했으니, 윗 장의 밝히지 않은 내용을 밝혀서 앞과 뒤의 여섯 장의 뜻을 관철시키고, 또한 아랫 글 모든 장에 '성실함(誠)'을 논하는 근본이 되게 했다."

※ 蘊 : 간직할 온/ 指 : 뜻 지, 마음 지/ 張本(장본) : 뒤에 쓸 문장의 근본이 되게 하는 앞의 글, 일의 원인.

② 新安陳氏ㅣ 曰 前章은 非小也나 以後章校之 則前章之身位與家는 比後章之大ㅣ 關天下萬世면 則爲小耳라. 包大小者는 體物而不可遺는 總而言之니 所該甚大요 卽一物言之라도 亦鬼神實爲之體니 玆非小歟아? 以承祭祀는 天子ㅣ 祭天地하니 大也요 士庶所祭도 亦是祭祀니 又非小歟아?

신안진씨가 말하기를 "앞 장은 작은 것이 아니나, 뒷장과 비교하면 앞 장의 몸과 지위와 집은 뒤 장이 크게 천하 만세와 관련된 것과 비교하면 작은 것이 된다. '크고 작은 것을 포괄했다' 함은, '사물의 몸체가 되어 빠뜨릴 수 없다' 함은 총괄적으로 말한 것이니 포함된 바가 매우 큰 것이고, 하나의 사물에 나아가 말한다 하더라도 또한 귀신이 실제로 몸체가 되니, 이것이 작은 것이 아니겠는가? '제사를 받든다' 함은 천자는 하늘과 땅에 제사 지내니 큰 것이고, 사(士)와 서인(庶人)의 제사지냄도 또한 제사니, 이는 또한 작은 것이 아닌가?"

※ 校 : 비교할 교/ 關 : 관련할 관/ 玆 : 이 자.

# 第17章

**1** 子ㅣ 曰 舜은 其大孝也與신져!(與平聲)
자 왈 순 기대효야여

德爲聖人이시고 尊爲天子시고
덕위성인 존위천자

富有四海之內하사 宗廟饗之하시며
부유사해지내 종묘향지

子孫保之하시니라.
자손보지

공자께서 말씀하시기를 "순임금은 아마도 큰 효자이실 것이다! 덕은 성인이 되시고, 존귀함은 천자가 되시고, 부富로는 사해四海를 소유하셔서, 종묘宗廟에 제사를 흠향케 하시며, 자손을 보전하셨다."

◆ '與'자는 평성이다(어조사이다).
※ 四海(사해) : 사방의 바다 안이란 뜻으로 온세상을 이름. 천하/ 饗 : 흠향할 향

○ 子孫은 謂虞思·陳胡公之屬이라.(舜子孫은 不止乎此라 故로 以之屬二字로 該之라)

자손은 우사虞思와 진호공陳胡公 같은 사람들을 말한다.

◆ 舜子孫은 不止乎此라 故로 以之屬二字로 該之라 : 순임금의 자손은 이 사람들에 그치지 않기 때문에, '…같은 사람들(之屬)'이라는 두 글자로써 포괄한 것이다.

① 左傳哀公元年에 夏后少康이 逃奔有虞어늘 虞思ㅣ 於是에 妻(去聲)之以二姚(二女也니 姚는 虞姓이라)하고 而邑諸綸(邑名)하니 有田一成(方十里)하고 有衆一旅(五百人)라하니라.

『춘추좌전』 애공哀公 원년조에 "하나라 임금 소강小康이 우虞나

라로 도망해 왔는데, 우사虞思가 두 요姚씨를 아내로 주고 륜綸땅에 도읍하게 하니, 농지가 1성成이고 무리가 1여旅였다"는 고사가 있다.

- 妻(去聲) : '妻'는 거성이다('아내로 삼는다'는 뜻이다).
- 二女也니 姚는 虞姓이라 : 두 딸이니, 요(姚)는 우(虞)나라의 성씨이다.
- 綸(邑名) : 읍의 이름이다.
- 方十里 : 사방 십리를 말함.
- 旅(五百人) : 500인을 말함.
- ※ 哀公元年… : 오나라 왕 부차夫差가 월나라를 쳐서 이기자, 월나라가 화평을 구하였다. 이때 오나라의 오원伍員이 이와 같은 옛 고사를 들어 화평하지 말라고 간하였다.
- ※ 逃 : 달아날 도/ 奔 : 달아날 분/ 妻 : 아내 들일 처.

② 襄公二十五年에 曰子産之言에 昔에 虞閼父ㅣ 爲周陶正하야 以服事我先王하니 我先王이 賴其利器用也와 與其神明之後也일새 庸以元女大姬로 配胡公(庸은 用也요 元女는 武王之長女也요 胡公은 閼父之子ㅣ 滿也라)하고 而封諸陳하야 以備三恪(周ㅣ 封夏殷二王하고 後又封舜後하니 皆以示敬而已故로 謂之三恪이라)하니 則我周之自出로 至于今是賴라하니라.

『춘추좌전』 양공襄公 25년조 자산子産의 말에 "옛날에 우알보(虞閼父)가 주周나라의 그릇을 만드는 책임자가 되어 우리 선왕(先王)을 열심히 섬기니, 우리 선왕께서 그의 이로운 기구들과 신명의 후예인 그의 덕을 입게 됐다. 그래서 맏딸 대희大姬로 호공胡公의 배필을 삼고, 진(陳)땅에 봉해서 삼각三恪을 갖추게 되었으니, 곧 우리 주周나라로부터 나온 나라이고 지금까지 덕을 보고 있다"고 했다.

- 庸은 用也요, 元女는 武王之長女也요, 胡公은 閼父之子ㅣ 滿也라 : '용庸'자의 뜻은 쓴다는 뜻이고, '맏딸(元女)'은 무왕武王의 장녀이고, '호공胡公'은 알보閼父의 아들 만滿이다.
- 周ㅣ 封夏殷二王하고 後又封舜後하니 皆以示敬而已故로 謂之三恪이라 : 주周나

라가 하夏와 은殷의 후예인 두 왕을 봉하고, 뒤에 순임금의 후예를 봉하니, 모두가 옛 성스러운 왕들에게 공경함을 보이기 위함일 뿐이다. 그러므로 삼각三恪이라고 이른 것이다.
※ 陶 : 질그릇 만들 도/ 正 : 우두머리 정/ 賴 : 힘입을 뢰/ 恪 : 공경할 각, 삼갈 각.

③ 西山眞氏ㅣ 曰 舜이 以聖德으로 居尊位하야 其福祿이 上及宗廟하고 下延子孫하니 所以爲大孝로되 舜所知는 孝而已요 祿位名壽는 天實命之니 非舜有心得之也라.

　서산진씨가 말하기를 "순임금이 성인의 덕으로 높은 자리에 계시어 그 복과 녹이 위로는 종묘에 미치고, 아래로는 자손에게 뻗치니, 그래서 큰 효도가 되지만, 순임금이 아는 바는 효도일 뿐이고, 녹과 지위와 명성과 수명은 하늘이 실상 명한 것이니, 순임금이 마음을 두어 얻은 것은 아니다."

※ 延 : 이끌 연.

④ 宣氏ㅣ 曰 書孟子에 論舜之孝하야 言孝之始는 指事親之實也요 中庸에 言孝之終은 發明其功用之大也라.

　선씨가 말하기를 "맹자님이 『맹자』를 쓰실 때에, 순임금의 효도를 논하시어 효도의 시작을 말씀하신 것은 순임금의 어버이를 섬기는 실체를 가리킨 것이고, 『중용』에서 효도의 마침을 말한 것은 순임금의 효도의 공과 효용이 큼을 밝힌 것이다."

⑤ 新安陳氏ㅣ 曰 孟子에 稱舜爲大孝는 以親底豫와 天下化로 言이어늘 此에 稱舜爲大孝하야 以德爲聖人과 尊爲天子와 富有四海之內와 宗廟饗之와 子孫保之로 言은 何也오? 常人도 使人稱願이면 然하야 曰幸哉라! 有子如此면 尙謂之孝어든 舜은 德爲聖人하시고 而能尊富饗保如此하시니 豈不可爲大

孝乎아?

　신안진씨가 말하기를 "『맹자』에 순임금이 큰 효자가 됨을 말함에는 어버이가 기뻐하고 천하가 교화됨으로써 말을 했는데, 여기서 순임금의 큰 효도를 말함에는 덕이 성인이 되고 존귀함이 천자가 되고 부富가 사해四海를 소유하고 종묘宗廟에 흠향케 하고 자손을 보전함으로 말한 것은 무슨 이유일까? 보통 사람들도 소원을 말하라면 그러해서 '다행한 일이로다! 이와 같은 아들을 두면 효도라고 이를 수 있다'고 말하는데, 순임금은 덕은 성인이 되시고 능히 높고 부유하고 종묘에 흠향되고 자손을 보전함이 이와 같으시니, 어찌 큰 효도가 될 수 없겠는가?"

※ 稱 : 일컬을 칭/ 豫 : 기뻐할 예/ 饗 : 흠향할 향.

備旨 子思ㅣ 引夫子之稱舜하사 以明費之大也라. 夫子ㅣ 有曰凡事親者는 皆當孝나 然이나 惟古帝舜은 其誠大孝也與신제! 夫爲人子者는 非德이면 不足以顯親이어늘 舜은 則生知安行하야 德爲聖人하시고 非貴면 不足以榮親이어늘 舜은 則受堯之禪하사 尊爲天子하시고 非富면 不足以養親이어늘 舜은 則富有四海之內하시며 又且上而宗廟享其祀하야 而爲親光榮於前하시고 下而子孫이 保其業하야 而爲親垂裕於後하시니 此는 其孝ㅣ 實出人情願望之外者라. 大何如哉아!

　자사께서 공자님이 순임금을 칭찬하신 말씀을 인용하시어 도의 광대함의 큰 점을 밝히신 것이다. 공자님이 말씀하시기를 "어버이를 섬기는 사람은 모두 마땅히 효도를 해야할 것이다. 그러나 오직 옛날 순임금께서만이 참으로 큰 효자이셨다! 사람의 아들이 된 이는 덕이 아니면 족히 어버이를 드러나게 할 수 없는 것인데, 순임금은 나면서부터 아시고 편안히 실행하시어 덕으로는 성인이 되시고, 귀하지 않으면 어버이를 영화롭게 하지 못하는 것인데, 순임금은 요임금의 선위禪位를 받으시어 존귀함은 천자가 되시고, 부富가 아니면 어버이를 풍족히 봉양하지 못하는 것인데 순임금은 부가 사해四海를 소유하셨으며, 또한 위로는 조상을 종묘宗廟에 제사하여 흠향하게 하시어 어버이를 조상들에게 영광되게 하시고, 아래로는 자손이 그 업業을 보전하여 어버이가 후손들에게 풍요함을 남기게 하셨으니, 이것은 그의 효도가 실상 사람들이 원하고 바라는 것보다도 훨씬 밖으로 뛰어난 것이다. 얼마나 큰 효도인가?"라고 하신 것이 있다.

※ 賁 : 광대할 비/ 顯 : 드러날 현/ 禪 : 선양할 선/ 垂 : 드리울 수.

### 備旨補註 大孝章旨

此章은 言舜이 以德獲福하고 盡孝格天意라. 章內四故字六必字는 說天人相應이 鑿鑿不爽이니 要把舜做個樣子하야 以見庸行之修不可以不至也라.

순기대효야여(舜其大孝也與)장의 뜻 : 이 장은 순임금이 덕으로써 복을 얻고 효도를 다해서 하늘의 뜻을 감동시켰음을 말한 것이다. 장 안에 네 개의 '그러므로 고故'자와 여섯 개의 '반드시 필必'자는, 하늘과 사람이 서로 응함이 확실하여 어긋나지 않음을 말한 것이니, 순임금을 가지고 하나의 표준을 만들어서 평상시의 행동을 지극하게 닦지 않을 수 없음을 나타내려 한 것이다.

※ 格 : 감동해 이를 격/ 鑿鑿(착착) : 선명한 모양, 확실한 모양, 분명한 모양, 바위가 높이 솟은 모양/ 爽 : 어긋날 상/ 把 : 가질 파/ 做 : 지을 주/ 樣子(양자) : 표준이 됨.

### 備旨補註 大孝節旨

大孝句는 是綱이요 下五句는 德福平列이니 是는 目舜本以大孝로 做到聖人尊富饗保니 乃章旨也요 因以聖人으로 尊富饗保하야 而益成其大孝ㅣ 此節旨也라.

순기대효야여(舜其大孝也與)절의 뜻 : 대효(大孝)구절은 바로 이 절의 벼리와 같은 것이고, 아래의 다섯 구절은 덕과 복을 나란히 나열했다. 이는 순임금이 본래 큰 효도로써 성인이 되시어 높고 부유하고 종묘에 흠향하고 자손이 보존됨을 지목한 것이니, 곧 장 전체의 뜻이고, 성인으로써 존귀하고 부유하고 흠향하고 보존함으로 인해 더욱 그 큰 효도를 이룬다 함이 이 절의 뜻이다.

> **2** 故로 大德은 必得其位하며 必得其祿하며
> 고   대덕   필득기위    필득기록
>
> 必得其名하며 必得其壽니라.
> 필득기명    필득기수
>
> 그러므로 큰 덕은 반드시 그 지위를 얻으며, 반드시 그 녹을 얻으며, 반드시 그 이름을 얻으며, 반드시 그 수명을 얻느니라.

○ 舜은 年이 百有十歲라.

순임금은 연세가 110세를 사셨다.

> ① 書舜典에 舜이 生三十에 徵庸三十하고 在位五十載에 陟方乃死라하니라.
>
> 『서경書經』순전舜典에 "순임금이 서른 살에 요임금의 부름을 받으시어 30년 동안 등용되셨고, 제위帝位를 선양받아 제위에 있으신 지 50년에 지방을 순시하시다가 돌아가셨다."고 했다.

> ② 問大德者ㅣ必得位祿名壽는 乃理之常然이어늘 獨孔子는 有德而不得位祿與壽하시고 惟得聖人之名耳니 此乃氣數之變이닛고? 仁山金氏ㅣ曰此所謂聖人所不能也나 然이나 爲敎無窮而萬世享之하시고 子孫保之하시니 此又大德必得之驗也니라.
>
> 묻기를 "큰 덕은 반드시 지위와 관록과 이름과 수명을 얻음은 이치가 항상 그러한 것인데, 유독 공자님만은 덕이 있으신 데도 지위와 관록과 수명을 얻지 못하셨고, 오직 성인의 이름만 얻으셨을 뿐이니, 이것이 곧 기운(氣)과 수數의 변괴 때문입니까?"
>
> 인산김씨가 말하기를 "이것이 이른바 '성인도 능히 할 수 없다'

함이다. 그러나 끝없는 가르침을 베푸시어 만세에 흠향을 받으시고, 자손이 보전되셨으니, 이 또한 큰 덕은 반드시 얻게 되는 증거들이다."

備旨 舜之德福兼隆은 固所以爲大孝나 然이나 德爲福之本하고 福乃德之驗이라. 故로 有是聖人之大德而德極其至면 必然貴爲天子而得其位하고 必然富有四海而得其祿하며 且必然人人稱頌而得其名하고 必然多歷年所而得其壽니 乃本分當然이며 不求而自應者라.

순임금의 덕과 복이 함께 융성함은 참으로 큰 효도가 되는 것이다. 그러나 덕은 복의 근본이 되고, 복은 덕의 증거가 되는 것이다. 그러므로 이와 같은 성인의 큰 덕이 있어서 덕이 지극함을 다하면, 반드시 존귀함은 천자가 되어 그 지위를 얻고, 반드시 부유함(富)은 사해四海를 소유하여 그 녹을 얻으며, 또한 반드시 사람마다 그 이름을 칭송하여 그 이름을 얻게 되고, 반드시 오래도록 살게 되어 그 수명을 얻는 것이니, 이는 곧 본분의 당연한 것이며, 구하지 않아도 자연히 응하게 되는 것들이다.

※ 隆 : 융성할 융/ 頌 : 기릴 송.

備旨補註 大德節旨 此는 承上德福하야 側說舜德이 生知安行이라 故로 敦倫立敎하야 能盡孝之實이니 此是大孝本領이요 只言德而孝在其中이라. 四必字는 分明有篤厚申重天意在라.

대덕필득기위(大德必得其位)절의 뜻 : 이것은 위에서(1절) 덕과 복을 말한 것을 이어서, 순임금의 덕이 나면서부터 알고 편안히 행하기 때문에, 인륜을 돈독히 하고 가르침을 세워서 능히 실질적인 효도를 다할 수 있었음을 중점적으로 말한 것이니, 이것이 바로 큰 효도의 근본 요령이고, 단지 덕만을 말했으나 효도가 그 속에 있다. 네 개의 '반드시 필必'자에 분명히 돈독히 하고 후하게 하고, 거듭되고 후중한 하늘의 뜻이 있다.

※ 側說(측설) : 한쪽 방향으로 말하다, 중점적으로 말하다/ 敦 : 돈독할 돈/ 領 : 요령 령, 요긴할 령/ 篤 : 도타울 독/ 厚 : 두터울 후.

**3** 故로 天之生物이 必因其材而篤焉하나니
    고   천지생물   필인기재이독언

故로 栽者를 培之하고 傾者를 覆之니라.
고   재자  배지    경자   복지

그러므로 하늘이 사물을 냄은 반드시 그 재질에 따라 두텁게 해주니, 그러므로 심어진 것을 북돋고 기울어진 것은 엎어버리느니라.

○ 材는 質也요 篤은 厚也요 栽는 植也라. 氣至而滋息이 爲培하고 氣反而游散이 則覆이라.

'재材'자의 뜻은 재질이고, '독篤'자의 뜻은 두텁게 하는 것이고, '재栽'자의 뜻은 심음이다. 기운이 와서 불어남이 북돋음이 되고, 기운이 돌아가 떠돌다 흩어지면 엎어진다.

① 朱子ㅣ 曰 因其材而篤焉은 是因其材而加厚라.

주자께서 말씀하시기를 "'그 재질을 따라 두텁게 한다' 함은 곧 그 재질을 따라 더욱 두텁게 함이다."

② 物若扶植하야 種在土中이면 自然生氣湊泊他요 若已傾倒則生氣無所附著이리니 從何處來相接이리오? 如人疾病에 若自有生氣則藥力之氣ㅣ 依之而生氣滋長이어니와 若已危殆면 則生氣流散而不復相湊矣리라.

사물이 만약 받쳐지고 심겨져서 흙 속에 심어져 있으면 자연히 생기가 그 곳에 모일 것이고, 만약 이미 기울어져 자빠지게 되면 생기가 붙을 데가 없을 것이니, 어느 곳을 따라 생기가 서로 이어지겠는가? 예를 들어 사람이 병이 들었을 때에 만약 생기가 있다면, 약의 힘이 그 생기에 의지해서 생기가 점차로 자라날 것이지만, 만약 이미 위태하게 됐다면, 생기가 흘러가 흩어져서 다시는 서로 모이지 않을 것이다.

※ 扶 : 받칠 부/ 植 : 심을 식/ 種 : 심을 종/ 湊 : 모일 주/ 泊 : 모일 박/ 倒 : 넘어질 도/ 附 : 붙을 부/ 著 : 붙을 착/ 滋 : 번성할 자/ 殆 : 위태할 태/

③ 永嘉薛氏l 曰 天人之應은 至難言也어늘 而聖賢이 常若有可必之論하야 曰積善之家는 必有餘慶하고 積不善之家는 必有餘殃이라하시고 今日大德而謂之必得其位 必得其祿與名壽라하시니 聖賢이 何若是爲必然之論 而亦豈能盡取必於天哉아? 天之生物은 必因其材質而加厚焉하야 其本固者는 雨露必滋培之하고 其本傾者는 風雨必顚覆之하나니 其培之也도 非恩之也며 其覆之也도 非害之也요 皆理之必然者也라.

영가설씨가 말하기를 "하늘과 사람의 호응함은 지극히 말하기가 어려운 것인데, 성현이 항상 반드시 그렇게 되는 것과 같이 논설을 하셔서, 『주역』의 곤괘 문언전에 '착함을 쌓는 집안은 반드시 남는 경사가 있고, 착하지 못함을 쌓는 집안은 반드시 남는 재앙이 있다'고 말씀하시고, 지금은 '큰 덕은 반드시 그 지위를 얻고 반드시 그 관록과 이름과 수명을 얻는다'고 말씀하시니, 성현이 어떻게 이와 같이 반드시 그렇게 된다는 논설을 하시고 또한 어떻게 모두를 하늘에게 기필할 수 있는 것일까?

하늘이 사물을 냄은 반드시 그 재질에 따라 더욱 두텁게 해서, 그 근본이 견고한 것은 비와 이슬로 반드시 키워 북돋고, 그 근본이 기울어진 것은 비바람으로 반드시 자빠지고 엎어지게 한다. 그러나 그 북돋는 것도 은혜를 줌이 아니며, 그 엎어지게 하는 것도 해롭게 하는 것이 아니고, 모두 이치가 반드시 그렇게 되는 것일 뿐이다.".

※ 積 : 쌓을 적/ 殃 : 재앙 앙/ 滋 : 번성시킬 자/ 培 : 북돋울 배.

④ 新安陳氏ㅣ 曰 以理言則必然이요 以數言則或不必然이니 理者는 其常而數者는 其變也니라.

　신안진씨가 말하기를 "이치로 말하면 반드시 그런 것이고, 수數로 말하면 간혹 반드시 그렇지 않을 수도 있으니, 이치는 그 평상적인 것이고 수數는 그 변칙적인 것이다."

備旨　德至而福自應은 凡此皆天意所在也라. 故로 天之生物也는 必因其本然之材質而加篤焉하나니 故로 物之栽者ㅣ 根本純固하니 便從而培養之요 物之傾者ㅣ 根本搖動하니 便從而覆敗之니 天非有私意於其間이요 因其物之自取耳라.

　덕이 지극하면 복이 자연히 응함은 모두 하늘의 뜻이 있는 곳이다. 그러므로 하늘이 사물을 냄은 반드시 그 본연의 재질에 따라 더욱 도탑게 한다. 그러므로 사물 중에 심어진 것은 뿌리와 근본이 순수하고 견고하므로 순수하고 견고함을 따라 북돋아 기르고, 사물 중에 기울어진 것은 뿌리와 근본이 흔들려 움직이므로 그에 따라 엎어뜨리고 망가뜨리는 것이니, 하늘은 그 양쪽의 사이에 사사로운 뜻을 두고 있음이 아니고, 그 사물 각자가 스스로 취함을 따른 것일 뿐이다.

❋ 篤 : 도타울 독/ 栽 : 심을 재/ 搖 : 흔들릴 요.

備旨補註 天之節旨　此는 借天之生物하야 喻天之眷聖이요 重一因字니 自人言則主於得이요 自天言則主於因이라. 上三句는 連讀이요 末句는 帶言이라.

　천지생물(天之生物)절의 뜻 : 이것은 하늘이 사물을 냄을 빌어서 하늘이 성인을 돌봄을 일깨워준 것이다. 중점이 하나의 '인(因)'자에 있는 것이니, 사람으로부터 말하면 얻는 것을 위주로 하고, 하늘로부터 말하면 원인을 위주로 하는 것이다. 위에 있는 세 구절은 연속해서 읽어야 하고, 끝의 구절(傾者覆之)은 부수적으로 말한 것이다.

※ 喩 : 깨우칠 유/ 眷 : 돌볼 권/ 帶 : 꾸밀 대.

**4** 詩曰 嘉樂君子의 憲憲(顯顯) 令德이 宜民宜人이라!
시왈 가락군자   현현         령덕    의민의인

受祿于天이어늘 保佑命之하시고
수록우천          보우명지

自天申之라하니라.
자천신지

시경에 이르기를 "아름답고 즐거운 군자님의 밝게 드러난 훌륭한 덕이, 백성과 관리들에게 마땅히 하셨다! 복과 녹을 하늘에서 받으셨으니, 명으로 보호하고 도우시고(保佑) 거듭거듭(대를 이어) 하늘로부터 돌보시네!"라고 했다.

※ 嘉 : 아름다울 가/ 憲憲(顯顯) : 밝게 드러남/ 令德(영덕) : 훌륭한 덕행. 미덕/ 保佑(보우) : 보살펴 도움/ 申 : 거듭할 신.

○ 詩는 大雅-假樂(音洛)之篇이라. 假는 當依此作嘉요 憲은 當依詩作顯이요 申은 重(去聲)也라.

시詩는 『시경』 대아大雅편 가락假樂시다. 『시경』의 '가假'자는 마땅히 여기에 의하여 '가嘉'자로 해야 할 것이고, 여기의 '헌憲'자는 『시경』에 의하여 마땅히 '현顯'으로 해야 할 것이고, '신申'자는 거듭한다는 뜻이다.

◆ 樂(音洛) : '樂'은 '락'이라고 발음한다.
◆ 重(去聲) : '重'자는 거성이다('거듭'이라는 뜻이다).

① 雙峰饒氏ㅣ 曰 栽培傾覆은 只將天之生物하야 喩天之眷聖人이니 嘉樂君子憲憲令德은 便是栽요 受祿保佑申之는 便是培라.

쌍봉요씨가 말하기를 "'심겨진 것은 북돋고, 기울어진 것은 엎어뜨린다' 함은 단지 하늘이 사물을 내는 것을 가지고 하늘이 성인을 돌봄을 비유한 것이니, '아름답고 즐거운 군자님의 밝게 드

러난 훌륭한 덕'은 곧 '심어진(栽)' 것이고, '복과 녹을 받으며 보호하고 도우며 거듭 거듭 돌봄'은 곧 '북돋음(培)'이다."

② 東陽許氏ㅣ 曰 可嘉可樂之君子ㅣ 其令善之德이 顯顯昭著하야 宜於人民故로 受天之祿而爲天下之主하고 旣受天祿矣 而天又保之佑之命之申之하니 其所以反覆眷顧之者ㅣ 如此는 又重明上文大德必得四者之一節也라.

　동양허씨가 말하기를 "아름답고 즐거운 군자님의 훌륭하고 착한 덕이 밝게 드러나 백성과 관리들에게 마땅히 했기 때문에, 하늘의 녹을 받아 천하의 주인이 되고, 이미 하늘의 복과 녹을 받았는데도 하늘이 또 보호하고 도우시고 명하시어 거듭거듭 돌보는 것이니, 하늘이 반복해서 돌보기를 이와 같이 하는 이유는, 또한 윗 글에 큰 덕은 반드시 네 가지를 얻는다고 말한 한 절(2절)의 뜻을 거듭 밝힌 것이다."

備旨 不觀之詩乎아? 詩에 有曰可嘉可樂之君子ㅣ 有是顯顯之令德하야 旣宜於在下之民하고 又宜於在位之人하니 以此로 能受祿于天 而保其身 佑其行하야 命爲天子하고 又自天申之而保佑命之不已焉하야 使長享福祿於無窮也라.

　시詩에서 보지 않았는가? 『시경』에 말하기를 "아름답고 즐거운 군자님이 밝게 드러난 훌륭한 덕이 있어, 이미 아래에 있는 백성들에게 마땅히 하시고, 또 벼슬자리에 있는 관리들에게도 마땅히 하시니, 이로 인해서 능히 하늘의 복과 녹을 받고, 그 몸을 보호하고 그 행동을 도와서 천자天子로 명하시고, 또한 하늘로부터 거듭거듭 돌보고 보호하고 돕는 명을 그치지 않으셔서, 길이 끝없는 복과 녹을 누리게 했다."고 함이 있다.

※ 享 : 누릴 향/ 窮 : 다할 궁.

**備旨補註 嘉樂節旨** 此는 引詩하야 見有周之天이 與有虞之天으로 無以異也니 上三句는 證物之栽者요 下三句는 證天之培之라. 受字를 重看이니 是는 德足以受之也요 保佑命은 謂可大요 自天申은 謂可久니 正受祿處라.

  가락군자(嘉樂君子)절의 뜻 : 이것은 『시경』을 인용해서 주周나라의 하늘이 우虞나라의 하늘과 다름이 없음을 나타낸 것이니, 위에 있는 세 구절은 사물이 심어진 것임을(栽者) 증명한 것이고, 아래의 세 구절은 하늘이 북돋음(培之)을 증명한 것이다. '받을 수受'자를 중요하게 봐야 할 것이니, 이것은 덕이 그것을 받을 수 있다는 것이요, '하늘의 명으로 보호하고 돕는 것(保佑命)'은 크게 될 수 있다는 뜻이고, '하늘로부터 거듭 돕는다(自天申)'는 것은 오래 갈 수 있음을 말한 것이니, 바로 녹을 받는 곳이다.

### 5 故로 大德者는 必受命이니라.
　　　고　　대덕자　　필수명

그러므로 큰 덕이 있는 사람은 반드시 하늘의 명을 받느니라.

○ 受命者는 受天命爲天子也라.

'하늘의 명을 받는다'는 것은, 하늘의 명을 받아 천자天子가 됨이다.

① 問舜之大德受命은 正是爲善受福이어늘 中庸에 却言天之生物이 栽培傾覆은 何也니잇고? 朱子ㅣ 曰 只是一理니 此亦非有物使之然이라. 但物之生時엔 自節節長將去하야 恰似有物扶持他하고 及其衰也엔 則自節節消磨將去하야 恰似有物推倒他며 理自如此라. 惟我有受福之理故로 天旣佑之하고 又申之니 董仲舒ㅣ 曰 爲政而宜於民이면 固當受祿于天이라하니 他說이 得自有意思라.

묻기를 "순舜임금의 큰 덕이 하늘의 명을 받음은 바로 착함을 행해서 복을 받음인데, 『중용』에서는 '하늘이 사물을 낼 때에 심어진 것은 북돋고, 기울어진 것은 엎어뜨린다'고 말한 것은 무슨 이유입니까?" 주자께서 말씀하시기를 "이는 단지 하나의 이치일 뿐이니, 이것도 또한 어떤 사물이 있어 그렇게 만드는 것이 아니다. 단지 사물이 날 때는 스스로 마니마디 커가서 흡사 어떤 사물이 있어 그것을 부축해 주는 것과 같고, 그것이 쇠퇴할 때는 스스로 마디마디 소멸되고 없어져가서 흡사 어떤 사물이 있어 그것을 밀어서 엎어뜨리는 것과 같음이며, 이치가 스스로 이와 같은 것이다. 오직 내가 복을 받을만한 이치가 있기 때문에 하늘이 이미 돕고 또한 거듭 돕는 것이니, 한漢나라의 동중서董仲舒가 말하기를

'정사를 함에 백성에게 마땅하게 하면 당연히 하늘에서 녹을 받게 될 것이라'고 했으니, 그 말이 스스로 의미가 있는 말이다."

※ 只 : 다만 지/ 但 : 다만 단/ 恰似(흡사) : 매우 비슷함/ 扶 : 붙들 부/ 持 : 지킬 지/ 磨 : 갈 마.

② 陳氏ㅣ 曰 孔子ㅣ 德與舜同而名位祿壽ㅣ 乃與舜反은 何也오? 蓋有舜之德而必得其應者는 理之常이요 有孔子之德而不得其應者는 理之不得其常也라. 大抵聖人之生은 實關天地大數하니 天地之氣ㅣ 自伏羲至堯舜은 正是長盛時節이라. 堯舜은 稟氣淸明故로 爲聖人이며 又得氣之高厚라 所以得位得祿이며 又得氣之長遠이라 所以得壽요 周衰로 以至春秋는 天地之大氣數ㅣ 已微라. 雖孔子ㅣ 亦稟氣淸明하야 本根已栽植이나 然이나 適當氣數之衰하야 雖培壅之而不可得이라. 所以不得祿位하시고 僅得中壽니 蓋理之不得其常也니라.

진씨가 말하기를 "공자님이 덕이 순임금과 같은데도, 이름과 지위와 녹과 수명이 순임금과는 반대됨은 어쩐 일일까? 대체로 순舜임금과 같은 덕이 있으면 반드시 그에 상응함을 얻음은 이치의 상도이고, 공자님과 같은 덕이 있으면서 그에 상응함을 얻지 못함은 이치가 그 상도를 얻지 못했음이다.

일반적으로 성인의 탄생은 실상 하늘·땅의 큰 운수와 관계되는 것이니, 하늘·땅의 기운이 복희伏羲씨부터 요·순(堯舜)까지는 바로 커가고 성해지는 시절이다. 그래서 요堯임금 순舜임금은 맑고 밝은 기운을 타고났기 때문에 성인이 된 것이며, 또한 기운의 높고 두터운 것을 얻었기 때문에 지위와 녹을 얻은 것이며, 또한 기운의 길고 먼 것을 타고났기 때문에 수명을 얻은 것이다.

주周나라가 쇠퇴할 때로부터 춘추시대까지는 하늘의 기운과 수數가 이미 미미해졌다. 그래서 비록 공자님이 또한 기운의 맑고 밝은 것을 타고나셔서 근본과 뿌리가 이미 심어졌지만, 마침 기운과 수가 쇠퇴한 때를 당해서, 비록 북돋아 준다하더라도 얻을 수 없었던 것이다. 그래서 녹과 지위는 얻지 못하고, 겨우 중간 정도의 수명만을 얻으셨을 뿐이니, 아마도 이치가 그 상도를 얻지 못했음일 것이다."

※ 稟 : 품부받을 품/ 壅 : 북돋을 옹, 막을 옹/ 僅 : 겨우 근.

③ 雲峯胡氏ㅣ 曰 前言父母之順이 在於宜兄弟樂妻孥는 不過目前之事니 費之小者也요 此言孝之大ㅣ 在於宗廟饗子孫保는 則極其流澤之遠이니 費之大者也라. 前言費之小則曰居易以俟命하니 學者事也요 此言費之大則曰大德必受命하니 聖人事也라. 栽者培之는 是言有德者는 天必厚其福이니 可爲居易者勸이요 傾者覆之는 是言不德者는 天必厚其毒이니 可爲行險者戒矣라. 所引詩는 專爲栽者培之而言也라.

운봉호씨가 말하기를 "앞에서 '부모가 편안하고 즐거워하심이 형제에게 마땅히 하고 처자를 즐겁게 하는 데에 있음'을 말한 것은 눈앞에 있는 일에 지나지 않는 것이니, 광대함(費) 중에 작은 것이고, 여기서 효도의 큼이 종묘에 흠향되고 자손을 보전함에 있음을 말한 것은 그 흐르는 은덕이 지극히 멀리 미침이니, 광대함 중에 큰 것이다. 앞에서 광대함 중에 작은 것을 말할 때는 '평이한 데에 거처해서 명을 기다린다'고 했으니, 배우는 사람의 일이고, 여기서 광대함 중에 큰 것을 말할 때는 '큰 덕은 반드시 천명을 받는다'고 말했으니, 성인의 일이다.

'심어진 것을 북돋는다' 함은 덕이 있는 사람은 하늘이 반드시 그 복을 두텁게 한다 함을 말한 것이니, 평이한 데에 거처하는 사람을 위한 권장함이 될 수 있는 것이고, '기울어지는 것을 엎어뜨린다' 함은 부덕한 사람은 하늘이 반드시 그 해독을 무겁게 내린다 함을 말한 것이니, 험한 일을 행하는 사람을 위한 경계가 될 수 있는 것이다. 인용한 『시경』의 시詩는 전적으로 '심어진 것을 북돋는다' 함을 증명하기 위한 말이다."

※ 䅮 : 자식 노/ 饗 : 흠향할 향/ 易 : 쉬울 이/ 俟 : 기다릴 사.

④ 新安陳氏 | 曰 必者는 決然之辭니 必得其位로 至必受命 六必字는 皆是常理之必然者라. 此一句는 總結上文意라.

신안진씨가 말하기를 "'반드시 필必'자는 '결코 그렇다'라는 말이니, '반드시 그 지위를 얻는다'부터 '반드시 명을 받는다'는 데에까지 여섯 개의 '반드시 필必'자는 모두가 상리常理에 필연적인 것이다. 이 한 구절은 윗 글의 뜻을 전체적으로 끝맺음한 것이다."

⑤ 東陽許氏 | 曰 自舜其大孝로 至子孫保之一節은 言舜之事實이요 自故大德으로 至必得其壽一節은 泛言理之必然이요 自故天之生物로 至覆之一節은 言善惡之應所必至요 後引詩는 又證有德之應이 如此라. 故로 以大德者必受命으로 結之라.

동양허씨가 말하기를 "'순임금은 큰 효자'라고 한 데에서부터 '자손을 보전했다'까지의 한 절(1절)은 순임금의 사적을 말한 것이고, '그러므로 큰 덕'부터 '반드시 그 수명을 얻는다'까지의 한 절(2절)은 일반적으로 이치가 반드시 그러함을 말한 것이고, '그러므로 하늘의 사물을 냄이'부터 '엎어뜨린다'까지의 한 절(3절)은 착하고 악함의 응보應報가 반드시 온다 함을 말한 것이고, 뒤에 인용한 시(詩 : 4절)는 또한 덕이 있는 사람의 응보(應報)가 이와 같음을 증명한 것이다. 그러므로 '큰 덕은 반드시 명을 받는다(5절)'는 것으로 끝맺은 것이다."

[備旨] 由天意觀之라. 故로 有大德者는 必然受上天申重之命而爲天子하고 以示篤厚之意而享位祿名壽之全이니 固理之必然而無疑者라. 然則舜以聖人之德而合尊富饗保하야 以成大孝는 非古今所不可及與아!

하늘의 뜻을 따라 봤기 때문에, 큰 덕이 있는 사람은 반드시 하늘의 거듭되는 중한 명을 받아 천자가 되고, 두터움을 돈독히 하는 뜻을 보여서 지위와 녹과 이름과 수명을 온전히 누리게 하는 것이니, 본래 이치의 필연적인 것이고 의심할 수 없는 것이다. 그렇다면 순임금이 성인의 덕으로써 응당히 존귀하고 부유하고 종묘에 흠향되고 자손을 보전하게 돼서 큰 효도를 이루심은, 고금에 미칠 수 없는 것이 아니겠는가?

[備旨補註 受命節旨] 此는 承上詩辭中受命字하야 決大德者之必然也며 大德內에 藏有孝字하니 正以申結通章意라. 命之受l 自其德必之니 可見其權이 不在天而在德이라.

대덕자필수명(大德者必受命)절의 뜻 : 이것은 위에 있는 시의 말 속에 '명을 받는다(受命)'는 글자를 이어서, 큰 덕이 있는 사람은 반드시 그렇게 됨을 결론지은 것이며, 큰 덕의 안에는 '효도 효孝' 자를 감추고 있으니, 바로 거듭해서 장 전체의 뜻을 끝맺은 것이다. 명을 받는 것이 그 덕으로부터 기필하게 됨을 알 수 있으니, 그 권한이 하늘에게 있지 않고 덕에 있음을 알 수 있다.

● 右는 第十七章이라.

이상은 열 일곱 번째 장이다.

此는 由庸行(去聲)之常(孝也)하야 推之以極其至니

이것은 평상시 떳떳한 행동으로부터 미루어서 그 지극함을 다한 것이니,

- 行(去聲) : '行'자는 거성이다('행동' 또는 '행실'의 뜻).
- 孝也 : 평상시 떳떳한 행동은 효도이다.

① 新安陳氏ㅣ 曰 大孝也德爲聖人以下는 皆是推極其至라.
신안진씨가 말하기를 "'큰 효자이시다, 덕은 성인이 되셨다'는 것 이하는 모두가 미루어 그 지극함을 다한 것이다."

**見道之用廣也나 而其所以然者則爲體微矣라. 後二章도 亦此意니라.**
도의 작용이 넓음을 나타낸 것이다. 그러나 그것이 그렇게 되는 원인은 본체가 되고 미세한 것이다. 뒤의 두 장도 또한 이런 뜻이다.

# 第18章

> **1** 子ㅣ 曰 無憂者는 其惟文王乎신져!
> 자 왈 무우자 기유문왕호
>
> 以王季爲父하시고 以武王爲子하시니
> 이 왕 계 위 부    이 무 왕 위 자
>
> 父ㅣ 作之어시늘 子ㅣ 述之하시니라.
> 부 작 지       자 술 지
>
> 공자께서 말씀하시기를 "근심이 없으신 분은 아마도 오직 문왕 뿐이실 것인져! 왕계를 아버지로 모시고, 무왕을 아들로 두셨으니, 아버지가 시작하심에 아들이 계승하셨다."

◉ 此는 言文王之事라. 書에 言王季其勤王家라하니 蓋其所作은 亦積功累(魯水反)仁之事也라.

이것은 문왕의 일을 말한 것이다. 『서경』에 "왕계王季가 왕가王家를 위하여 부지런히 일했다."고 했으니, 아마도 그가 시작한 일은 또한 공을 쌓고 어진 일을 많이 하는 일이었을 것이다.

◆ 累(魯水反) : '累'는 '로'와 '수'의 반절음('루'라고 발음한다).
※ 勤 : 부지런할 근/ 累 : 여러번 루.

① 海陵胡氏ㅣ 曰 舜禹는 父則瞽鯀이요 堯舜은 子則朱均이니 所以惟文王이 爲無憂라.

해릉호씨가 말하기를 "순임금과 우임금의 아버지는 고수瞽叟와 곤鯀이고, 요임금과 순임금의 아들은 단주丹朱와 상균商均이었다. 그래서 오직 문왕만이 근심 없음이 되는 것이다."

② 兼山郭氏ㅣ 曰 憂勤者는 文王也요 無憂者는 後人之言文王也라.

　겸산곽씨가 말하기를 "매사를 근심하시고 부지런히 하신 것은 문왕이셨고, '근심이 없다' 함은 뒤의 사람들이 문왕에 대해 말한 것이다."

③ 雲峯胡氏ㅣ 曰 文王의 父作子述은 人倫之常也라. 舜之父子는 人倫之變也니 舜은 惟順於父母라야 可以解憂라. 此所以曰無憂者는 其惟文王也시니라.

　운봉호씨가 말하기를 "문왕의 아버지(왕계)가 시작한 것을 아들(무왕)이 계승함은 인륜의 상도이다. 순임금의 부자간은 인륜의 변칙이니 순임금은 오직 부모에게 순히 해야만 근심을 푸실 수 있었다. 그래서 '근심이 없으신 분은 아마도 오직 문왕 뿐이실 것이라'고 말씀하신 것이다."

④ 壺山이 曰 父作子述도 亦當活看이니 蓋王季ㅣ 有作則文王이 述之하고 文王이 有作則武王이 述之라.

　호산이 말씀하기를 '아버지가 시작한 것을 아들이 계승한다'함도 또한 넓게 봐야 할 것이다. 왕계(王季)가 시작함이 있으면 문왕이 계승하고, 문왕이 시작함이 있으면 무왕이 계승함이다.

[備旨] 子思ㅣ 引夫子之美文武周公者하사 以明費之大也라. 夫子ㅣ 有曰自古帝王이 際天倫之極盛而無憂者는 其惟文王乎신져! 文王은 以王季之賢而爲之父하시고 以武王之聖而爲之子하시니 父焉克勤王家而作於前하시고 子焉丕承厥志而述於後하사 前後皆得其人하시고 作述이 皆有所賴하시니

夫何憂也리오?

　자사께서 공자님이 문왕 무왕 주공을 찬미하신 것을 인용하시어 도의 광대함 중에 큰 것을 밝힌 것이다. 공자님이 말씀하시기를 "예로부터 제왕 중에 천륜天倫의 지극히 성한 것을 만나, 근심이 없으신 분은 아마도 오직 문왕뿐이실 것인져! 문왕은 왕계와 같은 어진 분이 아버지가 되셨고, 무왕과 같은 성인으로 아들을 삼으셨으니, 아버지는 능히 임금 집안의 일을 부지런히 하여 앞에서 시작하시고, 아들은 크게 그 뜻을 이어받아 뒤에서 계승하시어, 앞과 뒤가 모두 그 마땅한 사람을 얻으시고, 시작과 계승에 모두 힘을 입으신 바가 있으셨으니, 무슨 근심이 있었겠는가?"라고 하셨다.

※ 際 : 만날 제/ 克 : 능할 극/ 厥 : 그 궐/ 賴 : 힘입을 뢰.

**備旨補註 無憂章旨** 此章은 言文武周公이 能盡中庸之道니 章句에 固是三節平列이나 要以首節文王으로 爲主요 下二節은 乃詳武周之能述也라.

　무우(無憂)장의 뜻 : 이 장은 문왕 무왕 주공이 능히 『중용』의 도를 다했음을 말한 것이다. 장구에는 참으로 이 세 절을 평등하게 나열했으나, 요점은 첫머리 절의 문왕으로 주를 삼은 것이고, 아래의 두 절은 무왕과 주공이 능히 계승했음을 자세히 말한 것이다.

**備旨補註 無憂節旨** 開口突說文王無憂하니 分明有文王本身이 緝熙敬止一段盡道意在前하야 纔美他父子라. 兩以字는 盡道之文王이 以之也요 作을 只言王季는 擧親者言이요 述은 只言武王은 擧尊者言이라. 曰作曰述하니 則所以承之開之者ㅣ 其盡道를 更可知라.

무우(無憂)절의 뜻 : 글을 시작하자마자 갑자기 '문왕은 근심이 없으시다'고 말했으니, 분명히 문왕이 계속 빛나고 경건하게 그치시어 도를 다했다는 뜻의 한 단락 글이 앞에 있고, 그 아래에 문왕 부자를 아름답게 여긴 것일 것이다.
　두 개의 '이以'자는 모두 문왕이 도를 다해 그렇게 했음을 말한 것이고, '창시했다(作)' 함에 단지 왕계만을 말한 것은 친근한 이를 들어 말한 것이고 '계승한다(述)' 함에 단지 무왕만을 말한 것은 지위가 높은 이를 들어 말한 것이다. '창시했다, 계승했다'고 말했으니, 계승하고 개척함이 그 도를 다했음을 또한 알 수 있다.

❋ 突 : 갑자기 돌/ 緝 : 이을 집/ 熙 : 빛날 희/ 纔 : 그야말로 재/ 美 : 찬미할 미.

### 2 武王이 纘大王·王季·文王之緖하사
　　무 왕　찬 태왕　왕계　문왕지서

壹戎衣而有天下하사되 身不失天下之顯名하사
일융의이유천하　　　　신불실천하지현명

尊爲天子시고 富有四海之內하사 宗廟饗之하시며
존위천자　　　부유사해지내　　　종묘향지

子孫保之하시니라.(大는 音泰니 下同이라)
자손보지

무왕이 태왕·왕계·문왕의 기업基業을 이으셔서, 한 번 전투복을 입으시어 천하를 소유하셨다. 그러나 몸은 천하의 드러난 명성을 잃지 않으시어 높게는 천자가 되시고, 부유함은 사해의 안을 소유하시어 종묘를 흠향하시며, 자손을 보전하시었다.

- ◆ 大는 音泰니 下同이라 : '大'는 '태'라고 발음하니, 아래에 나오는 '大'자도 발음이 같다.
- ※ 纘 : 이을 찬/ 緖 : 계통 서/ 壹 : 한번 일/ 戎衣(융의) : 전투복/ 顯名(현명 : 드러난 명성.

○ 此는 言武王之事라. 纘(作管反)은 繼也요 大王은 王季之父也니 書에 云大王이 肇基王迹이라하고 詩에 云至于大王하야 實始翦商이라하니라.

이것은 무왕의 일을 말한 것이다. '찬纘'자의 뜻은 잇는다는 것이고, 태왕은 왕계의 아버지니, 『서경』에 이르기를 "태왕이 처음으로 왕업의 자취를 터잡았다"고 했고, 『시경』에 이르기를 "태왕에 이르러서 실상 처음으로 상나라 세력을 깎기 시작했다"고 했다.

- ◆ '纘'자는 '작'자와 '관'자의 반절음('관→찬'이라고 발음한다).
- ※ 肇 : 비롯할 조/ 基 : 터잡을 기/ 迹 : 자취 적/ 翦 : 가위질할 전.

① 書武成篇에 王若曰 嗚呼아! 群后아! 惟先王이 建邦啓土하

시고 公劉ㅣ 克篤前烈하시며 至于大王하야 肇基王迹하시고 王季ㅣ 其勤王家라하니라.

『서경』무성武成편에 "왕이 말하기를 '아! 여러 제후들아! 오직 선왕께서 나라를 건립하여 국토를 개척하시고, 공유公劉께서 능히 앞 선열들의 일을 돈독히 하셨으며, 태왕에 이르러서 처음으로 왕업의 자취를 터잡으시고, 왕계께서 왕가의 일을 열심히 하셨다'"고 했다.

※ 后 : 임금 후/ 邦 : 나라 방/ 啓 : 열 계/ 大王(태왕) : ≒太王(태왕).

② 詩閟宮篇에 后稷之孫은 實維大王이 居岐之陽하야 實始翦商하고 至于文武하야 纘大王之緖하야 致天之屆于牧之野라하니라.

『시경』노송편 비궁시閟宮詩에 "후직后稷의 자손은/ 실상 오직 태왕大王이/ 기산岐山의 남쪽에 거처하시어/ 처음으로 상商나라 세력을 깎기 시작했고/ 문왕文王 무왕武王에 이르러서/ 태왕大王의 기업基業을 이으시어/ 하늘의 지극한 명을/ 목야牧野에서 이루었다"고 했다.

※ 『시경』노송편(魯頌篇)에 출전/
※ 閟 : 비궁 비, 문닫을 비/ 屆 : 지극할 계, 이르를 계(屆).

緖는 業也요 戎衣는 甲冑之屬이라. 壹戎衣는 武成文이니 言壹著(陟略反)戎衣以伐紂也라.

'서緖'자는 업業이라는 뜻이고, '전투복(戎衣)'은 갑옷과 투구의 종류이다. '한 번 전투복을 입었다(壹戎衣)' 함은 『서경』무성편의 글이니, 한 번 전투복을 입고 은나라의 주왕을 쳤음을 말한 것이다.

◆ 著(陟略反) : '著'은 '척'과 '략'의 반절음('착→착'이라고 발음한다).
※ 甲 : 갑옷 갑/ 冑 : 투구 주/ 著 : 입을 착/ 伐 : 칠 벌.

① 問身不失天下之顯名은 與必得其名으로 須有些等級不同이니잇고? 朱子ㅣ 曰 看來也是有些異니라. 如堯舜與湯武는 眞簡爭分數有等級이니 只看聖人說에 謂韶盡美矣요 又盡善也와 謂武盡美矣나 未盡善也處면 便見이리라.

묻기를 "'몸이 천하의 드러난 명성을 잃지 않았다'고 함은 '반드시 그 이름을 얻는다'고 함과는 조금은 등급이 같지 않은 점이 있는 것입니까?" 주자께서 말씀하시기를 "살펴보면 이는 조금 다른 점이 있는 것이다. 요임금 순임금과 탕임금 무왕은 참으로 분수에 등급의 차이가 있는 것이니, 단지 성인(공자님)의 말씀에 '소韶음악은 지극히 아름답고 또한 지극히 착하다'고 이르심과 '무武음악은 지극히 아름답지만 지극히 착하지는 않다'고 이르신 곳만 보더라도 곧 알 수 있을 것이다."

※ 『논어』 팔일편에 "子ㅣ 謂韶하시되 盡美矣요 又盡善也라하시고, 謂武하시되 盡美矣요 未盡善也라하시다(공자께서 소악을 평하시되 '지극히 아름답고 지극히 좋다' 하시고, 무악을 평하시되 '지극히 아름답지만 지극히 좋지는 못하다'고 하셨다)".

※ 些 : 조금 사, 적을 사/ 韶 : 순임금의 음악 소/ 武 : 무왕의 음악 무.

② 三山陳氏ㅣ 曰 周家之業이 自大王遷岐에 從如歸市하니 是時에 人心天意ㅣ 已有爲王之基요 武王이 一擐戎衣以有天下하니 此는 蓋天命人心之極으로 不得而辭者라.

삼산진씨가 말하기를 "주周나라의 왕업이 태왕(大王)이 기(岐)땅으로 옮김에 백성들이 따르기를 시장과 같이 함으로부터 시작됐으니, 이 때 사람의 마음과 하늘의 뜻이 이미 왕이 될 터전이 있음이고, 무왕이 한 번 전투복을 입음으로써 천하를 소유했으니, 이것은 하늘의 명과 사람의 마음이 극에 달한 것으로 사양할 수 없는 것이다."

※ 遷 : 옮길 천/ 岐 : 땅이름 기/ 擐 : 입을 환/ 辭 : 사양할 사.

③ 蔡氏┃曰 大王이 雖未有翦商之志나 然이나 大王始得民心하니 王業之成이 實基於此라.

　채씨가 말하기를 "태왕大王이 비록 상商나라 세력을 깎으려는 뜻을 가지고 있지는 않았으나, 태왕이 처음으로 백성들의 마음을 얻었으니, 왕업의 성취가 실상 여기서 터잡은 것이다."

④ 問孔子於舜에 言必得其名하시고 於武王에 言身不失天下之顯名하시니 語意┃似有斟酌이니이다! 雙峰饒氏┃曰 反之不若性之之純이요 征伐이 不若揖遜之順이니라.

　묻기를 "공자님이 순임금에게는 '반드시 그 이름을 얻는다'고 말씀하시고, 무왕에게는 '몸이 천하의 드러난 명성을 잃지 않았다'고 말씀하셨으니, 말의 뜻이 참작해서 하신 말씀 같습니다." 쌍봉요씨가 말하기를 "자기를 반성해서 행하는 것이 성품대로 행함의 순수함만 못하고, 무력으로 정벌해서 얻음이 예로 선양받는 것만 못하니라."

※ 斟酌(침작) : 어림쳐서 헤아림/ 反 : 반성할 반/ 揖 : 사양할 읍/ 遜 : 사양할 손.

備旨 以武王子述之事言之라. 太王이 肇基王迹하시며 王季┃其勤王家하시며 文王이 三分有二하시니 我周世業也어늘 惟武王이 克纘之하시니 其纘緖也라. 本不期於有天下요 到後來하야 紂惡不悛일새 不得已一著戎衣하야 以伐紂而奄有天下라. 夫以臣伐君이면 宜失其名이나 然이나 天下┃諒其順天應人之擧하야 咸稱頌之而其身이 不失忠孝之顯名하시며 於是에 變侯爲王而尊爲天子하시고 化國爲天下而富有四海之內하사 宗廟享之而七廟巍然하고 子孫保之而卜年方永하니 此는 皆武王之纘緖而述文王者也라. 文何憂哉리오?

　무왕이 아들로서 왕업을 계승하신 일로써 말씀한 것이다. 태왕이 처음으로 왕업의 자취를 터 잡으셨으며, 왕계가 왕가의 일을 부지런히 하셨으며, 문왕이 천하의 삼분의 이를 소유하셨으니, 이는 우리 주周나라의 대대로 내려오는 왕업이다. 그런데 오직 무왕께서 능히 왕업을 이으실 수 있었으니, 무왕이 왕업을 이으심은 본래부터 천하를 소유하려는 마음을 먹었던 것은 아니고, 뒤에 와서 주왕紂王의 악함이 고쳐지지 않았기 때문에, 부득이하게 한 번 전투복을 입고 주왕을 쳐서 천하를 소유하게 된 것이다.

일반적으로 신하로써 임금을 쳤다면 마땅히 그 명성을 잃어야 할 것이다. 그러나 천하가 그가 하늘을 순히 하고 사람들의 마음에 부응하여 거사한 것임을 알고 함께 칭송을 해서, 몸은 충효의 드러난 명성을 잃지 않으시며, 후侯가 변해 왕이 되어 높게는 천자가 되시고, 나라가 변해 천하가 되어 부유함이 사해의 안을 소유하시어서, 종묘에 흠향하시어 일곱 개의 사당이 높게 세워지고, 자손을 보전하시어 왕조의 향년을 길게 점지 받으시니, 이것이 모두 무왕이 왕업을 잇고 계승하심이다. 문왕이 무엇을 근심하시겠는가?

※ 諒 : 양해할 량, 참 량, 진실 량/ 咸 : 다 함/ 巍 : 높을 위/ 卜年(복년) : 앞으로 기약할 햇수≒향년(享年).

**備旨補註 武王節旨** 此는 武王之子述也라. 首句에 雖列三王이나 然이나 子述이 是節旨니 須提文王且無憂本於父作이며 又須提王季然後에 轉出太王이라야 方合續緖요 只繼其積功累仁之業이나 到戎衣句는 乃續緖中時하야 至事起耳라. 顯名을 說不失은 有斟酌이니 與舜必得不同이요 尊爲天子四句는 舜은 言諸福畢集이요 武는 言大有作爲니 意各有所爲也라.

무왕武王절의 뜻 : 이것은 무왕이 아들로서 계승하심이다. 첫머리 구절에 비록 세 왕을 열거했으나, 아들로서 계승함이 이 절의 뜻이니, 반드시 문왕의 근심 없으심이 아버지가 창시하심에 근본 했음을 제기해야 할 것이며, 또한 반드시 왕계를 제기한 뒤에 태왕까지 나아가야만 '기업을 이었다' 함에 합치될 것이고, 단지 그 공을 쌓고 어짊을 쌓는 업적을 계속함일 뿐이지만, '전투복을 입고 천하를 평정한다'는 구절에까지 이른 것은, 곧 기업을 이음이 때에 맞서서 일이 일어남에 이른 것이다. '드러난 이름을 잃지 않았다'고 말한 것은 헤아림이 있는 말이니, 순임금과는 반드시 성인으로서의 등급을 같이 할 수 없음이다. '높게는 천자가 되었다'는 네 구절은, 순임금은 모든 복이 다 모였다 함을 말한 것(선양받아 천자가 됨)이고, '무왕'은 크게 한 바가 있음을 말한 것(무력으로 천자가 됨)이니, 각각 뜻하는 바가 있는 말이다.

**3** 武王이 末受命이어시늘 周公이 成文·武之德하사
　　무왕　　말수명　　　　주공　　성문　무지덕

追王大王·王季하시고 上祀先公以天子之禮하시니
추왕태왕　왕계　　　　상사선공이천자지례

斯禮也ㅣ 達乎諸侯大夫及士庶人하니
사례야　　달호제후대부급사서인

父爲大夫요 子爲士어든 葬以大夫요
부위대부　　자위사　　　장이대부

祭以士하며 父爲士오 子爲大夫어든 葬以士오
제이사　　　부위사　　자위대부　　　장이사

祭以大夫하며 期之喪은 達乎大夫하고
제이대부　　　기지상　　달호대부

三年之喪은 達乎天子하니
삼년지상　　달호천자

父母之喪은 無貴賤一也니라. (追王之王 去聲)
부모지상　　무귀천일야

　무왕이 말년에 하늘의 명을 받으시니, 주공이 문왕 무왕의 덕을 이루시어, 태왕과 왕계를 왕으로 추존하시고, 위로 선공을 천자의 예로 제사지내시니, 이 예법은 제후와 대부 및 사와 서인에게도 통용되는 것이다. 아비가 대부이고 아들이 사(士)면, 장사는 대부의 예로 지내고 제사는 사의 예로 지내며, 아비가 사고 아들이 대부면, 장사는 사의 예로 지내고 제사는 대부의 예로 지내며, 기년의 상은 대부까지 통용되고, 삼년의 상은 천자에까지 통용하니, 부모의 상은 귀천에 관계없이 한 가지이다.

◆ 追王之王은 去聲이라 : '追王'의 '王'자는 거성이다('왕으로 삼는다'는 뜻이다).
※ 先公(후직-불줄-공류-경절-황복-차불-훼유-공비-고어-아어-공숙조류)
　　태왕(고공단보)-왕계(계력)-문왕(서백창)-무왕-주공단(무왕의 동생)
※ 追 : 추존할 추/ 祀 : 제사지낼 사/ 斯 : 이 사/ 達 : 두루 통할 달/ 葬 : 장사재낼 장/ 期 : 돌 기

○ 此는 言周公之事라. 末은 猶老也요 追王은 蓋推文·武之意하야 以及乎王迹之所起也라.

이것은 주공의 일을 말한 것이다. '말末'자의 뜻은 늙었다는 것과 같고, '왕으로 추존한다(追王)' 함은 아마도 문왕 무왕의 뜻을 미루어 왕업의 자취가 일어난 곳에까지 미치게 함일 것이다.

> ① 新安陳氏ㅣ 曰 蓋者는 疑辭니 以意推之라. 觀武成에 稱大王王季文王이면 可見矣라.
> 신안진씨가 말하기를 "'개蓋'자는 의심하는 글이니, 뜻으로 추측한 것이다. 『서경』 무성武成편에 '태왕, 왕계, 문왕'이라고 호칭한 것을 보면 알 수 있다."

先公은 組(音祖)紺(高暗反)以上至后稷也니

'선공先公'은 조감組紺 이상으로부터 후직后稷에까지 이름이니,

- ◆ 組(音祖) : '組'는 '조祖'라고 발음한다.
- ◆ 紺(高暗反) : '組'는 '고'와 '암'의 반절음('감'이라고 발음한다).

> ① 史記周本紀에 后稷은 別姓姬氏니 后稷이 卒에 子ㅣ 不窋이 立하고 不窋이 卒에 子ㅣ 鞠陶ㅣ 立하고 鞠陶ㅣ 卒에 子ㅣ 公劉ㅣ 立하고 公劉ㅣ 卒에 子ㅣ 慶節이 立國於豳하고 慶節이 卒에 子ㅣ 皇僕이 立하고 皇僕이 卒에 子ㅣ 差弗이 立하고 差弗이 卒에 子ㅣ 毁隃ㅣ 立하고 毁隃ㅣ 卒에 子ㅣ 公非ㅣ 立하고 公非ㅣ 卒에 子ㅣ 高圉ㅣ 立하고 高圉ㅣ 卒에 子ㅣ 亞圉ㅣ 立하고 亞圉ㅣ 卒에 子ㅣ 公叔祖類ㅣ 立하고 公叔祖類ㅣ 卒에 子ㅣ 古公亶父ㅣ 立이라하니 組紺은 卽公叔祖類요 乃大王之父也라.
> 『사기史記』의 주본기周本紀에 '후직后稷은 성이 희姬씨니, 후직

이 죽음에 아들 불줄不窋이 잇고, 불줄이 죽음에 아들 국도鞠陶가 잇고, 국도가 죽음에 아들 공유公劉가 잇고, 공유가 죽음에 아들 경절慶節이 나라를 빈豳땅에 세우고, 경절이 죽음에 아들 황복皇僕이 잇고, 황복이 죽음에 아들 차불差弗이 잇고, 차불이 죽음에 아들 훼유毀隃가 잇고, 훼유가 죽음에 아들 공비公非가 잇고, 공비가 죽음에 아들 고어高圉가 잇고, 고어가 죽음에 아들 아어亞圉가 잇고, 아어가 죽음에 아들 공숙조류公叔祖類가 잇고, 공숙조류가 죽음에 아들 고공단보古公亶父:태왕가 이었다'고 했으니, 조감組紺은 곧 공숙조류이고 바로 태왕太王의 아버지이다.

**上祀先公以天子之禮는 又推大王•王季之意하야 以及於無窮也라.**

위로 선공을 천자의 예법으로 제사지냄은 또한 태왕과 왕계의 뜻을 미루어 끝이 없는 데에까지 미침이다.

① 問組紺以上을 祀先公以天子之禮는 所謂葬以士요 祭以大夫之義니잇고? 朱子ㅣ 曰 然하다 周禮에 祀先王以袞冕하고 祀先公以鷩冕이라하니 則祀先公은 依舊止用諸侯之禮니 鷩冕은 諸侯之服이로되 但乃是天子祭先公之禮耳라. 蓋不敢以天子之服으로 臨其先公이로되 鷩冕旒는 王與諸侯不同하야 天子之旒는 十二玉이니 雖諸侯同是七旒나 但天子는 七旒十二玉이요 諸侯는 七旒七玉耳라.

묻기를 "조감組紺 이상의 선공先公을 천자의 예법으로 제사지냄은 이른바 '장사는 사의 예로 지내고, 제사는 대부의 예로 지낸다'는 뜻입니까?" 주자께서 말씀하시기를 "그렇다. 『주례周禮』에 '선왕은 곤룡포와 면류관으로 제사지내고, 선공은 별복鷩服에 면류관으로 지낸다'고 했다. 선공을 제사지내는 것은 옛날과 같이 단지 제후의 예법을 쓸 뿐이니, 별복과 면류관은 제후가 쓰는 복식이다. 그러나 단지 여기서 말한 별복과 면류관은 곧 천자가 선공을 제사 지내는 예복일 뿐이다. 이는 아마도 감히 천자의 의복으로 선공의 제사에 임할 수 없음일 것이다. 그러나 별복과 면류관의 술(旒)은 왕과 제후가 같지 않아서, 천자의 면류관 술은 열두 개의 옥이니, 비록 술은 제후와 같은 일곱 개의 술이지만, 단지 천자는 일곱 술에 열두 옥씩이고, 제후는 일곱 술에 일곱 옥씩일 뿐이다."

※ 袞 : 곤룡포 곤/ 冕 : 면류관 면/ 鷩 : 금계(錦鷄) 별/ 鷩衣(별의) : 꿩을 그린 옷, 천자가 향사(饗射)때 입던 옷/ 旒 : 술 류(면류관의 앞뒤로 드리운 주옥을 꿴 술).

② 新安陳氏ㅣ 曰 無窮은 謂自大王以上으로 及乎前無窮盡하야 直至於后稷也라.

신안진씨가 말하기를 "'끝이 없다' 함은 태왕으로부터 위로 끝없이 올라가서 후직(后稷)에까지 이르름을 이른 것이다."

制爲禮法하야 以及天下하야 使葬用死者之爵하고 祭用生者之祿하며 喪服은 自期(居之反)以下는

예법을 만들어 천하에 미치게 해서 장사에는 죽은 사람의 작위를 쓰고, 제사에는 산 사람의 녹을 쓰게 하며, 상복은 기년의 상 이하부터는

◆ 期(居之反) : '期'는 '거'자와 '지'자의 반절음('기'라고 발음한다).

① 新安陳氏曰 上言葬祭禮하고 此言喪服禮라.

신안진씨가 말하기를 "위에서는 장사와 제사의 예법을 말하고, 여기서는 상복을 입는 예법을 말한 것이다."

**諸侯는 絶하고 大夫는 降하며 而父母之喪은 上下同之하니 推己以及人也라.**

제후는 없애고 대부는 줄였으며, 부모의 상은 윗사람과 아랫 사람이 같게 하니, 자기의 마음을 미루어 남에게 미친 것이다.

① 朱子ㅣ 曰 夏商而上은 只是親親長長之意러니 到周하야 又添得許多貴貴底禮數하니 如始封之君은 不臣諸父昆弟하고 封君之子는 不臣諸父而臣昆弟하며 期之喪은 天子諸侯는 絶하고 大夫는 降이나 然이나 諸侯大夫尊同則亦不絶不降하며 姉妹姪在諸侯者亦不絶不降하니 此는 皆貴貴之義라. 上世에 想皆簡略하야 未有許多降殺貴貴底禮數로되 凡此는 皆天下之大經이요 前世所未備라. 到得周公하야 搜剔出來하야 立爲定制니 更不可易이라.

주자께서 말씀하시기를 "하夏나라 상商나라 이상은 단지 어버이를 사랑하고 어른을 공경하는 뜻만 있을 뿐이었는데, 주周나라에 이르러서 또한 수많은 존귀한 이를 존중하는 예절들이 더해지게 되었다. 예를 들면 처음 임금으로 봉해진 사람은 아버지의 형제간과 자기의 형제간을 신하로 삼지 않고, 임금으로 처음 봉해진 사람의 아들부터는 아버지의 형제는 신하로 삼지 않지만 자신의 형제는 신하로 삼는다. 기년의 상은 천자와 제후는 상복을 입지 않고 대부는 줄여서 입되, 죽은 사람이 제후나 대부로 상복을 입는 사람과 벼슬의 높이가 같으면 또한 없애거나 줄이지 않으며, 자매간과 조카가 제후 벼슬에 있는 사람도 또한 없애거나 줄이지 않으니, 이것은 모두 존귀한 사람을 존중하는 뜻이다.

윗대의 세상에서는 아마도 모든 것이 간략하여 존귀한 사람을 존중하며 줄이고 없애는 여러 예법의 절차들이 없었다. 그러나 이 모든 것들은 천하의 큰 법도이고, 이전의 세상에서 갖추지 못했던 것들이다. 주공에 이르러서 골자를 찾아내어 제도로 정해 세워 놓으신 것이니, 다시는 바꿀 수 없는 것이다."

※ 添 : 더할 첨/ 昆弟(곤제) : 형제/ 搜 : 고를 수/ 剔 : 뼈바를 척.

② 陳氏| 曰 周公이 推文武大王王季之意하야 追尊其先王先公하시고 又設爲禮法하야 通行此意於天下하시니 所謂推己以及人也라. 此章은 言文武周公이 能盡中庸之道라.

진씨가 말하기를 "주공이 문왕 무왕 태왕 왕계의 뜻을 미루어 선왕과 선공을 추존하시고, 또한 예법을 만들어 이 뜻을 천하에 통행하게 하셨으니, 이른바 '자기를 미루어 남에게 미침'이다. 이 장은 문왕과 무왕 및 주공이 중용의 도를 능히 다했음을 말한 것이다."

③ 山陰陸氏| 曰 經不言追王文王者는 以上에 言周公이 成文武之德하야 追王之意하니 文王이 與焉故也라.

산음육씨가 말하기를 "경經의 글에 문왕을 추존해서 왕으로 삼았다는 말을 하지 않은 것은, 위에서 '주공이 문왕 무왕의 덕을 이루어 왕으로 추존했다는 뜻을 말했으니, 문왕이 그 속에 같이 들어갔기 때문이다.

④ 新安王氏| 曰 追王之禮는 夏商未有러니 武王이 晩而受命하야 初定天下에 追王及於文考하고 至周公하야 因文王之孝武王之志하야 追王上及大王王季하니 不言武王追王者는

禮制定於周公故也라. 大王以上은 追王不及이어늘 而武成에 稱后稷爲先王하니 蓋史官刪潤之辭라. 然이나 追王이 止於三王而祀用天子之禮則上及先公하니 蓋喪從死者하고 祭從生者는 天下之達禮也라.

　신안왕씨가 말하기를 "왕으로 추존하는 예는 하夏나라와 상商나라에는 있지 않았는데, 무왕이 만년에 하늘의 명을 받으시어 처음 천하를 평정함에 문왕까지만 왕으로 추존하셨고, 주공에 이르러서 무왕의 효도와 무왕의 뜻을 따라서 위로 태왕과 왕계까지 왕으로 추존하셨으니, 무왕이 문왕을 왕으로 추존하심을 말하지 않은 것은 예법의 제도가 주공에 의하여 제정되었기 때문이다. 태왕 이상은 왕으로 추존하지 않았는데, 『서경』무성편에 후직을 선왕先王이라고 한 것은, 아마도 뒷 날의 사관史官이 생략하고 덧붙일 때에 잘못된 말일 것이다. 그러나 왕으로 추존한 것은 세 왕으로 그치지만, 제사에 천자의 예를 씀은 위로 선공에게까지 미치니, 일반적으로 상사에는 죽은 사람을 따르고 제사에는 산 사람을 따름은 천하에 통용되는 예법이다."

※ 刪潤(산활) : 깎고 덧붙임.


父爲大夫요 子爲士면 葬以大夫而祭以士는 非貶也요 父爲士요 子爲大夫면 葬以士而祭以大夫는 非僭也니 武王이 爲天子則祭先公에 用天子之禮는 其義當然이라. 祭禮는 殺於下而上致其隆하고 喪禮는 詳於下而上有所略이나 若夫父母之喪則自天子로 至於庶人히 賤無加隆하고 貴無降殺하니 孟子所謂三代共之者也라.

　아버지가 대부이고 아들이 사士면, 장사는 대부의 예로 지내고 제사는 사의 예로 지냄은 폄하貶下 함이 아니고, 아버지가 사고 아들이 대부면, 장사는 사의 예법으로 지내고 제사는 대부의 예법으로 지냄은 참람된 것이 아니니, 무왕이 천자가 됐으면 선공을 제사지내는 데에 천자의 예법을 씀은 의리상 당연한 것이다.

　제례祭禮는 아랫 사람은 줄이고 윗사람은 융성함을 지극히 하고, 상례喪禮는 아랫 사람은 상세히 하고 윗사람은 생략하는 바가 있다. 그러나 부모의 상 같으면 천자로부터 서인에 이르기까지, 천한 사람이라고 해서 더하거나 높임이 없고, 귀한 사람이라고 해서 줄이거나 없앰이 없으니, 맹자께서 이르신 바 '삼대三代가 함께 했다' 함이다."

※ 삼대三代가 함께했다 : 『맹자』 등문공장 上에 "三年之喪에 齊疏之服과 飦粥之食은 自天子達於庶人하야 三代ㅣ 共之하니라(삼년의 상에 꿰매지 않은 거친 삼베옷을 입으며 미음과 죽을 먹음은, 천자로부터 서민에 이르기까지 하은주 삼대가 공통이었다)"

※ 貶 : 깎아내릴 폄/ 僭 : 참람할 참/ 殺 : 줄일 쇄/ 隆 : 융성할 융.


⑤ 潛室陳氏ㅣ 曰 伸情於父母니 獨三年之喪은 上達於天子요 其他는 各有限節等衰하니 不可盡伸也라.

　잠실진씨가 말하기를 "부모에게는 아들의 정을 펴는 것이니, 유독 삼년상만은 위로 천자에까지 통용되고, 그 나머지는 각각 한정된 절차와 등급에 따라 내려가면서 줄어듦이 있으니, 모두를 다 펼 수는 없는 것이다."


⑥ 雲峯胡氏ㅣ 曰 周家ㅣ 自大王으로 以至周公히 世世修德하니 古所無也요 周公追王之禮는 特以義起니 古所無也라. 所以中庸에 特表而出之니 此段은 須看章句推字與及字라. 周公이 推文武之意하사 以及大王王季하야 於是에 始行追王之禮하시고 又推大王之意하사 以及組紺하고 以至后稷하야 於是에 祀以天子之禮하시고 又推此하야 及諸侯大夫士庶人하사 使各得以行喪祭之禮하시니 孝心이 上下融徹하고 禮制ㅣ 上下通行이라. 此ㅣ 周公所以謂之達孝也니 此章之末에 數

達字는 *所以有下章之首一達字*라.

운봉호씨가 말하기를 "주周나라 왕가王家는 태왕으로부터 주공에 이르기까지 대대로 덕을 닦았으니, 옛날에는 없던 일이고, 주공이 왕으로 추존한 예는 특별히 의리로 일으킨 것이니, 옛날에는 없던 일이다. 그러므로 『중용』에 특별히 표출하여 나타낸 것이니, 이 단락은 반드시 장구의 '밀 추推'자와 '미칠 급及'자를 살펴봐야 할 것이다.

주공이 문왕과 무왕의 뜻을 미루어 태왕과 왕계에까지 미치게 해서, 왕으로 추존하는 예를 처음으로 시행하시고, 또한 태왕의 뜻을 미루어 조감組紺에 미치고 후직后稷에게까지 이르게 해서 이를 천자의 예로 제사지내시고, 또 이것을 미루어 제후와 대부, 사와 서인에까지 미치게 해서, 각각 상사喪事와 제사祭祀의 예를 행하도록 하시니, 주공의 효도하는 마음이 위 아래로 막힘없이 통하고, 예법의 제도가 위아래에 통용되어 시행하게 되었다. 이것이 '주공을 천하에 통하는 효도'라고 이르는 이유니, 이 장 끝에 두어 개의 통한다는 '달達'자는 아랫 장(19장)의 첫머리에 있는 '달達'자가 있도록 한 것이다."

⑦ 新安陳氏ㅣ 曰 三年之喪이 自庶人으로 上達於天子는 蓋以子於父母喪服엔 無貴賤之分하고 一而已니 末二句는 只是申明上二句요 父母之喪은 卽三年之喪이라. 朱子ㅣ 謂中庸之意는 只是主父母而言이니 未必及其他者也라.

신안진씨가 말하기를 "삼년상이 서인으로부터 위로 천자에게까지 통함은, 일반적으로 아들이 부모의 상복을 입음에는 귀하고 천함의 나뉨이 없고 하나일 뿐이기 때문이다. 그러므로 끝에 있는 두 구절은 단지 위에 있는 두 구절을 거듭 밝힌 것일 뿐이고, 부모의 상은 곧 삼년상이다. 주자는 『중용』의 뜻은 단지 부모를 위주로 해서 말한 것일 뿐이니, 반드시 그 밖의 것에까지 미친 것은 아니라.'고 이르셨다.

⑧ 藍田呂氏┃ 曰 祖父母는 正統之期也니 雖天子諸侯라도 莫敢降世요 叔父母衆子昆弟昆弟之子는 旁期也니 天子諸侯는 絶而大夫는 降服九月이라.

　남전여씨가 말하기를 "할아버지와 아버지는 정통의 상기喪期니, 비록 천자 제후라도 감히 대(世代)를 내릴 수는 없는 것이고, 숙부모(叔父母)와 뭇 아들(맏아들이 아닌 아들들)과 형제와 형제의 아들들은 방계의 상기니, 천자와 제후는 끊고 대부는 내려서 9개월의 상복을 입는다.

備旨 武王이 當此受命爲天子時하야 蓋已末年矣라. 凡所以述文王者도 尙未及備러니 周公이 乃成文武之德하사 展其欲展之孝思하시고 廣其未廣之恩意하사 近而追古公爲太王하시고 公季爲王季하사 不王其身而王其號焉하시고 遠而自組紺以上으로 至后稷히 皆祀以天子之禮하사 不王其封而王其享焉하시니 斯禮也는 乃人情之至라. 豈獨爲天子設己哉리오?

　무왕이 하늘의 명을 받아 천자가 되실 때를 당하여 이미 노년이 되셨다. 그래서 문왕을 계승하는 일도 아직 다 갖추지 못하시었는데, 주공이 문왕과 무왕의 덕을 이루게 하시어, 문왕 무왕이 펴려하시던 효도의 마음을 펴시고, 넓히시지 못했던 은혜의 마음을 넓히셔서, 가깝게는 고공단보를 태왕太王으로 추존하시고, 공계를 왕계로 추존하시어, 그 분들이 왕노릇을 하지는 않으셨지만 왕의 호칭을 올리셨고, 멀게는 조감 이상으로부터 후직에 이르기까지 모두 천자의 예로 제사를 지내시어, 왕으로 봉해지지는 않았지만 왕으로 제향을 올리셨으니, 이러한 예법은 바로 인정의 지극함이다. 어찌 유독 천자만을 위해서 만들어 놓은 것이겠는가?

下而達乎諸侯與大夫及士與庶人하야 使皆得緣分以自盡하시니 如父爲大夫요 子爲士면 葬則以大夫而祭則以士는 非貶也요 如父爲士요 子爲大夫면 葬則以士而祭則以大夫는 非僭也니 葬從死者하고 祭從生者는 天下之達禮也라. 乃更有喪服之制하야 期之喪은 自庶人으로 上達乎大夫하야 止耳니 親不敵貴也요 三年之喪은 自庶人으로 上達乎天子하니 蓋以子於父母喪服엔 無貴賤之分하야 一而已요 貴不敵親也라. 祭禮는 殺於下而上致其隆하고 喪禮는 詳於下而上有所略하니 此皆周公之成德而述武之未盡述者也라. 文又何憂哉리오? 觀此면 而道之費隱을 可見矣리라.

　아래로 제후와 대부 및 사와 서인에게까지 통용해서, 모두가 분수대로 스스로 정성을 다할 수 있게 하셨으니, 예를 들어 아버지가 대부가 되고 아들이 사가 되었다면, 장사는 대부의 예로 지내고 제사는 사의 예로 지냄은 폄하함이 아니고, 아버지가 사가 되고 아들이 대부가 되었다면, 장사는 사의 예로 지내고 제사는 대부의 예로 지냄은 참람된 것이 아니니, 장사는 죽은 사람을 따르고 제사는 산 사람을 따름은 천하에 통하는 예법이다.

　또 상복의 제도가 있어서 기년의 상은 서인으로부터 위로 대부에까지 통용해서 그치니, 친족 간의 친함이 벼슬의 귀함을 대적할 수 없음이고, 삼년의 상은 서인으로부터 위로 천자에까지 통용되니, 아들이 부모에 대한 상복에는 귀천의 구분이 없이 하나일 뿐이기 때문일 것이고, 벼슬의 귀함이 친척간의 친함을 대적하지 못함이다.

　제사祭事의 예법은 아래에서는 줄이지만 위에서는 그 융성함을 지극히 하고, 상사喪事의 예법은 아래에는 상세히 하고 위에는 생략함이 있으니, 이것은 모두가 주공이 문왕·무왕의 덕을 이루심이고, 아울러 무왕이 다 계승하지 못했던 것을 계승하심이다. 문왕이 또한 무엇을 근심하시겠는가? 이것을 보면 도의 광대하고 은미함을 알 수 있을 것이다.

※ 葬 : 장사지낼 장/ 貶 : 깎아내릴 폄/ 僭 : 참람할 참/ 敵 : 대적할 적/ 殺 : 죽일 쇄/ 隆 : 클 융, 높일 융.

**備旨補註 末受節旨** 此는 周公이 代武王子述也라. 末受命은 是起下語니 末字에 亦見不得已之心이요 成文武之德이 是綱領이니 兼言文武者는 武猶文也라. 追王二句는 成其以孝祀先人之德이요 斯禮以下는 成其以孝治天下之德이니 德은 就制作之精意說이라. 追王에 不言文王者는 武王在時에 已追王矣요 上祀에 不言太王王季者는 追王則上祀를 不待言矣요 太王王季ㅣ 有號無諡는 則禮殺於文王이니 以王迹由起ㅣ 與大統由集者로 不同이요 先公이 有祀無號는 則制略於太王王季니 以世遠功德淺이 與世近功德大者로 不同이라. 父爲大夫兩段은 正倣上祀之例니 只重祭上이나 擧大夫士而諸侯庶人을 可類推也요 期之喪下에 又因祭禮及之라. 註에 推己及人句는 總指斯禮也以下言이라.

말수명(末受命)절의 뜻 : 이것은 주공이 무왕을 대신해서 문왕의 아들로서 계승한 것이다. '말년에 명을 받았다(末受命)' 함은 아랫말을 일으키는 말이니, '말년末'이라는 글자에서 또한 부득이했던 마음을 알 수 있다. '문왕과 무왕의 덕을 이룬다' 함이 이 절의 강령이니, 문왕과 무왕을 함께 말한 것은 무왕이 문왕과 같음을 말함이다.

'왕으로 추존한다(追王)'는 두 구절은 선인先人들을 효도로 제사하려는 덕을 이루게 함이고, '이 예(斯禮)'라고 한 이하는 선왕이 효도로써 천하를 다스리려는 덕을 이루게 함이니, 여기서 '덕德'이라는 것은 법제를 만들고 창시하는 정밀한 뜻을 말한 것이다.

'왕으로 추존한다' 함에 문왕을 말하지 않은 것은 무왕이 있을 때에 이미 왕으로 추존했기 때문이고, 위로 제사함에 태왕과 왕계를 말하지 않은 것은 왕으로 추존했으면 위로 제사지냄은 말할 것이 없음이고, 태왕과 왕계에게 호號는 있고 시호諡號가 없음은 예법이 문왕에서 줄어들음이니, 왕업의 행적을 일으키기 시작한 것이 대통大統이 모여지기 시작한 것과는 같지 않기 때문이고, 선공先公에게 사당은 있고 호號가 없음은 제도가 태왕과 왕계에서 생략됨이니, 대가 멀고 공덕이 얕음이 대가 가깝고 공덕이 큰 것과 같지 않기 때문이다.

　'아버지가 대부가 됐으면'이라는 두 단락은 바로 위로 제사하는 일례를 모방한 것이니, 단지 위로 제사함을 중히 여긴 것이나, 대부와 사를 예로 들면 제후와 서인은 유추할 수 있는 것이다. '기년의 상'이라는 아래로는 또한 제례로 인해서 상례에 까지 언급한 것이다. 장구에 '나를 미루어 남에게 미친다(推己及人)'는 구절은 '이 예(斯禮)'라고 한 이하를 전체적으로 가리킨 것이다.

● 右는 第十八章이라.
이상은 열 여덟 번째 장이다.

# 第19章

**1** 子ㅣ 曰 武王·周公은 其達孝矣乎신져!
　　자　왈　무왕　주공　　기 달 효 의 호

공자께서 말씀하시기를 "무왕과 주공은 아마도 천하가 모두 칭찬하는 효도이실 것이다."

● 達은 通也라. 承上章而言武王·周公之孝는 乃天下之人通謂之孝니 猶孟子之言達尊也라.

'달達'자는 통한다는 뜻이다. 윗 장을 이어 무왕 주공의 효도는 곧 '천하 사람이 모두 이르는 효도'라 함을 말한 것이니, 『맹자』의 '달존達尊'이라고 말한 것과 같은 것이다.

　※ 달존(達尊): 『맹자』 공손추장 下에 출전 "…天下에 有達尊이 三이니, 爵一 齒一 德一이니, 朝廷엔 莫如爵이요 鄕黨엔 莫如齒요 輔世長民엔 莫如德이니…(천하에 달존이 셋이 있으니, 관작이 하나요, 나이가 하나요, 덕이 하나다. 조정에는 관작 만한 것이 없고, 향당에는 나이 만한 것이 없으며, 세상을 돕고 백성을 기르는데는 덕 만한 것이 없으니)". 즉 천하 사람이 모두 인정해서 높이고 존경하는 것.

① 西山眞氏ㅣ 曰 人君은 以光祖宗遺後嗣로 爲孝하니 舜之孝는 如天之不可名故로 曰大요 武王周公之孝는 天下稱之無異辭故로 曰達이라.

서산진씨가 말하기를 "임금은 조상을 빛내고 후사를 남기는 것으로 효도를 삼으니, 순임금의 효도는 하늘과 같아서 이름지을 수 없기 때문에 '크다(大孝)'고 말했고, 무왕과 주공의 효도는 천하가 칭송하기에 이견이 없기 때문에 '모두가 칭송하는 효도(達孝)'라고 말한 것이다.

※ 遺 : 남길 유/ 嗣 : 이을 사, 후사 사.


② 江陵項氏ㅣ 曰 舜은 爲人道之極하야 萬世仰之하니 不可加也요 周는 爲王制之備하야 萬世由之하니 不能易也라. 此는 蓋古之盡倫盡制者라 故로 擧之以爲訓也라.

　강릉항씨가 말하기를 "순임금은 사람의 도(人道)의 표준이 되시어 만세에 추앙되니, 그 표준이 이보다 더할 수가 없고, 주공은 왕의 법제를 완비하여 만세가 따르니, 그 법제를 능히 바꿀 수가 없다. 이것은 대체적으로 옛날에 인륜을 다하고 법제를 다한 것들이기 때문에, 예로 들어서 훈계를 하신 것이다."


③ 雙峰饒氏ㅣ 曰 達孝는 是承上章三達字而言이니 言其孝ㅣ 不特施之家요 又能達之天下라. 如斯禮ㅣ 達乎諸侯大夫及士庶人은 是自上達下요 期之喪이 至達乎天子는 是自下達上이라. 能推吾愛親之心而制爲喪祭之禮하야 以通乎上下하야 使人人得致其孝故로 謂之達孝니 如所謂德敎ㅣ 加於百姓하고 刑于四海ㅣ 此天子之孝ㅣ 是也라.

　쌍봉요씨가 말하기를 "'천하에 통하는 효도(達孝)'라는 것은 윗장(18장)에 있는 세 개의 '달達'자를 이어 말한 것이니, 그 효도는 집에서 베풀 뿐만이 아니라, 또한 능히 천하에 통할 수 있는 것임을 말한 것이다. 이러한 예법이 제후와 대부와 사와 서인에게까지 통용됨은 위로부터 아래에까지 통함이고, 기년의 상이 천자에게까지 통용됨은 아래로부터 위에 통함이다. 능히 나의 어버이를 사랑하는 마음을 미루어 상사와 제사의 예법을 만들어서, 위와 아래에 통용하도록 하여 사람마다 그 효도를 지극하게 이룰 수 있도록 할 수 있었기 때문에, '천하가 모두 칭송하는 효도(達孝)'라고 이르는 것이니, 이른바 '덕의 교화가 백성에게 더해지고 온 세상에 본보기가 됨이 바로 천자의 효도'라고 함과 같은 것이 이런 것이다."

❈ 特 : 다만 특/ 刑 : 모범 형.

備旨 子思ㅣ 引夫子稱武周之孝하사 以明費之大也라. 夫子ㅣ 有曰 人君은 以光祖宗貽後嗣로 爲孝하나니 惟我武王周公之孝ㅣ 其天下稱之하야 無有異辭者乎인저라!

자사께서 공자님이 무왕과 주공의 효도를 칭송하신 것을 인용하시어 도의 광대함 중에 큰 것을 밝히신 것이다. 공자님께서 말씀하시기를 "임금은 조상을 빛내고 후사에게 덕을 남김으로 효도를 삼는 것이다. 그런데 오직 우리 무왕과 주공의 효도만은 천하가 모두 칭송해서 이견이 없다."고 하셨다.

備旨補註 達孝章旨 此章은 贊武周之爲達孝니 承上章來라. 首節達孝는 是綱이요 次節善繼善述은 是目이라. 春秋三節은 主祭祀說이니 正繼述之善處요 末節에 事帝祀先을 並言은 亦繼述中事니 總之컨댄 盡倫盡制ㅣ 無非孝며 卽無非道也라.

달효(達孝)장의 뜻 : 이 장은 무왕과 주공이 천하에 통하는 효도가 됨을 칭찬한 것이니, 윗 장(18장)을 이어서 온 것이다. 첫머리 절의 '천하가 모두 칭송하는 효도(達孝)'라는 것은 바로 이 장의 강령이고, 다음절의 '잘 잇고 잘 계승한다' 함은 바로 조목條目이다. 춘추春秋 이하의 세 절(3, 4, 5절)은 제사를 주로 말한 것이니, 바로 잇고 계승함을 잘한 예이고, 끝 절에 상제를 섬기고 선조에 제사함을 아울러 말한 것은 또한 잇고 계승하는 일들이니, 총체적으로 말하면 인륜을 다하고 법제를 다하는 것이 효도가 아님이 없고 곧 도가 아님이 없는 것이다.

**備旨補註 達孝節旨** 舜之孝는 如天之不可名이라 故로 曰大요 武周之孝는 天下稱之無異辭라 故로 曰達이니 達字는 要照盡倫盡制上說이라.

달효(達孝)절의 뜻 : 순임금의 효도는 하늘을 이름지을 수 없음과 같기 때문에 '크다(大)'고 말한 것이고, 무왕 주공의 효도는 천하가 칭송하기에 이견이 없기 때문에 '천하에 통한다(達)'고 말한 것이니, '통한다(達)'는 글자는 인륜을 다하고 법제를 다했다 함을 나타내주기 위한 말이다.

**2** 夫孝者는 善繼人之志하며 善述人之事者也니라.
　　부효자　　선계인지지　　　선술인지사자야

효도라는 것은 남(부모)의 뜻을 잘 이어받고, 남(부모)의 사업을 잘 계승하는 것이다.

○ 上章엔 言武王이 纘大王·王季·文王之緒하사 以有天下하시고 而周公이 成文·武之德하사 以追崇其先祖라하니 此는 繼志述事之大者也요 下文엔 又以其所制祭祀之禮 通于上下者로 言之시니라.

윗 장(18장)에는 무왕이 태왕과 왕계 문왕의 기업基業을 계승하시어 천하를 소유하시고, 주공이 문왕 무왕의 덕을 이루시어 그 선조를 추존하심을 말씀했으니, 이것은 뜻을 잇고 사업을 계승함의 큰 것이고, 아랫 글에는 또한 그 제정하신 제사의 예법이 위와 아래에 (천자부터 백성까지) 통용된 것으로 말씀하신 것이다.

※ 追崇(추숭) : 죽은 후에 존호를 올림. 추존/ 繼 : 이을 계/ 述 : 이을 술/

① 西山眞氏 曰 當持守而持守는 固繼述也나 當變通而變通도 亦繼述也라.

서산진씨가 말하기를 "선대의 기업基業을 유지시키고 지켜야 할 때를 당해서 유지시키고 지킴은 본래 이어받고 계승함에 해당되는 것이지만, 변통시켜야 할 때를 당해서 변통시킴도 또한 이어받고 계승함이다."

② 新安陳氏 曰 祖父有欲爲之志而未爲를 子孫이 善繼其志而成就之하고 祖父有已爲之事而可法을 子孫이 善因其

事而遵述之라.

신안진씨가 말하기를 "할아버지나 아버지가 하려고 하는 뜻이 있으면서도 하지 못했던 것을, 자손이 그 뜻을 잘 이어받아 성취시키고, 할아버지와 아버지가 이미 해놓은 일이 있어 본받을만한 것을, 자손이 그 일을 잘 이어서 따르고 계승함이다."

[備旨] 夫所謂孝者는 何哉아? 凡前人有志未逮而成就之l 爲繼나 不必前人在日有此志요 而吾之所存이 合天則隔世相感이니 是爲善繼人之志요 前人有事可法而遵行之l 爲述이나 不必前人在日有此事요 而吾之所爲l 當可則易地皆然이니 是爲善述人之事也라. 武周l 非達孝而何오?

이른바 효도라는 것은 어떤 것인가? 앞사람이 뜻이 있었으면서도 미처 하지 못했던 것을 성취시키는 것이 계승함이 된다. 그러나 반드시 앞사람이 생존해 있을 때에 이런 뜻이 있었을 필요는 없는 것이고, 내가 가지고 있는 뜻이 하늘과 합치되면 시간적으로 차이가 있더라도 서로 감응하게 될 것이니, 이것이 '사람의 뜻을 잘 이어받음'이 되는 것이다.

앞사람이 한 일 중에 본받을 만한 것을 뒷 사람이 따르고 시행함이 계승함이 되는 것이다. 그러나 반드시 앞사람이 살아 있는 날 이런 일을 했을 필요는 없는 것이고, 내가 하는 것이 합당하고 옳으면 입장을 바꾸어 놓아도 모두 그렇게 했을 것이니, 이것이 '사람의 일을 잘 계승함'이 되는 것이다. 무왕과 주공이 '천하에 통하는 효도(達孝)'가 아니고 무엇인가?

❈ 逮:미칠 체/ 隔:떨어질 격/ 遵:좇을 준.

[備旨補註 夫孝節旨] 此에 緊貼武周하야 單提孝字推論은 正見孝之所以達處요 二善字를 重看이니 就隨時變通言이라.

如理所當爲와 時所可爲와 分又得爲者를 使之禮明制備하야 仁至義盡이니 固卽前人所願爲之志와 與必爲之事也요 在設身處地上見이라.

 부효(夫孝)절의 뜻 : 여기서 무왕과 주공의 일에 긴밀히 부착해서 '효도 효孝'자만을 제기하여 미루어 논설을 한 것은, 바로 효도가 천하에 통하게 되는 곳임을 보여줌이다. 두 개의 '착할 선善'자를 중요하게 봐야 할 것이니, 때에 따라 변통을 하는 측면에서 말한 것이다.

 예를 들어 마땅히 해야 할 이치와, 할 수 있는 때와, 분수에 또한 할 수 있는 것들을, 예禮를 밝히고 제도를 완비해서 인仁을 지극히 하고 의義를 다하도록 함이니, 참으로 이것이 곧 앞사람이 하려고 뜻을 두었던 일과 반드시 해야 할 일들이고, 자기가 그 처지에 있는 것으로 가정하여 보는 데에 있는 것이다.

※ 貼 : 붙일 첩/ 提 : 제기할 제.

**3** 春秋에 修其祖廟하며 陳其宗器하며
   춘 추    수 기 조 묘    진 기 종 기

設其裳衣하며 薦其時食이니라.
설 기 상 의   천 기 시 식

봄과 가을에 선조의 사당을 수리하며, 종기宗器를 진열하며, 선조의 의상을 펴 놓으며, 제철의 음식을 올리느니라.

※ 廟 : 사당 묘/ 陳 : 늘어 놓을 진/ 宗器(종기) : 예악에 쓰이는 기구 등으로, 선대 소장의 귀중한 기물들을 말함/ 薦 : 올릴 천.

○ 祖廟는 天子는 七이요 諸侯는 五요 大夫는 三이요 適(音的)士는 二요 官師는 一이라.

'조상의 사당'은 천자는 일곱이고, 제후는 다섯이고, 대부는 셋이고, 적사適士는 둘이고, 관사官師는 하나다.

◆ 適(音的) : '適'의 음은 '적'이다.

① 禮記王制에 天子는 七廟니 三昭三穆과 與太祖之廟而七이요 諸侯는 五廟니 二昭二穆과 與太祖之廟而五요 大夫는 三廟니 一昭一穆과 與太祖之廟而三이요 士는 一廟요 (此는 謂諸侯之中士下士며 名曰官師者니 若上士則二廟라) 庶人은 祭於寢이라.

『예기禮記』왕제편王制篇에 "천자는 사당이 일곱이니, 소昭가 셋이고 목穆이 셋이며 태조太祖의 사당을 합해서 일곱이다. 제후는 사당이 다섯이니, 소가 둘이고 목이 둘이며 태조의 사당을 합해서 다섯이다. 대부는 사당이 셋이니, 소가 하나이고 목이 하나이며 태조의 사당을 합해서 셋이다. 사는 사당이 하나이고 서인庶人은 침실에서 제사지낸다."고 했다.

◆ 관사(官師)는 제후의 중사(中士) 하사(下士)를 이른다.
※ 昭穆(소목) : 제 4절 참조.

② 祭法에 適士는 二廟一壇이니 日考廟日王考廟니 享嘗乃 止하고 顯考는 無廟라. 官師는 一廟니 日考廟요 王考는 無廟 라.

『예기』의 제법祭法편에 "적사適士는 사당이 둘에 단壇이 하나니, 아버지 사당과 할아버지 사당으로, 계절마다 한 번씩 지내는 제사로 끝내고, 증조高祖는 사당이 없다. 관사官師는 사당이 하나니 아버지의 사당이고, 할아버지는 사당이 없다."고 했다.

※ 『예기』의 제법편에 "適士는 二廟一壇이니 日考廟日王考廟니 享嘗乃止하며 皇考는 無廟하니 有禱焉커든 爲壇祭之하나니 去壇을 爲鬼니라. 官師는 一廟니 日考廟요 王考는 無廟而祭之하나니 去王考를 爲鬼니라." "적사(適士)는 사당이 둘에 단이 하나니, 아버지 사당과 할아버지 사당으로, 계절마다 한 번씩만 제사를 지낸다. 고조는 사당이 없으니, 기도할 일이 있으면 단을 만들어 제사지낸다. 단에 제사지내는 선조보다 먼 조상을 귀鬼라고 한다. 관사(官師)는 사당이 하나니 아버지의 사당이고, 할아버지는 사당이 없다. 할아버지보다 먼 조상을 귀鬼라고 한다"

※ 享嘗(향상) : 계절마다 한 번씩 지내는 제사

※ 適士(적사) : 상사上士를 일컫는 말로써, 천자의 상중하 사士와 제후의 상사上士를 이른다.

③ 問官師一廟면 得祭父母而不及祖하니 無乃不盡人情耶잇 가? 朱子ㅣ 曰 位卑則流澤淺하니 其理ㅣ 自然如此니라. 又問 今士庶人家도 亦祭三代하니 却是違禮니잇고? 曰雖祭三代나 却無廟하니 亦不可謂之僭이니라. 古所謂廟는 體面甚大하야 皆具門堂寢室하니 非如今人但以一室爲之니라.

묻기를 "관사官師가 사당이 하나라면 부모만을 제사하고 할아버지에게는 미치지 못함이니, 사람의 정을 다할 수 없는 것이 아니겠습니까?" 주자께서 말씀하시기를 "지위가 낮으면 흐르는 은혜도 옅으니, 그 이치가 자연히 이와 같이 되는 것이다." 또 묻기를 "지금 사와 서인의 집도 또한 삼대를 제사지내니, 그러면 이것은 예법을 어긴 것입니까?" 말씀하시기를 "비록 삼대를 제사지내나 사당은 없으니, 또한 참람되다고 말할 수는 없는 것이다. 옛날에 사당이라는 것은 규모가 매우 커서 모두가 문과 당堂 및 침실을 갖추고 있으니, 지금 사람이 단지 방 한 칸으로 만드는 것과는 다르다."

④ 官師는 謂諸有司之長하고 止及禰하니 却於禰廟에 倂祭祖요 適士는 二廟니 祭祖祭禰하고 皆不及高曾이요 大夫는 一昭一穆과 與太祖之廟而三이나 大夫도 亦有始封之君하니 如魯季氏則公子友와 仲孫氏則公子慶父와 叔孫氏則公子牙ㅣ是也라. 王制에 天子는 七廟니 三昭三穆과 與太祖之廟而七이요 諸侯大夫士는 降殺以兩하고 而祭法에 又有適士二官師一廟之文하니 大抵士는 無太祖而皆及其祖考也라.

관사官師는 모든 유사有司의 장을 말하고 아버지의 사당만 있으니, 아버지의 사당에서 할아버지를 함께 제사지낸다. 적사(適士)의 사당은 둘이니, 할아버지와 아버지를 제사지내고, 고조와 증조에게는 모두 미치지 않는다. 대부는 소昭 하나와 목穆 하나 그리고 태조의 사당을 합해서 셋이나, 대부도 또한 처음으로 봉한 군君이 있으니, 노魯나라 계씨季氏가문의 공자公子 우友와 중손씨仲孫氏가문의 공자 경보慶父와, 숙손씨叔孫氏가문의 공자 아牙가 이런 사람이다.

『예기』의 왕제王制편에 "천자는 사당이 일곱이니, 소가 셋이고 목이 셋이며 태조의 사당을 합쳐서 일곱이고, 제후와 대부 사는 아래로 내려오면서 사당의 수가 둘씩 준다"고 하고 제법祭法편에 또한 "적사適士는 사당이 둘이고 관사官師는 사당이 하나"라는 글이 있으니, 대개 사士는 태조의 사당은 없고 모두 할아버지와 아버지에게만 미치는 것이다.

※ 禰 : 아비사당 녜/ 禰廟(예묘) : 아버지를 모신 사당/ 倂 : 아우를 병.

⑤ 新安陳氏ㅣ 曰 先王先公은 有廟有祧하니 廟則有司修除하고 祧則守祧黝堊하니 此修其祖廟也라.

　　신안진씨가 말하기를 "선왕과 선공은 사당이 있고 원조를 합사하는 사당(祧)이 있다. 사당을 유사有司가 수선하고 청소하며, 원조를 합사하는 사당은 사당을 지키고 바닥은 검게 하고 벽은 희게 칠하니, 이것이 '조상의 사당을 수리한다' 함이다.

※ 祧 : 원조를 합사하는 사당 조/ 修除(수제) : 수선하고 청소함/ 黝 : 검푸를 유/ 堊 : 백토 악, 회칠할 악/ 黝堊(유악) : 땅은 검게 하고 벽은 희게 칠하는 일, 일설에는 검은 기둥에 흰 벽을 말함.

宗器는 先世所藏之重器니 若周之赤刀 · 大訓 · 天球(音求) · 河圖之屬也요

　　'종기宗器'는 선대가 소장해 둔 귀중한 기구니, 주周나라의 적도赤刀, 대훈大訓, 천구天球, 하도河圖와 같은 것들이다.

◆ 球(音求) : '球'의 음은 '구'이다.
※ 적도(赤刀) : 붉은 칼로 무왕이 紂王을 정벌할 때 썼던 칼
※ 대훈(大訓) : 삼황 오제와 문왕 무왕의 교훈을 적은 책
※ 천구(天球) : 악기의 이름
※ 하도(河圖) : 복희씨가 황하에서 나온 용마의 무늬를 보고 그린 그림으로, 이것을 보고 팔괘를 그리는 등 주역周易의 근원이 되었다.

① 書顧命에 越玉 五重陳寶 赤刀 大訓 弘璧 琬琰은 在西序하고 大玉 夷玉 天球 河圖는 在東序라.
(赤刀는 赤削也니 武王이 誅紂時에 以赤爲飾이요 大訓은 三皇五帝之書니 訓誥亦在焉하고 文武之訓도 亦曰大訓이요 天球는 鳴球玉磬也요 河圖는 伏羲時에 龍馬負圖出於河라.)
『서경』 고명顧命편에 "월옥越玉 오중진보五重陳寶 적도赤刀 대훈大訓 홍벽弘璧 완염琬琰은 서쪽 줄에 있고, 대옥大玉 이옥夷玉 천구

天球 하도河圖는 동쪽 줄에 있다고 했다."
- ◆ '적도'는 붉은 창칼로 주나라의 무왕이 은나라의 주왕紂王을 칠 때에 붉은 색으로 칼을 장식했다. '대훈'은 삼황오제의 글로 훈계의 말이 있고, 문왕 무왕의 훈계의 말도 또한 대훈이라고 말한다. '천구'는 명구鳴球와 옥반玉盤이다. '하도'는 복희씨 때에 용마가 그림을 등에 지고 하수에서 나왔다.
- ※ 완염(琬琰) : 완규와 염규, 아름다운 옥의 일종.
- ※ 琬 : 아름다운 옥 완/ 琰 : 아름다운 옥 염.

### 裳衣는 先祖之遺衣服이니 祭則設之以授尸也요(授尸하야 使神依焉이라)

'상의裳衣'는 선조가 남긴 의복이니, 제사 때는 펴서 시동에게 준다.

- ◆ 授尸하야 使神依焉이라 : 시동尸童에게 주어 신이 의지하도록 하는 것이다.

### 時食은 四時之食이 各有其物이니 如春行羔豚膳膏香之類ㅣ是也라.

'제철의 음식(時食)'이라는 것은 사시의 음식이 각각 그때에 합당한 사물이 있음이니, 봄에는 어린 염소와 어린 돼지고기 반찬을 올리되, 쇠기름으로 요리함과 같은 것이 이런 것이다.

- ※ 羔 : 새끼 염소 고/ 豚 : 새끼 돼지 돈/ 膳 : 반찬 선/ 膏香(고향) : 쇠기름.

① 周禮天官冢宰에 庖人이 凡用禽獸에 春行羔豚膳膏香이요 夏行腒鱐膳膏臊요(行은 猶用也요 腒의 音은 渠니 乾雉也요 鱐의 音은 搜니 乾魚也요 臊는 豕膏니 治腒鱐以豕膏也라.) 秋行犢麛膳膏腥이요 冬行鮮羽膳膏羶이라하고(犢은 牛子요 麛는 音迷니 鹿子요 腥은 鷄膏요 鮮는 音鮮이니 魚也요 羽는 鴈也요 羶는 羊脂也라) 又禮記內則篇에 亦

云하니라.

『주례』의 천관총재天官冢宰편에 "푸줏간 사람이 새와 짐승들의 고기를 쓸 때에, 봄에는 어린 염소와 어린 돼지고기 반찬을 쓰되 쇠기름으로 요리하고, 여름에는 말린 꿩과 마른 물고기를 쓰되 돼지기름으로 요리하고, 가을에는 송아지와 새끼사슴 반찬을 쓰되 닭기름으로 요리하고, 겨울에는 생선과 기러기 반찬을 쓰되 양의 기름으로 요리한다"고 했다. 『예기』의 내칙內則편에 또한 같이 말했다.

- ◆ '행行'자의 뜻은 쓴다는 것과 같고, '거(腒)'자의 음은 '거'니 말린 꿩이고, '수(鱐)'의 음은 '수'니 말린 생선이고, '조(臊)'는 돼지기름이니 꿩의 포와 건어물을 돼지기름으로 요리한다.
- ◆ '독(犢)'은 송아지고, '미(麛)'는 음이 미니 새끼 사슴이고, '성(腥)'은 닭기름이고, '선(鱻)'자의 음은 선이니 물고기이고, '우(羽)'는 기러기이고, '전(羶)'은 양의 기름이다.

※ 腒 : 꿩포 거, 새고기포 거/ 臊 : 개・돼지기름 조, 돼지빈내 조/ 鱐 : 건어 숙, 어포 숙/ 腥 : 닭기름 성/ 鱻 : 생선 선/ 羶 : 양기름 전/ 麛 : 사슴새끼 미/ 膳 : 반찬 선, 고기 선.

② 格庵趙氏ㅣ 曰 四時之食이 各有其物하야 以奉人者로 薦神하니 蓋以生事之也라. 羔는 稚羊이요 豚는 稚豕니 嫩而肥故로 春用之요 香은 謂牛膏也니 調膳之物이 各以物之所便而和之라.

격암조씨가 말하기를 "사시의 음식이 각각 그때에 합당한 사물이 있어서 사람에게 봉양하는 것으로써 신에게 올리니, 아마도 산 사람의 예로 섬김일 것이다. '고羔'는 어린 양이고, '돈豚'은 어린 돼지니, 연하고 살이 쪘기 때문에 봄에 쓰고, '향香'은 쇠기름을 말하니, 반찬을 요리하는 사물을 각각 사물에 따라 편리한 것으로써 조리하는 것이다."

※ 薦 : 드릴 천/ 稚 : 어릴 치/ 嫩 : 연할 눈, 엷을 눈/ 肥 : 살찔 비.

③ 朱氏伸이 曰 此以下는 倂前章하야 論喪葬之禮니 修道之

教也라.
　주신이 말하기를 "이 아래로는 앞장과 함께 상사와 제사의 예법을 말한 것이니, '도를 마름질한 가르침(修道之敎)'이다."

④ 壺山이 曰 四其字는 皆指先王이니 其時食은 謂先王生時所食之時食이라.
　호산이 말씀하기를 네 개의 '기其'자는 선왕을 가리킨 것이니, 경문에 '그때의 음식(其時食)'이라는 것은 선왕이 살아계실 때에 잡수시던 때의 음식을 말한다.

備旨 然이나 繼述之善이 豈徒續先緒成先德已哉리오? 以其祀典之通於上者로 言으면 時維春秋에 祀事肇擧하니 於是에 修飭其所祭之祖廟는 致嚴潔也요 陳列其先世所藏之宗器는 示能守也요 至若先祖所遺有裳與衣하야는 則設其裳衣以授尸는 不惟使神有所依라 亦以繫如在之思也요 四時之食이 各有其物하니 則薦其時食하야 以告虔은 不惟使神有所享이라 亦以告時序之變也니 武周之因時盡禮」 何莫非體先王之志事而繼述之哉리오?
　그러나 잘 잇고 계승함이 어찌 한갓 선대 조상들의 기업을 계승하고 선대 조상들의 덕을 이루는 것뿐이겠는가? 제사의 예법이 위에까지 통함으로 말한다면, 때가 봄·가을이 되면 제사를 올리기 시작한다. 이 때 그 제사를 지내는 선조의 사당을 수리하고 정비함은 엄하고 깨끗함을 지극히 함이고, 선대가 소장하시던 종묘의 기구를 진열함은 잘 지키고 있음을 보여주는 것이며, 선조가 남기신 의상을 펴서 시동에게 줌은 신이 의지할 데가 있게 할뿐만 아니라, 또한 살아 계신 것과 같은 생각을 하게 함이다. 사시의 음식에 각각 합당한 사물이 있으니, 제철의 음식을 올려서 정성스럽게 아룀은 신을 흠향하게 할뿐만 아니라, 또한 계절의 변천을 아뢰는 것이다. 그러니, 무왕 주공이 때를 따라 예를 다함이, 어느 것이 선왕이 뜻하시던 일을 본받아 잇고 계승함이 아닌 것이 있겠는가?

※ 徒 : 한갓 도/ 纘 : 이을 찬/ 飭 : 바로잡을 칙/ 潔 : 깨끗할 결/ 虔 : 정성 건.

備旨補註 春秋節旨   此는 重祖宗上이니 照敬其所尊言이라. 春秋二字는 貫一節이요 修陳設을 總以薦時食之故하니 祖廟는 只指天子言이라. 修는 是加整潔意요 宗器는 藏諸天府하야 歷世寶之하고 裳衣는 兼先王先公所遺者니 授尸하야 使神依焉이요 時食은 以奉人者니 薦神은 蓋以生事之也라. 此與下節은 是一時事니 當以時祭로 該祫祭說이라.

춘추春秋절의 뜻 : 이것은 조상과 일가에게 중점을 둔 것이니, '그 높히던 바를 공경한다' 함을 대응해서 말한 것이다. '춘추春秋'의 두 글자는 한 절을 관통한 말이고, '수리하고(修), 진열하고(陳), 베풀어 놓음(設)'은 제철의 음식을 올리기 위한 것이기 때문에 총괄했으니, '조상의 사당(祖廟)'이라는 것은 단지 천자의 사당을 가리켜 말한 것일 뿐이다.

'수리한다(修)' 함은 바로 더욱 정돈하고 깨끗이 한다는 뜻이다. '종기宗器'는 천부天府에 저장하여 대를 이어 보물로 삼는 것이다. '의상衣裳'은 선왕과 선공이 남긴 것을 겸한 말이니, 시동에게 주어서 신이 의지하도록 하는 것이다. '때의 음식(時食)'은 사람을 봉양하는 것이니, 신에게 올림은 산 사람을 섬기는 방도로 신을 섬기는 것이다. 이 절 이하는 바로 한 때의 하는 일들이니, 마땅히 시제사로써 합제사를 포함해서 말한 것으로 봐야 할 것이다.

※ 祫 : 합사할 협.

**4** 宗廟之禮는 所以序昭穆也요
   종 묘 지 례    소 이 서 소 목 야

序爵은 所以辨貴賤也요 序事는 所以辨賢也요
서 작   소 이 변 귀 천 야   서 사   소 이 변 현 야

旅酬에 下ㅣ 爲上은 所以逮賤也요
여 수   하   위 상   소 이 체 천 야

燕毛는 所以序齒也니라. (昭如字爲去聲)
연 모   소 이 서 치 야

종묘의 예는 소와 목을 차례함이고, 작위에 따라 서열함은 귀천을 분별함이고, 일로 차례함은 어진 이를 분별함이고, 여럿이 술을 권할 때에 아랫사람이 윗사람을 위하여 술을 올림은 천한 이에게까지 예가 미침이고, 잔치할 때에 모발의 색깔대로 차례함은 나이를 차례함이다.

◆ '소'자는 글자대로 '소'자로 쓰며 거성이 된다('태조의 왼쪽 아랫자리 신주'라는 뜻)/ 昭穆(소목) : 종묘나 사당에 신주를 모시는 차례.
※ 辨 : 분별할 변/ 旅酬(여수) : 옛날에 제사가 끝나고 음복할 때 먼저 어른께 잔을 올리고 차례로 잔을 돌리던 일/ 逮 : 미칠 체.

○ 宗廟之次ㅣ 左爲昭右爲穆하고 而子孫도 亦以爲序하야 有事於太廟則子姓兄弟ㅣ 羣昭羣穆이 咸在而不失其倫焉이라.

종묘의 차례는 왼쪽이 소가 되고 오른 쪽이 목이 되고, 자손들 또한 소와 목으로 차례를 해서, 태조 사당에 제사가 있게 되면, 자손과 형제의 여러 소昭와 여러 목穆이 모두 있어서, 그 차례를 잃지 않는다.

① 格庵趙氏ㅣ 曰 左昭右穆者는 死者之昭穆也요 群昭群穆者는 生者之昭穆也니 宗廟之禮ㅣ 非特序死者之昭穆이요 亦

所以序生者之昭穆이라.

격암조씨가 말하기를 "왼쪽은 소가 되고 오른쪽은 목이 됨은 죽은 사람의 소목이고, 여러 소와 여러 목은 산 사람의 소목이니, 종묘의 예법은 죽은 사람의 소목을 차례로 할 뿐 아니라, 또한 산 사람의 소목도 차례로 하는 것이다.

② 新安陳氏┃ 曰 王制에 所謂三昭三穆은 昭在左하고 左爲陽하니 昭者는 陽明之義요 穆在右하고 右爲陰하니 穆者는 陰幽之義라. 以周言之컨덴 書於文王에 曰穆考文王이라하고 詩於武王에 曰率見昭考라하니 父穆則子昭요 父昭則子穆也라. 子孫도 亦以爲序하니 祭統에 所謂昭與昭齒하고 穆與穆齒┃ 是也라.

신안진씨가 말하기를 "『예기』의 왕제편王制篇에 이른바 '삼소삼목三昭三穆'이라는 것은, 소는 왼쪽에 있고 왼쪽은 양陽이 되니, 소는 양으로 밝다는 뜻이고, 목은 오른쪽에 있고 오른쪽은 음陰이 되니, 목은 음으로 어둡다는 뜻이다.

주周나라로 말할 것 같으면 『서경』에서 문왕을 '목고문왕穆考文王'이라 말하고, 『시경』에서 무왕을 '솔현소고率見昭考'라고 말했으니, 아버지가 목이면 아들은 소고, 아버지가 소면 아들은 목이다. 자손도 또한 이것으로 차례를 하니, 『예기』의 제통祭統편에 이른바 '소는 소와 연령순으로 술잔을 돌리고 목은 목과 연령순으로 술잔을 돌린다'는 것이 이것이다.

※ 率見昭考 : 『시경』재현시載見詩 출전. "率見昭考以孝以享(제후들은 거느리고 그 소고(무왕)께 뵙고 효도하며 제향하여)
※ 목고무왕(穆考文王) : 『서경』주서편 주고장에 "乃穆考文王이 肇國在西土하실새(너의 공경스러운 돌아가신 아버지 문왕이 서쪽 땅에서 나라를 여실 때에)"
※ 『예기』의 제통편에 "凡賜爵에 昭爲一이요 穆爲一하며 昭는 與昭로 齒하고 穆은 與穆으로 齒하며(제사 끝에 임금이 술을 하사하실 때에, 소의 계통을 일렬로 하고, 목의 계통을 일렬로 하며, 소는 소와 연령순으로 술잔을 돌리고 목은 목과 연령순으로 술잔을 돌리며)"

爵은 公侯卿大夫也요 事는 宗祝有司之職事也라.

'작위(爵)'는 공公과 후候 경대부卿大夫고, '일(事)'은 종친에 대한 일과 축문과 유사有司의 일이다.

① 新安陳氏ㅣ 曰 宗은 宗伯宗人之屬이요 祝은 大祝小祝也니 並見周禮라. 祭祀는 以任職事爲賢하니 次序與祭之職事는 所以辨其人之賢也라.

신안진씨가 말하기를 "'종친宗'은 종백宗伯과 종인宗人의 부류이고, '축祝'은 대축大祝 소축小祝이니, 모두 『주례』에 나타나 있다. 제사는 일의 직책을 맡는 것으로 어짊을 삼으니, 제사에 참여하는 일의 직책으로 차례함은 그 사람의 어짊을 분별하는 것이다."

旅는 衆也요 酬는 導飮也라. 旅酬之禮에 賓弟子兄弟之子ㅣ 各擧觶(音至飮器也)於其長(上聲下同)而衆相酬하니(祭將畢時에 行衆相酬之禮라) 蓋宗廟之中엔 以有事爲榮이라 故로 逮及賤者하야 使亦得以申其敬也라.

'여旅'는 여러 사람을 말한 것이고, '수酬'는 술 마심을 인도하는 것이다. 여럿이 술을 권하는 예에 빈객의 아우와 아들들과 형제의 아들들이 각각 잔을 들어 자기의 어른들에게 올리고 여럿이 서로 술을 권한다. 일반적으로 종묘의 행사에서는 일을 맡아 하는 것을 영광으로 삼기 때문에, 천한 사람에게도 예가 미치도록 해서, 또한 그들의 공경을 펼 수 있도록 함이다.

- ◆ 觶(音至飮器也) : '觶'는 '지→치'라고 발음하니, 마실 때 쓰는 그릇이다.
- ◆ 長(上聲下同) : '長'은 상성이다('어른'의 뜻이다). 아래에 나오는 '장자의 뜻도 같다.
- ◆ 祭將畢時에 行衆相酬之禮라 : 제사가 끝나려 할 때에 여럿이 서로 술을 권하는 예를 행한다.

※ 旅 : 무리 려/ 酬 : 올려 권할 수/ 導 : 인도할 도/ 觶 : 향음주에 쓰이는 뿔잔 치.

① 朱子ㅣ 曰 旅酬禮에 下爲上은 交勸이니 先一人ㅣ 如鄕吏之屬이 升觶어나 或二人이 擧觶獻賓이면 賓不飮하고 却以獻執事하며 執事一人이 受之以獻於長하야 以次獻至于沃盥者ㅣ 所謂逮賤也라.

주자께서 말씀하시기를 "여럿이 술을 권하는 예법에 아랫사람이 윗사람을 위하여 술을 권함은 교대로 권한 것이다. 먼저 한 사람, 예를 들어 시골의 관리 같은 사람이 술잔을 올리거나, 혹 두 사람이 술잔을 들어 손님에게 드리면, 손님은 마시지 않고 이것을 집사에게 드리며, 집사 한 사람이 받아 어른께 드려서, 차례로 잔을 드려 물을 대야에 떠서 손을 씻기는 사람에게까지 미치는 것이, 이른바 '천한 사람에게까지 예가 미침'이다."

※ 盥 : 세수할 관, 沃盥(옥관) : 물을 대야에 떠서 손을 씻음

② 問酬는 導飮也한대 曰主人이 酌以獻賓하고 賓酌主人曰酢이요 主人이 又自飮而復飮賓曰酬니 其主人이 又自飮者는 是導賓使飮也라. 賓은 受之奠於席前이라가 至旅而後에 擧하니 主人은 飮二杯하고 賓은 只飮一杯라. 疑後世ㅣ 所謂主人倍食於賓者ㅣ 此也라.

"'수酬'는 술 마심을 인도하는 것이라" 함에 대하여 물으니, 대답하시기를 "주인이 술을 따라서 손님에게 드리고, 손님이 술을 따라서 주인에게 드리는 것을 '작酢'이라고 말하고, 주인이 또 스스로 한 잔을 마시고 다시 손님에게 마시게 하는 것을 '수酬'라고 말하니, 그 주인이 또 스스로 한 잔을 마시는 것은 손님이 술을 마시도록 인도함이다. 손님은 받아서 자리 앞에 두었다가 여럿이 술잔을 권할 때에 이르러서 드니, 주인은 두 잔을 마시고 손님은 단지 한 잔을 마실 뿐이다. 아마도 후세에 이른바 '주인이 손님보

| 다 배를 먹는다' 함이 이것일 것이다."
❈ 酌 : 따를 작/ 酢 : 잔 돌릴 작/ 奠 : 둘 전, 제사지낼 전.

③ 壺山이 曰 先自飮而後導人使飮也라.
　호산이 말씀하기를 먼저 자기가 마신 뒤에 사람들이 마시도록 인도함이다.

燕毛는 祭畢而燕則以毛髮之色으로 別(彼列反)長幼 爲坐次也요 齒는 年數也라.
　'잔치할 때에 모발의 색깔대로 차례한다(燕毛)' 함은, 제사가 끝나고 잔치를 하게 되면 모발의 색깔로 어른과 어린이를 구별하여 자리의 차례를 정함이고, '나이(齒)'라는 것은 살아온 햇수이다.
◆ '別'은 '피'자와 '열'자의 반절음('펼→별'이라고 발음한다).
❈ 燕 : 잔치 연/ 畢 : 마칠 필/ 髮 : 터럭 발/ 齒 : 나이 치.

① 雲峯胡氏ㅣ 曰 序爵은 所以貴貴니 賤者ㅣ 宜在所略이나 旅酬에 下爲上하니 賤者도 亦得以伸其敬矣요 序事는 所以賢賢이니 老者ㅣ 若在所簡이나 燕毛則於老者에 獨加敬矣라. 禮意周浹如此하니 亦通乎上下而言也라.
　운봉호씨가 말하기를 "'작위로 서열함'은 존귀한 이를 귀히 여김이다. 천한 사람은 당연히 소홀히 대함이 있을 것이나, 여럿이 술을 권할 때에는 아랫사람이 윗사람을 위하여 술을 권하니, 천한 사람도 또한 자기의 공경을 펼 수 있는 것이다.
　일로 차례함은 어진 이를 어진 이로 예우하는 것이다. 늙은이를 소홀히 대함이 있는 것 같으나, 잔치할 때는 모발의 색깔대로 차례하니, 늙은 사람에게 유독 공경을 더함이다. 예禮의 뜻이 두루 미침이 이와 같으니, 또한 위와 아래를 통하게 함을 말한 것이다."

※ 爵 : 벼슬 작/ 簡 : 소홀할 간/ 浹 : 두루 미칠 협.

② 新安陳氏ㅣ 曰 辨貴賤은 以爵序也요 辨賢은 以德序也요 序齒는 以齒序也니 達尊三이 亦見於祭禮中者ㅣ 如此라.

　신안진씨가 말하기를 "'귀하고 천함을 분별함'은 작위로써 차례하고, 어진 이를 분별함은 덕으로써 차례하고, 나이로 차례함은 나이로써 차례를 하는 것이니, 세 가지 천하에 통칭되는 높은 이(벼슬이 높은 사람, 덕이 높은 사람, 나이가 많은 사람)가 제사의 예법 가운데에서 나타남이 이와 같은 것이다."

③ 東陽許氏ㅣ 曰 祭畢而燕은 今不知其儀나 亦於楚茨之詩에 見其大義니 云ㅣ 皇尸載起어늘 神保聿歸 然後에 言諸父兄弟ㅣ 備言燕私라 하고 下章에 曰樂具入奏라하고 說者ㅣ 謂祭時在廟하고 燕當在寢故로 祭時之樂이 皆入奏於寢也라하니 所謂燕禮를 其可知之彷佛이 若此라.

　동양허씨가 말하기를 "'제사를 끝낸 후에 잔치함'은 지금은 그 의식을 알지 못하나, 또한 『시경』의 초자(楚茨)시에 그 대강의 뜻을 알 수 있다. 시에 이르기를, '시동이 일어나서 조상귀신이 돌아가신 뒤에 모든 어버이와 형제들이 함께 집안간의 잔치를 한다'고 말했고, 그 아랫 장(6장)에 '악기를 모두 들여와서 연주했다'고 말했고, 해설하는 사람(朱子)이 이르기를 '제사를 지낼 때는 종묘에 모여있고 잔치할 때는 침실에 모여있기 때문에, 제사 지낼 때의 악기를 모두 침실로 들여와서 연주하는 것이라'고 했으니, 이른바 '잔치의 예법(燕禮)'이라는 것을 어렴풋이 알 수 있음이 이와 같다."

※ 초자(楚茨) : 『시경』 소아편 초자시의 5장에 출전.
※ 茨 : 가시나무 자/ 儀 : 의식 의/ 茨 : 가시나무 자/ 皇尸(황시) : 시동/ 載 : 비로소 재/ 神保(신보) : 조상귀신/ 聿 : 드디어 율/ 奏 : 연주할 주/ 彷佛(방불) : 분명하지 못한 모양, 거의 비슷함.

④ 宗廟之禮一節五事는 禮意ㅣ 至爲周密하니 序昭穆은 旣明同姓之尊卑요 序爵은 是合同姓異姓之貴賤이니 蓋皆指助祭陪位者而言이요 至於序賢則分別群臣之賢否니 廟中奔走執事는 必擇德行之優와 威儀之美와 趨事之純熟者하야 爲之라.

종묘宗廟의 예법을 말한 절(4절)의 다섯 가지 일은 예의 뜻이 지극히 주밀周密하다. 소목昭穆으로 차례를 함은 이미 일가들의 높고 낮음을 밝힌 것이고, '작위로 서열함'은 일가와 이성異姓의 귀천을 합한 것이니, 일반적으로 제사를 돕고 배석한 사람을 모두 가리켜서 말한 것이다. 어진 이를 서열함에 이르면 여러 신하들의 어질고 어질지 못함을 분별함이니, 종묘 행사에 분주하게 일을 맡을 사람은 반드시 덕행이 우수하고 위엄과 의표가 아름다운 사람과 일에 순수하고 숙달된 사람을 가려서 일을 맡기는 것이다.

※ 奔走(분주) : 매우 바쁨/ 趨 : 나아갈 추/ 熟 : 익숙할 숙.


賢者ㅣ 旣有事면 則不賢者도 亦自能勸이로되 雖然이나 旣以有事爲榮則事不及之者ㅣ 豈不有耻리오? 則又有序爵以安其心이니 執事者旣榮하고 無事有爵而在列者와 及賤而役於廟中者도 皆得與旅酬하니 至此면 賢不賢이 皆恩禮之所逮라.

어진 사람이 이미 일이 있게 되면 어질지 못한 사람도 또한 스스로 권장됨이 있을 것이다. 그러나 이미 일이 있음을 영광으로 삼는다면 일을 맡지 못한 사람이 어찌 부끄러워하는 마음이 없겠는가? 그러므로 또한 작위로 서열함이 있어서 그 마음을 편안히 한 것이니, 일을 잡은 사람은 이미 영광스럽고, 일은 없지만 작위가 있어 열에 있는 사람과 천해서 종묘 행사에서 노역을 하는 사람들도 모두 여럿이 술을 권하는 예에 참여하게 하니, 여기에까지 이르게 되면 어질고 어질지 못한 사람이 모두 은혜로운 예를 입는 바가 됨이다.

❃ 耻 : 부끄러울 치(恥)/ 役 : 노역할 역.

然이나 此는 合同姓異姓而通言이요 至祭禮已畢하야 尸旣出하고 異姓之臣이 皆退하야는 獨燕同姓하니 是는 親親之禮ㅣ 又厚於踈遠者라. 見制禮之意ㅣ 文理密察하고 恩意ㅣ 周備하야 仁至義盡而文章이 粲然이라.

 그러나 이것은 일가들과 이성異姓을 합해서 말한 것이고, 제례가 이미 끝나서 시동이 나가고 이성의 신하들이 모두 물러날 때에 이르러서는 일가들만이 잔치를 하니, 이는 친척을 친애하는 예가 또한 소원한 사람보다 두터움이다. 예법을 제정한 뜻이 형식과 이치를 세밀히 살피고 은혜의 뜻이 두루 갖추어져서, 어짊이 지극하고 의리를 다해서 무늬와 광채가 찬란함을 알 수 있다.

❃ 尸 : 시동(尸童) 시/ 踈 : 성길 소(疎)/ 粲 : 찬란할 찬.

**備旨** 又以其祀典之通於下者로 言之면 祭於宗廟에 同姓이 畢集하니 其班次之禮ㅣ 乃所以序其孰爲昭孰爲穆은 親親使不紊也요 至於異姓助祭ㅣ 外服公侯伯子男과 內服卿大夫士하야는 序之以爵은 乃所以辨其孰爲貴孰爲賤이니 貴貴使不越也요 同姓異姓이 各有職事하야 序以所司는 乃所以辨其德行威儀와 與駿奔之能이니 賢賢使不掩也요

 또한 그 제사의 예법이 아래에 통함으로써 말하면, 종묘에 제사지낼 때에 일가들이 모두 모이니, 그들을 차례로 배열시키는 예법에서 누가 소가 되고 누가 목이 되는가를 차례함은 친척을 친애함이 문란하지 않도록 함이다. 이성으로 제사를 돕는 사람 중에 나라 바깥에서 복무하는 공公 후侯 백伯 자子 남男과, 나라 안에서 복무하는 경卿 대부大夫 사士에 이르기까지 작위로 차례를 정함

은, 그들이 누가 귀하고 누가 천한가를 분별하는 것이니, 귀한 이를 귀하게 예우하여 넘보지 못하게 하는 것이다. 일가들과 이성에 각각 직책과 일이 있어서 맡는 일로 차례를 정함은, 그들의 덕행과 위엄과 의표와 일을 빠르게 처리하는 능력을 분별하는 것이니, 어진 이를 어진 이로 예우하여 어진 사람이 가려막혀지는 일이 없도록 함이다.

※ 班 : 나누어 배열할 반/ 紊 : 어지러울 문/ 駿 : 뛰어날 준, 신속할 준/ 奔 : 빠를 분/ 掩 : 가려막을 엄.

追祭將畢에 飮福酒하야는 同姓兄弟ㅣ 獻異姓賓하고 賓酢兄弟하며 又復酬衆人하야 交錯以徧이 是爲旅酬니 則賓兄弟在下之子弟ㅣ 各爲在上者擧觶은 乃所以逮及賤者하야 幼幼使伸敬也오 祭已畢에 異姓賓退면 獨燕同姓於私寢하야 以示恩惠하니 此時에 不論爵之崇卑하고 但以毛髮로 辨位次는 所以於昭穆中에 各序年齒니 老老以加敬也라. 武周之因禮盡制ㅣ 又何莫非禮先王之志事而繼述之哉리오?

제사가 장차 끝나 음복주를 마실 때에 이르게 되면, 일가들의 형제가 이성의 손님에게 드리고, 손님이 형제에게 잔을 드리며, 또 다시 여러 사람에게 술을 권해서 두루두루 교대로 섞어가며 권하는 것이 '여럿이 술을 권하는 것'이 되니, 손님의 형제와 아래에 있는 자제들이 각각 윗사람을 위하여 진을 올림은, 바로 천한 사람에게 예禮가 미치도록 해서, 어린이를 어린이로 예우하여 각기 공경을 펴게 함이다. 제사를 끝내고 이성의 손님이 물러가면 일가들끼리만 침실에서 잔치를 해서 은혜를 보이니, 이때에는 작위의 높고 낮음을 논하지 않고 단지 모발의 색깔로 자리의 차례를 분별함은, 같은 소와 목에서는 각기 나이로 서열을 정함이니, 늙은이를 늙은이로 예우해서 공경을 더함이다. 무왕과 주공의 예에 따라 모든 제도를 완비하심이, 또 어느 것이 선왕의 뜻한 일을 예로 만들어 계승하고 발전시킴이 아닌 것이 있겠는가?

※ 迨 : 이르를 태/ 飮 : 마실 음/ 錯 : 섞을 착/ 徧 : 두루 미칠 편/ 幼 : 어린아이 유.

備旨補註 宗廟節旨　此는 重待下之周니 照愛其所親言이라. 宗廟는 與祖廟로 同이니 二字ㅣ 亦貫一節이라. 禮는 卽子姓站立班次之禮니 子姓祼將에 有執事者하야 各以事序하고 其無事者는 列在阼階之下로되 序以昭穆而世次秩이라. 然이나 此엔 以前後爲班하고 非如祖考以左右爲別也라.

　종묘宗廟절의 뜻 : 이것은 아랫사람을 두루 대접함을 중요시한 것이니, '그 친애하시던 바를 사랑한다' 함에 대응해서 말한 것이다. '종묘宗廟'는 조묘祖廟와 같은 것이니, '종묘'라는 두 글자는 한 절(4절)을 관통한 것이다. 여기서의 '예禮'라는 것은 곧 자손들이 반열을 맞추어 서는 예법이니, 자손들이 강신제를 지낼 때에 일을 맡은 자가 있어서 각각의 일로써 차례를 정한다. 일이 없는 사람은 뜰 계단 아래에 배열하되, 소와 목으로 차례를 정해서 대(世)와 차례가 정연하다. 그러나 여기서는 앞과 뒤로 반열을 맞추고, 돌아가신 할아버지나 아버지같이 왼쪽 오른쪽으로 구별하지는 않는다.

※ 站 : 우두커니 설 참/ 祼 : 강신제 관/ 祼將(관장) : 울창주를 땅에 뿌려 제사를 지냄/ 阼 : 섬돌 조/ 階 : 섬돌 계.


爵有貴賤이나 然이나 皆是貴者요 貴中有賤일새 以別尊卑也니 此엔 序在西階之下라. 序事는 辨賢而不及否하니 蓋與祭之士는 已是賢了로되 此엔 只是辨其材能하야 欲用人不違其能也라.

　벼슬에는 귀하고 천함이 있다. 그러나 이는 모두가 귀한 사람들이고, 그 귀한 사람 가운데에도 천한 이가 있으므로 높고 낮음을 구별하는 것이니, 여기서는 서쪽 뜰 아래에 차례를 정한다. 일로서 차례를 정함은 어진 이를 분변하는 것이고 어질지 못한 이에게는 미치지 않으니, 대체적으로 제사에 참여하는 선비는 어진 사람이지만, 여기서는 단지 그의 재주와 능력만을 분변해서, 사람을 쓰는 것이 그 능력과 어긋나지 않게 하려 할뿐이다.

旅酬는 在西階阼階之下하야 賓弟子兄弟之子ㅣ 各舉觶於其長호되 先自飮以導長者之飮하니 所謂下爲上也라. 賤은 指卑幼言이요 不必是童子라. 子姓이 當序立之時하얀 昭穆이 同則論爵하고 爵同則論齒하야 而齒輕於爵이나 至燕毛하얀 則分昭穆以論齒하고 而不復論爵矣라.

'여럿이 술을 권함(旅酬)'은 서쪽 뜰 계단 아래에 있어서 손님의 아우나 아들 및 형제의 아들들이 각각 자기의 어른에게 술잔을 올리되, 먼저 스스로 마시어 어른의 마음을 인도하니, 이른바 아랫사람이 윗사람을 위하는 것이다. '천한 이(賤)'라는 것은 낮고 어린 사람을 가리키는 말이고, 반드시 어린아이만을 말한 것은 아니다.

자손들이 차례로 섰을 때를 당해서는 소 또는 목이 같은 서열이면 벼슬의 높낮이로 차례하고, 벼슬이 같으면 나이의 많고 적음으로 차례해서, 나이를 벼슬보다 가볍게 본다. 그러나 '모발의 순서대로 잔치를 함(燕毛)'에 이르러서는, 소와 목으로 나누어 나이로써 차례를 정하고 벼슬로 다시 차례를 정하지는 않는다.

> [5] 踐其位하야 行其禮하며 奏其樂하며
> 천 기 위   행 기 례   주 기 락
> 敬其所尊하며 愛其所親하며 事死如事生하며
> 경 기 소 존   애 기 소 친   사 사 여 사 생
> 事亡如事存이 孝之至也니라.
> 사 망 여 사 존   효 지 지 야
>
> 선왕의 자리에 올라 선왕의 예법을 행하며, 선왕의 음악을 연주하며, 선왕이 높이시던 이를 공경하며, 선왕이 친애하시던 이를 친애하며, 죽은 선왕 섬기기를 살아 있는 이를 섬기는 것 같이 하며, 없는 이 섬기기를 생존한 이를 섬기는 것과 같이 함이 효의 지극함이니라.
>
> ※ 踐 : 밟을 천/ 奏 : 연주할 주.

○ 踐은 猶履也요 其는 指先王也요 所尊所親은 先王之祖考와 子孫 臣庶也라. 始死를 謂之死요 旣葬則曰反而亡焉이니 皆指先王也라.

 '踐'자의 뜻은 밟고 오른다는 것과 같고, '其'자는 선왕을 가리킨 것이고, '높이던 이(所尊)'와 '친애하던 이(所親)'란 선왕의 할아버지 아버지와, 선왕의 자손들과 신하와 서민들이다. 처음 죽었을 때를 '죽었다(死)'고 이르고, 이미 장사를 지내면 '돌아가 없어졌다'고 말하니, '없는 이'라는 것은 모두 선왕을 가리킨 것이다.

 ※ 踐 : 밟을 천/ 履 : 밟을 리/ 祖 : 할아비 조/ 考 : 죽은 아비 고/ 葬 : 장사지낼 장/

① 朱子ㅣ 曰 記에 曰反哭升堂은 反諸其所作也요 主婦入于室은 反諸其所養也라하니 須知得這意則所謂踐其位行其禮 等事를 行之自安이리니 方見得繼志述事之事라.
 주자께서 말씀하시기를 "『예기』에 말하기를 '매장하고 돌아와

묘당의 당堂에 올라 곡함은 돌아가신 분이 평소에 예를 행하시던 곳을 돌이킴이고, 주부主婦가 묘당의 방에 들어감은 생전에 조상을 봉양하던 곳에 돌아옴이라'고 했으니, 이와 같은 뜻을 알면 이른바 '선왕의 자리에 오르고 선왕의 예법을 행한다' 함의 일들을 스스로 편안히 행하게 될 것이니, 여기서 선왕의 뜻을 잇고 일을 계승 발전시키는 일이 무엇인지를 알게 될 것이다."

※ 『예기』의 단궁편 下에 출전.
※ 哭 : 곡할 고/ 升 : 오를 승/ 見 : 알 견.

② 陳氏ㅣ 曰 事死如生은 居喪時事요 事亡如存은 葬祭時事라.

    진씨가 말하기를 "죽은 이를 섬기기를 산 사람 섬기는 것 같이 함'은 상중에 있을 때의 일이고, '없는 이를 섬기기를 생존한 이를 섬기는 것 같이 함'은 장사를 지낸 후 제사지낼 때의 일이다."

此는 結上文兩節이니 皆繼志述事之意也라.

    이것은 위의 글 두 절(3절, 4절)을 끝맺은 것이니, 모두 뜻을 잇고 일을 계승하는 뜻이다.

① 雙峰饒氏ㅣ 曰 踐其位三句는 是善述事요 敬所尊二句는 是善繼志라.

    쌍봉요씨가 말하기를 "'선왕의 자리에 오른다' 함의 세 구절은 일을 잘 계승함이고, '선왕이 높이던 이를 공경한다' 함의 두 구절은 뜻을 잘 이음이다."

② 新安陳氏ㅣ 曰 善繼志述事ㅣ 至於如此하니 所以爲孝之

至也라.

　신안진씨가 말하기를 "뜻을 잘 잇고 일을 잘 계승함이 이와 같은 데에까지 이르렀으니, 그래서 '효도의 지극함'이 되는 것이다."

③ 沙溪ㅣ 曰 位는 是祭祀的位요 禮는 是祭祀的禮이요 樂은 是祭祀的樂이니 武王周公이 善繼善述其所制祭祀之禮하야 當祭之時에 踐履著先王祭祀的位하고 行著先王祭祀的禮하고 奏著先王祭祀的樂하니 所以謂之孝之至也라.

　사계가 말씀하기를 "'자리(位)'는 바로 제사를 지내던 자리이고, '예禮'는 제사를 지내던 예고, '음악(樂)'은 제사를 지내던 음악이다. 무왕 주공이 조상들이 만든 제사의 예법을 잘 잇고 계승해서, 제사를 지낼 때에 선왕의 제사를 지내던 자리에 오르고 선왕의 제사지내던 예를 행하고 선왕의 제사지내던 음악을 연주함이니, 그래서 '효도의 지극함'이라고 이른 것이다.

備旨 由此而觀이면 可以知其繼述之善矣라. 蓋先王은 對越祖考하니 必有位로되 至武周之時하야 侯王不同位矣나 然이나 踐其所當踐하니 是는 卽踐先王之位라. 先王이 祼獻祖考하니 必有禮로되 至武周之時하야 侯王不同禮矣나 然이나 行其所當行하니 是는 卽行先王之禮라. 先王이 殷薦祖考하니 必有樂이로되 至武周之時하야 侯王이 不同樂矣나 然이나 奏其所當奏하니 是는 卽奏先王之樂이라.

　이것으로 말미암아 살펴본다면 무왕 주공이 선왕의 뜻과 사업을 잘 계승했음을 알 수 있다. 선왕은 할아버지 아버지와 상대해 배향하니 반드시 그 지위가 있을 것이지만, 무왕과 주공의 때에 이르러서 후와 왕의 지위가 같지 않게 됐다. 그러나 선왕이 마땅히 올라야 할 곳에 오르니 이는 곧 선왕의 자리에 오름이다.

선왕이 할아버지와 아버지에게 제사를 올리셨으니, 반드시 예법이 있을 것이지만, 무왕과 주공의 때에 이르러서는 후와 왕의 예법이 같지 않게 됐다. 그러나 선왕이 마땅히 행해야 할 바를 행하니, 이는 곧 선왕의 예를 행함이다.

  선왕이 풍성하게 할아버지와 아버지에게 제사를 올리셨으니, 반드시 음악이 있을 것이지만, 무왕과 주공 때에 이르러 후(侯)와 왕(王)의 음악이 같지 않게 됐다. 그러나 선왕이 마땅히 연주해야 할 것을 연주하니, 이는 곧 선왕의 음악을 연주함이다.

※ 祼 : 강신제 관/ 대월(對越) : 對於(~에 상대해서)/ 殷 : 상대할 은/ 薦 : 올릴 천.


先王之所尊者는 祖考也니 武周則春秋備擧하야 用致誠恪하야 以敬先王之所尊하며 先王之所親者는 子孫臣庶也니 武周則宗廟大享하야 合展歡心하야 以愛先王之所親하니 是는 先王이 雖死나 而武周事之ㅣ 如生焉이며 先王이 雖亡이나 而武周ㅣ 事之如存焉이니 眞可謂善繼善述而爲孝之至者也라. 非達孝而何오?

  선왕이 높이던 이는 할아버지와 아버지니, 무왕과 주공은 봄과 가을에 모두 제사를 지내어서, 정성을 지극히 하여 선왕이 높이시던 이를 공경하며, 또 선왕이 친애하시던 이는 자손과 신하와 서민들이니, 무왕과 주공은 종묘에 크게 제사하고 잔치하여 기쁜 마음을 함께 펴서 선왕이 친애하시던 이를 사랑했으니, 이는 선왕이 비록 돌아가셨으나 무왕과 주공이 섬기기를 산 사람과 같이 함이며, 선왕이 비록 없으시나 무왕과 주공이 섬기기를 생존하신 사람과 같이 함이니, 참으로 뜻을 잘 잇고 사업을 잘 계승했다고 말할 만하고, 효도의 지극함이 되는 것이다. '천하에 통하는 효도'가 아니고 무엇이겠는가?

※ 恪 : 삼갈 각/ 展 : 펼 전.

| 備旨補註 踐其節旨 | 此는 結上兩節而贊其至孝也라. 重敬愛二句로되 但敬愛는 籍禮樂以將而禮樂은 又因位而設하니 位禮樂俱著今日은 天子說이요 正繼述善處라. 敬所尊은 應春秋節이요 愛所親은 應宗廟節이라.

  천기위(踐其位)절의 뜻 : 이것은 위의 두 절(3절, 4절)을 맺고 그의 지극한 효도를 칭찬한 것이다. '사랑한다, 공경한다'는 두 구절에 중점이 있는 것이나, 공경하고 사랑함은 예와 음악에 의지하여 베풀어지고, 예와 음악은 또한 지위로 인해서 베풀어지는 것일 뿐이니, 지위와 예와 음악이 모두 오늘날에 드러남은 천자를 말한 것이고, 바로 잇고 계승함을 잘한 곳이다. '높이던 바를 공경한다'함은 춘추절(春秋節 : 3절)과 대응되고, '친애하던 바를 사랑한다'함은 종묘절(宗廟節 : 4절)과 대응된다.

❈ 籍 : 빌릴 적/ 著 : 드러날 저.

其字는 只指文王이나 蓋太王王季已在所尊內요 事死二句는 卽承上斷之니 自其稱於天下而言曰達孝요 自其盡於己而言曰至孝라.

  '그 기(其)'자는 단지 문왕만을 가리킨 것이나, 태왕太王과 왕계도 이미 높이는 바에 들어 있는 것이다. '죽은 이를 섬긴다(事死)'는 두 구절은 곧 위를 이어 결론지은 것이니, 천하에 일컬어지는 것으로부터 말해서 '천하가 모두 칭송하는 효도(達孝)'라고 말하고, 자기의 최선을 다함으로부터 말해서 '지극한 효도(至孝)'라고 말한 것이다.

**6** 郊社之禮는 所以事上帝也요
교 사 지 례    소 이 사 상 제 야

宗廟之禮는 所以祀乎其先也니
종 묘 지 례    소 이 사 호 기 선 야

明乎郊社之禮와 禘嘗之義면
명 호 교 사 지 례   체 상 지 의

治國은 其如示諸掌乎인져!
치 국    기 여 시 저 장 호

교郊와 사社의 예법은 상제上帝를 섬기는 것이고, 종묘의 예는 그 선조를 제사하는 것이니, 교사郊社의 예법과 체禘와 상嘗의 의의에 밝으면, 나라를 다스림은 아마도 손바닥을 보는 것과 같을 것인져!

※ 郊: 하늘 제사 교/ 社: 땅 제사 사/ 事: 섬길 사/ 禘: 천자의 종묘대제 체/ 嘗: 가을 제사 상/ 掌: 손바닥 장.

○ 郊는 祭天이요 社는 祭地니 不言后土者는 省文也라.

'교郊'는 하늘에 제사하는 것이고, '사社'는 땅에 제사하는 것이니, '상제上帝'라고만 말하고 후토后土를 말하지 않은 것은 글을 생략한 것이다.

① 朱子ㅣ 曰 周禮에 只說祀昊天上帝하고 不說祀后土나 先儒ㅣ 說祭社는 便是如郊特牲而社稷大牢요 又如用牲于郊하시니 牛二리라. 乃社于新邑이니 此乃明驗이라하고 五峰이 言 無北郊只社ㅣ 便是祭地라하니 此說이 却好라.

주자께서 말씀하시기를 "『주례周禮』에 단지 '호천昊天의 상제上帝에게 제사할 때'라고만 말하고 후토后土를 말하지 않았으나, 옛 선비들이 '땅 귀신에 제사함을 말한 것은, (하늘 제사에 한 마리의 송아지를 쓰고, 땅 귀신(社)과 곡식귀신(稷) 제사에는 소와 염소와 돼지를 쓴다)고 함과 같은 것이고, 또한 〈하늘 제사(郊)에 희생을 쓰니, 소가 두 마리였다…신읍에서 땅 제사社를 지냈으니…〉고 함과 같은 것이니, 이것들이 곧 땅 귀신에게 제사하는 명백한 증거'라고 말했고, 호오봉胡五峰이 '북교北郊를 말하지 않고 단지 사社라고만 한 것이 곧 땅 제사이다'라고 말하니, 이 말이 좋은 말이다."

※ 『주례』의 典命편에 "임금이 호천의 상제께 제사지낼 때 입는 옷은 큰 갓옷에 면류관을 쓴다…(王之吉服은 祀昊天上帝는 則服大裘而冕…)"고 하였다.
※ 『예기』의 교특생편(郊特牲)에 "郊特牲하고 而社稷大牢"라 하였다.
※ 『서경』의 주서周書 소고장(召誥)에 "지난 3월 정사일에 하늘 제사에서 희생을 쓰셨으니 소가 두 마리라. 다음날 무오일에 신읍에서 땅 제사를 지내셨으니, 소와 양과 돼지가 각각 한 마리씩이었다(越三月丁巳에 用牲于郊하시니 牛二러라. 越翼日戊午에 乃社于新邑하시니 牛一羊一豕一이러라)"
※ 胡五峰 : 胡宏(1106-1162) 자는 인중仁仲, 오봉은 호이다. 호안국의 아들로 어려서는 양시楊時에게 배웠다. 저서에『황왕대기皇王大紀, 지음知音, 오봉집五峰集』등이 있다.
※ 昊 : 넓고 큰 호/ 牲 : 희생 생/ 稷 : 곡식귀신 직, 사직 직/ 牢 : 큰 희생 뢰/ 郊 : 하늘제사 교.

② **新安陳氏**l 曰 首句에 提郊與社則次句에 宜云所以事上帝后土也어늘 今不然은 乃省文이라.

신안진씨가 말하기를 "첫 구절에 '교郊'와 '사社'를 제기했으니, 다음 구절에 마땅히 상제上帝와 후토后土를 섬기는 것을 말해야 할 것인데, 지금 그렇지 않고 상제만을 말한 것은 곧 글을 생략한 것이다."

**禘**는 天子宗廟之大祭니 追祭太祖之所自出於太廟而以太祖配之也라.(詳見語問禘章이라 太祖는 卽始祖也라)

'체禘'는 천자 종묘의 큰제사니, 태조를 나게 한 분들을 태묘에 추존하여 제사하고 태조로써 배향한 것이다.

- ◆ 詳見語問禘章이라 太祖는 卽始祖也라 : 자세한 것은 『논어論語』 팔일편 체제사를 물은 글(問禘章)에 나타나 있다. '태조太祖'는 곧 시조다.

嘗은 秋祭也니 四時皆祭로되 擧其一耳요 禮必有義하니 對擧之는 互文也라. 示는 與視로 同이니 視諸掌은 言易見(去聲)也라. 此는 與論語로 文意ㅣ 大同小異하니 記有詳略耳라.(此는 申言武王與周公이 能盡中庸之道라)

'상嘗'은 가을 제사니, 사시에 모두 제사를 지내지만 그 중에 하나만을 들은 것이고, 예법에는 반드시 그 뜻이 있는 것이니, 짝으로 들어 말한 것은 두 글이 뜻을 서로 보완되게 한 것이다. '시示'는 '시視'와 같은 것이니, '손바닥을 본다' 함은 보기 쉬움을 말한 것이다. 이것은 『논어』와 글의 뜻이 크게는 같으나 조금은 틀리니, 기록에 상세하고 간략함이 있음이다.

- ◆ 易(去聲) : '易'자는 거성이다('쉽다'는 뜻이다).
- ◆ 此는 申言武王與周公이 能盡中庸之道라 : 이것은 무왕과 주공이 능히 『중용』의 도를 다했음을 거듭 말한 것이다.
- ※ 『논어』 팔일편에 "或이 問禘之說한대 子ㅣ 曰 不知也로라. 知其說者之於天下也에 其如示諸斯乎인져하시고 指其掌하시다(혹자가 체제사의 내용을 묻자, 공자께서 답하시기를 '알지 못한다. 그 내용을 아는 자는 천하를 다스림에 여기에 다 올려놓고 보는 것과 같을 것이다.'하시고, 그 손바닥을 가리키셨다)."
- ※ 互文(호문) : 두 문장의 뜻이 서로 통하고 보완되는 글/ 詳略(상략) : 상세함과 간략함.

① 朱子ㅣ 曰 游氏ㅣ 說郊社之禮는 所謂惟聖人이라야 爲能饗帝요 禘嘗之義는 所謂惟孝子라야 爲能饗親이라하니 意思ㅣ 甚周密이라.

주자께서 말씀하시기를 "유씨游氏가 말하기를 '교사郊社의 예는 이른바 오직 성인이라야 능히 상제께 제사를 올릴 수 있음이고, 체상禘嘗의 의의는 이른바 오직 효자만이 능히 어버이를 제사할 수 있음'이라고 했으니, 생각이 매우 넓고 조밀하다."
※ 饗 : 흠향드릴 향/ 甚 : 매우 심.


② 譚氏ㅣ 曰 治道는 不在多端이요 在夫致敬之間而已니 當其執圭幣하야 以事上帝之時에 其心이 爲何如며 當其奠斝하야 以事祖宗之時에 其心이 爲何如오? 是心也는 擧皆天理니 無一毫人僞ㅣ라. 介乎其間이면 鬼神之情狀과 天地萬物之理ㅣ 聚見於此하리니 推此心以治天下하면 何所往而不當이리오?

　담씨가 말하기를 "다스리는 도는 여러 가지가 있는 것이 아니고, 지극히 경건하게 하는 데에 있을 뿐이다. 규옥圭玉과 폐백을 잡아 상제를 섬길 때에 그 마음이 어떠할 것이며, 술잔을 올려 조상을 섬길 때에는 그 마음이 어떠할 것인가? 이 마음은 모두가 하늘의 이치이니, 터럭 하나만큼의 인위적인 거짓됨도 그 사이에 끼지 않는다면, 귀신의 정상情狀과 천지 만물의 이치가 여기에 모여 나타날 것이다. 그러므로 이 마음을 미루어 천하를 다스린다면 어디를 간들 마땅하지 못함이 있겠는가?"
※ 圭 : 홀 규/ 幣 : 폐백 폐/ 斝 : 술잔 가/ 夏나라에는 잔醆, 은나라에서는 가斝, 周代에는 작爵이라 일컬었다.


③ 雙峰饒氏ㅣ 曰 序昭穆序爵序事序齒와 下爲上은 此親親長長貴貴尊賢慈幼逮賤之道ㅣ니 便是治天下之經이요 敬其所尊은 敬也며 愛其所親은 仁也며 事死亡如生存은 誠也니 盡是三者ㅣ 孝也요 仁孝誠敬은 指心而言이니 是又治天下之本이라. 一祭祀之間에 而治天下之道ㅣ 具於此하니 故로 結之曰明乎此者는 治國은 其如示諸掌乎인져!

　쌍봉요씨가 말하기를 "소목으로 차례하고, 작위로 서열하고, 일로 서열하고, 나이로 서열함과, 아랫사람이 윗사람을 위함은, 이 것이 바로 친척을 친애하고, 어른을 어른으로 예우하고, 귀한 이 를 귀한 이로 예우하고, 어진 이를 높이고, 어린이를 사랑하고, 천 한 이에게까지 미치게 하는 도니, 바로 천하를 다스리는 법이다. 선왕이 높이시던 이를 공경함은 공경함이고, 선왕이 친애하시던 이를 사랑함은 어짊이고, 죽은 이와 없는 이를 생존한 이와 같이 섬김은 성실함이니, 이 세 가지를 다하는 것은 효도이고, '어짊(仁) 효도(孝) 공경함(敬) 성실함(誠)'은 마음을 가리켜 말한 것이니, 이 는 또한 천하를 다스리는 근본이다. 한번 제사를 지내는 사이에 천하를 다스리는 도가 모두 갖추어 있기 때문에, 끝을 맺어 말하 기를 '이것에 밝은 사람은 나라를 다스림에 아마도 손바닥을 보는 것과 같을 것이라'고 하신 것이다.

④ 雲峯胡氏ㅣ 曰 上文은 孝之至也니 已結了達孝二字요 此 는 又別是一意니 蓋上章與此章은 上文은 專以宗廟之禮言 이요 此則兼以郊禘之禮言이라. 周公이 制爲禮法에 未嘗不 通上下之情하고 亦未嘗不嚴上下之分하니 祭祀之禮는 通上 下得行이로되 事上帝는 惟天子라야 得行라. 故로 特先後而 言之曰此所以事上帝也요 此所以祀乎其先也니 名分이 截 然不可犯也라.

운봉호씨가 말하기를 "윗 글(5절)은 효도의 지극함이니, 이미 '천하가 모두 칭송하는 효도(達孝)'라는 두 글자로 끝맺음한 것이 고, 이 글은 또한 별도의 한 가지 뜻이 있는 것이니, 대체적으로 윗 장과 이 장에서 윗 글은 전적으로 종묘의 예법으로써 말한 것 이고 이 장은 교체(郊禘)의 예법을 겸해서 말한 것이다. 주공이 예 법을 만드심에 위와 아래의 인정을 통하게 하지 않음이 없고, 또 한 위와 아래의 분수를 엄격히 하지 않음이 없으니, 제사의 예법 이 위와 아래를 통하여 행할 수 있는 것이다. 그러나 상제를 섬기는 것만은 오직 천자만이 행할 수 있는 것이기 때문에, 특별히 앞뒤로 말하기를 '이것은 상제를 섬기는 것이고, 이것은 그 선조에 제사하는 것'이라고 한 것이니, 이름과 분수가 확연해서 범할 수 없다.

❋ 截 : 분명할 절/ 犯 : 범할 범.

明乎郊社之禮에 胡爲先郊而後社오? 郊는 祭天이니 惟天子라야 得行之요 社則自侯國으로 以至於庶人히 各有社하야 上下可通行也라. 明乎禘嘗之義에 胡爲先禘而後嘗고? 禘는 大祭니 惟天子라야 得行之요 嘗은 宗廟之秋祭니 上下可通行也라. 前章末에 言三年之喪은 庶人이 得以通乎天子하니 必有父也요 此章末에 言郊禘之祭는 諸侯不得以通乎天子하니 必有君也라. 但言周公之制禮ㅣ 如此而不足於魯之郊禘非禮나 其意自見於不言之表하니 此所以爲聖人之言也라.

'교사의 예법에 밝다(明乎郊社之禮)' 함에서 어째서 교郊를 먼저 하고 사社를 뒤에 했는가? 교는 하늘 제사니, 오직 천자만이 행할 수 있는 것이고, 사는 제후국으로부터 서인에게 이르기까지 각각 사社가 있어서 위아래가 공통으로 행할 수 있기 때문이다.

'체상의 의의에 밝다(明乎禘嘗之義)'는 것에서 어째서 '체禘'를 먼저하고 '상嘗'을 뒤에 했는가? 체는 큰 제사니 오직 천자만이 행할 수 있고, 상은 종묘의 가을 제사니 위아래가 공통으로 행할 수 있기 때문이다.

앞장 끝에 삼년상三年喪은 서인과 천자가 통용할 수 있음을 말했으니 누구나 아비가 있음이고, 이 장 끝에 교체의 제사는 제후가 천자와 통용할 수 없음을 말했으니, 반드시 임금이 있음이다. 공자님께서 단지 주공이 예법을 만드심이 이와 같음만을 말씀하시고, 노魯나라의 교체를 행함이 예법이 아님은 말씀하지 않았으나, 그 뜻이 자연히 말씀하지 않는 가운데서 드러나니, 이것이 성인의 말씀이 되는 까닭이다."


⑤ 張氏存中이 曰 禮記王制에 天子諸侯宗廟之祭는 春曰礿
| 夏曰禘 | 秋曰嘗 | 冬曰烝이라하니 此蓋夏殷之祭名이요 周
則改之하야 春曰祠 | 夏曰礿 | 秋冬은 同하고 詩小雅에 曰禴
祠烝嘗于公先王이라하니 此乃周四時祭宗廟之名也라. 祭統
所載도 與王制로 同이라 礿은 禴과 同이라.

　장존중이 말하기를 "『예기』왕제편에 천자와 제후의 종묘 제사
는 봄은 '약礿'이라 말하고, 여름은 '체禘'라 말하고, 가을은 '상嘗'
이라 말하고, 겨울은 '증烝'이라고 말하니, 이것은 아마도 하夏나
라 은殷나라의 제사 이름이다. 주周나라는 이를 고쳐서 봄은 '사
祠'라 말하고, 여름은 '약礿'이라 말하고, 가을과 겨울은 하夏나라
상商나라와 같고, 『시경』소아小雅편에 '약禴 사祠 증烝 상嘗으로
선공과 선왕에 제사한다.'고 말했으니, 이것이 곧 주周나라가 사시
로 종묘에 제사지낸 이름이다. 제통편祭統篇에 기록된 것도 왕제
편王制篇과 같다. '약礿'자는 '약禴'자와 같은 글자이다.

※ 礿 : 봄제사 약/ 禴 : 종묘제사이름 약/ 禴祠烝嘗(약사증상) : 周의 종묘의 시제
　(時祭) 이름.


⑥ 沙溪ㅣ 曰 集韻에 以禴으로 通作瀹하니 新春에 菜可瀹故로
曰謂春祭요 曰前漢郊祀志에 瀹祭라하니 師古ㅣ 曰煮新菜以
祭라함이고 亦通作爚이라. 集韻에 嘗은 或作當烝하고 史漢에
亦作蒸이라. 蒸字에 無烝字하니 後世假通用耳라.

　사계가 말씀하기를 "『집운』에 '봄제사 약禴'자로 '데칠 약瀹'자와
통용해 썼으니, 새봄에 나물을 뜯어 데쳐서 썼기 때문에 '봄제사'
라고 이른 것이다. 전한시대의 『교사지』에 '약제瀹祭'라고 했으니,
안사고顔師古가 말하기를 '새로이 난 봄나물을 지져서 제사지냈
다'고 함이고, 또한 '사를 약爚'자와도 통용했다. 『집운』에 '상嘗'은

혹 마땅히 '증烝'자 라고 하여야 한다했고, 한나라 역사책에 또한 '증蒸'자로 해야 한다고 했다. '蒸'자에 '烝'자가 없으니, 후세에서 빌려서 쓴 것일 것이다.

❈ 禴: 종묘제사이름 약/ 瀹: 데칠 약/ 爚: 사를 약.

**備旨** 然이나 武周所制祭祀之禮는 不但此也라. 統而言之면 有郊社之禮焉하야 冬至에 祀於圜丘하고 夏至에 祀於方澤은 果何爲哉오? 蓋所以事上帝與后土而答其生成之恩也요 有宗廟之禮焉하야 五年尊遠而禘하고 三月分薦而嘗은 果何爲哉오? 蓋所以祀乎其先而報其功德之隆也라. 斯禮也與義也는 惟聖人制之며 亦惟聖人明之니 苟能明於郊社所以事上帝之禮와 與禘嘗所以祀先之義면 則理無不明하고 誠無不格하리니 治國은 其如示諸掌乎인저! 蓋幽明은 一理而幽爲難知하고 神人은 一道而神爲難格이니 旣能通於幽而感於神이면 則明而治人이 又何難之有리오? 此는 武周制作之精이니 所以益見其善繼善述而爲孝之達也라. 道之費也ㅣ 何如오?

그러나 무왕 주공이 제사의 예법을 만드신 것은 이뿐만이 아니다. 총괄적으로 말하면 교사의 예법이 있어서, 동지에는 원구에서 제사하고(하늘제사), 하지에 방택에서 제사함(땅제사)은, 과연 무엇을 함인가? 아마도 상제와 후토를 섬겨서 만물을 나게 하시고 이루게 하신 은혜에 보답하는 것일 것이다.

종묘의 예법이 있어서, 5년마다 먼 조상을 추존하여 체禘제사를 지내고, 석 달로 나누어 때의 제사를 올림은, 과연 무엇을 함일까? 아마도 선조에 제사하여 공덕의 높으심을 보답하는 것일 것이다. 이러한 예법과 의의는 오직 성인만이 만드시는 것이며, 또한 오직 성인만이 밝히시는 것이니, 교사로 상제를 섬기는 예법과 체상으로 선조에 제사하는 의의를 밝게 안다면, 이치가 밝혀지지 않는 것이 없고 정성이 이르지 않는 곳이 없을 것이니, 나라를 다스림은 아마도 손바닥을 보는 것과 같을 것이다.

　대체적으로 어둠(죽음)과 밝음(삶)은 한 이치이지만 어두운 것은 알기 어려운 것이 되고, 신神과 사람은 한 이치이지만 신은 감응시키기 어려운 것이 되니, 이미 어두운 것을 통하고 신을 감응시킬 수 있다면, 밝은 곳과 사람을 다스림이 무슨 어려움이 있겠는가? 이것은 무왕과 주공이 예법과 음악을 만들고 지으심의 정밀함이니, 더욱 선왕의 뜻과 사업을 잘 계승하시어 천하에 통하는 효도가 되심을 알 수 있다. 도의 광대함이 어떠한가?

※ 圜 : 둥글 원/ 格 : 감응하여 이르를 격.

**備旨補註 郊社節旨** 此는 承上孝之至句說이나 下非又一意也라. 先王은 有社無郊하고 有嘗無禘나 武周因時備制하야 享帝得與享親並擧하니 正繼述內事라. 明乎三句는 見明於享帝之仁者│ 必能仁育萬民하고 明於享親之孝者│ 必能孝治天下로되 但是는 贊武周制作之妙요 不重人能明之上이라.

　교사郊社절의 뜻 : 이것은 5절의 '효도가 지극하다'는 구절을 이은 것이나, 아래로는 또한 이 절이 한 가지 뜻으로 된 것만은 아니다. 선왕은 '땅 제사社'는 지내고 '하늘 제사(郊)'는 지내지 않으며, '상제(嘗)'는 지내고 '체제(禘)'는 지내지 않았다. 그러나 무왕과 주공이 때에 따라 제도를 만들어서, 상제께 제사를 올림을 어버이 제사를 올림과 함께하게 했으니, 바로 잇고 계승함 속에 있는 일들이다.

　'밝으면(明乎)' 이하의 세 구절은 상제께 제사를 올리는 어짊에 밝은 사람은 반드시 만 백성을 어질게 기를 수 있고, 아버지께 제사를 올리는 효도에 밝은 사람은 반드시 효도로 천하를 잘 다스릴 수 있음을 나타낸 것이다. 그러나 단지 이것은 무왕과 주공이 예악과 법도를 제정하신 것의 오묘함을 칭찬한 것일 뿐이고, 사람이 능히 밝힌다는 데에 중점이 있는 것은 아니다.

按冬至에 祀天於南郊圜丘하고 夏至에 祭地於北郊方澤하야 二禮相對하니 惟天子得行之요 禘는 止祭太祖所自出之帝하야 以太祖配之하니 群廟主는 不與焉이라.

　살펴보건대 동지에 남쪽 들 원구圜丘에서 하늘 제사를 지내고, 하지에 북쪽 들 방택方澤에서 땅제사를 지내서, 두 예법이 서로 짝이 되니, 오직 천자만이 행할 수 있는 것이다. 체제(禘)는 태조를 태어나게 한 임금들만을 제사지내서 태조로써 함께 배향하니, 다른 여러 사당의 선조들은 참여하지 못한다.

※ 圜丘(원구) : 하늘의 모양을 본뜬 원형의 제단을 만들어 임금이 동지에 천제天祭를 지내던 곳.


● 右는 第十九章이라.

이상은 열 아홉 번째 장이다.


① 雙峰饒氏ㅣ 曰 以上八章ㅣ 自第十二章至此는 皆以道之費隱言이니 當爲第三大節이라.

　쌍봉요씨가 말하기를 "이상의 여덟 장(12장~19장)은, 모두가 도의 광대하고 은미함으로써 말한 것이니, 마땅히 세 번째 큰절로 삼아야 할 것이다."

## 대유학당 출판물 안내

- 자세한 사항은 대유학당으로 문의해 주십시오.
- 전화 : 02-2249-5630 / 팩스 : 02-22449-5631
- 입금계좌 : 국민은행 807-21-0290-497  예금주-윤상철
- 블로그  https://blog.naver.com/daeyoudang
- 서적구입 : www.daeyou.or.kr

| 분류 | 도서명 | 저자 | 가격 |
|---|---|---|---|
| 주역 | ▸ 주역입문(2017) | 윤상철 지음 | 16,000원 |
| | ▸ 대산주역강해(전3권) | 김석진 지음 | 60,000원 |
| | ▸ 주역전의대전역해(상/하) | 김석진 번역 | 70,000원 |
| | ▸ 주역인해 | 김수길·윤상철 번역 | 20,000원 |
| 주역시사 | ▸ 시의적절 주역이야기 | 윤상철 지음 | 15,000원 |
| | ▸ 대산석과(대산의 주역인생 60년) | 김석진 지음 | 20,000원 |
| | ▸ 우리의 미래(대산선생이 바라본) | 김석진 지음 | 10,000원 |
| | ▸ 후천을 연 대한민국 | 윤상철 지음 | 16,400원 |
| 주역점 운세 | ▸ 황극경세(전5권) 2011년 개정 | 윤상철 번역 | 200,000원 |
| | ▸ 초씨역림(상/하) 2017년 신간 | 윤상철 번역 | 180,000원 |
| | ▸ 하락리수(전3권) 2009개정 | 김수길·윤상철 번역 | 90,000원 |
| | ▸ 하락리수 전문가용 CD | 윤상철 총괄 | 550,000원 |
| | ▸ 대산주역점해 | 김석진 지음 | 30,000원 |
| | ▸ 매화역수(2014년판) | 김수길·윤상철 번역 | 25,000원 |
| | ▸ 주역점비결 2019 신간 | 윤상철 지음 | 25,000원 |
| | ▸ 육효 증산복역(전2권) | 김선호 지음 | 40,000원 |
| 불교 미학 | ▸ 마음이 평안해지는 천수경 | 윤상철 편저 | 10,000원 |
| | ▸ 마음의 달(전2권) | 만행스님 지음 | 20,000원 |
| | ▸ 항복기심(전3권) 2018년 신간 | 만행스님 지음 | 60,000원 |
| | ▸ 선용기심 | 만행스님 지음 | 30,000원 |

|  |  |  |  |
|---|---|---|---|
| | ‣ 동양미학과 미적시전 | 손형우 지음 | 20,000원 |
| | ‣ 겸재 정선 연구 | 손형우 지음 | 23,000원 |

### 동양고전
- ‣ 집주완역 대학 　　　　　　　김수길 번역　　　　25,000원
- ‣ 집주완역 중용(상/하) 　　　　김수길 번역　　　　50,000원
- ‣ 동이 음부경 강해(2014년 신간) 김수길·윤상철 번역　20,000원
- ‣ 당시산책 　　　　　　　　　　김병각 편저　　　　25,000원

### 천문
- ‣ 천문류초(전정판) 　　　　　　윤상철 지음　　　　20,000원
- ‣ 태을천문도 9종(개정판) 　　　윤상철 총괄　　　 100,000원
- ‣ 세종대왕이 만난 우리별자리(전3권) 윤상철 지음　　36,000원

### 손에 잡히는 경전
① 주역점
② 주역인해(원문+정음+해석)
③ 대학 중용(원문+정음+해석)
④ 경전주석 인물사전
⑤ 도덕경/음부경
⑥ 논어(원문+정음+해석)
⑦ 절기체조
⑧~⑨ 맹자(원문+정음+해석)
⑩ 주역신기묘산
⑪ 자미두수
⑫ 관세음보살
⑬ 사자소학 추구
⑭~⑯ 시경(1~3)

각권 288~336p 10,000원

### 족자 & 블라인드
① 천상열차분야지도 　　　　　족자(가정용) 80,000
② 태을천문도(한문/한글/우리말판) 족자(사찰용) 100,000
③ 42수 진언 　　　　　　　　　블라인드(120*180cm) 250,000원
④ 신묘장구대다라니 　　　　　블라인드(150*230cm) 300,000원

출판안내

## 편역

**덕산德山 김수길金秀吉**

- 41년 충남 공주에서 출생.
- 7세부터 14세까지 伯父인 索源 金學均선생으로부터 千字文을 비롯하여 童蒙先習·通鑑·四書와 詩經·書經 등을 배움.
- 75년도 방통대 졸업.
- 26세부터 41세까지 국세청 근무. 42세부터 현재까지 세무사 개업.
- 89년부터 대산선생으로부터 易經을 배움.
- 『周易傳義大全譯解』 책임편집위원.
- 편저에 『周易入門』 編譯에 『梅花易數』, 『陰符經과 素書 心書』, 『하락리수』, 『오행대의』, 『천문류초』, 『소리나는 통감절요』, 『집주완역 대학』, 『집주완역 중용』 등

## 편집위원

### 乾元 尹相喆 60년 경기 양주생

성균관대학교 철학 박사
95년~ 대유학당에서 출판 및 번역
『주역입문』을 비롯 『황극경세』, 『하락리수』, 『천문류초』, 『초씨역림』 등 편역
- 총책임 교정·주석

### 錦田 李娟實 70년 서울생

성균관대학교 문학 석사
95년~ 대유학당 편집인
현재 대유학보 발행인
- 전체 편집(판형 및 자형 등 설정)
- 인용선유성씨 등 부록

### 豊田 李美實 61년 서울생

84년 성신여대 한문교육과 졸
84~89년 민족문화추진회 재직
혜화여고 및 조롯학교 한문지도
- 전체 교정(내용 및 문장의 구조와 맞춤법)

### 文公 文東烈 69년 부산생

94년 경성대 국문과 졸
98~99년 대유학보 편집인
대유연구소 객원연구원
- 한자 뜻풀이(한자의 음과 훈 정리)

### 一善 金芳鉉 62년 전남 나주생

96~99년 대유학당 총무
- 초벌 번역의 입력, 원문과 한자대조